DES PIONS
SUR L'ÉCHIQUIER

William Guy Carr

DES PIONS SUR L'ÉCHIQUIER

2020

Du même Auteur

By Guess and by God.
Hell's Angels of the Deep.
High and Dry.
Good Hunting.
Out of the Mists.
Checlanate in the North.
Brass Hats and Bell Bottomed Trousers.

Sur le thème de la «conspiration mondiale»

The International Conspiracy. (Brochure)
Plans of the Synagogue of Satan. (Brochure)
The Devil's Poison. (Brochure)
Red Fog over America. (Livre)
Satan, Prince of this World. (Livre)
The Conspiracy to destroy all existing Governments and Religions. (Brochure)
La Conspiration Mondiale. "*Édition française*"

Traduction de : « *Pawns in the Game* »,
1e édition canadienne publiée en 1954
par la « National Federation of Christian Laymen »

ÉDITION ORIGINALE NON CENSURÉE

Exegi monumentum ære perennius

Un Serviteur Inutile, parmi les autres

Mise en page

30 novembre 2020

BAGLIS

Pour la **L**ibrairie **E**xcommuniée **N**umérique des **CU**rieux de **L**ire les **US**uels

«**Notre complot sera révélé,** *les nations*
se retourneront contre nous avec esprit de revanche et
Notre domination sur elle ne sera jamais réalisée.»

Le luciférien palladiste Albert Pike
(Prophétie Prénaturelle ...)

Préface du Traducteur

Voici enfin la traduction française de *«Pawns in the Game»* qui paraît dans notre pays avec plus de quarante ans de retard...

Son auteur, le Commodore William Guy Carr (1895-1959), de la Marine Royale Canadienne [RCN * Ret'd], fut longtemps membré des Services de Renseignements et se consacra à partir de 1931, sauf pendant l'interruption de la guerre, à des tournées de conférences destinées à faire connaître la «Conspiration Internationale.» Il apporte bon nombre de preuves à l'appui de ses dires et des documents de première main, la plupart secrets et inédits.

L'ouvrage que vous allez lire contient le récit de faits historiques échelonnés sur les trois derniers siècles, faits qui ne sont révélés nulle part ailleurs, sauf en de rares et fragmentaires exceptions.

Au cours des dix-huit chapitres de son livre, William Guy Carr nous dévoile tout le programme de domination universelle forgé par les «Illuminés» — «Ceux qui détiennent la Lumière» — nom du petit groupe d'une trentaine d'hommes environ, organisé de 1770 à 1776 par Adam Weishaupt, un luciférien de la plus belle espèce.

Les «Illuminés», appellation générique, historiquement exacte, s'applique en fait de nos jours à leurs descendants spirituels et charnels, les «Illuminati», chefs actuels, secrets et réels de la Subversion Mondiale, dont la Franc-Maçonnerie est l'élément le plus efficace, et des Forces Occultes dont le Communisme est de loin l'élément le plus redoutable.

C'est ce petit groupe de hauts subversifs qui tend à former un Gouvernement Mondial et travaille actuellement d'arrache-pied à la constitution des États-Unis d'Europe, piédestal obligatoire de la République Universelle d'après un «document controversé capital», aujourd'hui censuré...

W.G. Carr veut nous dévoiler les machinations occultes destinées à provoquer les diverses révolutions et guerres, qui, pour répondre aux projets des Illuminati, ont ensanglanté le monde depuis 1773 et il présente les preuves à l'appui de sa thèse.

Pour consolider leur pouvoir et asseoir leur puissance, les Illuminati ne reculent devant rien : spéculations financières gigantesques, sociétés secrètes, infiltrations d'agents à tous les niveaux, formation de groupes et d'agents révolutionnaires, mafias, assassinats, campagnes de diffamation, chantage, corruption, etc.

On saisit mieux ainsi le déroulement des faits historiques car ils sont soulignés par cette «histoire parallèle» mais bien réelle, cette histoire occult(é)e qui se sert des êtres humains et surtout des plus hauts placés comme autant de *«pions sur l'échiquier.»*

W.G. Carr veut nous montrer que le danger est sur nos têtes — et davantage encore quarante ans après la parution de l'édition canadienne originale !... — et que le *pouvoir occulte*, d'inspiration satanique, qui lutte pour la Domination du Monde par l'argent, le chantage, la haine, les divisions et tous les péchés capitaux, ne peut être combattu par tel ou tel mode de gouvernement, telle ou telle idéologie, puisque — dit-il — ceux-là ne serviront que d'instruments de guerre, et les tenants de celles-ci que de *«pions sur l'échiquier du monde»...*

Il faudrait donc bien plutôt s'appuyer sur l'Amour de Dieu et du prochain, sur l'esprit de pauvreté et sur toutes les vertus qui découlent de la seule recherche de la volonté de Dieu. Seule cette politique permettra d'échapper à l'encerclement des Forces du Mal et de ne pas succomber.

Depuis deux cents ans que les forces de la Contre-Révolution Catholique et Monarchiste essuient échec sur échec, le moment ne serait-il pas enfin venu de demander à Dieu «SA» Solution pour qu'Il nous débarrasse du joug odieux de la «Synagogue de Satan» ?...

«Des pions sur l'échiquier» est un livre très important qu'il faut lire et relire. Un livre important par la quantité de faits historiques occultés, accumulés dans ses pages. Toute l'Histoire Secrète vous est ainsi dévoilée grâce aux explications d'un homme qui en savait beaucoup dans ce domaine.

Que l'Auteur, de formation anglo-saxonne, n'ait pas **tout** analysé à sa juste mesure et que la Conspiration Mondiale ait progressé depuis quarante ans, qui serait assez téméraire pour lui reprocher ?!...

Vous avez maintenant les clés.

À vous d'entrer dans le vif du sujet !

P. C.

Préface d'un Éditeur

L'objectif de William Guy Carr était de fournir des renseignements sur la Conspiration Mondiale et non pas d'écrire un ouvrage de théologie. Il ne faut pas voir en William Guy Carr un doctrinaire chrétien, un philosophe de l'histoire, un historien complet.

Il faut savoir que les Américains n'ont pas la même vision historique de l'Europe que les Européens, notamment parce que le libéralisme règne en maître en Amérique du Nord, et ce depuis ses origines. L'Amérique est un pays maçonnique et les influences délétères de la Secte se font ressentir.

C'est la raison pour laquelle nos lecteurs noteront certainement un décalage dû aussi à ce que William Guy Carr était d'une époque maintenant révolue.

TABLE DES MATIÈRES

INTRODUCTION

LA CONSPIRATION MONDIALE

Si mes révélations surprennent et indignent le lecteur, qu'il n'en fasse pas un complexe. Mais, en toute modestie, je travaille depuis 1911 à essayer de découvrir pourquoi le genre humain ne peut vivre en paix et jouir des bienfaits que Dieu lui accorde avec une telle abondance ? et je n'ai percé le secret que vers 1950 : les guerres et les révolutions qui ébranlent nos vies et les situations de chaos qui en résultent ne sont rien moins que les effets d'une Conspiration Luciférienne toujours en place.

Tout cela démarra à l'origine dans cet endroit de l'Univers que nous appelons le Ciel, où Lucifer s'opposa au Droit de Dieu d'exercer l'autorité suprême. Les Saintes Écritures nous enseignent comment la Conspiration Luciférienne fut transférée de ce monde au Jardin d'Eden.

Jusqu'à ce que je réalise que notre combat n'est pas seulement contre la chair et le sang, mais contre les forces spirituelles des ténèbres qui dirigent les personnes exerçant de hautes «situations» sur cette Terre (*Ephésiens* VI, 12), je ne pouvais comprendre la logique de tous les événements du monde entier. Je n'ai pas honte de reconnaître que c'est la Bible qui m'a donné la «clé» permettant de comprendre cette logique.

Très peu de personnes ont conscience du fait que Lucifer était le plus brillant et le plus intelligent Esprit de l'Armée Céleste et que, étant un pur Esprit, il est indestructible. Les Écritures nous apprennent que sa puissance est telle qu'il ravit à Dieu le tiers des Esprits les plus intelligents de l'Armée Céleste.

L'idéologie Luciférienne déclare que le pouvoir, c'est le droit. Elle proclame que les êtres d'intelligence véritablement supérieure ont le droit de diriger ceux qui en sont moins pourvus parce que la masse ne sait pas ce qui est bon pour elle. L'idéologie Luciférienne est ce que nous appelons aujourd'hui un «totalitarisme.»

L'Ancien Testament n'est que l'histoire de la façon dont Satan devint le Prince de ce Monde et séduisit nos premiers parents pour les séparer de Dieu. Il explique comment la Synagogue de Satan fut établie sur cette Terre, comment elle a travaillé depuis lors afin d'empêcher le Plan de Dieu, qui est de diriger l'univers, et comment ce plan divin doit être établi sur Terre(1).

Le Christ vint en notre monde alors que la conspiration atteignait la phase où, selon ses propres mots, Satan contrôlait tous ceux qui occupaient les postes les plus élevés. Il décrivit *la Synagogue de Satan* (*Apocalypse* II, 9 et 111,9), Il dénonça ceux qui en faisaient partie comme Fils du Diable, ce Diable qu'Il fustigeait comme Père du Mensonge (*St Jean* VIII, 44) et Prince de la Tromperie (II *Corinthiens* XI, 14). Il fut catégorique dans son affirmation : ceux qui constituaient la Synagogue de Satan s'appelaient Juifs, mais ne l'étaient point et mentaient (*Apocalypse* II, 9 et III, 9). Il considérait les Changeurs d'Argent, les Scribes et les Pharisiens comme les «Illuminati» (=Illuminés) de notre Époque. Ce que beaucoup de gens semblent oublier, c'est que le Christ vint sur Terre afin de nous délivrer des liens de Satan dans nous étions enserrés

1. — Les différentes étapes du paganisme, de la création de l'homme à aujourd'hui, sont admirablement résumées dans *Le Traité du Saint Esprit* de Monseigneur Gaume.(N.D.L.R.).

de plus en plus étroitement au fur et à mesure que le temps passait. Le Christ nous donna la solution à notre problème lorsqu'il nous dit que nous devions aller de l'avant et enseigner la vérité, en ce qui concerne cette conspiration (*St Jean* VIII, 31-59), à tous les peuples des nations.

Il nous promit que si nous voulions bien faire cela, la connaissance de la Vérité nous rendrait libres (*St Matthieu* XVIII, 19). La Conspiration Luciférienne s'est développée jusqu'à une phase presque ultime (*St Matthieu* XXIV, 15-34) parce que nous n'avons pu mettre en pratique le conseil que nous donna le Fils de Dieu, Jésus-Christ.

En 1784, la Providence permit au Gouvernement Bavarois d'entrer en possession de preuves qui établissaient l'existence réelle de la Conspiration luciférienne.

Adam Weishaupt, ancien élève des jésuites, professeur de Droit Canon, abandonna le Christianisme et embrassa l'idéologie luciférienne alors qu'il enseignait à l'université d'Ingoldstadt. En 1770, les «prêteurs d'argent» (qui avaient récemment créé la Maison Rothschild) l'engagèrent à réviser et moderniser les vieux *Protocoles* destinés à donner à la Synagogue de Satan la domination mondiale définitive. Ils avaient l'intention d'imposer l'idéologie luciférienne sur ce qui resterait de la Race Humaine après le dernier cataclysme social, par l'usage du despotisme Satanique (2). Weishaupt acheva son travail le 1er Mai 1776.

Le Plan prévoyait la destruction de tous les gouvernements et religions existants (3).

L'Objectif devait être atteint en divisant les masses qu'il dénommait «Goyim» (=Bétail Humain) en partis opposés et en nombre toujours Plus grand dans les domaines politiques,

2. — Voir l'ouvrage référencé en note 1.

3. — William Guy Carr a écrit une brochure passionnante et peu connue sur ce sujet ; elle est recensée en fin d'ouvrage : «*La conspiration mondiale dont le but est de détruire tous les gouvernements et les religions en place.*» (N.D.L.R.)

sociaux, économiques, raciaux, etc. Les Partis ainsi opposés devaient ensuite être armés et un «incident provoqué les obligerait se combattre et à s'affaiblir tout en détruisant les Gouvernements Nationaux(4) et les Institutions Religieuses.

En 1776, Weishaupt organisa les «Illuminati» (=Illuminés) afin de mettre à exécution le complot. Le mot Illuminati dérive du mot Lucifer et signifie «Porteurs de la Lumière.»

En faisant usage du mensonge, selon lequel son objectif était d'amener la constitution d'un Gouvernement Mondial permettant aux hommes possédant les facultés mentales requises de gouverner le monde, il recruta à peu près deux mille adeptes. En faisaient partie les hommes les plus intelligents dans les domaines des Arts et des Lettres, de l'Éducation, des Sciences, de la Finance et de l'Industrie. Il établit ensuite les Loges du Grand Orient qui étaient leurs Quartiers Généraux Secrets.

Le plan revu de Weishaupt nécessitait de ses Illuminati l'accomplissement des points suivants pour la réalisation de leur dessein :

1. L'usage des malversations monétaires et de la débauche sexuelle pour obtenir le contrôle des personnes occupant déjà de hautes situations, à tous les niveaux, dans TOUS les gouvernements et dans TOUS les autres champs de l'activité humaine. Une fois qu'une personne influente était tombée, par les mensonges, les calomnies et les tentations des Illuminati, elle était solidement tenue : chantage politique ou autre, peur de la ruine financière, peur du scandale public, peur de la menace physique et même peur de la mort pour elle-même et ses proches.

---

4. — C'est exactement l'objectif recherché avec la création d'organismes supranationaux comme, pour l'Europe, le Parlement européen. De tels organismes, paravents du pouvoir occulte, détruisent les États souverains lesquels, dirigés comme «*Des Pions sur l'Échiquier*», abandonnent leur souveraineté en de nombreux domaines depuis quelques années. Précisons que pour l'auteur l'expression *Pions sur l'Échiquier* englobe tant les gouvernants que les gouvernés. (N.D.L.R.)

2. Dans les Collèges et les universités, les Illuminati devaient recommander les étudiants possédant des capacités intellectuelles exceptionnelles, appartenant à de bonnes familles ayant des relations internationales, pour un entraînement très spécial à l'internationalisme. Cet entraînement devait être dispensé en accordant des bourses aux étudiants ainsi sélectionnés. Il était prévu de les endoctriner dans l'«Idée» que seul un Gouvernement Mondial mettrait fin aux guerres et aux tribulations incessantes (5). On devait leur apprendre et les convaincre que les hommes aux capacités spéciales et les «Cerveaux» avaient le DROIT de diriger les moins pourvus car les «Goyim» (la masse du peuple) ne savent pas ce qui est bien pour eux au point de vue physique, mental et spirituel (6).
3. Les personnes influentes destinées à tomber sous le contrôle des Illuminati et les étudiants spécialement éduqués et entraînés devaient être utilisés comme agents et placés dans les coulisses de TOUS les gouvernements en tant qu'«Experts» et «Spécialistes.» Ils pourraient ainsi conseiller et persuader les hommes en place d'adopter leurs politiques qui serviraient à long terme les plans secrets des mondialistes et amèneraient la destruction finale des gouvernements et des religions qu'ils devaient servir.
4. Les Illuminati devaient obtenir le contrôle de la Presse et des autres agences qui distribuent l'information au public. Les nouvelles devaient être déformées de façon à ce que, nous, les «Goyim» finissions par croire que

5. — N'est-ce pas ce que les gouvernements sociaux-démocrates européens d'aujourd'hui veulent faire croire à leurs propres électeurs ? (N.D.L.R.)

6. — Aujourd'hui, (dit W.G. Carr), trois de ces écoles spéciales existent : Gordonstown en Écosse ; Salem en Allemagne et Anavryta en Grèce. Le Prince Philip, époux de la Reine Elizabeth d'Angleterre fut élevé à Gordonstown sur la décision de Lord Louis Mountbatten, son oncle, qui devint l'Amiral de la Flotte Britannique à la fin de la Deuxième Guerre mondiale. (N.D.A.)

le Gouvernement Mondial est la SEULE solution à nos nombreux et divers problèmes (7).

7. — Nul doute que les hommes qui ont bénéficié d'importants appuis financiers pour dominer le journalisme ambiant des derniers siècles ont travaillé à ce qui constitue notre réalité quotidienne.

«Lors d'un banquet donné en son honneur à New York à l'occasion de sa retraite, John Swinton, qui fut un temps rédacteur en chef du *New York Times*, fit la déclaration suivante à «la presse indépendante» : «Quelle folie que de porter un toast à la presse indépendante ! Chacun, ici présent ce soir, sait que la presse indépendante n'existe pas. Vous le savez et je le sais. Il n'y en pas un parmi vous qui oserait publier ses vraies opinions, et s'il le faisait, vous savez d'avance qu'elles ne seraient jamais imprimées. Je suis payé $250 par semaine pour garder mes vraies opinions en dehors du journal pour lequel je travaille. D'autres parmi vous, sont payés le même montant pour un travail similaire. La fonction d'un journaliste est de travestir la vérité, de mentir radicalement, de pervertir, d'avilit, de ramper aux pieds de Mamon, et de se vendre soi-même, de vendre son pays et sa race pour son pain quotidien. Vous savez cela et je le sais ; quelle folie donc que de porter un toast à la presse indépendante ! Nous sommes des outils et les vassaux d'hommes riches qui commandent derrière la scène. Nous sommes les marionnettes — ils tirent sur les ficelles et nous dansons. Nos talents, nos possibilités et nos vies sont la propriété de ces hommes. Nous sommes des prostitués intellectuels» (« *Vers le Nouvel Ordre du Monde*», de D. Manifold, Téqui, 1995, pp. 15 et 16). Rapportons encore cette déclaration de D. Rockfeller, lors de la réunion» du Bilderberg Group à Baden-Baden, en juin 1991 :

«Nous remercions le *Washington Post*, le *New-York Times*, *Times Magazine* et les autres grandes publications dont les directeurs ont assisté à nos réunions et respecté leurs promesses de discrétion pendant au moins 40 ans... Il aurait été impossible pour nous de développer notre plan mondial s'il avait été l'objet d'une publicité quelconque pendant ces années-là. Mais le monde est vraiment plus sophistiqué et préparé à marcher vers un Gouvernement Mondial. La souveraineté supranationale d'une élite intellectuelle et de banquiers mondiaux est certainement préférable aux décisions nationales qui se pratiquent depuis des siècles.» Nous citerons encore la secrétaire d'État, Mme Madeleine Albright. À la suite du bombardement de l'Irak à la fin de l'année 1998, n'a-t-elle pas admis que «*la chaîne CNN est le seizième membre du Conseil de sécurité des Nations Unies*» ? En cette fin de siècle, les médias se confirment, en effet, comme un acteur stratégique de premier plan.

La Grande-Bretagne et la France étaient les deux plus grandes puissances à la fin du 18e siècle. Weishaupt ordonna aux Illuminati de fomenter des guerres coloniales pour affaiblir l'Empire Britannique et d'organiser la Grande Révolution pour amoindrir l'Empire Français prévoyait le démarrage de celle-ci en 1789. Un auteur allemand du nom de Zwack fit un livre de la version révisée de Weishaupt, celle de la vieille conspiration, et l'intitula «*Einige Original-Schriften*» — «*Quelques Écrits Originaux.*»

En 1784, on envoya un exemplaire de ce document aux Illuminés que Weishaupt avait délégués pour fomenter la révolution Française. Le courrier fut mortellement frappé par la foudre alors qu'il chevauchait du côté de Ratisbonne.

Pourquoi le contenu de la presse nationale et de la presse internationale est-il identique tant au niveau de la présentation des événements qu'au niveau des commentaires ? Comment des journalistes de formation et de nationalités différentes peuvent-ils arriver à juger de la même façon les événements internationaux ? Tout simplement parce qu'ils vont collecter leurs informations à la même source : l'I.I.S.S., officine de désinformation d'une société secrète antichrétienne, la Trilatérale.
L'International Institute for Strategic Studies – I.I.S.S. – représente plus de 103 quotidiens, revues et publications diverses, et abrite dans son sein généreux 180 journalistes de la presse écrite ou parlée.
Jetons un regard sur les journaux concernés :

- Aux États Unis : le *New York Times*, le *Washington Post*, l'*International Herald Tribune*, le *Time-Life International*, *Readers Digest*, N.B.C. News (télévision)., U.S. News & World Report,...
- En Angleterre : *Financial Times*, *Sunday Times*, *The Economist*, *The Observer*, *The Guardian*, le *Daily Mirror*, *Newsweek Magazine* et *The Times*.
- En France : *Le Monde*, l'*Express*, *Le Figaro*.

À ces différents organes de presse nationale, ajoutons une partie de la presse d'Allemagne, d'Italie, du Brésil.
Une évidence s'impose donc : tous les grands organes de presse fabriquent l'opinion. Aussi ne faut-il pas s'étonner quant aux résultats des référendums sur Maastricht, voire des sondages en faveur des mœurs dissolues, des valeurs antichrétiennes, et des partis politiques favorables à la propagation de ces mêmes valeurs que la télévision consolide. L'opinion est, en effet, toujours travaillée dans le sens recherché par ceux qui ont financé la Révolution et mis en place la démo(*n*)cratie. (N.D.L.R.)

La Police trouva les documents subversifs sur son corps et les expédia aux autorités gouvernementales concernées.

Après un examen soigneux des documents, le Gouvernement Bavarois ordonna à la police de perquisitionner dans les loges du Grand Orient que Weishaupt avait récemment établies et aux domiciles de quelques-uns de ses associés les plus influents, dont le Baron Bassus-in-Sandersdorf. Les informations supplémentaires qu'ils y trouvèrent persuadèrent les autorités que les documents constituaient une preuve véritable d'une conspiration de la Synagogue de Satan, qui contrôlait les Illuminati au sommet, prévoyant d'utiliser les guerres et les révolutions afin d'établir une sorte de Gouvernement Mondial dont elle espérait usurper le pouvoir dès sa mise en place.

En 1785, le Gouvernement Bavarois déclara les Illuminati hors-la-loi et ferma les loges du Grand Orient. En 1786, Il publiait les pièces de la Conspiration. Le titre anglais en est «*The Original Writings of The Order are Sect of the Illuminati.*» On expédia des exemplaires de la conspiration aux dirigeants de l'Église et de l'État. La puissance des Illuminati était si grande qu'on ignora cet avertissement comme le furent ceux que le Christ avait donnés au monde.

Les Illuminati passèrent ensuite à l'«arrière-plan.» Weishaupt donna des, instructions à ses Illuminés pour infiltrer les Loges de la Maçonnerie Bleue et constituer une société secrète à l'intérieur des sociétés secrètes. Seuls les maçons qui donnèrent des gages de leur Internationalisme et ceux dont la conduite prouvait qu'ils s'étaient détachés de Dieu furent initiés chez les Illuminés. Ainsi, les conspirateurs utilisaient le paravent de la Philanthropie pour cacher leurs activités révolutionnaires et subversives. Afin d'infiltrer les loges maçonniques britanniques, les Illuminés invitèrent John Robison en Europe. C'était un maçon de haut grade du Rite Écossais, Professeur de Philosophie Naturelle à l'Université d'Edimburgh et Secrétaire de la Société Royale d'Edimburgh. John Robison ne tomba pas dans leurs plans et cornet le mensonge selon lequel l'objectif des Mondialistes était de constituer une dictature bienveillante. Il garda donc ses réactions pour lui et se vit confier un exemplaire de la conspiration révisée de Weishaupt pour l'étudier en lieu sûr.

Les dirigeants de l'Église et de l'État en France, ignorèrent les avertissements donnés. Résultat : la révolution éclata en 1789. Afin de prémunir les autres gouvernements d'un tel danger, John Robison publia en 1797 un livre intitulé «*Preuve d'une Conspiration pour détruire tous les Gouvernements et les Religions.*» Il fut imprimé à Londres par T. Madell Jr. et W. Davies, et par W. Creech à Edimburgh. On peut trouver des exemplaires de cet ouvrage dans les musées et deux amis de l'auteur, vivant en Amérique, en possèdent des exemplaires.

Mais on ignora ses avertissements comme les autres. **Thomas Jefferson était devenu un adepte de Weishaupt** et l'un de ses plus ardents défenseurs lorsqu'il fut déclaré hors-la-loi par son gouvernement. Jefferson et ses amis Illuminati s'infiltrèrent dans les Loges nouvellement créées du Rite Écossais en Nouvelle Angleterre. Cette information surprendra beaucoup d'Américains, aussi je souhaite la corroborer par les faits suivants.

En 1789, John Robison avertit les dirigeants Francs-Maçons que les Illuminati s'étaient infiltrés dans leurs loges.

Le 19 Juillet 1798, David Pappen, Président de l'Université de Harvard réitérait le même avertissement aux Grandes Classes et leur fit une conférence sur l'influence que prenait l'illuminisme dans la politique et la religion américaine.

John Quincy Adams, qui avait organisé les Loges Maçonniques de la Nouvelle Angleterre, décida en 1800 de s'opposer à Jefferson pour les élections à la présidence. Il écrivit trois lettres au Colonel William L. Stone exposant la façon dont Jefferson utilisait les Loges Maçonniques à des desseins subversifs. L'information contenue dans ces lettres permit à Adams de remporter les élections. Ces lettres se trouvent à la Rittenburg Square Library de Philadelphie.

En 1826, un autre franc-maçon, le Capitaine William Morgan décida qu'il était de son devoir de donner une véritable information à ses compagnons de loges et au grand public sur les Illuminati, leurs plans secrets et leurs véritables desseins. Ceux-ci obtinrent alors les services de Richard Howard, un Illuminé anglais, qui exécuta leur sentence : *«Que Morgan soit abattu en tant que traître.»* Quelqu'un avertit le Capitaine Morgan du danger. Il essaya de s'enfuir au Canada, mais Howard l'intercepta à la frontière et l'assassina près des Chutes du Niagara. Une enquête approfondie rapporta qu'un certain Avery Allyn déclara, à New York, sous la foi du serment, avoir entendu Richard Howard raconter lors d'une réunion de Chevaliers Templiers à St John's Hall (New-York) comment il avait «exécuté» Morgan. Le même Allyn expliqua ensuite comment des négociations secrètes avaient ensuite permis à Howard de regagner l'Angleterre sans être inquiété.

Très peu de personnes savent aujourd'hui que cet incident provoqua une désapprobation quasi générale. Presque 40% des Francs-Maçons de la. Juridiction Nord des États-Unis firent sécession. Je possède des exemplaires des minutes d'une réunion que l'on avait tenue pour discuter de ce sujet particulier.

Nous pouvons avoir une idée de la puissance des dirigeants de la Conspiration Luciférienne contre Dieu et l'homme en prenant en considération les grandes capacités de leurs agents qui empêchent que ces événements extraordinaires de l'Histoire ne soient enseignés dans nos écoles.

En 1829, les Illuminati organisèrent une réunion à New York qui fut dirigée par un Illuminé Britannique du nom de Wright. On déclara aux personnes présentes que les Illuminati avaient l'intention de fédérer les groupes Nihilistes et Athées avec toutes les autres organisations subversives pour constituer une organisation internationale qui serait Connue sous le nom de Communisme.

Cette force destructrice devait permettre aux Illuminati de fomenter les guerres et les révolutions futures. Clinton Roosevelt (un ancêtre direct de Franklin Delano Roosevelt),

Horace Greeley et Chas Dana constituèrent un comité pour réunir les fonds nécessaires à cette nouvelle entreprise. Les fonds ainsi rassemblés servirent au financement de Karl Marx et d'Engels lorsqu'ils écrivirent «*le Capital*» et le «*Manifeste du Parti Communiste*» à Soho en Angleterre.

En 1830, Weishaupt mourut. Il prétendit que les Illuminati disparaissaient avec lui sur son lit de mort et pour convaincre ses conseillers spirituels, il feignit de se repentir et de rejoindre l'Église.

Selon la version révisée de Weishaupt, celle de la vieille conspiration, les Illuminati devaient organiser, financer, diriger et contrôler TOUTES les organisations internationales et TOUS les mouvements en plaçant leurs agents à des postes-clés au plus haut niveau. Ainsi, pendant que Karl Marx écrivait le Manifeste Communiste sous la direction d'un groupe d'Illuminés, le Professeur Karl Ritter, de l'Université de Francfort, rédigeait son antithèse sous la direction d'un autre groupe d'illuminés pour que les dirigeants de la Synagogue de SATAN puissent utiliser les divergences des deux idéologies pour diviser toujours plus les hommes en partis opposés. Ainsi, une fois armés, ils arriveraient, par provocation, à se combattre et à se détruire, et à détruire avec eux leurs institutions politiques et religieuses.

Le travail que Ritter réalisa fut poursuivi par le soi-disant philosophe allemand Friedrich Wilhelm Nietzsche (1844-1900) qui fonda le Nietzschéisme. Le Nietzschéisme produisit le Fascisme et plus tard le Nazisme. On l'utilisa de façon à permettre aux agents des Illuminati de fomenter les Première et Deuxième Guerres Mondiales (8).

8. — Ce que nous révèle W.G. Carr est à rapprocher d'une révélation de la bienheureuse Anna Maria Taïgi à qui N.S.J.C. apprit que «*le temps de la Purification serait abrégé lorsque les cinq arbres d'hérésie qui infestent la forêt seraient déracinés. Ces cinq arbres sont : le nationalisme, le libéralisme, le maçonnisme, le modernisme et le socialisme*» (cité par le P. Bessières S.J. dans sa biographie d'Anna-Maria Taïgi — DDB 1936 — page 188). Le **nationalisme** n'est donc pas chrétien : le mot et le concept, **tous deux ignorés avant la Révolution Française**, ont été forgés par **Adam**

En 1834, les Illuminati choisirent pour diriger leur programme révolutionnaire dans le monde l'italien Giuseppe Mazzini, qui occupa ce poste jusqu'à sa mort, en 1872.

En 1840, le Général Albert Pike perdit son poste d'officier lorsque le Président Jefferson Davis eût dissous ses troupes Indiennes auxiliaires sous prétexte qu'elles avaient commis des atrocités lors de faits de guerre légitimes. Sous l'influence de Mazzini dont il était le «poulain», Pike accepta l'idée d'un Gouvernement Mondial et devint par la suite dirigeant de la Prêtrise Luciférienne.

Entre 1859 et 1871, il peaufina tous les détails d'un projet militaire concernant trois guerres mondiales et trois grandes révolutions. Il pensait qu'elles amèneraient la conspiration à sa phase ultime dans le courant du vingtième siècle.

Pike réalisa la plus grande partie de son travail dans la demeure de treize pièces qu'il fit construire à Little Rock (Arkansas) en 1840. Lorsque les Illuminati et les Loges du Grand Orient devinrent suspects du fait des activités révolutionnaires de Mazzini en Europe, Pike organisa le Rite Palladien Nouveau et Réformé. Il établit trois Suprêmes Conseils : un à Charleston (Caroline du Sud), un autre à Rome et le dernier à Berlin. Il fit établir par Mazzini vingt-trois conseils subordonnés en des positions stratégiques à travers le monde. Ce furent les Quartiers Généraux Secrets du Mouvement Révolutionnaire Mondial, toujours conservés depuis. Bien avant que Marconi eût inventé la Radio, les scientifiques faisant partie des Illuminati avaient donné à Pike et aux dirigeants de ses conseils la possibilité de communiquer entre eux dans le secret. Ce fut la découverte de ce secret qui permit aux officiers des services de renseignement de comprendre comment des «incidents» en apparence non reliés entre eux avaient lieu simultanément dans le monde, s'aggravaient et se transformaient en une guerre ou une révolution.

Weishaupt lui-même, fondateur des **Illuminés de Bavière**. Les échecs de la droite nationale en France ne sont dus qu'à celà... (N.D.T.)

Le plan de Pike était simple et s'avéra efficace. Il fallait que le Communisme, le Nazisme, le Sionisme Politique et les autres mouvements internationaux fussent organisés et utilisés pour fomenter les TROIS GUERRES GÉNÉRALES et les TROIS GRANDES RÉVOLUTIONS.

1. La Première Guerre Mondiale devait permettre aux Illuminati de renverser le pouvoir des Tsars en Russie et de transformer ce pays par la mainmise du Communisme athée. Les divergences «naturelles», attisées par les Agents des Illuminati entre les Empires Britannique et Allemand devaient servir à fomenter cette guerre. Le conflit terminé, le Communisme devait se constituer et être utilisé pour détruire les autres gouvernements et affaiblir les religions.
2. La Deuxième Guerre Mondiale devait être fomentée en jouant sur les divergences entre Fascistes et Sionistes Politiques. Cette guerre devait permettre la destruction du Nazisme et accroître la puissance du Sionisme Politique de façon à ce que l'État souverain d'Israël put s'établir en Palestine. Pendant la Deuxième Guerre Mondiale, la puissance du Communisme International devait arriver au niveau de celle de la Chrétienté tout entière. Arrivé à ce point, il devait être contenu et mis en réserve jusqu'à son utilisation pour le dernier cataclysme social. Toute personne informée peut-elle nier que Roosevelt et Churchill aient mis cette politique à exécution ?
3. La Troisième Guerre Mondiale doit être fomentée grâce aux divergences que les agents des Illuminati attiseront entre Sionistes Politiques et dirigeants du monde Musulman. On doit diriger la guerre de façon à amener la destruction de l'Islam (le Monde Arabe y compris, la religion de Mahomet) et du Sionisme Politique (comprenant l'État d'Israël). Dans le même temps, les autres nations une fois de plus divisées entre elles à ce propos, seront acculées à se combattre jusqu'à un état de destruction physique, mentale, spirituelle et économique totale.

Lorsqu'on raisonne et que l'on n'est pas «déformé», peut-on nier le fait que l'intrigue actuelle au Proche, Moyen et Extrême-Orient est destinée à l'accomplissement de ce dessein diabolique (9) ?

Le 15 août 1871, Pike expliqua à Mazzini qu'une fois la Troisième Guerre Mondiale terminée, ceux qui aspiraient à la domination mondiale absolue provoqueraient le plus grand cataclysme social que le monde ait jamais subi.

Nous rapportons ses propos (ses propres mots relevés dans la lettre répertoriée à la Bibliothèque du British Museum de Londres) :

«Nous lâcherons les Nihilistes et les Athées et nous provoquerons un formidable cataclysme social qui montrera aux nations, dans toute son horreur, l'effet de l'athéisme absolu, à l'origine de la sauvagerie la plus sanglante et du bouleversement intégral. Ainsi obligés de se défendre partout contre la minorité de révolutionnaires, les citoyens extermineront ces destructeurs de la civilisation. La multitude, emplie de désillusions vis-à-vis du Christianisme dont les adorateurs seront à ce moment désorientés et à la recherche d'un idéal, sans plus savoir vers où diriger leur adoration, recevra la véritable lumière par la manifestation universelle de la pure doctrine de Lucifer. Elle sera enfin révélée au peuple, cette manifestation qui résultera du mouvement réactionnaire général suivant de près la destruction du Christianisme et de l'Athéisme, tous les deux conquis et détruits au même instant.»

Lorsque Mazzini mourut en 1872, Pike fit d'un autre dirigeant révolutionnaire Italien, Adriano Lemmi, son successeur. La succession de Lemmi revint ensuite à Lénine et à Trotsky.

9. — Que penser aujourd'hui du conflit engagé par les internationalistes contre l'Irak... c'est-à-dire le monde musulman ? Et ce, curieusement en 1990, exactement moment où la notion d'Ordre Mondial était propagée par les hommes politiques occidentaux ! (N.D.L.R.)

Les activités révolutionnaires de ces hommes furent financées par les Banquiers Internationaux français, britanniques, allemands et américains. Le lecteur doit se rappeler que les Banquiers Internationaux d'aujourd'hui comme les changeurs d'argent de l'époque du Christ ne sont que des outils ou des agents des Illuminati.

On a fait croire au grand public que le Communisme était un mouvement des travailleurs (Soviets) pour détruire le Capitalisme. «*Pawns in the Game*» [«*Des Pions sur l'Échiquier*»] et «*The Red Fog over America*» [«*Le Brouillard Rouge sur L'Amérique*»], suite de [*Pawns in the Game*] montrent comment des Officiers des Services Secrets Britanniques et Américains ont acquis des preuves irréfutables établissant formellement que les capitalistes internationaux, agissant par le biais de leurs banques internationales, avaient financé les deux partis de chaque guerre et de chaque révolution depuis 1776 (10). Ceux qui forment aujourd'hui la Synagogue de Satan dirigent nos gouvernements en les tenant par l'usure. Ils les font participer aux guerres et aux révolutions, en application des plans de Pike : amener le monde à cette phase de la conspiration où le Communisme Athée et la Chrétienté entière se rencontreront en une guerre totale autant à l'intérieur de chaque nation qu'a l'échelle internationale.

Un grand nombre de documents prouvent que Pike, comme Weishaupt, était le chef de la Prêtrise Luciférienne de son époque : En plus de la lettre qu'il adressa à Mazzini en 1871, il en écrivit une attiré aux dirigeants de ses Conseils Palladiens le 14 Juillet 1889. Elle tomba dans les mains d'autres personnes que celles auxquelles elle était destinée. Elle avait

10. — Pendant la guerre de 1939/45, M. Bella Dodd qui était le chef du Parti communiste à New York, raconta comment elle devait prendre contact avec trois hommes qui résidaient à l'hôtel Waldorf Towers, en cas de difficulté quelconque. Ces derniers lui donnaient les consignes à suivre. Ce qui intrigua M. Bella Dodd fut que ces trois hommes n'avaient non seulement rien à voir avec le Parti communiste, mais que leurs directives ne furent JAMAIS contredites par Moscou ! Il s'agissait d'hommes d'affaires américains extrêmement fortunés qui n'étaient pas des espions au service de Moscou (N.D.L.R. : *cf.* extrait de notre brochure sur Jirinovski).

été écrite pour expliquer le dogme Luciférien, en particulier l'adoration de Satan et celle de Lucifer.

Pike déclarait en partie :

«Nous disons à la foule que «nous adorons Dieu.» Mais il s'agit du Dieu que l'on adore sans superstition. La religion devrait être, pour nous tous, initiés des hauts grades, maintenue dans la pureté de la doctrine Luciférienne. Oui ! Lucifer est Dieu. Et par malheur Adonaï (le nom donné par les Lucifériens au Dieu que nous adorons — n.d.a.) est aussi Dieu... car l'absolu ne peut exister qu'en tant que dualité divine. Ainsi, la doctrine du Satanisme est une hérésie : la véritable et pure religion philosophique, c'est la croyance en Lucifer, l'égal d'Adonaï. Mais Lucifer, Dieu de Lumière et Dieu de Bonté combat pour l'humanité contre Adonaï, le Dieu des Ténèbres et du Mal. (11).»

La propagande mise en œuvre par les dirigeants de la Conspiration Luciférienne a fait croire au grand public que ceux qui s'opposent au Christianisme sont athées.

C'est un mensonge délibéré, véhiculé afin de cacher les plans secrets des Grands Prêtres de la fausse foi luciférienne qui dirigent la Synagogue de Satan. Leur but, c'est que le genre humain en arrive à juger impossible l'établissement sur cette terre du plan de Dieu : l'ordonnancement de l'Univers tel qu'il l'expliqua à nos premiers parents au Jardin d'Eden, selon la Genèse. Les Grands Prêtres de la fausse foi luciférienne exercent dans les ténèbres et restent dans les coulisses. Ils gardent leur identité et leur véritable dessein secrets même vis-à-vis de la grande majorité de ceux qu'ils trompent en leur faisant accomplir leur volonté et poursuivre leurs plans et visées secrètes. Ils savent que le succès final dépend de leur

11. — Cette approche luciférienne est parfaitement illustrée dans le dessin animé «Le Roi Lion» de W. Disney (qui fut d'ailleurs un prêtre luciférien). Le lecteur intéressé trouvera le décodage complet de ce dessin animé si médiatique dans la brochure suivante : «*Le sens de l'Histoire à partir de la Sainte Écriture*» recensée enfin d'ouvrage. (N.D.L.R.)

capacité à garder leur identité et leur véritable dessein dans le secret jusqu'à ce qu'aucune intelligence ou puissance ne puisse les empêcher de couronner leur Despote-Roi, dirigeant du monde entier (12).

Le succès final de leur conspiration, c'est l'usurpation des pouvoirs du Gouvernement Mondial. Les Saintes Écritures ont prédit que ce que Weishaupt et Pike prévoyaient de mettre à exécution, aboutirait au contrôle de cette terre par les forces Spirituelles du Mal. L'*Apocalypse*, au chapitre XX, nous apprend comment, une fois que les choses que nous avons décrites se seront déroulées, Satan sera lié pour un millier d'années. Je n'ai pas la prétention de le savoir ce que le terme «un millier d'années» signifie en «mesure de temps.» **Mais d'après ce que j'ai pu apprendre de la Conspiration Luciférienne, à la lumière des Saintes Écritures, je suis arrivé à la conclusion que la neutralisation de Satan et des forces sataniques sur cette terre, peut se produire beaucoup plus rapidement si l'entière vérité à propos de l'existence de la Conspiration Luciférienne est révélée aussi vite que possible à tous les peuples de toutes les nations** (13).

On a retrouvé des lettres de Mazzini révélant comment les Grands Prêtres de la fausse foi luciférienne gardaient leur identité et leur véritable dessein secrets. Dans une lettre que Mazzini écrivit à son associé révolutionnaire, le Docteur Breidenstein, quelques années avant sa mort, il disait :

---

12. — Pour le moment, en cette fin de siècle, les milieux ésotériques gnostiques de la Synagogue de Satan ont MAITREYA pour leader. (N.D.L.R.)

13. — La révolte de l'homme contre Dieu est d'abord une question de volonté et ensuite, une question d'intelligence. Il faut utiliser les mêmes qualités d'entendement et de ténacité pour la combattre. Mais, il faut aussi que ce complot soit dénoncé et que l'information passe : dans ce sens W.G. Carr est sans doute optimiste. Dans son encyclique sur la Franc-Maçonnerie *Humanum Genus* de 1888, Léon XIII, par exemple, avait dénoncé le complot de la Contre-Église mais cela n'a pas donné beaucoup de résultat. Il est vrai, par ailleurs, que Léon XIII n'avait dénoncé que la piétaille, c'est-à-dire la F∴M∴, et non pas les généraux-en-chef [Les Illuminati.] (N.D.T.)

«Nous constituons une association de frères en tous les points du globe. Nous souhaitons briser tous les jougs. Cependant, il y en a un d'invisible que l'on peut à peine sentir et il pèse sur nous. D'où vient-il ? Où est-il ? Personne ne le sait ou bien ne veut le dire. Ce joug est secret même pour nous les vétérans des sociétés secrètes.»

En 1925 Son Éminence le Cardinal Caro y Rodriguez, Archevêque de Santiago au Chili publia un livre intitulé *«Le Mystère de la Franc-Maçonnerie dévoilé»* afin d'exposer comment les Illuminati, les Satanistes et les Lucifériens avaient constitué une société secrète à l'intérieur d'une société secrète. Il fournissait un grand nombre de preuves montrant que même les Francs-Maçons des 32e et 33e degrés ne savaient pas ce qui se passait dans les Loges du Grand Orient, dans celles du Rite Palladien Nouveau et Réformé de Pike, ainsi que dans les Loges d'Adoption dans lesquelles sont initiés les membres féminins de la conspiration. À la page 108, il cite une autorité en la matière ; Margiotta, pour prouver qu'avant que Pike n'eût sélectionné Lemmi pour assurer la succession de Mazzini en tant que Directeur du Mouvement Révolutionnaire Mondial, Lemmi était déjà un Sataniste enragé et confirmé, mais qu'il ne fut initié à l'Idéologie Luciférienne qu'après avoir été sélectionné.

Le fait que les Grands Prêtres de la fausse foi Luciférienne aient introduit sur cette terre l'adoration de Satan dans les premiers grades des Loges du Grand Orient et des Conseils du Rite Palladien, puis aient initiés les individus choisis au GRAND SECRET — que Lucifer est le Dieu, l'égal d'Adonaï — intrigua bon nombre d'historiens et de chercheurs. Les Saintes Écritures ne mentionnent Lucifer que quelques fois seulement : en *Isaïe* XIV, en *Saint Luc* X, 18 et en l'*Apocalypse* IX, 1-11. La Doctrine Luciférienne toutefois, déclare fermement que Lucifer dirigea la révolte Céleste ; que Satan est le «fils aîné» de Dieu (Adonaï) et le frère de St Michel qui mit en déroute la Conspiration Luciférienne au Ciel. Les enseignements lucifériens proclament aussi que St Michel vint sur Terre en la personne de Jésus-Christ pour essayer de réaliser de nouveau ce qu'il avait accompli au Ciel... mais échoua. Lucifer, Satan, le diable (appelez-le comme vous voulez) est le père du mensonge ; il est donc clair que ces forces spirituelles ténébreuses trompent énormément de soi-disant intellectuels et leur font accomplir leur volonté comme elles le firent au Ciel.

La chose importante dont nous devons nous rappeler c'est que selon la Révélation, il doit y avoir un jugement final. Satan brisera ses liens ou sera délié de ses liens qui le maintenaient attaché pour un millier d'années. Il apportera de nouveau le chaos sur cette Terre. Ensuite le Christ interviendra en faveur des élus et Dieu séparera les agneaux des boucs. On nous a prévenu que ceux qui se sont séparés de Dieu seront menés au chaos ultime et à la confusion par Lucifer, Satan ou le Démon pour toute l'éternité, qu'ils haïront leurs maîtres, eux-mêmes et les autres parce qu'ils réaliseront qu'ils ont été trompés en se séparant de Dieu et surtout qu'ils auront perdu pour toujours son amour et son amitié.

Il sera facile pour le lecteur des deux livres «*Des Pions sur l'Échiquier*» et «*Le Brouillard Rouge sur l'Amérique*» de réaliser que le combat actuel n'est pas de nature temporelle ou «de ce monde.» Son point de départ fut cet endroit de l'univers que nous appelons «Le Monde Céleste.» Son but est de gagner et d'arracher les âmes humaines au Dieu Tout Puissant.

Des théologiens savants ont déclaré que Lucifer, Satan ou le diable, est un pur esprit, par conséquent indestructible. Sachant qu'il est menteur, il est toujours enclin à amener en enfer le plus possible d'âmes avec lui pour qu'elles partagent son désespoir. Ce fait établi, notre devoir est clair : nous devons faire connaître la vérité sur cette question à notre prochain aussi vite que possible pour qu'il puisse éviter les embûches et les pièges disposés par ceux qui servent les desseins du Démon. Mais aussi pour voir clair dans les mensonges et les tromperies de ceux qui parcourent le monde en vue de consommer la ruine des âmes. Les Guerres et les Révolutions donnent au Démon ses plus grandes moissons d'âmes humaines parce que «*Beaucoup sont appelés et peu sont élus»* (*St Matthieu* XX, 16 ; XXII, 14). On entend souvent dire que ce qui se passe aujourd'hui dans le monde n'est qu'une «Guerre en vue de conquérir les esprits des hommes.» C'est seulement une demi-vérité, pire qu'un mensonge.

Le complot de Weishaupt prévoit :

1. **L'Abolition de tous les gouvernements nationaux.**
2. **L'Abolition de l'héritage.**
3. **L'Abolition de la propriété privée.**
4. **L'Abolition du patriotisme.**
5. **L'Abolition de la maison individuelle et de la vie de familiale, cellule à partir de laquelle toutes les civilisations ont été bâties.**
6. **L'Abolition de toutes les religions établies et existantes de façon à ce que l'on puisse imposer l'Idéologie Lucifèrienne du totalitarisme à toute l'humanité.**

Les Quartiers Généraux de la Conspiration vers la fin des années 1700, étaient à Francfort en Allemagne où la Maison Rothschild avait été établie et où elle liait ensemble d'autres financiers internationaux qui avaient littéralement «vendu leurs âmes au diable.» Après la découverte de la conspiration par le Gouvernement Bavarois en 1786, les Grands Prêtres de la *foi* Lucifèrienne établirent leurs quartiers généraux en Suisse. Depuis la Deuxième Guerre Mondiale les Quartiers Généraux ont été installés au Harold Pratt Building de New York. Les Rockfeller ont remplacé les Rothschild dans les manipulations financières.

Dans la phase finale de la conspiration, le gouvernement sera représenté par un Roi-Despote, celui de la Synagogue de Satan, et de quelques milliardaires, économistes et scientifiques qui auront prouvé leur dévotion à la Cause Lucifèrienne. Tout le reste sera intégré dans une sorte de conglomérat d'humanité métissée, grâce à l'insémination artificielle pratiquée à une échelle internationale. Aux pages 49-51 de «*L'Impact de la Science sur la Société*», Bertrand Russel déclare que l'on utilisera seulement moins de 30% de la population féminine et 5% de la population masculine à des fonctions de reproduction. Celle-ci sera strictement limitée et des quotas seront fixés pour assurer les besoins de l'État.

Je conclurai mon introduction en citant quelques passages d'une conférence que donna aux membres de la Loge du Grand Orient de Paris un haut dirigeant du Rite Palladien de Pike, au début de ce siècle.

Il disait :

«*Sous notre influence, l'application des lois des Goyim a été réduite au minimum. Le prestige de la loi a été vidé de son sens par l'immixtion d'interprétations libérales. Dans les affaires, les questions les plus importantes et fondamentales, les Juges décident selon ce que nous leur dictons, à savoir considérer ces matières grâce à notre lumière pour l'administration des Goyim. Bien entendu nous le faisons par le biais de personnes qui sont nos instruments et nous n apparaissons en aucune façon. Même le Sénat et la Haute Administration acceptent nos Conseils...*»

Ceci expliquerait l'incident de «Little Rock» qui eut lieu un demi-siècle plus tard.

Est-il possible à une personne qui réfléchit un temps soit peu de nier le fait que la conspiration révisée par Weishaupt vers la fin des années 1700 et les plans dressés par Pike vers la fin des années 1800 ont évolué exactement comme c'était prévu ?

Les Empires de Russie et d'Allemagne ont été détruits. Ceux de Grande-Bretagne et de France réduits à des puissances de troisième ordre. Les têtes couronnées sont tombées comme des fruits plus que mûrs. La population mondiale a été divisée deux fois en des partis opposés suite à la propagande mise en œuvre par les Illuminati. Deux Guerres mondiales ont vu les Chrétiens se tuer avec efficacité par dizaines de millions. Le combattant engagé dans ce conflit n'avait pas la moindre animosité vis-à-vis de celui d'en face. Deux des Grandes Révolutions, celles de Russie et de Chine, ont réalisé ces desseins et le Communisme est arrivé jusqu'à une puissance équivalente à celle de la Chrétienté tout entière.

L'Intrigue qui se déroule maintenant au Proche et Moyen Orient fomente la Troisième Guerre mondiale.

Après cela, à moins que le poids de l'opinion publique informée ne l'empêche, viendra le dernier cataclysme social. Il en résultera un esclavage spirituel, mental et physique absolu.

Est-il possible à une personne informée de nier le fait que le Communisme est toléré dans les soi-disant pays libres ? La branche spéciale des Services Secrets Britanniques ; le R.C.M.P. Canadien et le F.B.I. Américain pourraient arrêter tous les dirigeants Communistes en vingt-quatre heures s'ils en recevaient l'ordre. Mais ils n'en ont pas l'autorisation.

Pourquoi ? La réponse est simple.

Le Communisme est «contenu» au niveau des gouvernements nationaux et internationaux sur le conseil d'agents des Illuminati, qui produisent ensuite bon nombre d'excuses peu convaincantes à propos de la politique actuelle de la Grande-Bretagne, du Canada et des États-Unis envers le Communisme International et National. Et même si le F.B.I. ou le R.C.M.P. agissaient, les Juges des Cours Suprêmes des deux pays trouveraient des raisons juridiques pour que les personnes arrêtées soient relâchées.

Cette attente serait ridicule si l'on ignore que le Communisme doit être «contenu» afin de servir au dernier cataclysme social.

N'est-ce pas le moment pour les Chrétiens de constater la réalisation de ce danger ?

N'est-ce pas le moment pour les parents de refuser que leurs enfants soient utilisés comme chair à canon de la Cause Luciférienne ?

La Fédération des Laïcs Chrétiens que j'ai l'honneur de présider a fait le nécessaire pour que la connaissance acquise jusqu'à ce jour des différents aspects de la conspiration soit disponible. Nous avons publié «*Des Pions sur l'Échiquier*» et «*Le Brouillard Rouge sur l'Amérique*» sous forme de livres ainsi que d'autres brochures. Nous tenons au courant ceux qui ont lu nos livres des progrès de la conspiration en éditant une lettre mensuelle intitulée «*News Behind the News*» (Des Nouvelles Derrière les Nouvelles).

Nos prédictions sur les événements à venir sont fondées sur notre connaissance de l'existence de la conspiration.

Et nos prédictions se sont avérées étonnamment exactes, à tel point que : nous avons suscité l'intérêt des personnes qui veulent bien penser, dans le monde entier. Nous les invitons à nous rejoindre. Donnez vous la peine d'acquérir une connaissance complète des différents aspects de la conspiration et transmettez ensuite cette connaissance à d'autres. Faites cela et la puissance d'une opinion publique informée deviendra la plus grande force sur cette terre.

Je vous conjure de vous organiser en ligues de citoyens chrétiens ou en groupements semblables(14).

Utilisez-les comme groupes d'études. Utilisez-les pour élire des hommes qui sont des citoyens loyaux.

Mais avant de sélectionner un candidat pour une fonction publique, assurez-vous de sa connaissance des différents aspects de la Conspiration Internationale au niveau des gouvernements municipaux, régionaux et fédéraux.

Tous les Mondialistes ne serviraient pas la Synagogue de Satan s'ils étaient éclairés par la Vérité. Il est de votre devoir de les informer de la Vérité. Les ligues civiques chrétiennes ne doivent pas avoir de Parti ne doivent pas être classées à droite ou à gauche. Leur but devrait être le rétablissement de Dieu dans la politique de façon à ce que nous puissions établir le gouvernement selon Son Plan de direction de l'Univers tel nous l'a révélé dans les Écritures par Son Fils Unique, Notre-Seigneur Jésus-Christ.

14. — W.G. Carr écrivait cela en 1958 : depuis, des verrous ont été posés partout où un semblant d'autorité pourrait être pris par un chrétien affiché. (N.D.T.)

Alors seulement Sa volonté sera faite comme elle l'est au Ciel.

À mon humble avis, Dieu n'interviendra pas en notre faveur avant que ceci ne soit fait et que les mots de la Prière du Seigneur ne soient accomplis.

William Guy CARR
Clearwater Fla.,
13 octobre 1958

Billet de 1 DOLLAR (1923)

L'insigne de l'Ordre des Illuminati est inscrit sur la gauche du billet de 1 Dollar. Il fut adopté par Weishaupt lorsqu'il fonda l'ordre, le 1er mai 1776. C'est cet événement qui est symbolisé par le MDCCLXXVI à la base de la pyramide et non pas la date de la signature de la Déclaration d'Indépendance comme les personnes non-informées ont pu le supposer.

La signification du symbole est la suivante : la pyramide représente la conspiration pour la destruction de l'Église Catholique et l'établissement du «Gouvernement Mondial» ou dictature des Nations-Unies ; c'est le «secret» de l'Ordre.

L'œil irradiant dans toutes les directions représente «l'œil qui espionne tout.» Il symbolise l'agence d'espionnage terroriste, sorte de «Gestapo» que Weishaupt fonda sous le nom de «Frères Insinuants» afin de garder le «secret» de l'Ordre,

Billet de 1 DOLLAR (1935)

Insigne de l'ordre des illuminati apparaissant au verso du sceau des États-Unis et au verso des billets de 1 dollar.

pour terroriser les populations et leur faire accepter sa règle. Cette G.P.U. exerça son premier Règne de la Terreur lors de la Révolution Française ; c'était sa mise en place en tant qu'instrument. On reste stupéfait de constater que l'électorat tolère encore l'utilisation de cet insigne comme élément constitutif du Grand Sceau des États-Unis.

«Annuit cœptis» signifie *«Notre entreprise (la conspiration) a été approuvée, couronnée de succès.»*

Au-dessous, «novus ordo seclorum» explique la nature de l'entreprise : la signification en est *«Un Nouvel Ordre Social» ou une «Nouvelle Donne»* (New Deal.)

Il faut savoir que cet insigne a été utilisé par la Franc-Maçonnerie seulement après la fusion avec l'Ordre des Illuminati au Congrès de Wilhelinsbad, en 1782.

Benjamin Franklin, John Adams (parent de Roosevelt) et Thomas Jefferson, ardent Illuminé, proposèrent l'insigne comme verso du sceau des États-Unis, dont le recto avait pour symbole l'aigle. Le Congrès l'adopta le 10 Juin 1782. Lors de l'adoption de la Constitution, le Congrès décréta par acte du 15 septembre 1789 qu'il conservait le même Sceau. Le Département d'État a toutefois déclaré dans ses dernières publications à ce sujet (2860) que *«Le verso n'a jamais été séparé et utilisé comme sceau»* et qu'on a seulement utilisé le côté portant le symbole de l'aigle en tant que sceau officiel et armoiries. Il fut imprimé la première fois sur la gauche du verso des billets de un dollar au début de la période de New Deal en 1933, sur l'ordre du Président Franklin Delanoe Roosevelt.

Quelle est la signification réelle de ce symbole digne de la Gestapo, soigneusement camouflé jusqu'à son apparition au début du New Deal, si bien que les Américains eux-mêmes ne commissent généralement son existence qu'en tant que symbole maçonnique, et que très peu se doutent de sa véritable signification ?

Il ne peut signifier qu'une chose : avec l'avènement du New Deal, les Conspirateurs Socialo-Communisto-Illuministes, successeurs du Professeur Weishaupt, considéraient que le peuple approuvait leur entreprise, qui allait être couronnée de succès.

Dans les faits, ce sceau proclame à l'attention des Mondialistes que la puissance entière du Gouvernement des États-Unis est maintenant passée sous le contrôle des agents des Illuminati, et que cette puissance adoptera de gré ou de force les politiques voulues par ceux qui cherchent à faire appliquer toujours mieux leurs plans secrets de sape et de destruction des gouvernements du soi-disant *«Monde Libre»*, et de toutes les religions.

L'Objectif est que la Synagogue de Satan puisse usurper les pouvoirs du premier Gouvernement Mondial établi et imposer ensuite une dictature totalitaire luciférienne sur ce qui resterait de l'espèce Humaine.

Note de Baglis

"Selon la prophétie des plus anciens Instructeurs, l'Époque de Maitreya viendra lorsque l'humanité aura perdu les fondements de l'Enseignement et sombrera dans l'obscurité."

Hiérarchie (1931) - Nicolas Roerich (Serge Macronowsky)

Le peintre juif russe Nicolas ROERICH (1874-1949) avait, en son temps, adhéré avec sa femme à la Théosophie et à l'École Arcane d'Alice A. Bailey.

Le vrai nom de Roerich était Serge Macronowsky.

Il était ami du maçon Tagore et *« gourou »* du vice-président des U.S.A., le maçon Henry A. Wallace (1888-1965), durant l'adminitration Roosevelt. Wallace, personnalité fascinée par l'occultisme, n'eut pas de mal à convaincre le juif Henry Morgenthau (banquier membre du B'nai B'rith, de la Pilgrims' Society et de la Round Table britannique), qui était alors secrétaire au Trésor américain, de faire imprimer en 1935, selon les désirs de Roerich, le symbolisme ésotérique de la grande Pyramide du Bristish Israel et la devise *« Novus Ordo Seclorum »* sur le nouveau billet de un dollar américain. Roerich est aujourd'hui l'une des figures émergentes qui inspirent le mouvement New Age.

CHAPITRE PREMIER

LE MOUVEMENT RÉVOLUTIONNAIRE MONDIAL

— M.R.M. —

Si l'on veut comprendre les *causes* de ce qui, dans le passé, a produit les *effets* que nous connaissons aujourd'hui, surtout pour tout ce qui ne nous satisfait pas dans les affaires nationales et internationales, nous devons étudier l'Histoire, car l'Histoire se répète.

L'Histoire se répète parce qu'il y a une continuité parfaite dans le but du combat qui se déroule depuis le commencement des temps, entre les enfants de la Cité du Bien et ceux de la Cité du Mal. L'enjeu en était de décider si le *Dieu* Tout Puissant dirigerait les affaires du monde ou si le monde irait littéralement contre Lui, vers le *diable.* C'est aussi simple que cela. On sait que le camp de Satan s'est divisé et a éclaté en de multiples factions. Ces factions s'opposent souvent entre elles pour arriver au but commun : c'est pourquoi l'étude des causes de nos malheurs en est rendue plus compliquée. Les différences d'opinion sont le fruit de la propagande des médias, que l'on utilise plus souvent comme moyen pour répandre des mensonges et des demi-vérités plutôt que comme moyen de révéler la vérité, entière, non déformée, sur n'importe quel événement ou sujet.

Les fauteurs de guerres ont utilisé la propagande pour diviser les êtres humains en partis opposés sur les questions politiques, sociales, économiques et religieuses de façon à les amener progressivement à se combattre et à s'éliminer. Aussi, si nous voulons découvrir les *causes* qui ont produit les *effets* que nous expérimentons aujourd'hui, devons-nous étudier soigneusement tous les faits dignes d'intérêt, séparer la vérité de l'erreur, la fiction du fait réel, étudier les événements passés pour les analyser et voir comment ils ont affecté et influencé la situation contemporaine.

D'un point de vue religieux, le genre humain est divisé en deux camps principaux. Les personnes qui se situent dans le premier «parti» croient en l'existence d'un Dieu. Les autres nient l'existence de tout Être suprême. Cela est d'une grande importance car nous prouverons que toutes les guerres et toutes les révolutions ont été le fait de groupes déterminés à imposer leur idéologie aux peuples du monde entier.

La conception de Dieu varie selon les différentes sectes. Le déisme enseigne que Dieu est un Être personnel, qu'Il dirige l'univers et en est le Créateur. Le panthéisme assimile Dieu à l'univers mais pas en tant qu'Être personnel. Les panthéistes croient en la doctrine de la Présence Universelle de l'Esprit Divin dans la nature. Une variété de panthéisme a trouvé sa voie dans de nombreux systèmes philosophiques et religieux : le Bouddhisme et l'Hindouisme sont partisans de cette doctrine. La croyance en un Dieu personnel comprend la croyance en un monde céleste, la croyance en l'existence d'une âme et en la vie dans le monde céleste après la mort de nos corps matériels. Les personnes qui croient en un Dieu personnel doivent donc par nécessité croire en l'existence de Satan : le «diable personnel [15].»

L'étude des religions comparées prouve qu'en remontant le plus loin possible dans le temps, même les membres des tribus primitives avaient une sorte d'instinct religieux qui les obligeait à discuter et à se poser les questions suivantes :

- *«Pourquoi existons-nous ?» ;*
- *«Quel est le but de notre existence ?» ;*
- *«A quelles fins sommes-nous destinés ?» ;*
- *«Vers quoi allons-nous lorsque nous mourons ?»*

15. — La croyance en l'existence du diable n'est pas inclue dans la croyance en l'existence de Dieu. (N.D.L.R.)

Même les tribus les plus arriérées d'Afrique Centrale ou d'Australie ne semblent avoir eu aucun doute quant à l'existence de Dieu, d'un monde spirituel et d'une autre existence pour leurs âmes après la mort de leurs corps matériels.

L'étude des religions comparées indique aussi que la plupart, sinon la totalité des religions (qui enseignent la croyance en un Être suprême) eurent pour origine plus ou moins parfaite l'adoration et l'amour envers le Dieu Tout Puissant (16), le respect envers les aînés et les parents, l'amitié pour le prochain ou le bienfaiteur, ainsi que l'offrande de prières pour les proches et les amis décédés. Cela constituait le principe fondamental. Les hommes du mal, animés de sentiments d'égoïsme, d'avidité et de désir du pouvoir ont été les ferments de la détérioration de la quasi totalité des religions telles que nous les trouvons aujourd'hui. Quelques religions se sont dégradées jusqu'à voir leurs prêtres sacrifier des êtres humains pour servir d'offrandes à Dieu. Même le Christianisme a éclaté en de multiples confessions et il serait difficile de reconnaître la grande majorité qui se prétend chrétienne de nos jours, et reste fidèle à Jésus-Christ.

D'une façon générale, le Christianisme s'est dégradé d'abord avec la pratique des bonnes œuvres. Cela est d'une importance capitale lorsque nous étudions de nos jours le conflit entre les citoyens de la Cité du Bien et ceux de la Cité du Mal. La pratique des bonnes œuvres créait les rapports de bon voisinage et maintenait l'unité dans le monde chrétien. Les Saintes Écritures nous enseignent que nous devons aimer notre prochain comme nous-mêmes, pour l'amour de Dieu. La seule façon d'avoir de bons rapports avec notre prochain c'est de pratiquer les bonnes œuvres sans égoïsme. Le manque de bonnes œuvres personnelles signifie le manque d'unité et le manque de véritable esprit de communauté. Aujourd'hui nous

---

16. — Dans La Cité de Dieu, saint Augustin explique que c'est le diable qui a inventé les fausses religions pour éloigner les hommes de la vraie et toutes les religions sont fausses, sauf la religion mosaïque dans l'Ancien Testament et la religion catholique dans le Nouveau Testament. (N.D.L.R.)

avons adopté pour nos bonnes œuvres le système impersonnel du carnet de chèques. Nous en laissons parfois l'exercice aux Syndicats. L'emploi de l'expression suivante est donc justifié :

«Aussi froid que la charité professionnelle.»

Il serait bon de se rappeler que même la législation gouvernementale sur la Sécurité Sociale ne dispense pas les individus de leurs rapports de bon voisinage et la prière sans les bonnes œuvres diminue considérablement les moyens d'action de l'homme. La force de l'athéisme, c'est la désunion et la faiblesse de la chrétienté.

Pour une raison ou pour une autre, beaucoup de confessions chrétiennes sont en train de perdre toute influence sur la jeunesse des soi-disant nations libres. Toute personne perdue pour la Foi chrétienne vire généralement à la sécularisation et devient souvent «sympathisante» de l'une ou l'autre des idéologies athées : communisme ou «nazisme» (17).

La plupart des personnes qui se déclarent chrétiennes ne sont pas de véritables «soldats de Jésus-Christ», alors qu'à l'inverse, les titulaires de cartes des Partis Communiste ou Nazi doivent jurer une obéissance inconditionnelle à leurs chefs, consacrer toute heure disponible à l'avancement de la *cause* et verser un dixième de leur revenu pour le financement des activités du Parti.

Les Chrétiens sont désespérément divisés en à peu près 400 confessions ; les communistes et les Nazis, eux, sont tous solidement unis dans leur antichristianisme. Poursuivre notre vie de chrétien dans ce sens médiocre ne peut qu'aider les dirigeants de l'un ou l'autre de ces groupes athées à remporter la palme de la domination mondiale. Lorsqu'ils y seront

---

17. — Ne nous méprenons pas : nous utiliserons les termes *«Nazi»* et *«Nazisme»* pour identifier les membres extrémistes des partis de Droite qui firent allégeance aux Seigneurs de Guerre Aryens et Totalitaires qui intriguaient pour amener le Fascisme à poursuivre leurs plans secrets et leurs ambitions, de la même façon que le *«Groupe International»* constitué de banquiers, de chefs de cartels et :,de politiciens utilisait le communisme et les autres mouvements de *«Gauche»* pour poursuivre ses plans secrets et ses visées totalitaires. (N.D.A.)

arrivés, ils transformeront tous ceux qui refusent d'accepter leur idéologie païenne en esclaves. Les Illuminati imposeront alors le despotisme de Satan.

Il y a une grande similitude de croyances en ce qui concerne l'origine de l'homme chez tous ceux qui adorent un Être suprême. Le plus grand nombre croit que le «Père Éternel» a peuplé ce monde dans le but de donner une autre chance aux moins coupables de ceux qui suivirent Lucifer lors de la révolte céleste, leur permettant soit de décider librement d'accepter l'autorité de Dieu, et de lui vouer une obéissance inconditionnelle, soit d'aller littéralement au diable. Des sectes méprisées comme celles des «Doukhobors» soutiennent de telles croyances en pratiquant une résistance passive aux lois humaines, qu'ils déclarent contraires aux lois divines. Il est bon de se rappeler que le nom Lucifer signifie «*Porteur de la Lumière*» — être très brillant, le «plus brillant» des Anges. Malgré ces gratifications particulières et ces privilèges, il se révolta contre la suprématie du Dieu Tout-Puissant.

La plupart des gens, en dehors des athées et des darwinistes acceptent l'histoire de la Création. Il y a toutefois un grand nombre d'opinions différentes en ce qui concerne l'histoire d'Adam et Ève et du Jardin d'Eden. Ainsi, de nombreux étudiants en religion comparée prétendent qu'il est probable que Dieu a crée plusieurs mondes, plusieurs Adam, plusieurs Ève, et les a placé chacun dans des endroits où ils ont pu se reproduire et peupler leurs planètes respectives.

Le fait que les êtres humains soient placés sur cette terre par le procédé de la naissance leur interdit d'avoir une quelconque connaissance sur une existence antérieure. Tout ce que nous savons sur la période qui précède la Création est ce que les Écritures nous ont révélé. En fait, cela n'est pas d'un grand intérêt de savoir s'il y a eu plusieurs Adam et plusieurs Ève. Ce dont nous devons impérativement nous nous souvenir, c'est que tous les êtres humains ont reçu en partage *une Volonté Libre* et qu'ils doivent décider pour eux-mêmes s'ils croient en un Dieu et en un diable ou s'ils croient en une idéologie matérialiste et athée. Chaque être humain se doit de choisir l'une ou l'autre de ces voies. Si nous croyons qu'il y a un Dieu et un diable, alors nous devons décider lequel des deux nous servirons. Lorsqu'un athée rejoint l'une ou l'autre des idéologies totalitaires, il sert *le Parti* et *l'État.* Il doit vouer une obéissance absolue au dirigeant du Parti et de l'État. La peine en cas de déviation c'est la torture, l'emprisonnement voire la mort.

Nous qui croyons en Dieu, n'avons aucun mal à croire aux réalités surnaturelles de l'existence d'Anges Bénéfiques ou maléfiques. Leur combat pour gagner de l'influence sur le maximum d'âmes humaines est à l'origine de beaucoup de conflits que nous connaissons sur Terre.

Les athées, d'un autre côté, ne croient pas en l'existence d'Anges et de démons. Ils prétendent qu'on n'a jamais prouvé l'existence de Dieu. Le nombre de groupes d'athées est considérable : les (vrais) communiste, les Francs-Maçons du Grand Orient, les Libres-Penseurs, les membres de la Ligue des Sans-Dieu, les Illuminés, les Nihilistes, les Anarchistes, les (vrais) Nazis et la Mafia (18). Beaucoup de Sans-Dieu souscrivent aux différentes formes de laïcisme même s'ils évitent de s'affilier aux Groupes Athées Communistes et Nazis.

La plupart des athées font reposer leur croyance sur le principe qu'il n'existe qu'une seule réalité : LA MATIÈRE. Que les forces aveugles de LA MATIÈRE (quelquefois nommée ÉNERGIE) se présentent sous la forme de végétaux, d'animaux et de l'homme. Ils nient l'existence d'une âme et la possibilité d'une vie dans un autre monde après la mort de nos corps matériels.

Nous savons de source sûre que le communisme moderne fut organisé dès 1773 par un groupe d'Argentiers Internationaux qui l'ont utilisé depuis comme un «manuel pour

18. — Nous employons les termes « *Vrais Communistes*» et « *Vrais Nazis*» afin d'identifier les dirigeants et les agents des deux idéologies totalitaires qui ont été initié dans le Rituel Satanique de l'Illuminisme, soit dans les loges de la Franc-Maçonnerie du Grand Orient soit dans les Rites Anciens et Païens utilisés par les Loges Militaires Nazies du Grand Orient Allemand. (N.D.A.)

l'action» afin de poursuivre leurs plans secrets et constituer un État Totalitaire sans Dieu. Lénine le dit clairement dans son livre «*Left Wing Communism.*» À la page 53, il déclare :

> «*Notre Théorie* (le Communisme) *n'est pas un dogme* (doctrine établie) *; c'est un manuel d'action.*»

Un grand nombre de dirigeants actuels a dit et fait les mêmes choses que celles que Lucifer accomplit lors de la Révolution céleste et il n'y a pas de grande différence entre l'*athéisme rouge* et l'*athéisme noir.* La seule différence se situe dans les plans mis en œuvre par les dirigeants rivaux afin de remporter définitivement le contrôle absolu des ressources mondiales et faire éclore leurs idées de dictature totalitaire sans Dieu.

Karl Marx (1818~1883) était un allemand d'ascendance Juive. Il fut expulsé d'Allemagne et ensuite de France pour ses activités révolutionnaires. On lui donna asile en Angleterre, et en 1848, il publiait le Manifeste Communiste. Marx reconnaissait que son plan à longue échéance destiné à transformer le monde en une internationale de Républiques Socialistes Soviétiques pouvait mettre des siècles avant d'arriver à son terme.

Karl Ritter (1779-1859) était un professeur allemand d'Histoire et de Science Géopolitique. Il écrivit l'antithèse du Manifeste Communiste de Karl Marx. Il dressa également un plan dans lequel il affirmait que la Race Aryenne pourrait dominer en un premier temps l'Europe puis le Monde Entier. Quelques dirigeants athées du Groupe Aryen adoptèrent le plan de Karl Ritter. Ils créèrent le Nazisme pour mener plus loin leurs visées secrètes et obtenir le contrôle ultime de la planète, la transformant en un État sans Dieu selon la conception d'une dictature totalitaire. Ce petit groupe d'hommes savait qu'il pouvait recevoir ou détruire la puissance et l'influence des Banquiers Internationaux. Seuls quelques hauts dirigeants des Mouvements Communistes et Fascistes savent que leurs organisations servent de paravent aux visées secrètes des Illuminati — qui sont les Grands Prêtres du Satanisme.

Selon les chefs des deux groupes athées, l'État doit être souverain. Ceci étant défini, le Dirigeant de l'État est donc Dieu sur Terre et cette croyance a amené la déification actuelle de l'Homme.

On connaît en général beaucoup plus de choses sur Karl Marx et le communisme que sur Karl Ritter et le Nazisme. Ritter fut pendant quelques années Professeur d'Histoire à l'Université de Francfort en Allemagne. Ensuite, il enseigna la Géographie à l'Université de Berlin. Dans les cercles férus d'Éducation on le considérait comme une des plus grandes autorités en Histoire, en Géographie et en Géopolitique. Les «Visées et les Objectifs» des dirigeants du Parti Aryen sont toujours demeurés secrets ; les liens qui conduisent de Karl Ritter aux dirigeants Nazis et au Nazisme sont donc très peu connus. Les Officiers des Renseignements en relation avec le Gouvernement Britannique mirent au grand jour ses liens avec les Seigneurs de la Guerre Aryens (19), évidents pour qui étudia l'Économie Politique, la Géopolitique, les Religions Comparées dans les Universités Allemandes. On communiqua cette information aux autorités concernées mais, comme cela arrive souvent, les dirigeants politiques et les diplomates ne réalisèrent pas bien la signification de ce qu'on leur racontait ou bien souhaitèrent l'ignorer (20).

L'analyse que fit Karl Ritter de l'Histoire le persuada qu'un très petit groupe de Banquiers riches, influents et

19. — On ne doit pas confondre les Seigneurs de la Guerre Aryens Nazis avec les Junkers plus modérés qui étaient de jeunes Allemands recevant un entraînement militaire dans le but de protéger les droits politiques et économiques de l'Allemagne menacés par les Groupements Internationalistes. (N.D.A.)

20. — Un des officiers les plus compétents des services secrets de Grande-Bretagne est le beau-père de ma fille Eillen. Je le connais depuis Octobre 1914 et j'ai servi avec lui, à maintes reprises lors des deux guerres mondiales. Lui et moi avons fait des recherches sur cet aspect du Nazisme, chacun de notre côté, et lorsque nous avons comparé nos renseignements, nous avons pu juger que nous étions presque arrivés au même résultat. (N.D.A.)

internationaux, ne rendant aucun compte à quelque pays que ce soit, mais mêlés aux affaires de tous, avait organisé en 1773 la Franc-Maçonnerie du Grand Orient dans le dessein d'utiliser *le Mouvement Révolutionnaire Mondial* pour favoriser leurs visées secrètes. Leur Plan à longue échéance était destiné à obtenir le contrôle total de la richesse, des ressources naturelles et du potentiel humain du monde entier. Leur objectif final était de constituer une Dictature Totalitaire basée sur leurs théories de la dialectique athée et du matérialisme historique. Ritter affirma que la plupart, sinon la totalité des Banquiers Internationaux étaient d'ascendance Juive sans considérer le fait qu'ils pratiquaient ou non la Religion Juive.

Dans son antithèse au Manifeste Communiste de Karl Marx, il envisage les dangers auxquels il faudrait faire face si ce groupe d'hommes venait à contrôler et diriger la politique du Communisme International. Il proposa aux Seigneurs de la Guerre Aryens Allemands des solutions concrètes et pratiques pour réduire la conspiration des Rois de l'Argent Internationaux (21). Le Professeur Ritter confia aux Seigneurs de la Guerre Aryens un plan à longue échéance qui leur permettrait d'obtenir le contrôle ultime de ces ressources mondiales en faveur des races Aryennes.

Pour contrer les plans des Argentiers Internationaux, Karl Ritter conseilla aux dirigeants des Groupes Aryens de constituer le Nazisme et d'utiliser le Fascisme, le National-Socialisme, comme Moyens d'action pour favoriser leurs visées secrètes de conquête mondiale. Le Professeur Ritter fit aussi remarquer que les Banquiers Internationaux projetaient de passer par toutes les phases du Sémitisme pour favoriser leurs plans ; en conséquence, les dirigeants Aryens

21. — Nous employons l'expression *«Rois de l'Argent Internationaux»* afin de désigner le Groupe International d'Hommes qui contrôlent l'activité bancaire internationale, l'industrie, les échanges. Ce sont ces hommes qui ont utilisé le Communisme pour détruire toute autorité constituée, toutes les institutions religieuses et politiques existantes, de façon à ce qu'ils puissent exercer en dernier lieu une main mise absolue sur les ressources mondiales. (N.D.A.)

devraient passer par toutes celles de l'Antisémitisme pour favoriser leur cause.

Le plan à longue échéance de Karl Ritter pour la conquête du monde comprenait les points suivants :

1. La domination de tous les pays européens par l'Allemagne. Pour réaliser ce point il suggéra d'encourager et d'appuyer les Junkers militaires allemands pour obtenir le contrôle du gouvernement et qu'ils puissent s'engager dans une série d'*aventures militaires* entrecoupées de guerres économiques. L'objectif étant d'affaiblir l'économie et les effectifs humains des nations européennes à dominer (22). Karl Ritter déclara qu'il n'était pas absolument essentiel au succès de son plan à longue échéance que chaque *aventure militaire* se soldât par une nette victoire. Les autres nations concernées devraient être laissées dans un tel état d'épuisement, que leur rétablissement prendrait plus de temps que pour celui de l'Allemagne. Karl Ritter mit l'accent sur l'importance qu'il y avait à convaincre le peuple allemand de sa supériorité physique et mentale par rapport aux races sémites. À partir de cette prétention les propagandistes Aryens développèrent l'idée d'une *Race Allemande maîtresse.* Ils le firent pour contrer la propagande des Banquiers Internationaux qui affirmaient que la Race Sémite était le peuple élu de Dieu et divinement choisi pour l'héritage de la terre. Les dirigeants Aryens promulguèrent alors la doctrine selon laquelle «Leur Race» était *la race maîtresse* sur cette terre. C'est ainsi que des millions de personnes furent divisées en partis opposés.
2. Karl Ritter recommanda une politique financière qui empêcherait les Banquiers Internationaux d'obtenir le contrôle de l'économie allemande et de ses États satellites

22. — Voilà une bonne illustration de la façon d'agir des extrémistes anticommunistes qui utilisent aussi le «*Principe de la Société Anonyme*» et se servent d'hommes de paille pour accomplir leur dessein. Les vrais directeurs et instigateurs, eux, restent cachés et inconnus du grand public (N.D.A.)

comme ils avaient obtenu le contrôle économique de l'Angleterre, de la France et de l'Amérique.

3. Il recommanda l'organisation d'une cinquième colonne Nazie pour contrer l'organisation communiste «souterraine.» Son objectif était de persuader les classes moyennes et dirigeantes des pays qu'ils avaient l'intention de dominer, d'accepter le fascisme comme seul antidote au communisme. Les agents de la cinquième colonne allemande devaient conditionner les personnes des autres pays de façon à ce que les armées allemandes soient accueillies comme «protecteurs militaires» face à l'agression communiste redoutée. Karl Ritter avertit les dirigeants du Groupe Aryen qu'une invasion militaire d'un autre pays ne devrait jamais être entreprise avant que la cinquième colonne et les moyens de propagande aient parfaitement préparé le chemin et convaincu la majorité du peuple d'accepter leur intervention armée comme acte de croisade ou de sauvetage et non pas comme acte d'agression (23).
4. Karl Ritter recommanda froidement la destruction totale du communisme et l'extermination de la race Juive. C'était essentiel d'après lui, pour obtenir le contrôle final des affaires internationales sous la direction des dirigeants aryens. Il justifia cet argument expéditif par les faits historiques qui prouvaient que les Banquiers Juifs Internationaux utilisaient le communisme pour favoriser leurs propres visées matérialistes et égoïstes.

Il y avait beaucoup plus de points dans ce *Plan à longue échéance*. Mais dans ce chapitre, ces quelques points nous suffisent pour «*faire céder le pène*» de la porte derrière laquelle nous avons trouvé les plans secrets de deux petits groupes d'hommes totalitaires, matérialistes et athées. Une étude des religions comparées, de la géopolitique, de l'économie

23. — Lorsque Hitler agit contrairement aux principes fondamentaux émis par Karl Ritter, les généraux allemands qui faisaient partie du noyau dur des dirigeants rials essayèrent de le faire assassiner, oubliant qu'ils l'avaient placé là pour être avant tout l'instrument de leur volonté. (N.D.A.)

politique ainsi que des années de recherche intensive nous ont conduit à la vérité, à savoir que des millions d'êtres humains ont été utilisés comme de simples «*Pions sur l'Échiquier*» par les dirigeants des deux partis athées et totalitaires. Ils continueront à jouer leur partie d'échec internationale, ignoble, jusqu'à ce que l'un ou l'autre soit éliminé. Nous allons montrer comment ce jeu a été mené de main de maître dans le passé et quels seront les coups à jouer dans un proche avenir pour permettre à l'un des deux partis de remporter la victoire.

Les disciples de toutes les religions qui enseignent l'existence de Dieu et une vie dans l'au-delà croient en l'amour, en l'adoration de Dieu et en la charité envers tous les hommes de bonne volonté. Les croyants sincères devront subir toutes les épreuves et feront tous les sacrifices pour d'assurer leur salut éternel. Au contraire, les disciples de l'athéisme sont éduqués dans la HAINE de ceux qui refusent d'accepter leur croyance matérialiste. L'infâme résolution des dirigeants des deux groupes athées (réaliser la domination mondiale) leur fait concevoir les pires conspirations diaboliques et perpétrer toutes sortes de crimes allant du simple assassinat au génocide. Ils fomentent toutes sortes de guerres pour affaiblir les nations qu'ils ne dominent pas encore.

L'étude des religions montre bien que le communisme et le nazisme sont totalement incompatibles avec les religions qui croient en l'existence d'un Dieu Tout Puissant. L'expérience et l'Histoire prouvent que ceux qui croient en Dieu et ceux qui nient Son existence sont tellement opposés qu'aucun des deux ne peut survivre au triomphe de l'autre. Les dirigeants athées des pays dominés peuvent, pour un temps, tolérer les religions qui enseignent la croyance en Dieu, mais permettent aux prêtres d'exercer leur ministère uniquement sous certaines conditions. Ils prennent bien soin de ce que les prêtres n'aient pas l'occasion d'influencer le comportement politique et social de leurs fidèles.

À l'évidence, l'OBJECTIF FINAL des deux grandes idéologies athées est d'arracher des cerveaux humains, par la persécution et un programme systématiquement appliqué de «*lavage de cerveaux»*, toute connaissance d'un Être suprême, de l'existence d'une âme, et tout espoir d'une vie par-delà la vie. Sachant cela, tout dialogue en vue d'une coexistence ne peut être qu'un non-sens total ou de la propagande pure.

Le malheur d'aujourd'hui, c'est la continuation de la révolte céleste. Si Dieu a placé les êtres humains sur cette terre pour qu'ils puissent Le connaître, L'aimer et Le servir dans cette vie afin d'être heureux avec Lui pour toujours dans l'autre monde, il est logique de penser que l'une des façons par laquelle Lucifer peut espérer s'approprier les âmes, c'est de leur inoculer la doctrine du matérialisme athée.

Sans aucun doute beaucoup de personnes se demanderont :

> *«Mais comment le Démon pourrait-il inoculer dans les esprits des hommes l'athéisme et les autres idées maléfiques ?»*

Nous pouvons répondre à cette question de la façon suivante : Si les humains peuvent construire des stations de radio et de télévision par lesquelles un individu peut en influencer des millions d'autres en diffusant ses idées sur quelque sujet que ce soit par l'intermédiaire d'ondes aériennes, invisibles, pourquoi ne serait-il pas possible à des êtres CÉLESTES de nous diffuser leurs messages ? Aucun spécialiste du cerveau n'a osé nier le fait que dans le cerveau de chaque individu il y a une sorte de poste-récepteur mystérieux. À toute heure du jour les êtres humains déclarent : «*J'ai été poussé à faire cela*» ou «*J'ai été tenté de faire cela.*» Les pensées, qu'elles soient bonnes ou mauvaises, doivent avoir leur origine quelque part, avoir une «cause» et être transmises au cerveau humain. Le corps, c'est seulement l'instrument qui met en mouvement la pensée dominante pour le «*Bien*» ou pour le «*Mal.*»

Tout croyant doit conserver en permanence à l'esprit la chose suivante : si nous sommes sur cette terre pour un temps d'épreuve, si on nous a donné une volonté libre, c'est pour nous permettre de décider si nous voulons aller à Dieu ou au diable. En conséquence, si le Démon n'avait pas la faculté d'influencer les esprits des hommes, il n'y aurait pas d'épreuve. Si le Dieu Tout Puissant a envoyé ses prophètes et Son Fils

Jésus-Christ afin de nous montrer clairement ce qu'est le *Bien* et ce qu'est le *Mal*, alors pourquoi le Démon n'enverrait-il pas ses faux christs et ses faux prophètes pour nous prouver ou tenter de nous prouver que le *Mal* c'est le *Bien* et que le *Bien* c'est le *Mal* ?

> La façon la plus simple de comprendre ce qui se passe dans le monde aujourd'hui, c'est d'étudier les événements historiques et les mouvements actuellement exécutés dans cette partie d'échec internationale... Les chefs des Illuminati ont divisé la population du monde en deux partis principaux. Ils utilisent *«les Rois et les Reines, les Fous et les Cavaliers»* ainsi que la masse de la population mondiale comme des pions dans leurs parties. La politique impitoyable des dirigeants est de considérer tous les autres êtres humains comme des êtres sacrifiés. Ils stipulent que le sacrifice d'un Pion de grande importance ou que le sacrifice d'un million de simples *«pions»* permet à leur mouvement de se placer encore plus près du but totalitaire ultime. C'est cela, le despotisme de Satan.

On raconte que le Professeur Ritter aurait déclaré que la phase actuelle de cette partie «d'échec» aurait eu pour base de départ le Comptoir d'Amschel Mayer Bauer, alias Rothschild, à Francfort-sur-le-Main en Allemagne lorsqu'une trentaine d'argentiers et d'orfèvres (24) décidèrent qu'ils devaient destituer toutes les Têtes Couronnées d'Europe, détruire tous les gouvernements et éliminer toutes les religions organisées avant de s'assurer le contrôle absolu de la richesse, des ressources naturelles et du potentiel humain du monde entier. Mais aussi pour établir un despotisme satanique. Il était prévu d'utiliser le matérialisme dialectique et historique pour favoriser ces plans.

Aussi étrange que cela puisse paraître, l'Histoire prouvera que les dirigeants des deux groupes sémites et antisémites ont combiné leurs forces à l'occasion afin de combattre

24. — Tous les orfèvres n'étaient pas Juifs. Seuls quelques-uns s'adonnèrent à la pratique de l'usure. Un des orfèvres les plus riches est celui de la Ville de Londres, dont la société existe depuis l'année 1130. (N.D.A.)

l'ennemi, en commun, par exemple l'Empire Britannique ou la religion Chrétienne. Pendant que la masse combattait, les Illuminati — qui constituent *Le Pouvoir Occulte* derrière le M.R.M. — spéculaient pour obtenir la meilleure place à partir de laquelle, dans l'avenir, ils pourraient tirer les plus grands bénéfices.

Les dirigeants du communisme et du nazisme se sont mesurés plusieurs fois ; il est peu probable que beaucoup d'entre eux réalisèrent avant qu'il ne fut trop tard qu'ils n'étaient finalement que des outils entre les mains des agents des Illuminati, utilisant tout ce qu'il y a de maléfique pour favoriser leurs fins. Lorsque les puissances secrètes, qui manipulent chaque groupe, en arrivent à suspecter qu'un de leurs «outils» en sait trop, elles ordonnent sa liquidation. Nous allons montrer comment les dirigeants de ces deux groupes totalitaires ont fait assassiner de nombreuses personnes et provoqué de multiples révolutions ainsi que des guerres. Ces guerres se sont soldées par des dizaines de millions d'êtres humains disparus, des millions d'autres blessés et sans abri. Il est difficile de trouver un chef militaire qui puisse justifier la décision de larguer des bombes atomiques sur Hiroshima et Nagasaki où, en un clin d'œil, 100.000 personnes trouvèrent la mort et le double fut sérieusement blessé, alors que les forces militaires japonaises venaient d'être défaites. La capitulation n'était qu'une question d'heures ou de jours lorsque cet acte diabolique fut perpétré. La seule conclusion logique, — que les faits réels corroborent — c'est que les puissances secrètes qui influencent et contrôlent la politique de la plupart des gouvernements nationaux décidèrent qu'il fallait démontrer la puissance de la plus moderne de toutes les armes mortelles afin de rappeler à Staline ce qui arriverait s'il devenait trop gênant. C'est la seule excuse qui peut fournir une pâle justification à un tel crime contre l'humanité.

Mais la bombe atomique et la bombe à hydrogène ne sont plus les armes les plus mortelles en ce bas-monde. Le «gaz qui détruit le système nerveux», stocké maintenant par les nations communistes et non-communistes est capable d'effacer toutes les créatures vivantes d'un pays ou d'une grande ville. Il est possible d'adapter l'étendue de destruction de toute vie humaine dans une nation selon les nécessités économiques et militaires des stratèges qui décident de son utilisation. On dit de ce gaz qu'il est hautement concentré en fluorine, sous sa forme gazeuse. C'est le gaz le plus mortel et le plus pénétrant jamais découvert par l'homme. Il est incolore, inodore, sans saveur et économique à produire. Une simple goutte, même diluée au maximum dans l'eau ou dans l'huile cause la paralysie de l'appareil respiratoire et la mort d'un organisme vivant. En quelques minutes, ce gaz pénètre même à travers un vêtement en caoutchouc, comme en portent les pompiers à l'exercice. Le gaz spécial pour les nerfs n'abîme pratiquement pas les objets inertes.

Quelques jours après avoir répandu ce gaz, la force d'invasion pourra occuper sans danger les zones contaminées, zones de mort, mais dont les bâtiments et les machines seront intacts. Le seul antidote connu pour ce gaz est une drogue : l'atropine. Pour être efficace, on doit immédiatement l'injecter dans les veines des victimes et de façon répétée après qu'elles aient été contaminées. Ce moyen de défense n'est pas envisageable pour les zones à forte densité de population. Les gouvernements communistes et anticommunistes possèdent ce gaz. Le fait de savoir que les deux partis ont ce gaz en quantité suffisante pourrait les faire hésiter à l'employer. Mais il est bien connu que des hommes forcenés et impitoyables en arriveront à toutes les extrémités pour atteindre leurs objectifs. Nous allons voir qu'ils n'ont jamais hésité à sacrifier des millions et des millions d'êtres humains — hommes, femmes et enfants — pour s'avancer plus près du but fixé.

Nous pourrions aussi nous poser cette question : Comment le combat actuel va-t-il se terminer, sur cette terre de malheur ?

Les célibataires se posent rarement cette question. Elle est plutôt le fait de jeunes mariés, revenus des premières joies conjugales qui se demandent avec anxiété s'ils doivent mettre au monde des enfants sur cette terre dominée par la haine. La réponse la plus complète, la plus satisfaisante, nous la trouvons dans l'Évangile selon Saint Matthieu au chapitre XXIV, versets 15 à 34 :

> «En ce temps-là, Jésus dit à ses disciples : *Quand donc vous verrez l'abomination de la désolation prédite par le prophète Daniel, installée dans le lieu saint, comprenne qui lira. Alors que ceux qui seront en Judée prennent la fuite vers les montagnes. Que celui qui sera sur la terrasse ne descende pas dans sa maison y prendre ses effets. Que celui qui sera aux champs ne retourne pas prendre son manteau. Malheur aux femmes enceintes et à celles qui auront des nourrissons en ces jours-là ! Priez que vous n'ayez pas à fuir l'hiver ou un jour de sabbat. Ce sera alors la grande tribulation telle qu'il n'y en a pas eu de pareille depuis le commencement du monde, et qu'il n'y en aura jamais plus.* ***Et si ces jours n'étaient abrégés, aucune chair ne serait sauvée.*** *Mais à cause des élus, ces jours seront abrégés.*»

Le Christ décida ensuite de s'occuper du problème des faux prophètes et des anti-Christs dont il prédit qu'ils emploieraient la propagande pour obscurcir les idées des hommes.

Il déclara :

> «Alors si l'on vous dit : *Voici, le Christ est ici ou là, ne le croyez pas. Car il se lèvera des faux messies et des faux prophètes qui feront des signes et des prodiges éclatants, jusqu'à égarer les élus eux-mêmes si c'était possible. Voyez, je vous aurai prévenus. Si l'on vous dit : Voici qu'il est dans le désert, n'y allez pas ; retiré dans quelque lieu, n'en croyez rien. Comme l'éclair parti de l'Orient est aussitôt à l'Occident, ainsi en sera-t-il du retour du Fils de l'homme. Où que soit le cadavre, les aigles s'assemblent. Sitôt après ces jours de détresse, le soleil s'obscurcira, la lune ne donnera plus sa clarté, les astres tomberont du ciel, les vertus célestes seront ébranlées.*
>
> «*Alors paraîtra dans le ciel le signe du Fils de l'homme. Alors se lamenteront aussi toutes les tribus de la terre,*

et elles verront le Fils de l'homme revenant sur les nuées du ciel avec puissance et grand apparat. Et il enverra ses anges avec la grande trompette, et ils rassembleront ses élus des quatre vents et d'un bout à l'autre du ciel. Écoutez la parabole du figuier : lorsque ses rameaux deviennent tendres et que ses feuilles polissent, vous savez que l'été est proche. Ainsi, vous autres, quand vous verrez toutes ces choses, sachez que l'événement est proche, à vos portes. Je vous le dit, en vérité, la génération actuelle ne passera pas que toutes ces choses n'arrivent. Le ciel et la terre passeront, mes paroles ne passeront pas.»

La branche est maintenant plus que tendre, beaucoup de feuilles ont poussé. Nous avons juste besoin d'une nouvelle guerre, où, des deux côtés, on emploiera des bombes atomiques, des bombes à hydrogène ainsi que ce «gaz spécial, destructeur du système nerveux.» Nous nous infligerons l'abomination de la désolation qui réduira l'espèce humaine à un tel état de destruction que l'intervention divine sera notre seul salut.

De nos jours, on rend couramment Dieu responsable de la triste situation dans laquelle nous nous trouvons : volontairement ou non, ils agissent comme s'ils étaient des agents des puissances du Mal. Une personne intelligente admettra qu'on ne peut accuser Dieu de cela. Dieu nous a donné notre liberté et Il nous a donné pour guides de notre vie les Commandements.

Il nous a donné le Christ, vrai Maître et vivant exemple. Si nous refusons obstinément d'accepter les enseignements et l'exemple du Christ ; si nous refusons aussi d'obéir aux Commandements de Dieu, comment pouvons-nous raisonnablement critiquer les circonstances qui ont permis aux forces du mal d'exercer une suprématie absolue en notre monde ?

Edmund Burke proclama jadis une grande vérité :

« Tout ce que le mal demande pour triompher, c'est que les hommes de bien ne fassent rien. »

L'étude des religions comparées et l'analyse de la situation qui est la nôtre dans le monde d'aujourd'hui ne peut qu'amener l'étudiant impartial à la conclusion suivante : les êtres humains qui adorent Dieu et croient en une autre vie après la mort de nos corps matériels possèdent une religion d'amour et d'espoir. L'athéisme est une religion de haine et de désespoir le plus absolu.

Et cependant, jamais dans l'Histoire du monde avant 1846, on n'a pu voir une telle détermination pour introduire le laïcisme dans nos vies, lorsque C. J. Holycake, C. Bradlaugh et d'autres affirmèrent **que «l'intérêt de l'homme doit être limité aux considérations de la vie présente.»**

Ces avocats du laïcisme étaient les prédécesseurs de la bande de faux Christ et de faux prophètes que nous connaissons : Karl Marx, Karl Ritter, Lénine, Staline, Hitler et Mussolini. Ces hommes ont trompé des millions de personnes en accomplissant de grands signes et des prodiges. Ils ont trompé beaucoup de chrétien qui auraient dû en savoir plus.

CHAPITRE II

LA RÉVOLUTION ANGLAISE (1640 ~ 1660)

Les forces du mal réalisèrent que pour s'arroger le contrôle absolu des actifs matériels du monde et établir une dictature totalitaire matérialiste et athée, il était nécessaire de détruire toutes les formes de gouvernements constitués et les religions organisées. Dans ce but, les forces du mal décidèrent de diviser les peuples du monde entre eux pour accomplir de nombreux desseins. Le point de départ de cette division fut l'antagonisme des races : surtout les races aryennes et sémites.

Le terme «Aryen» comprend en fait les groupes linguistiques connus sous le nom d'Indo-Européens ou Indo-Germaniques. Ils comprennent deux groupes : celui de l'Ouest ou Européen et celui de l'Est ou Arménien.

Les langues du groupe Aryen dénotent une origine commune par leur vocabulaire, leur système syntaxique et leurs inflexions.

Le mot Aryen signifie en réalité *«Un honorable seigneur du sol.»* Effectivement, la plupart des dirigeants du groupe aryen en Europe étaient des Barons terriens entretenant d'importantes armées pour protéger leurs propriétés. De ces barons sont issus ceux que nous appelons «les Seigneurs de la Guerre Aryens.» À leur tour, ils organisèrent le nazisme, utilisèrent le fascisme et tous les groupes antisémites pour accomplir leur dessein et favoriser leurs plans secrets de domination mondiale.

Les divisions principales du groupe Aryen sont le groupe Teutonique, le groupe Romain et les races slaves qui s'établirent en Europe de l'Ouest. Les Turcs, les Magyars, les Basques et les Finnois sont des races non-aryennes. Les ancêtres communs des groupes Aryens résidaient dans la chaîne du Pamir à une époque très reculée.

De l'autre côté, les groupes Sémites sont en fait divisés en deux factions. Dans l'une, nous trouvons les peuples Assyriens, Araméens, Hébreux et Phéniciens ; dans l'autre, les groupes Arabes et Éthiopiens. Le groupe Arabe est le plus important en nombre et l'Araméen le plus pauvre. Les Hébreux occupent une position intermédiaire (voir l'Encyclopédie «*Pears*» aux pages 514 et 647).

Aujourd'hui le vocable de «Juif» est employé de façon très large pour définir les personnes qui ont, à un moment ou à un autre, embrassé la religion Juive. Beaucoup d'entre elles ne sont pas vraiment sémites de race. Un grand nombre de peuples acceptèrent la religion Juive et sont des descendants des Hérodiens qui n'étaient que des Iduméens de sang Turco-Mongol. Ce sont en fait les Edomites :

Voir la «*Jewish Encyclopedia*», volume V, page 41, édition de 1925.

Elle déclare :

«*Edom fait partie de la Juiverie moderne.*»

Le Professeur Lothrop Stoddart, l'éminent ethnologue déclare aussi :

> «*Les documents des Juifs reconnaissent que 82% de ceux qui adhèrent au mouvement sioniste politique sont des* «Ashkenazim», *soi-disant Juifs mais non Sémites. Il y a de nombreuses opinions différentes sur les questions raciales.*»

La chose importante dont nous devons nous rappeler c'est que parmi les dirigeants Juifs comme chez les dirigeants Aryens, il y a toujours eu un petit noyau dur d'hommes qui ont été et sont encore Illuminés ou athées. Ils ont pu donner une piété hypocrite aux religions Juive et

Chrétienne pour accomplir leur propre dessein, mais ils n'ont jamais cru en l'existence de Dieu. Ce sont actuellement les Internationalistes. Ils ne donnent allégeance à aucune nation bien qu'ils aient à l'occasion utilisé le nationalisme pour favoriser leurs causes. Leur seul propos c'est d'acquérir une plus grande puissance politique et économique ; l'objectif final des dirigeants des deux groupes est identique. Ils ont l'intention de s'adjuger le contrôle absolu des richesses, des ressources naturelles et du potentiel humain du monde entier. Mais aussi de transformer le monde selon LEUR conception, celle d'une Dictature Totalitaire sans Dieu.

Les races non-sémites et Turco-Finnoises s'infiltrèrent en Europe à partir de l'Asie, vers le premier siècle après l'avènement du Christ. Leur chemin passa au Nord de la Mer Caspienne. On connaît ces peuples en Histoire sous le nom de «*Khazars.*» Ils étaient païens et s'établirent en Europe de l'Est où ils fondèrent le puissant Royaume Khazar. Ils étendirent leur territoire par la conquête militaire et finirent par occuper à la fin du huitième siècle, la plus grande partie de l'Europe de l'Est, à l'Ouest de la chaîne de l'Oural et au nord de la mer Noire. Les Khazars acceptèrent par la suite le Judaïsme comme leur religion, la préférant au Christianisme ou au mahométisme. On construisit des Synagogues et des écoles pour enseigner le Judaïsme dans tout leur Royaume. Au faite de leur puissance, les Khazars recevaient un tribut de la part des vingt-cinq peuples qu'ils avaient conquis.

Le Grand Royaume Khazar fut florissant pendant presque cinq siècles. Ensuite, vers la fin du dixième siècle, les Khazars furent battus par les Varingiens (Russes) qui déferlaient du Nord. La conquête des Khazars se termina à la fin du treizième siècle. Le mouvement révolutionnaire inspiré par les Juifs-Khazars se répandit dans l'Empire Russe du treizième siècle jusqu'à la Révolution Rouge d'Octobre 1917.

La conquête des Khazars au treizième siècle explique pourquoi tant d'hommes considérés maintenant comme juifs, restèrent dans l'Empire Russe.

Il y a un autre fait important qui éclaire un peu le domaine de l'Aryanisme et du Sémitisme. Les Finnois et les autres groupes généralement classés dans le Groupe Varingien (Russe), étaient d'origine non-Aryenne ; le peuple Allemand les a traités comme ennemis.

Un acte que le Christ a accompli lui-même est d'une grande utilité pour l'étude du Mouvement Révolutionnaire Mondial. Le Christ était considéré par beaucoup comme un radical qui basait sa réforme des mœurs sur l'adoration envers le Dieu Tout Puissant, l'obéissance à l'autorité constituée et l'amour du prochain. L'Histoire de la vie publique du Christ montre qu'il aima tout le monde mais Il a quand même exprimé une sainte colère contre les «prêteurs d'argent.» Il les dénonça publiquement comme adorateurs de Mamon. Il exprima énergiquement sa colère contre eux, se saisit d'un fouet et les expulsa du Temple en les réprimandant en ces termes :

> «**La maison de mon Père est une maison de prière, et vous, vous en faites une caverne de voleurs !**»

En perpétrant cet acte de colère vis-à-vis des prêteurs d'argent, le Christ avait signé sa condamnation à mort.

Ce sont eux, les précurseurs des Illuminati, eux qui avec les prêtres et les Anciens à leur solde, mirent sur pied le complot par lequel les soldats Romains devaient exécuter le Christ ! Ces individus fournirent les trente pièces d'argent destinées à corrompre Judas et employèrent leurs propagandistes afin de désinformer et d'égarer la *foule.*

Ce sont les agents des Illuminati qui dirigèrent la *foule* lorsqu'elle demanda Barabbas et hurla pour qu'on crucifiât le Christ. Ce sont encore les précurseurs des Illuminati qui s'arrangèrent pour que les soldats romains agissent comme leurs bourreaux. Puis, une fois l'ignominie accomplie et leur vengeance assouvie, les conspirateurs s'engouffrèrent dans les coulisses. Les conséquences de cette faute retomba sur le peuple Juif et ses enfants.

C'est bien ce qui est affirmé dans l'Évangile :

« Que son sang retombe sur nous et sur nos enfants ! »

L'Histoire prouve qu'ils avaient une raison démoniaque pour rejeter la faute de la mort du Christ sur le peuple Juif : en effet, ils avaient l'intention d'utiliser la haine engendrée chez le peuple Juif, résultat de la persécution, pour servir leurs vils desseins et affermir leurs visées totalitaires et secrètes. Le Christ savait toutes ces choses. Il les fit connaître de la façon la plus dramatique qui soit. Alors qu'il se tenait, mourant sur la Croix, il pria Son Père et il dit :

« Père, pardonnez-leur car ils ne savent pas ce qu'ils font. »

Il priait très probablement pour la foule. Il demandait le pardon pour les hommes que les Illuminati avaient utilisés pour être l'instrument de leur vengeance. L'Histoire prouve que les prêteurs d'argent Internationaux ont depuis toujours utilisé la foule pour favoriser leurs visées secrètes. À l'Institut Lénine de Moscou, les professeurs qui font des conférences à des hommes qui veulent devenir des dirigeants révolutionnaires dans le monde entier font invariablement référence aux masses sous le terme de *foule*. Les Illuminati ont pris la direction de toutes les forces maléfiques.

L'Histoire établit clairement que les dirigeants des deux groupes opposés ont divisé les masses sans considération de race, de couleur ou de croyance en deux partis opposés et les ont tous utilisés comme des pions sur le jeu d'Échec International. Ils « jouent » afin de décider lequel de ces groupes dominera définitivement l'autre et établira une fois pour toutes son contrôle absolu sur le monde, ses richesses, ses ressources naturelles, son potentiel humain et sa religion. Nous devons nous souvenir que le dessein du démon est de ravir à Dieu les âmes humaines. Satan utilise donc à la fois le Communisme *« Rouge »* et le Nazisme *« Noir »* pour influencer les cerveaux humains de façon à ce qu'ils embrassent l'une ou l'autre de ces idéologies athées. Ceux qui acceptent l'une ou l'autre de ces idéologies athées vendent leurs âmes au diable.

Les événements historiques prouvent la continuité du dessein maléfique des Illuminati. De nombreux théologiens reconnaissent que cette parfaite continuité de leurs Plans à longue échéance est «la» preuve qu'ils sont tels que le Christ les nommait : *«la Synagogue de Satan.»* Les théologiens fondent leur opinion sur la théorie que rien d'humain ne pourrait avoir une puissance maléfique si longue dans le temps. La continuité du mal est l'opposé exact de la succession Apostolique de l'Église Catholique Romaine. En cela et en beaucoup d'autres choses, il faut bien rappeler la puissance réelle des forces surnaturelles capables de bouleverser nos propres vies, nos politiques nationales et les affaires internationales.

Ce que nous disons des Juifs adonnés au Mal s'applique également aux Aryens adonnés au Mal ; et aux hommes de toutes les races, couleurs et croyances tournés vers le Mal.

Nous savons que Sénèque (4 av. J.-C./65 ap. J.-C.) mourut parce qu'il essayait, comme le Christ, de démasquer les pratiques corruptrices et l'influence maléfique des prêteurs d'argent qui s'étaient infiltrés dans l'Empire romain. Sénèque était un célèbre philosophe romain et fut le tuteur de Néron qui devint Empereur de Rome. Pendant très longtemps, Sénèque fut le meilleur ami de Néron, son conseiller et son homme de confiance. Néron se maria avec Poppée qui l'amena sous l'influence maléfique des prêteurs d'argent ; il devint ainsi l'un des plus infâmes dictateurs que le monde ait jamais connu. Sa conduite licencieuse et ses habitudes de dépravation développèrent en lui un caractère si bas qu'il ne vivait que pour persécuter et détruire tout ce qui était bon. Ses actes de vengeance prirent la forme d'atrocités commises le plus souvent en public sur les victimes de son courroux. Sénèque perdit son influence sur Néron mais ne s'arrêta jamais de dénoncer publiquement les prêteurs d'argent pour leur influence maléfique et leurs pratiques corruptrices. Finalement, les prêteurs d'argent demandèrent à Néron d'agir contre Sénèque qui était très populaire.

Ainsi, afin de ne pas exciter la colère du peuple contre lui-même et contre les prêteurs d'argent, Néron ordonna à Sénèque de mettre un terme à sa vie.

C'est le premier cas, à notre connaissance, d'obligation de suicide sur le conseil des prêteurs d'argent. La vie de cet homme leur était devenue gênante, mais ce n'était pas le dernier... On trouve dans l'histoire des dizaines de suicides similaires ou d'assassinats que l'on fit passer pour des accidents ou des suicides.

Un des suicides les plus notoires de ces dernières années a été celui de James V. Forrestal (25). En 1945, Forrestal acquit la certitude que les Banquiers Américains étaient étroitement affiliés aux Banquiers Internationaux qui contrôlaient déjà les Banques d'Angleterre, de France et des autres pays. Ses mémoires établissent qu'il était parfaitement convaincu que les Rois de l'Argent Internationaux étaient les Illuminati, directement responsables des deux conflagrations mondiales. Il tenta de convaincre le Président Roosevelt et de très hautes personnalités du Gouvernement, puis de leur montrer la vérité. C'est alors qu'il échoua et qu'il se «suicida dans un accès de dépression.» Ou bien on l'assassina pour qu'il se taise à jamais. L'assassinat que l'on fait passer pour suicide a été pratiqué de façon courante dans les hautes sphères de l'intrigue internationale depuis des siècles.

Justinien Ier (Flavius Allicus Justiniamus 483-565 A.D.) écrivit son célèbre ouvrage juridique — le «*Corpus Juris Civilis*» — et essaya de mettre un terme aux méthodes illégales de trafic et de commerce instaurées par certains marchands Juifs. En s'engageant dans le commerce illégal et la contrebande en gros, les marchands Juifs, qui n'étaient que des agents des Illuminati, prirent déloyalement l'avantage par rapport à leurs concurrents *«Gentils»* et les mirent «hors commerce.» L'ouvrage juridique écrit par Justinien fut utilisé comme Code jusqu'à la fin du dixième siècle. Même aujourd'hui on le considère encore comme le plus important de tous les traités de jurisprudence. Mais les prêteurs d'argent arrivèrent à détruire le bien qu'essayait de faire Justinien.

25. — Consulter les «*Mémoires de Forrestal*», éditées par Viking Press à New-York 1951. (N.D.A.)

Quelques lecteurs déclareront que Justinien n'avait pas en vue un tel dessein. Or, en fouillant dans les dossiers de ces individus mal intentionnés ; on s'aperçoit que leur objectif était de créer une nouvelle législation. L'Encyclopédie Juive de Funk & Wagnall déclare à propos des Juifs de cette époque :

> *« Qu'ils jouissaient d'une complète liberté religieuse. Les postes de moindre importance leur étaient ouverts et le commerce des esclaves constituait la principale source de revenus pour les Juifs Romains. On promulgua des décrets contre ce trafic en 335, 336, 339, 384 A.D., etc. »*

« L'Histoire n'est pas toute rose. » Mais elle révèle que les marchands Juifs et les prêteurs d'argent ne cantonnaient pas leurs activités illégales au commerce des esclaves. On sait depuis qu'ils s'occupaient de tous les trafics illégaux : drogue, la prostitution, contrebande d'alcools, de parfums, de bijoux et autres denrées imposables. Afin de protéger leur commerce illégal et leur trafic, ils achetaient, voire corrompirent, de hauts fonctionnaires au moyen de drogues, d'alcools et de femmes. Ils détruisirent la morale populaire. L'Histoire nous apprend que Justinien, quôiqu'Empereur de l'Empire romain, ne s'avéra pas assez rigide pour mettre un terme à leurs activités (26).

Edward Gibbon (1737-1794) résolut le problème de l'influence corruptrice des marchands Juifs et des prêteurs d'argent. Il les rendit responsables d'avoir accéléré le *« Déclin et la Chute de l'Empire Romain. »* Ce fut d'ailleurs le titre d'un de ses livres. Gibbon accorde une grande place à l'action de Poppée, la femme de Néron, qui joua un rôle important dans la mise en place des conditions qui conduisirent le peuple de Rome vers sa propre destruction.

Avec la Chute de l'Empire romain, la prééminence Juive fut établie et les nations d'Europe entrèrent dans ce que les historiens nomment *« Les Ages Sombres. »*

L'*Encyclopedia Britannica* déclare sur ce sujet :

> *« Qu'ils (les marchands Juifs et les prêteurs d'argent) avaient inévitablement tendance à se spécialiser dans le*

26. — Nous retrouvons les mêmes influences maléfiques responsables de la situation actuelle dans toutes les grandes villes. (N.D.L.R.)

commerce, leur finesse et l'ubiquité de leur diaspora leur donnant des dispositions particulières pour cela. Pendant les Ages sombres, le commerce de l'Europe de l'Ouest, le Commerce des Esclaves entre autres, était largement entre leurs mains.»

Le contrôle Juif, légal et illégal, sur les échanges et le commerce, se renforça de plus en plus. Il s'étendit très loin et dans tous les domaines jusqu'à ce que l'économie de chaque pays européen fût plus ou moins entre leurs mains. Ainsi, les pièces de monnaie polonaises et hongroises portaient des inscriptions Juives qui nous donnent une indication de la puissance qu'ils exerçaient dans les questions financières à cette époque. Le fait que les Juifs firent un effort particulier pour battre et contrôler la monnaie confirme l'opinion selon laquelle les prêteurs d'argent avaient fait leur le slogan :

«Laissez-nous battre et contrôler la monnaie d'une nation et nous ne nous soucierons pas de qui fait ses lois.»

Bien avant qu'Amschel Mayer Bauer (1743-1812) ait employé ce slogan pour expliquer à ses associés-conspirateurs la raison pour laquelle les prêteurs d'argent Juifs avaient obtenu le contrôle de la Banque d'Angleterre en 1694. Bauer fut l'orfèvre Juif qui fonda «La Maison Rothschild» à Francfort-sur-le-Main. Lui et ses confrères machinèrent la Révolution Française de 1789.

Les Hommes de guerre à la tête des Aryens, devinrent alors déterminés à briser le contrôle Juif sur les échanges, le commerce et l'argent en Europe. Ils reçurent pour cela en 1095 le soutien de certains chefs chrétiens pour engager les Croisades ou Guerres Saintes. La haine et la vengeance sont le propre des forces du mal ; celles-ci emploieront n'importe quel prétexte pour fomenter guerres et révolutions, même en faisant référence au Nom du Dieu qu'elles haïssent.

Entre 1095 et 1271, on organisa huit Croisades. Officiellement, les Croisades n'étaient que des expéditions militaires entreprises dans le but d'assurer la sécurité des Pèlerins qui souhaitaient voir le Saint Sépulcre et établir la loi chrétienne en Palestine. En réalité, elles apparaissaient comme des guerres fomentées pour diviser la population Européenne en deux camps : un camp pro-sémite et un autre, anti-sémite. Au cours de ces dernières années, les puissances secrètes ont divisé la race blanche en groupes pro-Sémites et antisémites. Certaines de ces Croisades furent des réussites ; d'autres non. Le vrai résultat fut **qu'en 1271 la Palestine retourna aux mains des Infidèles bien que les pays de la Chrétienté aient dépensé des millions en argent pour financer les Croisades et qu'ils aient sacrifié des millions de vies humaines en combattant dans ces Guerres Saintes.** Il n'est pas surprenant d'écrire que les prêteurs d'argent Juifs s'étaient enrichis et renforcés plus que jamais.

Il ne faut pas négliger une phase particulière des Croisades lorsque l'on étudie les *«causes»* par rapport aux *«effets»* qu'elles produisirent des années plus tard. En 1215, la hiérarchie Catholique Romaine organisa le quatrième Concile du Latran, dont l'objectif était de statuer sur l'agression Juive dans tous les pays d'Europe. À cette période de l'Histoire, les dirigeants de l'Église et ceux des États collaboraient étroitement. Les dirigeants de l'Église, après délibération en règle, s'exprimèrent en faveur de la poursuite des Croisades. Ils arrêtèrent et votèrent des décrets pour mettre fin à l'usure et aux méthodes inadmissibles de trafic et de commerce dont usaient les prêteurs d'argent Juifs pour obtenir des avantages injustes par rapport à leurs concurrents *«gentils.»* Et aussi pour mettre un frein à leurs pratiques corruptrices et immorales.

Pour obéir à ces décrets, les autorités participant au quatrième Concile du Latran prirent la décision d'obliger les Juifs à vivre dans leurs propres quartiers. Il était absolument interdit aux Juifs d'employer des chrétiens et l'on promulgua un décret parce que les prêteurs d'argent Juifs agissaient selon le principe de la «Société Anonyme.» Les marchands Juifs également. Ils employaient des chrétiens et les plaçaient au «premier plan» pendant que leurs hommes se tenaient à l'arrière-plan, dirigeant les opérations. C'était commode car lorsque quelque chose tournait mal, les chrétiens étaient accusés et punis.

Eux, bien entendu, ne payaient pas les pots cassés. En outre, des décrets stipulaient qu'il était absolument interdit aux Juifs d'employer des chrétiennes dans leurs habitations et dans leurs établissements parce qu'on s'aperçut, des documents en font foi, que les jeunes femmes étaient systématiquement séduites et devenaient des prostituées ; leurs maîtres les utilisant afin d'obtenir le contrôle de personnalités influentes. D'autres décrets interdirent aux Juifs de s'engager dans de nombreuses activités commerciales. Toutefois, même la toute puissante Église, qui bénéficiait du soutien des autorités chrétiennes des États, ne put obliger les Rois de l'Argent à se conformer à la loi. Tous ces décrets intensifièrent la haine des Illuminati pour l'Église du Christ et ils lancèrent une campagne, toujours en vigueur, pour séparer l'Église de l'État. Alors, ils introduisirent l'idée du laïcisme «doctrinal» parmi les laïcs.

En 1253, le gouvernement français ordonna l'expulsion des Juifs car ils refusaient d'obéir à la loi. La plupart des Juifs expulsés s'en allèrent en Angleterre : en 1255, les prêteurs d'argent Juifs avaient le contrôle absolu d'un grand nombre de dignitaires ecclésiastiques et d'une grande partie de la Noblesse (27). Les Rois de l'Argent, les Rabbins et les Anciens (les Sages) faisaient partie des Illuminati : cela fut définitivement établi lors de l'enquête ordonnée le Roi Henry III après le Crime Rituel de St Hugh de Lincoln, en 1255. Dix-huit Juifs furent reconnus coupables et exécutés, après avoir été jugés. En 1272, le Roi Henry mourut et Edouard Ier devint Roi d'Angleterre. Il ordonna aux dirigeants Juifs d'abandonner la pratique de l'usure et en 1275, il fit voter par le Parlement les «*Statuts de la Juiverie.*» Ils étaient

27. — Le livre «*Aaron de Lincoln*» édité par Shapiro-Valentine et Co. donne des informations intéressantes quant à cette période de l'Histoire. La *Jewish Encyclopedia* de Valentine déclare : «*Leur nombre et leur prospérité s'accrurent. Aaron de Lincoln* (dont la maison existe encore aujourd'hui) *devint l'homme le plus riche d'Angleterre. Ses transactions financières couvraient tout le pays et concernaient beaucoup d'hommes d'Église et de Nobles influents*»... À sa mort, ses biens passèrent à la Couronne et l'on dut créer une branche particulière au Trésor pour s'occuper de ses domaines. (N.D.A.)

destinés à freiner le pouvoir qu'exerçaient les usuriers Juifs sur leurs débiteurs chrétiens et même Juifs (!). Les Statuts de la Juiverie furent certainement le premier document législatif à propos duquel «les Communes» (le Parlement Britannique) eurent une part active. On ne peut les taxer d'antisémites car elles protégeaient vraiment les intérêts des Juifs honnêtes et disciplinés. Les Statuts de la Juiverie furent reproduits *in-extenso* dans l'appendice 1 de «*La Guerre Sans Nom*», ouvrage écrit par le Capitaine A.H.M. Ramsay.

Mais comme on le constatera souvent à cette époque, les prêteurs d'argent Juifs pensèrent qu'en usant de leur pouvoir sur l'Église et sur l'État, ils pourraient fronder les décrets du Roi, comme ils l'avaient fait pour les décrets du Concile du Latran. Ils commirent une grave faute. En 1290, le Roi Edouard promulgua un autre décret : tous les Juifs étaient expulsés d'Angleterre. Ce fut le commencement de ce que les historiens appellent «*la Grande Éviction.*»

Après qu'Edouard Ier eût enclenché le mécanisme, toutes les Têtes Couronnées d'Europe suivirent son exemple. En 1306, la France expulsa les Juifs et en 1348 la Saxe suivit. En 1360, la Hongrie ; en 1370, la Belgique ; en 1380, la Slovaquie ; en 1420, l'Autriche ; en 1444, les Pays-Bas, et en 1492, l'Espagne.

L'expulsion des Juifs d'Espagne a une signification particulière. Elle jette quelque clarté sur l'Inquisition espagnole. La plupart des personnes (28) ont vis-à-vis de l'Inquisition une idée préconçue : elle aurait été instituée par les Catholiques Romains pour persécuter les Protestants qui s'étaient séparés de l'Église. Mais en fait, l'Inquisition, telle que présentée par le Pape Innocent III, était un moyen de démasquer les hérétiques et les infidèles qui se dissimulaient sous le masque de chrétiens dans le dessein de détruire la religion chrétienne de l'intérieur (29). Les Inquisiteurs ne

28. — Vision américaine de l'Inquisition !. (N.D.T.)

29. — Les Juifs étant chassés de tous les pays européens, Chamor, Rabbin d'Arles en Provence, rechercha alors conseil auprès du Sanhédrin qui se situait à l'époque à Constantinople. Sa requête était datée du 13 Janvier 1489. La réponse arriva en novembre 1489 ; elle était signée

faisaient pas la moindre différence entre des accusés Juif ou Gentil, noir ou blanc. La terrible cérémonie de *«l'Auto-da-Fé»* ou «Acte de Foi» était employée en général pour les exécutions d'hérétiques ou d'infidèles convaincus à l'époque où Torquemada (1420-1498) était Grand Inquisiteur(30).

Ce sont les incidents cachés qui révèlent si bien la vérité. Dans l'Espagne du quatorzième siècle, les prêteurs d'argent Juifs réussirent, les premiers, à se faire garantir les prêts qu'ils faisaient à l'État par le droit de percevoir des taxes sur la population. Ils faisaient preuve d'une telle cruauté lorsqu'ils demandaient leur *Livre de Viande,* qu'il suffit alors du discours enflammé du prêtre Fernando Martenez pour qu'une action de masse se produisît et aboutisse à l'un des massacres les plus sanglants de l'histoire. Voilà encore un exemple saisissant illustrant la façon dont on massacra des milliers de Juifs innocents, pris pour victimes des péchés et des crimes commis contre l'humanité par une poignée de leurs congénères(31).

En 1495 les Juifs furent expulsés de Lithuanie. En 1498, du Portugal ; en 1540, d'Italie et en 1551, de Bavière. Notons qu'au cours de ces expulsions générales, certains Juifs riches et influents essayèrent de chercher refuge à Bordeaux, Avignon, dans les États du Pape, à Marseille, dans l'Alsace du Nord et dans une partie de l'Italie du Nord. Mais comme le déclare *l'Encyclopédia Britannica* :

> *«On retrouva les populations Juives une fois de plus dans l'Est et dans les Empires polonais et turc.»*

V.S.S.-V.F.F. Prince des Juifs. Elle conseillait aux Rabbins d'adopter la tactique du «Cheval de Troie» et de faire de leurs fils des prêtres, des laïcs, des hommes de Loi et des docteurs, etc. afin de pouvoir détruire la structure chrétienne de l'intérieur. (N.D.A.)

30. — L'*Encyclopédia Britannica*, à la page 57 du volume 13, édition de 1947, mentionne : *«Le quatorzième siècle fut l'Age d'Or pour les Juifs en Espagne. En 1391, le sermon d'un prêtre de Séville -Fernando Martenez — conduisit au premier massacre général des Juifs que l'on enviait pour leur prospérité et que l'on haïssait parce qu'ils étaient les percepteurs du Roi.»* (N.D.A.)

31. — Nous traitons davantage de cet aspect dans les chapitres se rapportant à l'Espagne. (N.D.A.)

Après les grandes expulsions, les Juifs furent de nouveau confinés dans des Ghettos ou Kahals. Isolés ainsi des populations, les Juifs étaient contrôlés et dirigés par leurs Rabbins et leurs Anciens (Sages) dont nombre d'entre eux étaient sous l'influence des Illuminati et des riches prêteurs d'argent Juifs, tapis dans leurs divers sanctuaires. Dans les Ghettos, les agents des Illuminati enracinèrent un sentiment de haine et de vengeance dans les cœurs du peuple Juif vis-à-vis de ceux qui les avaient éjectés. Les Rabbins leur rappelèrent qu'en tant que peuple choisi par Dieu, le jour viendrait où ils auraient leur vengeance et hériteraient de la terre.

On devrait signaler que la plupart des Juifs qui s'établirent en Europe de l'Est se virent obligés de vivre à l'intérieur d'une «Zone de Colonisation» située aux frontières occidentales de la Russie et s'étendant des rivages de la Mer Baltique (au Nord) jusqu'à ceux de la Mer Noire (au Sud). La plupart d'entre eux étaient des Juifs Khazars (32), connus pour leur culture Yiddish, leur comportement de rapace dans les questions financières et leur manque de moralité dans les transactions commerciales. On ne doit pas les confondre avec les Hébreux des Temps Bibliques qui étaient des hommes de principe et de façon plus générale, un peuple de pasteurs.

À l'intérieur des Ghettos, baignant dans une atmosphère de haine, les agents des Illuminati accrurent le désir de vengeance. Ils érigèrent cette situation déplorable en Mouvement Révolutionnaire Mondial, basé sur le *Terrorisme.* Dès son commencement, les Rois de l'Argent Internationaux et leurs Grands Prêtres instituèrent, financèrent et contrôlèrent le Mouvement Révolutionnaire Mondial, instrument de leur vengeance tant attendue sur les Églises Chrétiennes et les Têtes Couronnées d'Europe.

Les Rois de l'Argent transformèrent le Mouvement Révolutionnaire en Communisme International, tel que nous le connaissons aujourd'hui. Ils fédérèrent les terroristes en un mouvement révolutionnaire discipliné, puis montèrent

32. — H. G. Wells définit très clairement les différences dans son «*Esquisse de l'Histoire*» aux pages 493-494. (N.D.A.)

un réseau d'infiltration systématique dans chacun des pays d'où ils avaient été expulsés. Leur retour étant illégal, la seule méthode pour réaliser cette infiltration, c'était de constituer des «*Réseaux Occultes*»[Undergrounds] (33). Comme les Juifs qui s'étaient infiltrés dans les «*Undergrounds*» des villes Européennes ne pouvaient être employés légalement ; on leur versa des sommes qui leur permirent de développer le système du «Marché Noir» et ils s'engagèrent dans toutes sortes de trafics et de commerces illégaux.

En travaillant selon le principe de la «Société Anonyme», l'identité des Rois d'Argent qui contrôlaient et à qui appartenait ce gigantesque «*Underground*», resta toujours secrète (34).

Le Comte Léon de Poncins, Madame Nesta Webster, Sir Walter Scott et beaucoup d'autres historiens ont suspecté les Illuminati et un groupe d'internationalistes d'être *Le Pouvoir Occulte derrière* le Mouvement Révolutionnaire Mondial. Mais ce ne fut que très récemment qu'on apporta des preuves suffisantes à ce qui n'était qu'une intuition.

William Foss et Cecil Gerahty, auteurs de «*L'Arène Espagnole*», déclarent :

> «*Le fait de savoir qui sont les personnages dirigeants, à l'abri derrière la Société Anonyme Pour la Domination Mondiale et comment ils arrivent à leur but, dépasse le cadre de notre ouvrage. Mais il y un important livre à faire, et* **ce livre devra être écrit par un homme de très grand courage qui ne tiendra pas compte de sa propre vie dans un monde qui voudrait illuminer la prétraille satanique aux ordres.**»

---

33. — Expression intraduisible : camouflage ; souterrain ; coulisse ; système des «*Taupes.*» (N.D.T.)

34. — Y compris à l'heure actuelle : les entrées illégales aux États-Unis et en Palestine Ont atteint des nombres jamais vus depuis la fin de la Deuxième Guerre Mondiale. Nous produirons certaines preuves afin de démontrer que cet «*Underground*» est généralement associé à tous les mouvements antisociaux qui constituent un véritable «*monde souterrain.*» (N.D.A.)

Si le plan visant à s'infiltrer dans les pays d'où ils avaient été expulsés s'avéra une réussite, nous pouvons nous en rendre compte en examinant les faits suivants : les Juifs revinrent en Angleterre en 1600 ; en Hongrie, en 1500. On les expulsa de nouveau en 1582. Ils revinrent en Slovaquie en 1562 mais furent de nouveau expulsés en 1744. Ils revinrent en Lithuanie en 1700. Mais peu importe le nombre de fois où ils furent expulsés car «l'*Underground*» Juif exista toujours. À partir de celui-ci les *Puissances Secrètes* dirigèrent leurs activités révolutionnaires.

Comme le Roi Edouard Ier d'Angleterre avait, le premier, expulsé les Juifs, les Rois Juifs de l'Argent, de France, de Hollande et d'Allemagne, décidèrent que ce ne serait que justice d'essayer d'abord leur technique révolutionnaire en Angleterre. Ils confièrent à leurs agents de «l'*Underground*», ou «*Cellules*», la tache de provoquer des frictions entre le Roi et son Gouvernement, les employeurs et les ouvriers, la classe dirigeante et les travailleurs, l'Église et l'État. Les conjurés furent à l'origine de décisions controversées dans les domaines de la politique et de la religion dans le but exclusif de diviser le peuple en deux opposés (35). Les conjurés divisèrent en un premier temps le peuple d'Angleterre en catholiques et en protestants, puis ils divisèrent les protestants en conformistes et en non-conformistes.

Lorsque le Roi Charles Ier fut en désaccord avec son Parlement, un Roi Juif de l'argent, originaire de Hollande, Manasseh Ben Israël, fit contacter Oliver Cromwell par ses agents. Ils lui offrirent d'importantes sommes d'argent à condition de mettre à exécution leur plan pour renverser le Trône Britannique. Manasseh Ben Israël et d'autres prêteurs Allemands et Français financèrent Cromwell. Fernandez Carvajal, juif portugais, dont le surnom «le Grand Juif» est resté dans l'Histoire, devint le principal fournisseur militaire de Cromwell : il réorganisa son armée des *Round Heads*

35. — L'ouvrage de Sombart «*Les Juifs et la Vie Economique*» ainsi que «*L'Encyclopédie-Juive*» abondent dans le sens des déclarations ci-dessus. (N.D.A.)

jusqu'à en faire une armée modèle, et lui donna les meilleurs armes et équipements que l'argent pouvait acheter. Une fois la conspiration en route, on fit entrer frauduleusement en Angleterre des centaines de révolutionnaires entraînés, aussitôt absorbés par «l'*Underground*» Juif La même chose se reproduit de nos jours en Amérique.

Le Chef de «l'*Underground*» Juif en Angleterre à cette époque était De Souze, que Le *Grand Juif*, Fernandez Carvajal, avait fait nommer ambassadeur du Portugal. C'est dans sa maison, protégée par l'immunité diplomatique, que «l'*Underground*» révolutionnaire Juif se tapit et mit au point sa stratégie (36).

Une fois la révolution décidée, les conspirateurs Juifs introduisirent le Calvinisme en Angleterre pour séparer l'Église de l'État et diviser le peuple. Contrairement à l'opinion répandue, le Calvinisme est d'origine Juive. Il fut délibérément conçu pour diviser les fidèles des religions chrétiennes et le peuple. Le véritable nom de Calvin était Cohen ! (37) Lorsqu'il vint de Genève en France pour commencer à prêcher sa doctrine, il se fit appeler Cauvin et il devint ensuite «Calvin» en Angleterre. Rares ont été les complots révolutionnaires non élaborés en Suisse et rares aussi, les dirigeants révolutionnaires Juifs qui n'ont changé leur nom !

Aux réunions B'nai B'rith tenues à Paris en 1936, on acclama à tout rompre Cohen, Cauvin ou Calvin, quelle qu'en soit l'orthographe, pour son ascendance israélite (38).

---

36. — Cette politique a ainsi été pratiquée jusqu'à nos jours : nous allons par la suite montrer comment les ambassades soviétiques, dans tous les pays, se sont transformées en Quartiers Généraux d'intrigues et d'espionnage. (N.D.A.)

37. — L'auteur ne le mentionne pas, mais précisons que Luther, fondateur de la secte protestante, était également un membre de la Synagogue de Satan. La religion protestante, comme les autres fausses religions, fut créée par les précurseurs des Illuminati, sur inspiration du Grand Architecte de l'Univers. (N.D.L.R.)

38. — Cet événement fut largement commenté dans la *Gazette Catholique* de Février 1936. (N.D.A.)

Les dirigeants révolutionnaires ne se contentèrent pas de la controverse religieuse, et constituèrent des bandes armées afin d'aggraver la situation politique et sociale. Isaac Disraeli (1766-1848), père de Benjamin Disraeli, qui devint plus tard Lord Beaconsfield, a traité en détail de cet aspect de la Révolution Britannique dans son Histoire en deux volumes sur «*La vie de Charles II.*» Il a fait remarquer qu'il avait obtenu des informations considérables grâce aux notes de son correligionnaire Melchior de Salem, délégué français auprès du Gouvernement Britannique à cette époque.

Disraeli attira l'attention sur la grande similitude des activités révolutionnaires qui précédèrent les deux révolutions Française et Britannique. En d'autres mots, on pouvait reconnaître l'œuvre des véritables directeurs occultes du Mouvement Révolutionnaire Mondial (M.R.M.) dans ces deux révolutions.

Lord Alfred Douglas recueillit la preuve qui le persuada de façon absolue de la participation d'Oliver Cromwell au Complot Révolutionnaire Juif : il éditait une revue hebdomadaire, *Plain English,* imprimée par la North British Publishing Co. Dans un article qui parut dans le numéro du 3 Septembre 1921, il expliqua comment un de ses amis, M. L.D. Van Valckert, d'Amsterdam, était entré en possession d'un livre de notes disparu de la Synagogue de Muljeim. Ce volume qui avait été perdu pendant les guerres Napoléoniennes, contenait un grand nombre de copies de lettres écrites aux rabbins de la Synagogue, ainsi que les réponses envoyées. Ces lettres étaient écrites en allemand. L'une d'entre elles, datée du 16 Juin 1647 nous dit :

«D'O.C. (=d'Oliver Cromwell) à Ebenezer Pratt,

«*En échange de votre demande de soutien financier, nous vous demandons la ré-admission des Juifs en Angleterre. C'est toutefois impossible du vivant de Charles qui ne peut être exécuté sans jugement, puisque il n'y a aucune charge retenue pour l'instant contre lui. En conséquence, vous devez recommander l'assassinat de Charles mais nous n'aurons rien à voir avec les dispositions que vous prendrez pour trouver un assassin bien que nous soyons disposés à l'aider dans sa fuite.»*

E. Pratt répondit à cette lettre le 12 Juillet 1647 par une missive qu'il adressa à Oliver Cromwell :

«Fournirons une aide financière dès que Charles sera renversé et les Juifs acceptés. L'assassinat est trop dangereux(39)*. On devrait donner à Charles la possibilité de s'enfuir. Une nouvelle arrestation rendrait possible un procès et une exécution. Notre soutien sera généreux mais il est inutile de discuter nos conditions. Le procès doit commencer.»*

Le 12 Novembre de la même année, on offrit à Charles la possibilité de s'enfuir. Bien entendu, on le captura de nouveau. Hollis et Ludlow, spécialistes de cette période, considèrent tous les deux la fuite comme un stratagème inventé par Cromwell. Une fois que Charles eut été capturé, les événements allèrent vite. Cromwell épura le Parlement Britannique de la plupart des membres qu'il savait fidèles au Roi. Malgré tout ce qu'il venait d'accomplir, lorsque la Chambre tint séance toute la nuit du 5 Décembre 1648, la majorité reconnut «que les concessions faites par le Roi étaient propices à un arrangement.»

Un tel arrangement n'aurait pas permis à Cromwell de percevoir son argent imbibé de sang, celui que lui avaient promis les Rois de la Finance par le biais de leur agent E. Pratt. Alors, Cromwell attaqua de nouveau. Il donna l'ordre au Colonel Pryde d'épurer le Parlement des membres qui avaient voté en faveur d'un arrangement avec le Roi. Ce qui se passa, les livres d'Histoire en font mémoire sous le nom d'Épuration de Pryde» (40). L'épuration terminée, il ne resta que cinquante membres ; le fameux «Parlement aux Ordres.»

39. — Charles était en détention à cette époque. (N.D.A.)

40. — Il est important de remarquer que les livres scolaires ne mentionnent jamais les deux groupes rivaux qui constituent le «Pouvoir Occulte» derrière les Affaires Internationales et qui font l'Histoire. Cette politique a toujours existé en vertu d'un accord tacite. (N.D.A.)

Ils s'arrogèrent le pouvoir absolu et le 9 Janvier 1649 on établit une «Haute Cour de Justice» dans le but d'intenter un procès au Roi d'Angleterre. Les deux tiers des membres du tribunal étaient des «Appointés» de l'armée de Cromwell. Les conspirateurs ne purent trouver un seul homme de loi Anglais qui acceptât la charge de l'accusation contre le Roi Charles. Carvajal instruisit — un Juif étranger Isaac Dorislaus, agent de Manasseh Ben Israël en Angleterre, pour constituer l'accusation à partir de laquelle on jugea le Roi Charles.

On le déclara coupable en fonction des accusations portées contre lui par les banquiers Juifs Internationaux et non par le peuple anglais. Et le 30 Janvier 1649, on le décapita publiquement en face de la *«Banqueting House»* à Whitehall (Londres). Les financiers Juifs, sous la direction des Grands Prêtres de la Synagogue de Satan tenaient leur vengeance car le Roi Edouard Ier avait expulsé les Juifs d'Angleterre. Oliver Cromwell reçut le prix du sang, tel un nouveau Judas.

Il y avait une autre raison que la simple vengeance pour justifier l'assassinat de Charles. Ils avaient destitué le Roi d'Angleterre pour s'arroger le contrôle de l'économie et du gouvernement. Ils décidèrent alors d'impliquer plusieurs pays européens dans une guerre contre l'Angleterre. Or, on a besoin de grandes sommes d'argent lorsqu'on se lance dans des guerres. En prêtant aux Têtes Couronnées d'Europe l'argent nécessaire aux guerres qu'ils fomentaient, les Internationalistes purent accroître rapidement les Dettes Nationales de toutes les Nations Européennes.

Le déroulement chronologique des événements en partant de l'exécution du Roi Charles en 1649 jusqu'à l'institution de la Banque d'Angleterre en 1694 montre comment on a accru la Dette Nationale. Par intrigues et ruses diverses, les Banquiers Internationaux arrivèrent à jeter les nations chrétiennes dans d'inutiles guerres fratricides.

- 1649 — Cromwell financé par les Juifs, engage la guerre contre l'Irlande. S'empare de Drogheda et de Wexford. — Les protestants britanniques sont accusés de persécution envers les catholiques irlandais.

- 1650 — Montrose en rébellion contre Cromwell.
  — Capturé et exécuté.
- 1651 — Charles II envahit l'Angleterre. Battu et renvoyé en France.
- 1652 — L'Angleterre en guerre contre les Hollandais.
- 1653 — Cromwell se proclame «Lord Protecteur d'Angleterre.»
- 1654 — L'Angleterre est entraînée dans des guerres de plus en plus nombreuses.
- 1656 — On suscite des troubles dans les Colonies Américaines.
- 1657 — Mort de Cromwell. Son fils Richard nommé Protecteur.
- 1659 — Richard, dégoûté des intrigues, abdique.
- 1660 — Le Général Monk occupe Londres. Charles II est proclamé Roi.
- 1661 — La vérité en ce qui concerne les intrigues auxquelles prit part Cromwell (et ses sbires Ireton et Bradshaw) est révélée. Elle provoque des réactions publiques importantes. Les corps sont exhumés et pendus à des potences sur la Colline de Tyburn à Londres.
- 1662 — La lutte religieuse est instaurée afin de diviser les membres des confessions protestantes. Les non-conformistes à l'Église établie d'Angleterre sont persécutés.
- 1664 — L'Angleterre est de nouveau impliquée dans une guerre contre la Hollande.
- 1665 — Une grande dépression s'abat sur l'Angleterre. Chômage et famines ruinent la santé du peuple. La grande Peste éclate (41). (L'éruption du grand feu de Londres, connu sous le nom de «Grand Nettoyeur» mit fin au fléau.)
- 1666 — L'Angleterre est impliquée dans une guerre contre la France et la Hollande.

41. — L'éruption du grand feu de Londres, connu sous le nom de «Grand Nettoyeur» mit un terme au fléau. (N.D.A.)

- 1667 — Des agents de la Kabbale(42) suscitent de nouvelles luttes religieuses et politiques.
- 1674 — L'Angleterre et la Hollande font la paix. «Ils» changent de rôles et deviennent les «organisateurs des tournois.» Ils élèvent M. William Stradholder au rang de Capitaine.
- 1677 — La Princesse Mary d'Angleterre épousa William, Prince d'Orange. Pour mettre ce William, Prince d'Orange sur le Trône d'Angleterre, il était nécessaire de se débarrasser à la fois de Charles II et du Duc d'York, qui devait devenir James II.
- 1683 — On monta le Complot de «Rye Flouse.» Son but était l'assassinat du Roi Charles II et du Duc d'York. Il échoua.
- 1685 — Le Roi Charles mourut et le Duc d'York devint le Roi James II d'Angleterre. Aussitôt on déclencha une campagne d'infamies contre James II et l'on persuada ou corrompit le Duc de Monmouth de diriger une insurrection pour renverser le Roi. Le 30 Juin, se déroula la bataille de Sedgemoor. Monmouth fut battu et capturé. On l'exécuta le 15 Juillet. En Août, le Juge Jeffreys ouvrit ce que les historiens appelèrent «Les Assises Sanglantes.»

42. — Le mot Kabbale — ou Cabale — concerne une mystérieuse Théosophie Hébraïque remontant à l'Antiquité, mais qui devint très active au cours du dixième siècle et les siècles suivants. On présenta la Kabbale comme une *«révélation»* spéciale qui permettait aux Rabbins d'expliquer au peuple Juif la signification cachée des écritures Sacrées. La 57e édition de la *«Pear's Cyclopedia»*, page 529, déclare que *«Le Kabbalisme en vint par la suite à de grands excès.»* Les dirigeants Kabbalistes prétendaient lire des signes et des preuves dans les lettres et les formes et aussi les nombres que les écritures contiennent. Les-Français-nommèrent ce rite mystérieux «Cabale» et ils employèrent le terme «Cabale» pour désigner tout groupe d'intrigueurs privés ou politiques. Les Anglais forgèrent le mot «Cabal» parce que les personnages principaux impliqués dans des intrigues kabbalistiques en Angleterre se nommaient Clifford, Ashley, Buckingham, Arlington et Lauderdale, dans cet ordre. La première lettre de leurs noms forme le mot «Cabal.» Les Cabalistes furent les instigateurs de divers troubles politiques et religieux pendant le règne malheureux de Charles II. (N.D.A.)

Plus de trois cents personnes impliquées dans la révolte de Monmouth furent condamnées à mort dans des conditions de cruauté inimaginables et l'on en condamna presque un millier d'autres à être vendues comme esclaves. Ce fut un exemple illustrant exactement la façon dont les puissances secrètes, travaillant dans les coulisses, créaient les situations dont on rendait responsables d'autres personnes. On excitait certaines personnes à l'opposition virulente contre celles qu'elles accusaient. À leur tour, elles étaient liquidées. Il y avait encore le Roi Charles à déposer avant que Guillaume (William) d'Orange ne soit placé sur le trône pour remplir leur mandat. On ensorcela et désorienta les individus en Angleterre et on ne leur permit pas de connaître la vérité. Ils accusaient tout le monde et n'importe quoi sauf «Les puissances secrètes» qui tiraient les ficelles. Alors les conspirateurs avancèrent leur pion suivant.

- 1688 — Guillaume, Prince d'Orange, débarqua en Angleterre à Torbay, sur leur ordre, le 5 Novembre. Le Roi James abdiqua et s'enfuit en France. Il était devenu impopulaire à la suite d'une campagne d'infamies et d'intrigues et aussi à cause de son imbécillité et de sa culpabilité.
- 1689 — On proclama Guillaume d'Orange et Mary, Roi et Reine d'Angleterre. Le Roi James n'avait pas l'intention d'abandonner le Trône sans combattre. Il était catholique ; en conséquence les puissances secrètes firent de Guillaume d'Orange le champion de la foi protestante. Le 15 Février 1689, le Roi James débarqua en Irlande et des hommes de convictions religieuses définies et opposées combattirent à la Bataille de La Boyne. Elle a été célébrée depuis lors par les Orangistes le 12 Juillet. Et probablement pas un seul Orangiste sur dix mille ne sait que toutes les guerres et les rebellions qui eurent lieu de 1640 à 1689 étaient fomentées par les prêteurs d'argent internationaux dans le dessein de se mettre en position de contrôler la politique et l'économie Britannique.

Leur premier objectif fut d'obtenir la permission de créer une Banque d'Angleterre et de consolider et garantir les dettes que leur devait la Grande-Bretagne pour les prêts qu'ils lui avaient faits, destinés aux guerres qu'ils avaient provoquées. L'Histoire nous montre comment ils ajustèrent leurs plans.

Aucun des pays et des personnes impliqués dans les guerres et les révolutions n'obtint de bénéfices durables. On n'apporta aucune solution permanente satisfaisante dans les domaines politique, économique ou religieux. ***Les seuls à bénéficier de ces guerres et révolutions furent ce petit groupe de banquiers qui finança le chaos, ses instigateurs et ses agents, et qui fournit armées, navires et munitions.***

Dès que le général hollandais fut assis sur le Trône d'Angleterre, il persuada le Trésor Britannique d'emprunter £1.250.000 aux Banquiers Juifs qui l'avaient placé sur le Trône. Les livres d'Histoire disent bien à nos enfants que Sir John Houblen et M. William Patterson menèrent les négociations pour le Gouvernement Britannique avec des prêteurs d'argent, mais ne révèlent pas le nom de ces banquiers parce que ***leur identité devait rester secrète.***

Les documents de cette tractation nous apprennent que, afin de maintenir le secret absolu, des négociations concernant les termes de l'emprunt furent menées dans une église. À l'époque du Christ les prêteurs d'argent utilisaient le Temple. À l'époque de Guillaume d'Orange ils profanèrent une église !

Donc, le Trésor Britannique emprunta jusqu'à £1.250.000 aux termes et conditions des créanciers. On accepta cet accord dont voici quelques-uns des termes :

1. Les noms de ceux qui concéderaient l'emprunt resteraient secrets et il leur serait accordé une Charte de fondation de la Banque d'Angleterre(43).

43. — L'identité des hommes qui contrôlent la Banque d'Angleterre reste encore secret. Le Comité Mac Millau, constitué en 1929 pour éclairer la question, échoua complètement. M. Montague Norman, dirigeant officiel de la Banque d'Angleterre fut très évasif et imprécis dans toutes les réponses

2. Les directeurs de la Banque d'Angleterre se verraient accorder le droit de définir l'Étalon-Or de la monnaie, par lequel :
3. Ils pourraient développer leurs crédits à concurrence de £10 pour chaque £1 en valeur-or déposée dans leurs coffres.
4. Qu'on leur laisserait consolider la dette nationale et qu'on leur garantirait le paiement des sommes dues en principal et intérêts de la dette par imposition directe du peuple.

Ainsi, pour la somme de £1.250.000, le Roi Guillaume d'Orange permit que le peuple d'Angleterre fût écrasé par des pressions financières terribles. Les prêteurs d'argent Juifs avaient atteint leurs objectifs : usurper le pouvoir d'émettre et de contrôler la monnaie de la nation.

S'étant assuré ce pouvoir, ils ne se soucièrent plus de qui faisait les lois.

Pour bien illustrer ce que signifiait l'acceptation de l'Etalon-Or, prenons l'exemple d'une simple transaction. Les directeurs de la Banque d'Angleterre pouvaient prêter £1.000 pour £100-Or qu'ils avaient en dépôt de garantie. Ils percevaient un intérêt sur les £1.000 empruntées. À 5%, le montant s'élevait à £50 par an, soit la moitié des £100 initiales. Ainsi, à la fin de la première année, les banquiers se mirent dans la poche 50% de la somme qu'ils avaient concédée au départ pour garantir l'emprunt. Lorsqu'un particulier souhaitait obtenir un prêt, les banquiers lui faisaient constituer une garantie sous forme de propriétés, d'actions ou d'obligations d'une valeur beaucoup plus importante que ne le nécessitait le prêt(44). S'il n'arrivait pas à effectuer les paiements du principal

---

qu'il fit au comité. Pour de plus amples détails, lire l'ouvrage de Anfield : «*Des révélations au sujet de la Banque d'Angleterre*», page 4. (N.D.A.)

44. — Le fonctionnement actuel du système bancaire international conserve les mêmes normes : le fameux Ratio Cooke, que toutes les banques du monde entier doivent respecter est passé de nos jours à 8 pour 100 —montant des Fonds Propres consolidés sur total des crédits concédés—. Quant aux garanties, elles sont toujours de mise, et même si

et des intérêts, on engageait des procédures de saisie de ses biens et les prêteurs d'argent gagnaient plusieurs fois la valeur de leur prêt.

Les Banquiers Internationaux n'ont jamais souhaité que l'Angleterre puisse rembourser sa dette. Leur plan visait à créer un système international de dépendance d'argent qui accroîtrait de plus en plus leur joug sur **toutes** les nations[45].

Ainsi l'Angleterre, en quatre années seulement, de 1694 à 1698, vit sa dette nationale progresser de un à seize millions de Livres Sterling. Cette augmentation fut principalement due aux guerres entreprises : il est intéressant de noter que John Churchill (1650-1722) devint pendant cette période de l'Histoire anglaise la personnalité militaire dirigeante. Du fait de son génie militaire et des services rendus à la Grande-Bretagne, Guillaume d'Orange le fit Premier Duc de Marlborough[46].

Le *Pouvoir Occulte* derrière le Mouvement Révolutionnaire Mondial tira les ficelles nécessaires pour provoquer les Guerres de Succession d'Espagne. En 1701, on fit du Duc de Marlborough le Commandant en Chef des forces armées de Hollande. L'incontestée *Jewish Encyclopedia* rapporte que pour ses nombreux services, le Duc de Marlborough reçut du banquier hollandais, Salomon Médina, pas moins de £6.000 par an.

---

les banquiers se défendent généralement de «faire du crédit sur garanties», leur patrimoine immobilier acquis par ce biais reste toujours quelque chose de gigantesque. (N.D.T.)

45. — Si l'on applique une telle politique jusqu'à sa conclusion logique, on constate que les prêteurs d'argent internationaux tablent sur le facteur temps pour réaliser le contrôle des richesses, des ressources naturelles et du potentiel humain du monde entier. Et l'Histoire nous montre comment ils ont rapidement progressé vers leur but depuis 1694. (N.D.A.)

46. — Ce Duc est l'ancêtre direct de Sir Winston Churchill, le Premier Ministre d'Angleterre, qui s'est déclaré le premier sioniste de notre époque. C'est un des hommes qui a le plus directement influencé l'O.N.U. pour la création de l'État d'Israël (n.d.a.)... pour services rendus à la famille, sans doute !

Entre 1698 et 1815, la Grande-Bretagne prépara tous les événements qui aboutirent à la Révolution Française et aux guerres napoléoniennes : sa dette finit par s'élever jusqu'à £885.000.000. En 1945, elle avait atteint la somme astronomique de £22.503.532.372 et pour les années 1945-46 les frais de commission seuls s'élevaient à £445.446.241 (47). Comme le remarquait un économiste irlandais : «A ce stade-là, ils auraient pu arrondir leurs frais !»

47. — Le lecteur comprendra ainsi pourquoi, en cette fin de vingtième siècle, les nations actuelles connaissent TOUTES -surtout les États-Unis, instigateurs du Nouvel l'Ordre Mondial — une dette nationale vertigineuse. Elles sont ainsi toutes tenues ! et ce, au moment même où elles vendent leur stock d'Or.
Alors que, en effet, les dettes nationales explosent littéralement avec des taux d'intérêt qui repartent à la hausse, avec une bulle financière qui implosera au moment où les prêteurs d'argent internationaux le décideront, la capitalisation mondiale des mines d'or représente... le quart de la capitalisation de la seule société américaine Coca Cola !
Qui a amassé depuis des dizaines d'années ce qui est censé ne rien valoir ? Et... dans quelle perspective ?. (N.D.L.R.)

CHAPITRE III

LES HOMMES QUI PROVOQUÈRENT LA RÉVOLUTION FRANÇAISE EN 1789

Dans le chapitre précédent nous avons présenté des faits indiscutables prouvant comment un petit groupe de banquiers cosmopolites, agissant par le biais de ses agents anglais, s'arrogeait de façon anonyme le contrôle économique de la nation anglaise pour la modique somme de £1.250.000.

Nous allons maintenant recenser des faits indiscutables permettant d'identifier quelques-uns de ces créanciers anonymes et prouver qu'ils — ou leurs successeurs — ont comploté, préparé et aidé financièrement la Révolution Française de 1789, comme ils avaient comploté, préparé et financé la Révolution Anglaise de 1640-1649. Puis dans les chapitres suivants, nous recenserons d'autres faits indiscutables prouvant que les descendants de ces mêmes Financiers Juifs Internationaux ont été *Le Pouvoir Occulte* derrière chaque guerre et chaque révolution, de 1789 à aujourd'hui.

La *Jewish Encyclopédia* déclare «***Edom Is in modem Jewry***» (48). C'est un aveu capital car le mot «*Édom*» signifie «*Rouge.*» Un orfèvre Juif, Amschel Moses Bauer, fatigué de ses vagabondages en Europe de l'Est décida de s'établir en 1750 à Francfort-sur-le-Main en Allemagne. Il ouvrit une boutique

48. — Ce qui peut se traduire mot à mot par : «*le rouge est dans la juiverie moderne.*»

ou plutôt une sorte de cabinet comptable dans le quartier de la *«Judenstrasse»* (Rue des Juifs). Au-dessus de la porte de sa boutique, il plaça comme enseigne UN BOUCLIER ROUGE. (Roter Schild en allemand). Rappelons que les Juifs d'Europe Centrale qui faisaient partie du mouvement révolutionnaire très impliqué dans le «terrorisme» avaient également adopté le «Drapeau Rouge» comme emblème parce qu'il représentait le SANG.

Amschel Moses Bauer eut un fils en 1743 qu'il nomma Amschel Mayer Bauer. Le père mourut en 1754 alors que son fils n'avait que onze ans. Le garçon avait de grandes capacités et une intelligence extraordinaire. Son père lui avait enseigné les rudiments de tout ce qu'il savait en matière d'affaires commerciales et bancaires. Il avait l'intention de faire de son fils quelqu'un d'aussi entraîné qu'un rabbin, mais sa mort prématurée l'en empêcha.

Quelques années après la mort de son père, Amschel Mayer Bauer fut engagé par la Banque Oppenheimer en tant que commis. Il démontra vite ses capacités innées pour les affaires bancaires et on le récompensa en l'associant à la banque. Par la suite, il retourna à Francfort où il s'assura le contrôle et la propriété des affaires que son père avait créées en 1750. On remit fièrement le bouclier rouge au-dessus de la porte. Connaissant la signification secrète du Bouclier Rouge, Amschel Mayer Bauer décida d'en faire son nouveau nom patronymique. *«Bouclier Rouge»* se traduit en allemand par «Roth Schild» et ainsi apparut *«La Maison Rothschild.»*

Amschel Mayer Bauer vécut jusqu'en 1812 et eut cinq fils. Tous reçurent un entraînement spécial pour devenir des dirigeants de la Haute Finance. Nathan, un des fils, révéla lui aussi des capacités exceptionnelles et, à l'âge de vingt-et-un ans, partit en Angleterre dans le but déterminé de prendre le contrôle de la Banque d'Angleterre. Son objectif plus lointain était, en coordination avec son père et ses autres frères, de mettre en place de façon forte et durable un Monopole Bancaire International en Europe. Il aurait été alors possible d'utiliser la richesse totale du Pool Bancaire pour étendre les ambitions dominatrices secrètes que le père avait communiquées à tous ses fils. Pour prouver ses capacités financières, Nathan Rothschild tripla en trois ans le capital de £20.000 qu'on lui avait confié.

En étudiant le Mouvement Révolutionnaire Mondial, on s'aperçoit que le Drapeau Rouge fut un symbole constant depuis la Révolution Française, pour toutes celles qui suivirent et partout dans le monde. Beaucoup plus significatif également pour le fait suivant : lorsque Lénine, financé par les Banquiers Internationaux, renversa le Gouvernement russe et établit la première dictature totalitaire en 1917, le drapeau était un Drapeau Rouge avec un Marteau, une Faucille, et une *ÉTOILE DE JUDÉE* qui avait été imposée.

En 1773, Mayer Rothschild, âgé de 30 ans seulement, invita une vingtaine d'autres hommes riches et influents à le rencontrer à Francfort. Son but était de les convaincre que s'ils acceptaient de grouper leurs ressources, ils pourraient alors financer et contrôler le Mouvement Révolutionnaire Mondial, l'utiliser comme leur «*Guide d'Action*» et gagner le contrôle absolu des richesses, des ressources naturelles et du potentiel humain du monde entier.

Rothschild leur révéla comment la Révolution Anglaise avait été organisée, mais il releva également les fautes et les erreurs que l'on avait commises. La période révolutionnaire avait été trop longue et l'élimination des réactionnaires n'avait pas été accomplie avec suffisamment de rapidité et de rigueur. Le règne de la terreur, prévu par lequel on devait réaliser rapidement l'asservissement des masses n'avait pas été dirigé comme il fallait. Malgré toutes ces fautes, le but premier de la Révolution avait été réalisé : les Banquiers qui avaient provoqué cette révolution contrôlaient l'économie nationale et avaient accru la dette nationale, en intriguant pendant des années à l'échelle internationale, surtout pour prêter de l'argent destiné à financer guerres et rébellions.

En basant ses arguments sur la logique et sur un raisonnement rigoureux, Mayer Rothschild fit remarquer que les résultats financiers obtenus à la suite de la Révolution

Anglaise n'étaient rien à côté des gains que l'on pouvait espérer après une Révolution en France : l'accord conclu permettrait une unité dans le but et la réalisation de tout ce qu'il avait si soigneusement pensé, ainsi que de tout ce qu'il avait révisé du plan de révolution. Le projet serait appuyé par toute la puissance que pouvaient représenter les ressources mises en commun. Le contrat fut signé, et Mayer Rothschild dévoila son plan révolutionnaire. Par des manipulations astucieuses de leur richesse, il serait possible de créer des situations économiques tellement désastreuses que les populations, par le chômage, en seraient réduites à un état proche de la famine. Il serait facile ensuite de rendre responsable de ces désastres le Roi, sa Cour, les Nobles, l'Église, les Industriels et les employeurs, en utilisant une propagande bien réfléchie. Il faudrait rémunérer des propagandistes qui exacerberaient les sentiments de haine et de vengeance contre les classes dirigeantes, en présentant tous les cas, vrais ou prétendus, d'extravagance, de conduite licencieuse, d'injustice, d'oppression et de persécution. Ils inventeraient aussi des scandales pour salir la réputation de ceux qui, laissés à part, pourraient gêner leur plan d'ensemble (49).

À la suite de l'introduction générale et afin de susciter un accueil enthousiaste pour le complot qu'il voulait mettre en œuvre, Rothschild saisit un manuscrit et commença à lire un plan d'action soigneusement préparé. C'est ce plan qui va suivre et dont on m'a assuré qu'il était une version condensée du complot par lequel les conspirateurs espéraient s'arroger le contrôle absolu et sans partage des richesses, des ressources naturelles et du potentiel humain du monde entier :

1. Le conférencier commença à révéler le complot en déclarant que, puisque la majorité des hommes avait une inclination pour le «Mal» plutôt que pour le «Bien», on pourrait obtenir les meilleurs résultats, dans le domaine du gouvernement, par l'usage de

49. — Voilà les théories sur lesquelles on fera reposer plus tard la Lutte des classes. (N.D.A.)

la violence et du terrorisme et non par des discussions académiques. Le conférencier partit ensuite du raisonnement qu'au commencement, la société humaine avait été soumise à la force brutale et aveugle qui était devenue par la suite la *LOI*. Il prétendit que la *LOI* n'était que la Force sous une forme travestie et conclut que *«par les lois de la nature, le droit réside dans la force.»*

2. Il soutint que la liberté politique était une *idée* et non un *fait* et déclara qu'afin d'usurper le pouvoir politique, tout ce qu'il était nécessaire d'accomplir, c'était de prêcher le *Libéralisme* de façon à ce que l'électorat à la recherche d'une «idée» accorde quelques-uns de ses pouvoirs et prérogatives que les conjurés annuleraient ensuite à leur profit.
3. Le conférencier assura que la *puissance de l'Or* avait dépassé et usurpé celle des dirigeants libéraux (1773). Il rappela à ses auditeurs qu'il y avait eu une époque où la *Foi* régnait mais il déclara qu'une fois la *LIBERTÉ* substituée à la *Foi*, le peuple ne saurait comment l'utiliser avec modération. Il prétendit qu'à cause de cela, il était logique d'imposer la réalisation de l'idée de *LIBERTÉ* qui produirait la *«LUTTE DES CLASSES.»* Il leur fit remarquer qu'il n'était pas important pour le succès de *SON* Plan que les gouvernements établis fussent détruits par des ennemis intérieurs ou extérieurs, car le vainqueur devrait par nécessité s'assurer l'appui du «Capital», qui *«est entièrement entre nos mains»* (50).
4. Il prétendit que l'utilisation d'un seul ou de tous ces moyens pour atteindre le but final était justifié :

50. — Cette déclaration extraite de documents originaux devrait convaincre tout le monde, (sauf évidemment ceux qui ne veulent pas le croire), que le conférencier n'était ni un Rabbin ni un Sage des Juifs, de même qu'il ne s'adressait ni à des Sages ni à des Rabbins. C'étaient des orfèvres, des prêteurs d'argent et leurs affiliés dans le commerce et l'industrie qui avaient en 1773 toute la richesse du monde entre leurs mains, comme ils l'ont encore aujourd'hui. (N.D.A.)

l'homme politique qui gouverne selon le code moral ne fait pas preuve d'habileté, et se montre vulnérable, car il est dans une position instable sur son trône. *«Ceux qui souhaitent prendre le pouvoir doivent avoir recours à la ruse et à la mystification parce que les grandes qualités nationales comme la sincérité et l'honnêteté sont des vices en politique*(51).»

5. Il assura : «*Notre droit réside dans notre force. Le mot Droit est un concept abstrait qui ne prouve rien du tout : j'ai mis au point un nouveau Droit... celui d'attaquer par le Droit du plus fort et de faire éclater toutes les forces d'ordre et de réglementation, celui de reconstruire toutes les institutions existantes et devenir le Seigneur souverain de tous ceux : qui nous ont abandonné volontairement leurs Droits et leurs pouvoir par pur Libéralisme.*»
6. Il avertit ensuite ses auditeurs en ces termes : «*La puissance de nos moyens doit rester invisible jusqu'au moment où elle aura acquis suffisamment de force pour qu'aucune ruse ou force ne puisse la détruire.*» Il leur déclara alors que toute déviation de la «Ligne» du plan stratégique qu'il portait à leur connaissance risquerait de faire échouer LES TRAVAUX DE TANT DE SIÈCLES.
7. Il recommanda ensuite l'utilisation de la «*Psychologie des foules*» pour obtenir le contrôle des masses. Il partit du raisonnement que la «force» de la foule est aveugle, dénuée de sens, irraisonnée et toujours à la merci d'une suggestion venant de n'importe quel parti. *«Seul un dirigeant despotique pourrait diriger efficacement une foule parce que sans despotisme absolu la civilisation ne peut exister : elle est produite non par les masses mais par leur guide, quelle que soit cette personne.»* Il prévint qu'au *«moment où la niasse se saisirait de la véritable Liberté, cela tournerait rapidement à l'anarchie.»*

51. — Le «*Brouillard Rouge*» explique comment cette théorie a été mise en pratique en Amérique depuis 1900. (N.D.A.)

8. Il recommanda l'emploi de l'alcool, de la drogue, de la corruption morale et de toutes sortes de vices que leurs *agents* (52) devraient répandre pour corrompre la morale chez la jeunesse de toutes les nations. Il conseilla d'entraîner des *agents* spéciaux à certaines fonctions ou métiers : tuteurs, laquais, gouvernantes, employés. Les femmes de l'organisation séviraient dans les endroits de dispersion fréquentés par les Goyim (53). *«Au nombre de ces derniers, je compte les soi-disant dames de société qui deviennent volontairement des éléments de corruption et de luxure. Nous ne devons pas nous arrêter à la corruption, aux tromperies, à la trahison lorsqu'elles serviraient à l'accomplissement de notre but.»*
9. Abordant la politique il affirma qu'ils avaient le Droit de conquérir la propriété par tous les moyens et sans hésitation, car ils s'arrogeaient ainsi la soumission et la souveraineté : *«Parce qu'il s'établit par le biais d'une conquête pacifique, notre État a le droit de substituer aux horreurs de la guerre des sentences de mort moins perceptibles et plus satisfaisantes qui sont nécessaires au maintien d'une* **Terreur** *nécessaire pour obtenir des sujets une soumission aveugle.»*
10. Traitant de l'usage des slogans, il dit : *«En des temps maintenant révolus, nous firmes les premiers à inculquer aux masses les principes de* «Liberté», d'«Égalité» *et de* «Fraternité»... *mots répétés jusqu'à ce jour par de stupides perroquets ; mots que les prétendus conseillers des Goyim ne peuvent se représenter dans leur abstraction et dont ils ne peuvent saisir la contradiction dans leur signification*

52. — Le terme *«agents»* représente l'organisation composée d'espions, de contre espions, de maîtres-chanteurs, de saboteurs, de personnes travaillant dans les coulisses et de tous les individus hors-la-loi qui permettent aux conspirateurs internationaux d'atteindre leurs objectifs secrets. (N.D.A.)

53. — Le terme *«Goyim»* signifie toute personne ne faisant pas partie de leur groupe. Des gens de peu d'importance. (N.D.A.)

et dans leur interrelation.» Il rappela les mots qu'il faut amener aux oreilles des «*légions qui portent nos bannières avec enthousiasme.*» Il partit du raisonnement qu'il n'y a aucune place dans la nature pour l'«Égalité», la «Liberté» ou la «Fraternité» et il déclara : «*Nous avons établi l'aristocratie de l'ARGENT sur les ruines de l'aristocratie naturelle et généalogique des Goyim. L'essence de cette aristocratie, c'est la RICHESSE qui dépend de nous.*»

11. Il exposa ensuite point par point ses théories sur la guerre. Dès 1773, il établit un principe que les gouvernements de Grande-Bretagne et des États-Unis firent connaître publiquement comme leur politique en 1939 : il faudrait faire la politique de ceux qui veulent les guerres pour diriger les conférences de paix de façon à ce qu'aucun des belligérants n'obtienne de gains territoriaux. Il dit aussi que les guerres seraient menées de telle façon que les nations impliquées, des deux côtés, verraient leur dette nationale augmenter de plus en plus sous l'influence de *leurs* agents.
12. Puis l'administration. Il dit à ceux qui étaient présents qu'ils devaient se servir de leur richesse «*pour choisir des candidats aux fonctions publiques qui seraient serviles et obéissants de façon à ce qu'ils puissent être rapidement utilisés par des hommes avertis et ingénieux, à nos ordres, comme des Pions dans un jeu. Ces hommes seraient désignés par nos soins afin d'agir dans les coulisses des gouvernements en tant que conseillers officiels.*» Il ajouta : «*Les hommes que nous désignerons comme «Conseillers» auront été élevés, éduqués et entraînés depuis l'enfance selon nos idées pour diriger les affaires du monde entier.*»
13. Il s'occupa de la propagande et expliqua comment l'union de leurs richesses permettrait de contrôler l'information publique pendant qu'ils resteraient dans l'ombre et à l'abri de toute accusation. Sans considérer les conséquences de la publication d'écrits diffamatoires, calomniateurs ou bien mensongers,

le conférencier déclara : «*Grâce à la Presse nous avons accaparé l'Or, un Or extrait d'océans de sang et de larmes... Mais il nous a rémunéré même si nous avons sacrifié beaucoup des nôtres. Chaque victime de notre camp vaut bien un millier de Goyim.*»

14. Il expliqua ensuite la nécessité, pour leurs *agents* d'apparaître bien en évidence sur la scène lorsque la situation serait favorable et que les masses auraient été asservies, au besoin par la terreur. Il fit remarquer que lorsqu'il serait temps de rétablir l'ordre, ils le feraient de telle façon que les victimes croiraient avoir été en butte à des criminels et à des irresponsables. «*En exécutant les criminels et les fous après qu'ils aient mis en place notre «règne voulu de la terreur», nous nous poserons en sauveurs des opprimés et en champions des travailleurs.*» Le conférencier ajouta alors : «*Ce que nous voulons en fait, c'est le contraire... l'élimination des Goyim.*»
15. Il expliqua ensuite comment ils pourraient «fabriquer» les dépressions industrielles et les paniques financières et comment ils pourraient les utiliser pour qu'elles servent leur objectif : «*Le chômage et la faim seront imposés par la contrainte aux masses grâce au pouvoir que nous avons de créer des pénuries de nourriture. Nous accorderons au Capital le droit de diriger beaucoup plus sûrement qu'il ne le fut accordé à la véritable aristocratie et par l'autorité légale des Rois.*» Il déclara que grâce au contrôle de la *foule* par leurs agents, il leur serait possible de l'utiliser pour balayer tous ceux qui oseraient se mettre en travers de leur chemin.
16. On discuta ensuite amplement de l'infiltration de la Franc-Maçonnerie continentale. Le conférencier déclara que leur objectif serait de profiter des facilités et du secret qu'offrait la Franc-Maçonnerie. Il fit remarquer qu'ils pourraient organiser leurs propres Loges du Grand Orient dans la Franc-Maçonnerie Bleue afin de répandre leurs activités révolutionnaires

et camoufler la nature véritable de leur entreprise sous le manteau de la philanthropie. Il déclara que tous les membres initiés dans leurs Loges du Grand Orient seraient utilisés à des fins de prosélytisme, pour répandre leur idéologie matérialiste et athée parmi les Goyim.

Il termina cette étape de la discussion par ces mots : *«Quand l'heure sonnera pour notre Seigneur souverain du Monde entier d'être couronné, ces mêmes mains écarteront tout ce qui pourrait se tenir sur son chemin.»*

17. Il donna des explications sur la valeur des mensonges systématiques, faisant remarquer que leurs «agents» devraient être exercés à l'emploi des phrases bien balancées et des slogans populaires. Ils devraient rendre les masses très friandes de promesses. Il observa : *«On peut toujours faire par la suite l'opposé de ce que l'on a promis... cela n'entraîne aucune conséquence.»* Son raisonnement était le suivant : en employant des mots tels que «Liberté», «Droit de Cité», on pouvait amener les Goyim à un tel degré de ferveur patriotique qu'il serait même possible de leur faire combattre les lois de Dieu et de la Nature. Il ajouta : *«Et pour cette raison, après que nous aurons obtenu le pouvoir absolu, nous rayerons à jamais du* «Livre de Vie(54)» *le NOM MÊME DE* DIEU(55).»
18. Il passa en détail les plans de la guerre révolutionnaire, l'art du combat de rue ; il définit et insista sur les

54. — Le «*Livre de Vie*» auquel il faisait référence était la Création du Dieu Tout Puissant. (N.D.A.)

55. — Pour l'heure présente, et grâce à ses agents, les Illuminati espèrent réussir en imposant une réunion œcuménique au Sinaï. S'inscrivant dans le prolongement d'Assise une telle réunion venait le rejet du Dieu Trinitaire par toutes les religions officielles, même si pour les modernistes qui occupent l'Église ce rejet serait implicite. De ce rejet naîtrait un nouveau décalogue, celui du Grand Architecte de l'Univers (Lucifer). Le Nouvel Ordre Mondial aurait alors sa base «spirituelle» ! Sur ce sujet il faut lire la troisième édition de *L'ÉGLISE ÉCLIPSÉE* ? et MAITREYA. (N.D.L.R.)

grandes lignes du «Règne de la Terreur» qui doit accompagner tout effort Révolutionnaire *«parce que c'est la façon la plus économique d'amener la population à une rapide sujétion.»*

19. Il discuta de Diplomatie. Après toutes les guerres, on se devait d'insister sur la diplomatie secrète *«De façon à ce que nos agents, se dissimulant sous les masques de conseillers «politiques», «financiers» et «économiques» puissent répandre nos ordres sans danger d'exposer l'identité des «puissances secrètes» derrière les affaires nationales et internationales.» Le conférencier dit ensuite aux personnes présentes qu'au moyen de la diplomatie secrète ils exerceraient un tel contrôle «que les nations ne pourront* même pas aboutir à un simple accord sans que nos agents secrets y aient mis la main (56).»
20. Le But (ultime) : le Gouvernement Mondial. Afin d'atteindre ce but, *«Il sera nécessaire d'établir des monopoles gigantesques, des accumulations de richesses colossales, si bien que même les plus grandes fortunes des Goyim dépendront quasiment, de nous et iront à l'abîme avec le crédit de leurs gouvernements* LE JOUR QUI SUIVRA LA GRANDE BANQUEROUTE POLITIQUE.» Le conférencier ajouta alors : *«Vous, Gentlemen ici présents, qui êtes des économistes, pouvez à peine faire une estimation de l'importance de ce plan.»*
21. La guerre économique. On discuta des Plans qu'il fallait mettre en place pour dérober aux Goyim leurs propriétés terriennes et leurs industries. On recommanda la combinaison d'impôts élevés et d'une concurrence déloyale afin d'amener la ruine économique des Goyim, celle de leurs intérêts financiers nationaux et de leurs investissements. Dans le domaine international, il leur faudrait fixer

56. — La manière dont la paix «*temporaire*» en Yougoslavie fut mise en œuvre, peut être citée comme un exemple illustrant l'application de telles directives ! (N.D.L.R.)

eux-mêmes dès que possible les cours des marchés, ce qui serait réalisable rapidement grâce à un contrôle minutieux des matières premières (57), à l'agitation entretenue parmi les travailleurs en vue de la diminution des heures de travail et d'une paie plus élevée, et aussi grâce à l'affaiblissement des concurrents. Le conférencier avertit ses conspirateurs associés qu'ils devraient s'occuper de ces matières et contrôler la situation pour que *« les augmentations de salaire obtenues par les travailleurs ne leur soient en rien profitables. »*

22. Les armements. On suggéra de lancer la fabrication d'armements pour que les Goyim s'entre-détruisent, à une échelle colossale et que finalement *« il n'y ait plus dans le monde que les masses prolétaires et quelques millionnaires tous dévoués à notre cause,... ainsi qu'une police et des soldats en nombre suffisant pour assurer la protection de nos intérêts. »*
23. Le Nouvel Ordre (du Monde). Les membres du Gouvernement Mondial seraient nominés par le Dictateur qui choisirait ces hommes parmi les scientifiques, les économistes, les financiers, les industriels et aussi parmi les millionnaires, *« car en fin de compte tout sera réglé en terme de chiffres. »*

---

57. — Toute personne qui suit ces événements sait aujourd'hui que ce Plan s'est réalisé à la lettre ! Il suffit, par exemple, de se référer à l'Afrique et d'étudier les raisons pour lesquelles la France a perdu, non seulement l'Algérie (riche en pétrole) mais encore l'amitié de la quasi totalité des pays africains où elle était humainement présente et appréciée. Plusieurs États d'Afrique, riches en matières premières, sont aujourd'hui dirigés par des agents Illuminati. Ils bradent les richesses de leurs pays aux multinationales que contrôlent les banquiers internationaux ! Si bien qu'en quinze ans, non seulement le prix des matières premières s'est effondré, mais ces pays africains ont des dettes nationales qui explosent et de fait, dépendent plus que jamais des prêteurs d'argent, lesquels sont enfin en voie de constituer un véritable monopole sur ces précieuses matières premières ! Attendons-nous donc à ce que, bientôt, les prix de celles-ci explosent littéralement et que les nations européennes et américaine se ruinent pour les acquérir. (N.D.L.R.)

24. L'importance de la Jeunesse. On fit remarquer fortement l'importance qu'il y avait à capter l'intérêt de la Jeunesse : «*Nos agents s'infiltreront dans toutes les classes, à tous les niveaux de la société et du gouvernement dans le but de duper, d'hébéter et de corrompre la jeunesse de la société en lui enseignant — nous, nous le savons — de fausses théories et de faux principes*(58).»
25. Les Lois nationales et internationales ne devraient pas être remplacées, mais utilisées telles qu'elles sont pour détruire la civilisation des Goyim «*simplement en les entortillant dans des contradictions d'interprétation telles que la loi sera d'abord maquillée, puis ensuite complètement cachée. Notre but ultime est de substituer l'Arbitrage à la Loi.*» Le conférencier dit alors à ses auditeurs : «*Vous pouvez penser que les Goyim se précipiteront sur nous avec des armes, mais à l'Ouest nous avons prévu face à cette éventualité : une organisation pratiquant une terreur si épouvantable que même les cœurs les plus vigoureux trembleront... l'*«Underground»*... les réseaux occultes... le monde souterrain... tout cela sera installé dans les capitales et les villes de tous les pays avant que ce danger ne menace.*»

L'emploi du mot «*Ouest*» est d'une grande signification.

58. — Voilà pourquoi les régimes socialistes européens viennent de prendre plusieurs dispositions entourant de contraintes la scolarité à la maison ; contraintes destinées officiellement, à la protection des enfants par rapport aux sectes ; officieusement, à l'obligation d'endoctrinement des enfants aux valeurs païennes et antichrétiennes clans les écoles laïques et privées (de Dieu). Voir les pages 130 à 146 de l'ouvrage MAITREYA sur ce point. Les parents négligeant sur cette question feraient bien de lire *Le Saint Curé et la Famille* de Mgr Convert ou l'*Encyclique Divini illius magistri* (L'éducation chrétienne des enfants) du 31 décembre 1929 de Pie XI pour comprendre l'enjeu de leur responsabilité dans cette affaire essentielle qu'est l'éducation de jeunes âmes confiées par Dieu, car chacun aura à répondre de ses choix devant le Juge suprême au soir de sa vie, y compris sur cette question. (N.D.L.R.)

Il montre bien que Rothschild s'adressait à des hommes du Mouvement Révolutionnaire International qui avait démarré dans la Zone de Colonisation de *l'Est.* Il est fort à propos de rappeler que Moses Amschel Bauer, avant de s'établir à Francfort, avait exercé son métier d'orfèvre et bijoutier, dans toute l'Europe, de l'«Est» et de l'«Ouest», où il avait certainement rencontré les hommes auxquels son fils Amschel Mayer s'adressait. Tout cela se passait *après* que de simple prêteur d'argent il fut devenu banquier, après l'établissement de LA MAISON ROTHSCHILD dans la «*Judenstrasse*» où l'on dit que la réunion dont nous venons de parler se serait tenue en 1773.

Comme nous pouvons le constater, le plan primitif de la conspiration se termina au point où nous sommes arrivés (ci-dessus). Je me suis assuré personnellement que les documents tombés dans les mains du Professeur S. Nilus en 1901, et qu'il publia sous le titre «*The Jewish Peril*» — «*Le Péril Juif*» — en 1905, en Russie, étaient une amélioration du complot primitif. Il n'y apparaît aucun changement dans la première section mais des additions nombreuses révèlent comment les conspirateurs ont utilisé le Darwinisme, le Marxisme, et même le Nietzschéisme. Plus important encore, les documents découverts en 1901 révèlent comment on devait utiliser le Sionisme. Et nous devons nous rappeler que le Sionisme ne fut organisé qu'en 1897...

Nous traiterons ce sujet dans un chapitre suivant où nous expliquons l'intrigue qui a abouti à l'abdication du Roi Edouard VIII. La traduction que fit M. Victor Marsden du «*Jewish Peril*» fut publiée en 1921 par la Britons Publishing Society de Londres sous le titre «*The Protocols of the Learned Eiders of Zion*» («Les Protocoles des Sages de Sion»). Le livre est controversé et il paraît logique de dire que la découverte de ce dernier document confirme l'existence du précédent. On a changé très peu de chose *mais on a ajouté des matériaux considérables* dus probablement au développement rapide de la conspiration internationale. Le seul point sur lequel il semble y avoir matière à désaccord concerne les titres choisis par le Professeur Nilus et M. Marsden pour leurs éditions. M. Marsden déclare avec certitude que le contenu de son livre traite des «Protocoles des réunions des Sages de Sion» alors qu'il apparaîtrait que ce n'était qu'un complot présenté à des changeurs d'argent, des orfèvres, des industriels, des économistes, ..., par Amschel Mayer Rothschild, prêteur d'argent, puis banquier.

Une fois que l'on aurait attisé l'esprit de révolte contre l'autorité constituée dans les cœurs et dans la mentalité des masses, l'élan révolutionnaire en cours serait concrétisé sous l'impulsion d'un Règne de la Terreur programmé. Le Règne de la Terreur serait conçu par les dirigeants des Illuminati Juifs. À leur tour, ils infiltreraient leurs agents dans la Franc-Maçonnerie Française que l'on venait d organiser et y établiraient les Loges du Grand Orient de façon à pouvoir les utiliser en «*Underground*» révolutionnaire et en tant qu'instrument de diffusion du matérialisme historique, dialectique et athée.

Rothschild termina son discours en faisant remarquer que si l'on prenait suffisamment de précautions, leur lien avec le mouvement révolutionnaire ne serait jamais connu.

Nous pouvons alors poser la question suivante :

«Comment peut-on arriver à prouver que ces réunions secrètes eurent bien lieu ?»

et

«Si elles eurent bien lieu, comment pouvons-nous apporter la preuve des sujets qui y furent traités ?»

La réponse est simple. Il a été possible de connaître ce complot diabolique grâce à «Un Acte de Dieu.»

En 1785, un courrier à cheval galopait à bride abattue en direction de Paris et transportait des informations détaillées sur le Mouvement Révolutionnaire Mondial en général, et des instructions à propos de la Révolution Française programmée, en particulier. Les instructions provenaient des Illuminati Juifs d'Allemagne et étaient adressées au Grand Maître du Grand Orient de France. Les Loges du Grand Orient avaient été fondées en tant qu'«*Underground*» révolutionnaire par le Duc d'Orléans après que Mirabeau l'eût initié comme Grand Maître de la Franc-Maçonnerie Française chez les Illuminati Juifs à Francfort.

La foudre frappa le «*Courrier*» tandis qu'il galopait du côté de Ratisbonne et le tua. Les documents qu'il transportait tombèrent entre les mains de la police, qui les adressa au Gouvernement Bavarois. Un relevé des événements historiques, établi selon l'ordre chronologique, indique la liaison de la Maison Rothschild avec les Illuminati Juifs à Francfort et des Illuminati à l'intérieur de la Franc-Maçonnerie Française du Grand Orient.

Nous le démontrerons.

Nous avons rapporté comment les Rabbins Juifs revendiquaient le pouvoir d'interpréter des messages cachés et secrets dans les Saintes Écritures par une révélation spéciale obtenue grâce à la Kabbale. Il aurait été insignifiant de revendiquer de tels pouvoirs à moins qu'ils aient eu une organisation ou un instrument à leur dévotion dont la fonction était de mettre à exécution l'inspiration qu'ils prétendaient avoir reçue. Les prêteurs d'argent, quelques Grands Prêtres, des Directeurs et des Sages décidèrent qu'il fallait organiser une société très secrète pour servir leur but maléfique — ils l'appelèrent : «L'Ordre des Illuminati.» Le mot «Illuminati» provient du mot Lucifer qui signifie «Porteur de la Lumière» ou «Être d'un extraordinaire éclat.»

En conséquence, la Synagogue de Satan organisa les «Illuminati» afin de mettre à exécution les inspirations que Lucifer donnait aux Grands Prêtres pendant l'accomplissement de leurs Rites Kabbalistiques.

Ainsi, le Christ avait entièrement raison lorsqu'il disait d'eux qu'ils étaient «*de la Synagogue de Satan.*» Le Conseil Suprême des Illuminati Juifs comprenait Treize membres. Ils étaient, et sont encore le corps exécutif du «Conseil des Trente-Trois.»

Les Chefs des Illuminati Juifs prétendent avoir une connaissance très étendue de tout ce qui a trait à la doctrine religieuse, aux rites religieux, et aux cérémonies religieuses. Ces hommes ont conçu l'idéologie matérialiste et athée que Karl Marx publia en 1848 sous le titre *«Le Manifeste du Parti Communiste.»* Marx était le neveu d'un Rabbin Juif, mais il se sépara officiellement de la Grande Prêtrise Juive lorsqu'on le désigna pour accomplir ses importants travaux : une fois de plus, on appliqua le principe de la Société Anonyme.

Si le Suprême Conseil se composait de Treize membres, c'était surtout pour rappeler aux membres leur unique devoir : détruire la religion fondée par le Christ et ses douze Apôtres.

Afin de garantir le secret et de prévenir la possibilité d'une trahison comme celle de Judas, chaque homme initié chez les Illuminati devait prêter un serment *d'Obéissance illimitée au Chef du Conseil des Trente-Trois et reconnaître qu'il n'existait aucun mortel au-dessus de lui.»* Dans une organisation telle que les Illuminati, cela signifiait que chaque membre reconnaissait le Chef du Conseil des Trente-Trois comme son Dieu sur la terre. Ceci explique pourquoi des Communistes de haut niveau, même aujourd'hui, prêtent serment et jurent qu'ils ne donneront pas de gage de fidélité à la Russie. Ils en donnent un, mais uniquement au chef des directeurs du Mouvement Révolutionnaire Mondial.

Le Suprême Conseil décida qu'il utiliserait la Loge d'Ingolstadt afin d'organiser une campagne grâce à laquelle les agents ou *«Cellules»* des Illuminati s'infiltreraient dans la Franc-Maçonnerie Continentale. Ils organiseraient leur *«Underground»* révolutionnaire sous le manteau de la jouissance sociale et de la philanthropie publique. On ordonnerait aux agents qui s'infiltreraient dans la Franc-Maçonnerie Continentale d'y établir des Loges du Grand Orient et de les utiliser pour faire du prosélytisme auprès de non-Juifs en relation avec l'Église et l'État, riches, bien placés et capables d'exercer une influence appréciable. Ensuite, grâce aux vieilles méthodes de subordination, corruption et pots-de-vin, ils pourraient en faire , bon gré mal gré, des disciples de l'Illuminisme. Ils pourraient même arriver à leur faire prêcher l'inversion des Dix Commandements de Dieu et leur faire prendre la défense du matérialisme athée.

Une fois que l'on eût arrêté cette politique, les agents du Suprême Conseil contactèrent le Marquis de Mirabeau, *the right man* qui accepterait probablement de servir leur dessein en France. Il faisait partie de la Noblesse et avait une grande influence dans les cercles de la Cour. Il était aussi l'ami intime du Duc d'Orléans dont ils avaient décidé qu'il serait leur «homme de paille» pendant la future Révolution Française. Mais plus important encore, le Marquis de Mirabeau était dénué de toute moralité et ses excès licencieux l'avaient conduit à s'endetter énormément.

Rien de plus facile pour des prêteurs d'argent que de rentrer en contact avec le célèbre orateur Mirabeau : présentés comme ses admirateurs et amis, ils offrirent de l'aider dans ses difficultés financières. En réalité, ils le firent tomber de la satisfaction égoïste de ses désirs dans les abîmes du vice et de la débauche, le criblant de dettes envers eux autant qu'ils le pouvaient. Dès lors, il ne put qu'être leur exécutant. Au cours d'une réunion, on présenta Mirabeau à Moses Mendelssohn, un des grands financiers Juifs qui le prirent en main. Mendelssohn présenta alors Mirabeau à une femme, célèbre pour sa beauté et son charme, mais d'une moralité sans scrupule.

Cette affolante personne était mariée à un certain Monsieur Herz, mais pour un homme comme Mirabeau le fait qu'elle fut déjà mariée la rendait encore plus désirable. Très vite, elle passa plus de temps avec Mirabeau qu'avec son mari. Profondément endetté envers Mendelssohn, étroitement pris au piège par Madame Herz, Mirabeau était tout à fait réduit à l'impuissance... il avait avalé l'hameçon, et la ligne avec ! Mais comme de bons pêcheurs, ils jouèrent doucement avec lui pendant quelque temps. Car s'ils exerçaient une trop forte pression, le fil pouvait casser et leur poisson s'échapperait.

Leur dessein était de le faire initier à l'Illuminisme. Il jura le secret et une obéissance illimitée sous peine de mort.

Puis on l'amena dans des situations compromettantes qui furent mystérieusement rendues publiques. Cette méthode de destruction de la personnalité d'un homme fut davantage connue sous le nom de pratique de «l'infamie.» À cause des scandales et du dénigrement organisé, Mirabeau se retrouva frappé d'ostracisme par ses pairs. Sa rancune déboucha sur un désir de vengeance et il embrassa ainsi la cause révolutionnaire.

La fonction de Mirabeau était de persuader le Duc d'Orléans de prendre la direction du Mouvement Révolutionnaire en France. Il était sous-entendu que lorsqu'on aurait obligé le Roi à abdiquer, celui-ci deviendrait le Chef des institutions démocratiques en France. Bien entendu, jamais les conspirateurs ne laissèrent entendre à Mirabeau et au Duc d'Orléans que leur intention était d'assassiner le Roi, la Reine ainsi que des milliers de nobles. Ils leur firent simplement croire que le but de la Révolution était de libérer la politique et la religion du despotisme et de la superstition. Un autre facteur incita le *Pouvoir Occulte* à décider que le Duc d'Orléans serait leur «homme de paille» : il était Grand Maître de la Franc-Maçonnerie française.

Adam Weishaupt, qui reçut la consigne d'adapter le rituel et les rites de l'Illuminisme au rituel de l'Initiation dans la Franc-Maçonnerie du Grand Orient, vivait aussi à Francfort, en Allemagne. Mirabeau présenta le Duc d'Orléans et son ami Talleyrand à Weishaupt qui les initia aux secrets de la Franc-Maçonnerie du Grand Orient. Fin 1773, Philippe, Duc d'Orléans, avait introduit le Rituel du Grand Orient dans la Franc-Maçonnerie française. En 1788, il y avait en France plus de deux mille loges affiliées à la Franc-Maçonnerie du Grand Orient et le nombre d'adeptes dépassait les cent mille. Ainsi, les Illuminati Juifs, grâce à Moses Mendelssohn et à Weishaupt, s'étaient introduits dans la Franc-Maçonnerie Continentale sous le paravent des Loges du Grand Orient. Ils organisèrent ensuite des comités révolutionnaires secrets à l'intérieur des Loges. Les directeurs de l'«*Underground*» révolutionnaire étaient donc présents dans toute la France.

Une fois qu'il eut réussi, par l'intermédiaire de son ami le Duc d'Orléans, à fusionner la Franc-Maçonnerie «Bleue» ou «Nationale» avec le rite du Grand Orient de France, Mirabeau abandonna son ami dans le même chemin de perdition qui l'avait conduit à se faire rejeter par ses pairs. En quatre ans, le Duc d'Orléans fut tellement endetté qu'on le persuada de s'engager dans des trafics illégaux pour essayer de rentrer dans ses fonds. Bizarrement, ses aventures semblèrent aller de mal en pis et il perdit de plus en plus d'argent.

En 1780, il devait 800.000 livres. Une fois de plus, les banquiers se présentèrent, offrirent de le conseiller dans ses transactions commerciales et lui proposèrent une aide financière. Ils le manœuvrèrent très habilement jusqu'à lui faire signer pour ses emprunts et à leur profit, des garanties, véritables hypothèques sur son palais, ses domaines, sa demeure et le Palais Royal. Le Duc d'Orléans signa un contrat par lequel il autorisait ses financiers Juifs à gérer ses propriétés et ses domaines de façon à lui procurer des revenus suffisants pour honorer ses obligations financières et à lui laisser un revenu régulier et confortable.

Le Duc d'Orléans n'avait jamais été très doué pour les questions financières. À ses yeux, le contrat qu'il avait signé avec ses Banquiers Juifs lui apparut comme un échange financier bien fondé. Ils lui avaient offert de gérer ses affaires et de transformer une sombre faillite en un grand succès financier.

Que pouvait-il espérer de plus ?

Il n'avait suspecté aucune manœuvre frauduleuse, puisqu'il s'était innocemment vendu corps et âme aux agents du Démon... Mais il l'avait fait et il était véritablement sous leur influence(59).

59. — Les mêmes génies maléfiques utilisèrent leurs agents pour endetter William Pitt, Premier ministre d'Angleterre, et l'obliger à démissionner, car au début de son mandat, il avait obstinément refusé d'autoriser l'Angleterre à se lancer dans les guerres qu'ils avaient provoquées dans le cadre de leur conspiration. Depuis 1785, le Ministre des Finances William Pitt en savait beaucoup sur l'action des Rois de l'Argent dans les affaires internationales. (N.D.A.)

Les «puissances secrètes» qui dirigeaient la Révolution Française désignèrent Choderlos de Laclos pour la gestion du Palais Royal et des domaines du Duc d'Orléans. Nous pensons que de Laclos était un Juif d'origine espagnole. Lorsqu'il fut nommé gérant du Palais Royal, il était déjà le célèbre auteur des «*Liaisons dangereuses*» et autres ouvrages pornographiques. Il prit publiquement la défense de son immoralité sans bornes en déclarant qu'il étudiait la politique de l'amour sous ses aspects les plus variés du fait de son amour de la politique.

Il importe peu de savoir qui était Choderlos de Laclos. C'est ce qu'il fit qui a de l'importance. Ce personnage fit du Palais Royal la plus vaste et la plus malfamée des demeures du Royaume. Il y institua toutes sortes de divertissements et de spectacles impudiques et licencieux, des galeries de tableaux obscènes, des bibliothèques pornographiques et mit sur scène des «pièces» dont l'unique objet était la dépravation sexuelle sous sa forme la plus bestiale. Les hommes et les femmes qui souhaitaient se laisser aller à n'importe quelle forme de débauche n'avaient que l'embarras du choix. Le Palais Royal devint le centre à partir duquel on conçut et l'on répandit les mots d'ordres de la campagne pour la destruction systématique de la foi religieuse et de la moralité publique française. Tout cela se mit en place le principe Kabbalistique qui stipule que *«le meilleur révolutionnaire est un jeune dénué de toute morale.»*

Un Juif de Palerme, Cagliostro alias Joseph Balsamo, s'était associé à de Laclos. Il transforma une des propriétés du Duc en imprimerie, publia des brochures révolutionnaires et organisa une équipe de spécialistes de la propagande révolutionnaire. En plus de la «littérature», ils organisèrent des concerts, des pièces de théâtre et des débats destinés à en appeler aux plus bas instincts de la nature humaine et à favoriser la cause de la révolution. Balsamo organisa également les nids d'espions qui permirent au *Pouvoir Occulte* d'exécuter sa stratégie de «l'infamie» pour l'assassinat mental systématique.

Les hommes et les femmes qui étaient attirés dans la toile tissée par de Laclos et Balsamo devaient exécuter leurs ordres s'ils ne voulaient pas qu'on exerçât un chantage sur eux. Ainsi, les domaines du Duc d'Orléans furent transformés en Centre de Politique Révolutionnaire sous le paravent de Salles de conférences, de Théâtres, de Galeries d'Art, de Clubs d'Athlétisme, de salles de jeu, de bordels, de «cabarets» où l'on trouvait vins et drogue qui faisaient un commerce d'enfer. Dans cet «*Underground*» révolutionnaire, on prit d'abord au piège les dirigeants potentiels. On étouffa d'abord leur conscience par la fréquentation du mal, puis on les tua par les complaisantes pratiques du mal. Les domaines du Duc d'Orléans étaient transformés en usines dans lesquelles le *Pouvoir Occulte* derrière le Mouvement Révolutionnaire Mondial fabriquait les pièces qu'il comptait utiliser pour son «Jeu d'Échec International.» Scudder qui écrivit «*Prince du Sang*» déclara à propos du Palais Royal qu'il «*donna beaucoup plus de souci à la police que tous les autres endroits de la ville.*» Pour la population, cet endroit infâme était la propriété du Duc d'Orléans, le cousin du Roi. Seule une infime poignée d'hommes et de femmes savait que les prêteurs d'argent le contrôlaient et l'utilisaient pour créer une organisation révolutionnaire qui devait être l'instrument de leur vengeance et de leurs plans secrets.

Dès que la police eut pris connaissance des documents secrets trouvés sur le corps du messager, elle les communiqua au Gouvernement Bavarois qui ordonna une descente dans les Quartiers Généraux des Illuminati. On y trouva de nouvelles preuves concernant les très vastes ramifications du Mouvement Révolutionnaire Mondial et on informa les Gouvernements de France, d'Angleterre, de Pologne, d'Allemagne, d'Autriche et de Russie de l'aspect international du complot révolutionnaire.

Mais comme toujours, les gouvernements concernés n'entreprirent aucune action valable pour mettre fin à la conspiration diabolique. Pourquoi ?

La seule réponse est que la puissance des hommes qui sont derrière le Mouvement Révolutionnaire Mondial est plus grande que celle de n'importe quel gouvernement.

Nous le prouverons tout au long de ces pages.

Les hommes malveillants qui conspirent et planifient le M.R.M. ont un avantage sur le commun des mortels. Le simple individu qui croit en Dieu et apprécie l'harmonie des choses créées par Dieu ***ne peut arriver à croire*** qu'un plan diabolique de haine et de vengeance ait pu être conçu par des êtres humains. Bien que tous les chrétiens croient très sincèrement que la grâce de Dieu est entrée dans leurs âmes comme résultat de l'accomplissement de leurs devoirs religieux, d'avoir reçu les sacrements et dit leurs prières, ils ne peuvent croire le diable inocule réellement son influence maléfique et ses pouvoirs dans les cœurs et les âmes des hommes et des femmes qui adoptent le Satanisme ou l'Athéisme comme religion, par les cérémonies et les Rites des Grand Prêtres Illuminati, que ce soit le genre Kabbale juive ou le genre Aryano-païen du Grand Orient. C'est pourquoi les individus et les gouvernements sont restés naïfs et stupides face aux avertissements qu'ils avaient reçus au sujet de la mécanique maléfique des dirigeants du Mouvement Révolutionnaire Mondial.

Voici plusieurs illustrations de cette inertie.

On sait que les différents gouvernements n'avaient pas réagi à l'information que leur avait communiquée la Police Bavaroise en 1785, aussi la reine Marie-Antoinette reçut-elle de sa sœur certaines lettres privées qui l'alertèrent du complot révolutionnaire, de ses liens avec les Banquiers Internationaux, de l'action de la Franc-Maçonnerie ainsi que du danger qu'elle-même courait en tant que reine de France, épouse de Louis XVI. Marie-Antoinette (1755-1793) était la fille de l'Empereur François Ier d'Autriche.

Elle aussi ne put arriver à croire que les terribles choses dont sa propre sœur l'entretenait étaient montées par les Illuminati.

Aux avertissements répétés que lui envoya sa sœur, Marie-Antoinette répondit de longues lettres. Aux affirmations de sa sœur lui expliquant que l'on avait des preuves que les Illuminati, agissant sous le couvert d'une Franc-Maçonnerie Philanthropique, avaient l'intention de détruire l'Église et l'État en France, Marie-Antoinette répondit :

«Je crois qu'en ce qui concerne la France, vous vous inquiétez beaucoup trop de la Franc-Maçonnerie. Elle est loin d'avoir l'importance qu'elle peut avoir partout ailleurs en Europe.»

L'Histoire se chargea de lui prouver combien elle avait tort. Parce qu'elle refusa de prêter attention aux avertissements répétés de sa sœur, elle et son mari moururent sous la guillotine.

Entre 1917 et 1919 le Gouvernement Britannique entra en possession de quantité de renseignements concernant les Banquiers Internationaux qui formaient à cette époque le *Pouvoir Occulte* derrière le M.R.M. L'information fut officiellement présentée par des Officiers des Renseignements Britanniques et des Renseignements Américains puis confirmée par M. Oudendyke et Sir M. Findlay. M. Oudendyke était l'Ambassadeur des Pays-Bas à St Pétersbourg. Il veillait sur les intérêts Britanniques après que la «foule» eût démoli l'ambassade de Grande-Bretagne et tué le Commander E.N. Cromie. Nous traitons en détail de cet aspect du M.R.M. dans les chapitres suivants sur la Russie.

La majorité des étudiants en Histoire croit que Marie-Antoinette était une femme qui adopta l'esprit de la Cour de France et en appréciait les réjouissances. On reconnaît généralement qu'elle était impliquée dans de nombreuses «affaires galantes» avec les proches amis de son époux et qu'elle donnait libre cours à des extravagances inconsidérées. C'est le portrait que firent d'elle Balsamo et ses propagandistes. Ils avaient concocté un scandale du type «L'Infamie.» Ce qui leur permit de faire exiger par la foule la vie de la Reine. Mais leur version de la conduite de Marie-Antoinette n'est qu'un ramassis de mensonges, les historiens l'ont prouvé. La force morale avec laquelle elle supporta les souffrances que lui infligèrent ses ennemis, la dignité avec laquelle elle accepta son sort et la résignation et le courage avec lesquels elle offrit sa vie sur l'échafaud ne peuvent être les caractéristiques d'une femme débauchée.

Afin de salir Marie-Antoinette, Weishaupt et Mendelssohn montèrent l'affaire du «Collier de Diamants.» À l'époque, les ressources financières de la France étaient à leur niveau le plus bas et le Gouvernement Français priait les Rois de l'Argent Internationaux de lui accorder un peu plus de crédit. Un agent secret des super-conspirateurs fit réaliser un fabuleux collier de diamants par les bijoutiers de la Cour. L'ordre d'exécution pour ce collier dont on estimait la valeur à un quart de million de livres fut donné au nom de la Reine. Lorsque les bijoutiers de la Cour apportèrent le Collier de Diamants à la Reine en vue de son approbation, elle refusa en déclarant qu'elle n'avait rien demandé. Elle se défendit d'avoir commandé ce collier. Mais comme les conjurés l'avaient prévu, les nouvelles sur ce collier fabuleux se répandirent. Balsamo mit en œuvre sa machine à propagande et Marie-Antoinette fut submergée de critiques et salie. Sa réputation fut traînée dans la boue par une campagne de rumeurs ; en fait, d'assassinat mental. Et comme à l'accoutumée, on ne put jamais repérer les calomniateurs. Après cette campagne, Balsamo produisit son chef-d'œuvre : ses presses imprimèrent des milliers et des milliers de brochures affirmant qu'un amant secret de la Reine avait envoyé le collier en hommage à ses faveurs royales.

Mais les individus qui dirigeaient «L'Infamie» inventèrent des calomnies encore plus diaboliques à propos de la Reine et les firent circuler. Ils écrivirent une lettre au Cardinal Prince de Rohan en imitant la signature de la Reine : on lui demandait de la rencontrer au Palais Royal vers minuit afin d'aborder l'affaire du collier de diamants. On engagea une prostituée du Palais Royal qui prit les apparences de la Reine et le Cardinal fut impliqué. On se hâta de rapporter L'épisode dans les journaux et les pamphlets et l'on fit circuler des insinuations infectes impliquant deux des plus hauts personnages de l'Église et de l'État.

L'Histoire nous apprend que le collier de diamants, après avoir servi au répugnant dessein, fut envoyé en Angleterre et démonté. Un Juif nommé Eliason aurait conservé la majorité des diamants de prix utilisés lors de sa fabrication.

Madame Queensborough, auteur de «*Occult Theocracy*», réussit à apporter quelques preuves sur les liens entre les prêteurs d'argent Juifs anglais et le complot qui conduisit à la Révolution Française. Alors qu'elle faisait des recherches, elle lut un ouvrage écrit par l'Israélite Bernard Lazare sur «*L'Antisémitisme.*» Forte de ce qu'elle tira de ce livre, Madame Queensborough affirma que Benjamin Goldsmid, son frère Abraham ainsi que son neveu Sir Moses Montifiore et leur associé Moses Moccata furent les financiers Juifs d'Angleterre certainement impliqués avec leurs frères Juifs continentaux dans le complot qui amena la révolution en France. On découvrit une preuve supplémentaire montrant les attaches de Daniel Itsig de Berlin, de son beau-fils, David Friedlander, et de Herz Cerfbeer, d'Alsace, avec les Rothschild et le complot. Quelqu'un a donc réussi à braquer le projecteur sur les hommes qui, à cette époque, constituaient le *Pouvoir Occulte* derrière le Mouvement Révolutionnaire Mondial.

Il faut connaître les méthodes qu'employèrent ces hommes pour amener le Gouvernement français dans les difficultés financières que l'on sait, car nous allons reconnaître le même processus appliqué par la suite en Amérique, en Russie, en Espagne et dans les autres pays.

Sir Walter Scott, dans son deuxième volume de «*La vie de Napoléon Buonaparte*» a une vision des prémices. Il résume la situation en ces termes :

> «*Ces financiers traitèrent le gouvernement (français) comme les usuriers les faillis prodigues, alimentant leurs extravagances d'une main, tirant de l'autre sur leurs fortunes ruinées, des dédommagements complètement déraisonnables pour leurs avances de fonds. Par une longue suite d'emprunts et de concessions ruineuses accordées pour les garantir, on mit les finances de la France dans le désordre le plus absolu* (60).»

60. — A la suite de ces prétendues déclarations antisémites, les personnes qui contrôlent les maisons d'édition et la plus grande partie de la presse imposèrent la loi du silence à l'important ouvrage de Sir Walter Scott : «*La vie de Napoléon Buonaparte*», en neuf volumes,

Une fois que l'on eut obligé le gouvernement français à solliciter d'énormes emprunts pour couvrir les dettes contractées pour les guerres créées par les conspirateurs internationaux, ces zélés serviteurs de Mamon acceptèrent très aimablement de prêter l'argent, à condition bien sûr qu'ils soient maîtres des conditions du contrat. À première vue, leurs conditions étaient très acceptables. Mais ils avaient encore placé une anguille sous roche en la personne d'un certain Monsieur Necker. On dut le nommer au Conseil du Roi de France en tant que Ministre des Finances. Les financiers Juifs imposèrent ce sorcier de la finance pour qu'il purge la France de ses difficultés monétaires «en deux temps, trois mouvements.» En réalité, au cours des quatre années suivantes, il s'appliqua à livrer dangereusement le gouvernement français aux financiers Juifs en faisant monter la dette nationale à 170.000.000 de Livres.

Le Capitaine A.H.M. Ramsay résume la situation avec justesse dans «*La Guerre Sans Nom.*»

Il y déclare :

> «*La Révolution est un coup porté à un paralytique. Lorsque l'emprise de la dette a été solidement établie, le contrôle de toute forme de publicité et d'activité politique va aussitôt de pair avec une mainmise sur l'industrie (à la fois sur l'exploitation et sur la main-d'œuvre). La scène est alors prête pour le coup révolutionnaire. L'emprise de la main Droite, la Finance, produit la paralysie pendant que la main Gauche, la Révolution, tient le poignard et donne le coup fatal. La corruption morale facilite tout le processus.*»

Pendant que les feuilles de propagande de Balsamo pestaient contre les hauts représentants de l'Église et de l'État, les agents spéciaux des Illuminati formaient les hommes que l'on utiliserait comme responsables du Règne de la Terreur

abordait de nombreuses phases de la Révolution Française. L'ouvrage est quasi introuvable sauf dans les bibliothèques et les Musées, et n'est jamais mentionné dans ses listes d'ouvrages publiés. (N.D.A.)

qui accompagne chaque fois le coup révolutionnaire. Parmi ces hommes, on trouvait Robespierre, Danton et Marat. Pour que leur véritable dessein demeurât dans le secret, les hommes qui devaient libérer les prisonniers et les fous afin de créer l'atmosphère nécessaire à l'institution d'un Règne de la Terreur programmé, se rencontrèrent au Couvent des Jacobins.

À l'intérieur des murs de l'édifice sacré on étudia les détails du plan sanglant et l'on constitua les listes de réactionnaires que l'on devait liquider. Il y fut expliqué que pendant que les criminels et les fous se répandraient, terrorisant sauvagement la population en commettant des crimes de masse, en enlevant ou en violant publiquement les gens du peuple, l'*«Underground»* organisé des travailleurs sous la direction de Manuel, Procureur de la Commune, capturerait toutes les personnalités politiques importantes, les dirigeants du clergé et les officiers de l'armée que l'on savait fidèles au Roi (61). Les hommes qui devaient sortir de l'*«Underground»* Juif organisé furent façonnés dans les Clubs Jacobins.

Sous la conduite de chefs très versés dans la conduite du *«Règne de la Terreur»*, ils se chargèrent des atrocités de masse pour accomplir le dessein de leurs maîtres cachés et les placer encore plus près de leur but final.

61. — Sir Walter Scott dans «*La vie de Napoléon Buonaparte*», T. 2, p. 30 déclare : «*La Commune de Paris, à ce moment-là le Sanhédrin des Jacobins, exigea bien sur la mort.*» (N.D.A.)

CHAPITRE IV

LA FIN DE LA RÉVOLUTION — NAPOLÉON— LES DICTATURES

Les Banquiers Internationaux organisèrent la Révolution Française afin de devenir le *Pouvoir Occulte* derrière les gouvernements d'Europe et continuer leur Plan à longue échéance.

Lorsque la révolution éclata, les Jacobins en prirent le contrôle, comme les Illuminati et la Franc-Maçonnerie du Grand Orient leur avaient demandé de le faire. Ils utilisèrent le Duc d'Orléans pour servir leur dessein jusqu'au moment où l'on eut besoin de lui pour voter la mort de son cousin le Roi. Le Duc croyait qu'on ferait de lui un monarque constitutionnel, mais les Jacobins avaient d'autres instructions. Une fois qu'il eut voté la mort du Roi et en eut endossé la responsabilité, il permit aux véritables conjurés d'être à l'abri de tout soupçon. Alors, le *Pouvoir Occulte* derrière la Révolution donna des ordres pour qu'on l'«exécutât», en tirant le plus grand parti possible de leur propagande et de l'«Infamie.» En un temps incroyablement court, il se retrouva sur le chemin de la guillotine. Dans la charrette de la mort qui roulait sur les pavés, il entendit le peuple l'insulter et le maudire.

Mirabeau se repentit lorsqu'il réalisa le danger que représentait le terrible instrument de vengeance à la constitution duquel il avait participé. Tout déréglé et dissolu qu'il était, il ne put accepter d'assister aux terribles et révoltantes atrocités que les Jacobins perpétraient systématiquement contre tous ceux qui étaient «désignés» pour l'outrage et la mort par les maîtres secrets. Mirabeau était en fait opposé à toute violence envers le Roi. Son propre plan avait été de réduire Louis XVI à l'état de Monarque Constitutionnel et de se faire nommer son conseiller en chef. Lorsqu'il réalisa que ses maîtres voulaient tuer le Roi, il essaya d'organiser la fuite de Louis XVI de Paris pour qu'il puisse se mettre u restaient encore à la tête de son armée. Mais ses plans furent lâchement révélés aux Jacobins, et on ordonna sa liquidation. Dans son cas, on ne pouvait prévoir une exécution publique. Ses ennemis n'avaient pas assez de temps pour «constituer» un dossier d'accusation qui fut cohérent. En conséquence, on l'empoisonna et l'on fit passer sa mort pour un suicide. Un livre fut écrit au sujet du *«Collier de la Reine»* dont nous avons déjà parlé. Il s'y trouve une remarque très éclairante :

> *«Louis n'ignorait pas le fait que l'on avait empoisonné Mirabeau.»*

Danton et Robespierre furent les deux démons incarnés qui mirent en place le «Règne de la Terreur» selon les directives des Illuminati pour qu'ils puissent se venger de leurs ennemis et éliminer les personnages qui leur faisaient obstacle. Cependant, mais une fois leur dessein accompli, les deux exécutants furent arrêtés, accusés de toutes sortes d'infamies et exécutés (62).

Lafayette était franc-maçon et il rejoignit les forces révolutionnaires pour amener plus rapidement les réformes dont on avait besoin. Mais Lafayette ne pensa jamais un seul instant qu'il menait le peuple de France de sa «vieille oppression» à une nouvelle sujétion. Lorsqu'il essaya de

62. — Dans les «*Protocoles des Sages de Sion*», à la quinzième séance, il est dit : «*Nous exécutons les Francs-Maçons de telle sorte que la Fraternité n'en a jamais de soupçons*», et également : «*De cette façon, nous procéderons avec ces Francs-Maçons* «Goyim» *qui commencent à en savoir beaucoup trop.*» E. Scudder, dans sa «*Vie de Mirabeau*» déclare : «*Il* (Mirabeau) *mourut à une époque où l'on aurait pu encore réprimer la révolution.*» (N.D.A.)

sauver le Roi, on l'expédia faire la guerre en Autriche. Depuis la Révolution Française de 1789 jusqu'aux révolutions d'aujourd'hui, le *Pouvoir Occulte* qui se trouve derrière toutes ces révoltes a utilisé beaucoup de Ducs d'Orléans, de Mirabeau et de Lafayette. Malgré leurs noms et leurs fonctions différentes, ils ont toujours joué des rôles semblables, réduits à la stricte utilité de ceux qui tiraient les ficelles, notamment pour organiser les révolutions, et liquidés ensuite. On s'est toujours arrangé pour camoufler leur mort sous un «monceau de crimes» qui étaient en fait imputables au *Pouvoir Occulte.*

Sir Walter Scott comprit beaucoup de choses quant à la façon de procéder du *Pouvoir Occulte* derrière la Révolution Française. Tout lecteur de «*La vie de Napoléon Buonaparte*» saisira que l'auteur pensait avoir détecté l'origine Juive des complots (63).

Sir Walter Scott fait remarquer que les véritables personnages-clés de la Révolution étaient pour la plupart des «étrangers.» Il observa qu'ils employaient des termes typiquement Juifs tels que «Directeurs» ou «Anciens» (=Sages) dans leur besogne et il fit remarquer que Manuel fut nommé «Procureur de la Commune» d'une façon quelque peu mystérieuse. Sir Walter déclare que cet homme fut responsable, de l'arrestation et de la détention dans toutes les prisons de France des victimes des journées sanglantes et préméditées de septembre 1792. Pendant ces massacres, on assassina 8.000 personnes uniquement dans les prisons de Paris. Sir Walter nota aussi que la Communauté de Paris (le Conseil Général de Paris) devint le SANHEDRIN des Jacobins qui demandaient «du sang et encore du sang.» Scott raconte

63. — Mes investigations prouvent que les hommes qui ont constitué «La Puissance Secrète» dans les coulisses de l'intrigue internationale et dirigé le M.R.M. ainsi que le Plan Nazi de conquête mondiale, n'ont pas tous été d'origine Sémite ou de confession Judaïque. Je suis certain qu'ils faisaient tous partie des Illuminati, leur origine raciale n'étant pas prise en compte. Les Rois de l'Argent, les industriels accapareurs, les politiciens avides n'ont jamais hésité à accuser les Juifs comme les Gentils des crimes qu'ils commettaient contre l'humanité. (N.D.A.)

que jusqu'à ce qu'ils eurent accompli leurs tâches, Robespierre, Danton et Marat occupaient de hautes fonctions dans la Synagogue des Jacobins. Ma forte conviction m'incline à penser que ce fut Manuel qui provoqua l'attaque contre le Roi Louis XVI et Marie-Antoinette, et les conduisit finalement à la guillotine. Manuel reçut un soutien très important d'un homme nommé David, qui, en tant que membre dirigeant du Comité de Salut Public, fut le juge des nombreuses victimes de Manuel. La voix de David exigeait toujours le sang et la mort.

Sir Walter rapporte que David, avant de commencer son travail quotidien avait coutume de citer la phrase des couteliers :

«Aiguisons jusqu'à ce que ça devienne rouge.»

C'est David qui introduisit le «Culte de l'Être Suprême.» Le rituel païen était une mascarade Kabbalistique qui remplaça tout signe externe de dévotion. Scott mentionne également que Choderlos de Laclos, qui était pense-t-on d'origine «espagnole», fut le directeur du Palais Royal et joua un rôle diabolique dans l'explosion de la Révolution. Autre chose d'important : après qu'on eut décrété l'élimination de Robespierre, deux hommes, Reubel et Gohir, devinrent les «Directeurs du Conseil des Anciens (=Sages).» Avec trois autres compagnons ils furent momentanément les véritables gouvernants de la France. Ces cinq hommes auxquels nous faisons allusion composaient le «Directoire.» Or, fait remarquable, *«La vie de Napoléon Buonaparte»* de Sir Walter Scott qui dévoile tant de faits, tant de vérités est pratiquement inconnue.

Nous devons ici mentionner «*La Vie de Robespierre*» de G. Renier, qui a été écrite comme si l'auteur avait eu accès à quelques-uns des *secrets :*

> *«Du 27 Avril au 28 Juillet 1794 (lorsque Robespierre fut mis en minorité) la Terreur arriva à son paroxysme. Jamais il ne fut question de dictature d'un seul homme, encore moins de Robespierre. Quelque vingt hommes partageaient le pouvoir et encore ! Le 28 Juillet, Robespierre fit un long discours devant la Convention... une philippique contre les ultra-terroristes...*

il y émit des accusations vagues et générales.»

On raconte que Robespierre aurait dit :

«Je ne puis les nommer maintenant et en cet endroit, ni déchirer entièrement le voile qui recouvre ce profond mystère d'iniquité, mais je puis affirmer avec certitude que, parmi les auteurs de ce complot, il y a les agents de ce système de corruption et de scandales, le moyen le plus puissant parmi tous ceux inventés par les Étrangers pour la ruine de la République : je veux dire les apôtres impurs de l'Athéisme et de l'immoralité qui est son fondement.»

M. Renier ajouta :

«S'il (Robespierre) *n'avait pas prononcé ces mots, il aurait encore pu triompher.»*

Robespierre en avait beaucoup trop dit. On lui tira délibérément un coup de feu dans la mâchoire afin de le réduire au silence et de pouvoir le traîner jusqu'à la guillotine le lendemain (64). On s'occupa de la même façon d'un autre Franc-Maçon qui en savait beaucoup trop. Lorsque nous passerons en revue les événements qui ont conduit aux Révolutions Russe et Espagnole, nous montrerons que le Groupe Révolutionnaire Occulte des Illuminati à l'intérieur des Loges du Grand Orient de la Franc-Maçonnerie Continentale était l'instrument des hommes qui constituaient *Le Pouvoir Occulte* derrière le Mouvement Révolutionnaire Mondial. On accusa publiquement des milliers d'individus et on jeta le discrédit sur de nombreuses organisations uniquement parce que les dirigeants secrets avaient le pouvoir de les accuser de leurs crimes et de dissimuler ainsi leur propre identité. Peu nombreuses sont les personnes qui savent aujourd'hui que Robespierre, Marat et Danton n'étaient que les instruments qu'utilisèrent les treize directeurs des Illuminati, ingénieurs et techniciens de la «Grande» Révolution Française. Ce

64. — La somme de Sir Walter Scott sur Napoléon n'est jamais citée avec ses autres œuvres, ni ré-imprimée. Elle est pratiquement introuvable. Au fur et à mesure que l'on dévoilera l'histoire du *Pouvoir Occulte,* le lecteur réalisera l'importance de ce fait significatif qui illustre la façon dont sont contrôlés les réseaux de publicité. (N.D.A.)

furent les hommes qui étaient dans les coulisses qui mirent au point le mécanisme de la Terreur comme moyen de satisfaire leur désir de vengeance. Pendant la Terreur ils pouvaient retirer les obstacles humains qui les gênaient. Les hommes qui dirigeaient la Révolution Française décidèrent alors de s'engager dans l'intrigue internationale. Toujours soucieux d'accroître leur puissance politique et économique, Anselm Mayer Rothschild ouvrit une succursale à Londres, que dirigea son fils Nathan, spécialement formé à cela. Son intention était de renforcer, plus solidement que jamais, les liens entre les hommes qui contrôlaient la Banque d'Angleterre et ceux qui contrôlaient les Banques de France, d'Allemagne et de Hollande. Nathan entreprit ce travail important à l'âge de 21 ans et il tripla sa fortune. Les Banquiers décidèrent alors d'utiliser Napoléon comme l'Instrument de leur volonté. Ils organisèrent les Guerres Napoléoniennes pour détrôner plusieurs Têtes Couronnées d'Europe (65).

En 1804, après avoir occupé l'Europe, Napoléon se proclama Empereur. Il nomma son frère Joseph, Roi de Naples ; Louis, Roi de Hollande et Jérôme, Roi de Westphalie. Au même moment, Nathan Rothschild s'arrangeait pour que ses quatre frères deviennent les rois de la finance en Europe : Ils étaient le *Pouvoir Occulte* derrière les trônes récemment établis.

Les prêteurs d'argent internationaux transportèrent alors leurs quartiers généraux en Suisse. Ils convinrent entre eux que, dans leurs intérêts et pour leur sécurité, la Suisse serait toujours neutre lors des différents conflits. Dans leurs quartiers généraux Suisses, à Genève, ils organisèrent tous les trusts et cartels à l'échelle internationale. Ils manigancèrent les choses de telle façon que peu importaient les combattants, les vainqueurs ou les perdants : les membres du Cartel des prêteurs d'argent internationaux gagnaient de plus en plus d'argent. Ce groupe d'hommes obtint rapidement le contrôle des fabriques de munitions, de l'industrie de construction navale, de l'industrie minière, des usines chimiques, des dépôts de fournitures pharmaceutiques, des aciéries, etc.

65. — ... et exporter les idées de la révolution satanique. (N.D.L.R.)

Le seul ennui, c'était que Napoléon devenait de plus en plus égoïste et eut même la témérité de les dénoncer publiquement. Dès lors, son destin était scellé. Ce ne furent pas le temps ni le froid qui transformèrent sa victorieuse invasion de la Russie en une des plus tragiques défaites militaires que le monde ait jamais connue... Le manque de munitions et de fournitures dont ses armées manquaient cruellement était dû au sabotage de ses lignes de communication.

La stratégie secrète qui fût employée pour infliger une défaite à Napoléon et l'obliger à abdiquer servit de modèle à toutes les actions révolutionnaires depuis cette époque. C'était très simple : les dirigeants du Mouvement Révolutionnaire plaçaient leurs agents occultes en des endroits-clés dans les services de ravitaillement, de communication, de transport et de renseignement des forces armées qu'ils voulaient renverser. En sabotant les ravitaillements, en interceptant les ordres, en délivrant des messages contradictoires, en immobilisant ou en déroutant des convois, et par un travail de contre-espionnage, les dirigeants révolutionnaires avaient découvert la possibilité de créer un plus grand chaos dans l'organisation militaire la plus efficace, que ce soit sur terre, sur mer ou dans l'air. Dix «*Cellules*» placées secrètement en des endroits-clés valent dix mille hommes sur le terrain. Les méthodes que l'on employa pour détruire Napoléon au début du dix-neuvième siècle furent également utilisées pour amener la défaite des armées Russes en guerre contre le Japon en 1904. Ce fut la même chose en 1917 lorsque les armées Russes se mutinèrent, et de même en 1918 dans la Marine et dans l'armée allemande.

La véritable raison pour laquelle les généraux allemands demandèrent — et on le leur accorda — un Armistice en novembre 1918, fut l'infiltration Communiste à des postes-clés. On utilisa les mêmes méthodes pour détruire l'efficacité de l'armée de Terre, de la Marine et de l'Aviation espagnole en 1936. On utilisa les mêmes tactiques pour amener la défaite d'Hitler après ses avancées victorieuses en Russie pendant la Deuxième Guerre Mondiale. Ainsi l'Histoire se répète parce que les mêmes puissances emploient chaque fois les mêmes méthodes. Mais le plus important, c'est que les descendants des hommes qui amenèrent la chute de Napoléon amenèrent la défaite des forces nationalistes chinoises en 1945.

Aujourd'hui encore ce noyautage continue...

On donna des ordres mystérieux et des millions et des millions de dollars d'armes et de munitions furent larguées dans l'Océan Indien, alors qu'elles étaient destinées à Chang-Kaï-Tchek. La véritable histoire de la façon dont les politiciens britanniques et américains trahirent nos alliés Chinois et Coréens Anticommunistes, prouve que les agents des Banquiers Internationaux manœuvraient afin de permettre aux Communistes d'obtenir le contrôle de l'Asie ; ils trompaient et induisaient en erreur nos hommes d'État.

Le Communisme est aujourd'hui ce qu'il a toujours été : un instrument de destruction et un moyen d'action qu'utilisèrent les conspirateurs internationaux pour servir leurs plans secrets de conquête des richesses, des ressources naturelles et du potentiel humain du monde entier.

L'Histoire nous dit comment on obligea Napoléon à abdiquer en 1814, comment on l'envoya alors en exil sur l'île d'Elbe, comment il s'échappa et essaya d'amorcer un retour. Mais il «jouait» contre des hommes qui avaient en main des dés pipés. Nathan Rothschild et sa clique internationale avaient soutenu l'Allemagne afin de battre Napoléon. Ils avaient décidé de gagner de l'argent quelle que fût l'issue du combat. Lorsque la bataille de Waterloo fut sur le point de se dérouler, Nathan Rothschild se trouvait à Paris. Il avait pour domicile un palais d'où l'on avait vue sur celui qu'occupait Louis XVIII. Il pouvait, lorsqu'il le désirait, voir ce qui se passait dans le palais de l'héritier au trône de France. Il s'était également chargé de placer des agents sur le champ de bataille qui lui faisaient parvenir des informations au sujet du combat par le moyen de pigeons voyageurs.

Nathan Rothschild s'était aussi occupé d'envoyer de fausses informations en Angleterre toujours par pigeons voyageurs quant à l'issue de la bataille.

Une fois qu'on l'eût assuré de la victoire de Wellington, ses agents informèrent le peuple britannique de la défaite de Wellington et de la rage de vaincre de Napoléon. Le fait que les pigeons voyageurs aient joué un rôle si important dans cette machination donna naissance à l'expression : *«Un petit oiseau m'a dit»* (66).

Les petits oiseaux de Nathan Rothschild racontèrent des mensonges d'une telle ampleur sur la Bataille de Waterloo que le peuple de Grande-Bretagne paniqua. Le marché des changes tomba en chute libre. On pouvait acheter les Livres Anglaises pour «presque rien», pour un Shilling. Toutes les valeurs s'effondrèrent : on n'avait jamais vu cela ! Nathan affréta un petit vaisseau pour la modique somme de 2.000 Livres afin de regagner l'Angleterre. À son arrivée, ses associés en finance mirent la main sur toutes les actions, obligations et autres titres et garanties que leurs mains pouvaient rafler. Lorsqu'enfin la vérité fut connue, à savoir la victoire de Wellington, les valeurs remontèrent à leur cours normal. Les prêteurs d'argent internationaux avaient réalisé des fortunes astronomiques.

Ce qui est incompréhensible, c'est de constater qu'aucune des personnes qu'ils avaient ruiné ne s'étaient ruées sur eux pour les assassiner. En témoignage de joie et de gratitude envers le prestigieux fait d'armes de Wellington et de Blücher, les Rothschild prêtèrent £18.000.000 à l'Angleterre et £5.000.000 à la Prusse, de cet argent mal acquis, en réparation des dommages de guerre. Lorsque Nathan Rothschild mourut en 1836, il s'était arrogé le contrôle de la Banque d'Angleterre et de la dette nationale qui, après ce gigantesque assassinat financier de 1815, s'élevait à £885.000.000.

Il est peu probable qu'un Franc-Maçon sur un millier sache la véritable histoire de la façon dont les Chefs des Illuminati du Grand Orient ont infiltré leurs agents dans la Franc-Maçonnerie Continentale.

66. — Lorsqu'une personne en Angleterre demande à une autre : *«D'où avez-vous tiré cette information ?»*, la personne questionnée répondra le plus souvent *«Oh ! Un petit oiseau me l'a dit !»* et laissera l'autre sur sa faim. (N.D.A.)

Les faits mentionnés étaient vrais ; les Grands Maîtres de la Franc-Maçonnerie anglaise avaient prévenu leurs Frères Maçons de n'avoir aucune relation avec les Francs-Maçons du Grand Orient ou de s'affilier à eux en aucune sorte car les Illuminati Révolutionnaires s'étaient établis dans la Franc-Maçonnerie Continentale. Le Pape Pie IX dénonça publiquement le Communisme et renouvela aux catholiques l'interdiction de s'affilier à la Franc-Maçonnerie. Afin de convaincre le lecteur qui pourrait avoir encore des doutes en ce qui concerne le rôle joué par la Franc-Maçonnerie dans la Révolution Française, nous citerons quelques phrases d'un débat qui eut lieu sur ce sujet à la Chambre des Députés en 1904, en France. Le Marquis de Rosanbo, après avoir exposé quelques faits destinés à prouver que la Franc-Maçonnerie était l'auteur de la Révolution Française, déclara :

> «*Nous sommes donc parfaitement d'accord sur ce point que la Franc-Maçonnerie a été le seul auteur de la Révolution, et les applaudissements que je recueille de la «Gauche» et auxquels je suis peu habitué, prouvent, Messieurs, que vous reconnaissez avec moi qu'elle a fait la Révolution Française.*»

À cette déclaration, M. Jumel, un Franc-Maçon notoire du Grand Orient, répondit :

> «*Nous faisons plus que de le reconnaître... nous le proclamons !*» (Nous tirons ces faits du Convent du Grand Orient de 1923, p. 403. Les Illuminati contrôlent indubitablement la Franc-Maçonnerie.)

En 1923 lors d'un grand banquet auquel assistaient des personnalités éminentes des Affaires Internationales, et dont quelques unes étaient liées à la Société des Nations, le Président du Grand Orient leva ce toast :

> «*À la République Française, fille de la Franc-Maçonnerie Française. À la République Universelle de demain, fille de la Franc-Maçonnerie Universelle* (67).»

67. — Passage tiré du livre de Mgr Henry Delassus : «*La Conjuration Anti-Chrétienne*», T. I, p 146 ; cité à nouveau dans «*L'Arène Espagnole*», p 143. (N.D.A.)

Nous allons faire une brève recension des événements historiques prouvant que les Francs-Maçons du Grand Orient ont contrôlé la politique française de 1923 jusqu'à maintenant. La plus grande victoire remportée par les Banquiers Internationaux, après que leurs agents aient agi en tant que conseillers des dirigeants politiques qui conçurent et finalement ratifièrent l'infâme «Traité de Versailles», fut d'avoir placé en 1924 M. Herriot au pouvoir en France. Toute décision politique dictée par les chefs de la Franc-Maçonnerie du Grand Orient en 1923 était appliquée par le Gouvernement Herriot en l'espace d'une année ou un peu plus :

1. En Janvier 1923, les L.G.O. (Les Loges du Grand Orient) décrétèrent la suppression de l'ambassade au Vatican. Le Parlement Français mit cet ordre à exécution le 24 Octobre 1924.
2. En 1923, les L.G.O. exigèrent le triomphe de l'idée de Laïcité (c'est le principe primordial, essentiel à l'établissement de l'idéologie du Grand Orient dans un État athée). Herriot fit une déclaration ministérielle publique en faveur de cette politique, le 17 Juin 1924.
3. Le 31 Janvier 1923, les L.G.O. exigèrent une amnistie générale pour les personnes condamnées et les traîtres. De nombreux dirigeants communistes éminents devaient en bénéficier, et parmi eux : Marty qui devint célèbre par la suite en organisant les Brigades Internationales qui combattirent aux côtés des communistes en Espagne, en 1936-39. La Chambre des Députés vota l'Amnistie le 15 Juillet 1924 et lâcha ainsi dans une société sans défiance un certain nombre de gangsters internationaux qui avaient pour maître le Conseil Suprême de la Franc-Maçonnerie du Grand Orient, les Illuminati.
4. En Octobre 1922, les L.G.O. avaient lancé une campagne afin de populariser l'idée que l'on devait engager des relations diplomatiques avec le Gouvernement Soviétique établi à Moscou. Ce mouvement ne serait pas allé très loin s'il n'y avait pas

> eu l'élection de M. Herriot. Cette «Amitié» envers la campagne pro-Soviétique démarra en France lorsque le Bulletin Officiel de la Grande Loge de France publia un article sur le sujet dans son numéro d'octobre 1922 à la page 286. Herriot établit des relations politiques avec les dirigeants révolutionnaires communistes le 28 Octobre 1924(68).

Les mêmes forces maléfiques poussent aujourd'hui à la reconnaissance de la Chine Rouge(69).

Un des dirigeants du Grand Orient était à cette époque Léon Blum. Il devait être l'instrument politique prêt à accomplir les ordres de ses chefs.

Des membres de haut rang des loges militaires d'Espagne, — qui s'en séparèrent par la suite après avoir découvert que les dirigeants du M.R.M. les utilisaient comme de simples marionnettes — révélèrent que tout Franc-Maçon du Grand Orient devait prêter un serment **d'obéissance illimitée** au dirigeant du Conseil des Trente-Trois et ne reconnaître aucun être humain au-dessus de lui. Un tel serment prêté par un athée déclaré signifiait littéralement qu'il reconnaissait l'État comme au-dessus de toute chose et le chef de l'État comme son Dieu. On trouve de nombreuses précisions sur l'intrigue menée par le Grand Orient en France et en Espagne de 1923 à 1939 dans l'ouvrage ayant pour titre «*L'Arène Espagnole*» écrit par William Foss et Cecil Gerahty et publié par le «Right Book Club» de Londres en 1939. Mais pour justifier la continuité de la conspiration des Banquiers Internationaux, il est nécessaire de dévoiler quelques faits plus que révélateurs.

Léon Blum naquit à Paris en 1872 de parents Juifs. On le remarqua pour le rôle qu'il joua dans l'affaire Dreyfus et on l'élit Premier ministre en Juin 1936. Il occupa ce poste jusqu'en Juin 1937. Il fut réélu en Mars et le resta jusqu'en Avril 1937.

---

68. — *cf.* A.G. Michel : «*La Dictature de la Franc-Maçonnerie sur la France*», cité, à nouveau dans «*L'Arène Espagnole*» à la page 143. (N.D.A.)
69. — C'est fait depuis des lustres !. (N.D.L.R.)

Ses partisans le firent revenir dans la politique comme Vice-Premier ministre de Juin 1937 jusqu'à Janvier 1938. On utilise de nos jours Mendès-France de la même façon.

Pendant toute cette époque, la tâche de Léon Blum fut de modeler la politique Gouvernementale française de façon à ce qu'elle soutint les plans des dirigeants du M.R.M. vis-à-vis de l'Espagne. Pour jeter la suspicion sur leurs ennemis, les conspirateurs firent ressortir que Franco et ses militaires avaient machiné et comploté les événements qui conduisirent à la Guerre Civile d'Espagne. Il est maintenant prouvé que Staline et ses experts en révolution, du Commintern, étaient les conspirateurs qui avaient exécuté les plans du *Pouvoir Occulte* derrière le M.R.M. Ils avaient prévu de recommencer ce qu'ils avaient accompli lors de la Révolution Française de 1789 et de la Révolution Russe de 1917.

Dès 1929, M. Gustave publiait dans son journal «*La Victoire*» la vérité sur Léon Blum et ses associés. Il avait le courage de désigner :

> *«Le Parti Collectiviste» de Léon Blum comme la deuxième succursale de la Franc-Maçonnerie... ce parti n'est pas seulement antireligieux ; c'est le parti de la lutte des classes et de la révolution sociale.»*

Léon Blum mit à exécution les plans des dirigeants du M.R.M. visant à ravitailler les «Loyalistes» espagnols en armes, en munitions et en finances. Il contribuait à garder les Pyrénées *«ouvertes»* mais suivait une politique partiale de non-intervention...qui s'adressait uniquement aux Nationalistes des forces de Franco.

Nous en apporterons des preuves dans les chapitres traitant de la révolution en Espagne et nous établirons irréfutablement que les Loges du Grand Orient espagnoles et françaises étaient le moyen de communication entre les directeurs du M.R.M. et leurs agents à Moscou, Madrid et Vienne (70).

70. — Tous les événements politiques qui ont eu lieu en France du début

Le lecteur pourrait penser que nous accordons beaucoup trop d'importance à l'influence de la Franc-Maçonnerie du Grand Orient dans les Affaires Internationales. A.G. Michel, auteur de «*La Dictature de la Franc-Maçonnerie sur la France*» produit nombre de preuves établissant que le Grand Orient de France avait décrété en 1924 de faire de la Société des Nations «*Un outil international de la Franc-Maçonnerie.*» Trotsky écrivit dans son livre «*Staline*» :

> «*Aujourd'hui il y a une Tour de Babel au service de Staline et un de ses principaux centres se trouve à Genève, ce nid d'intrigues* «.

L'importance de ce que Trotsky déclarait, réside dans le fait que les accusations qu'il portait, visaient l'influence maléfique des Francs-Maçons du Grand Orient à l'intérieur de la Société des Nations. Nous pouvons l'appliquer de nouveau à la mauvaise influence qu'ils exercent aux Nations Unies (O.N.U.) de nos jours. L'étudiant qui s'efforce de rechercher une explication au comportement actuel des Nations Unies verra son action dans les politiques étranges qui ne paraissent avoir aucun sens pour l'homme de la rue. Mais ces étranges politiques s'éclairent lorsque nous constatons combien elles favorisent le plan à longue échéance du M.R.M.

Pour en prendre conscience nous devons seulement nous rappeler un ou deux faits importants.

Premièrement : les Illuminati pensent qu'il est nécessaire de détruire toutes les formes existantes de gouvernement constitutionnel, que ce soit monarchie ou république ; deuxièmement, ils ont l'intention de constituer une dictature

---

de la Deuxième Guerre Mondiale jusqu'au refus de Mendès-France de faire partie de la C.E.D. (Communauté Européenne de Défense) doivent être étudiés avec une scrupuleuse attention en liaison avec le Plan à longue échéance des Illuminati. Leurs agents, les Francs-Maçons du Grand Orient, sont membres à tous les niveaux, du gouvernement français, et de tous les partis politiques. Au dernier recensement, plus d'une centaine de membres du Parlement français étaient des Francs-Maçons du Grand Orient. (N.D.A.) Ce recensement date de l'époque de la publication de l'ouvrage, c'est-à-dire de 1958. (N.D.L.R.)

mondiale dès qu'ils seront en position d'usurper le contrôle absolu. Voici maintenant l'avis d'un grand spécialiste de ces questions, M. Jean Marquès-Rivière :

> *« Le Centre des Francs-Maçons Internationaux est à Genève. Les bureaux de l'Association Maçonnique Internationale sont à Genève. C'est le lieu de réunion des délégués de presque toutes les obédiences maçonniques du monde. La qualification de la S.D.N. et de l'A.M.I. est facile, visible et avouée »* (71).

Nous pouvons donc comprendre l'explication du Frère Garcia, Ancien Grand Maître du Grand Orient d'Espagne en 1924, au Convent du Grand Orient alors qu'il revenait de Genève :

> *« J'ai assisté aux travaux des commissions. J'ai entendu Paul Boncour, Jouhaux, Loucheur, de Jouvenel. Tous les Français avaient le même esprit. À côté de moi, il y avait les représentants de la Franc-Maçonnerie américaine qui se demandaient : « Sommes-nous dans une assemblée laïque ou dans un Convent Maçonnique ?... Le Frère Joseph Avenal est le Secrétaire Général de la S.D.N.. »*

Souvenons-nous bien que les Illuminati Internationaux avaient choisi Genève en tant que quartier général presque un siècle avant le fait rapporté ci-dessus. Ils avaient fait de la Suisse, en accord avec leur politique, une nation neutre à l'écart de tous les conflits internationaux afin de disposer d'un endroit où ils pourraient se rencontrer et instruire leurs agents qui exécutaient leurs ordres et leurs politiques secrètes. Le Gouvernement des États-Unis refusa de faire partie de la Société des Nations. Certains intérêts recommandaient une *« Politique Isolationniste. »* Le *Pouvoir Occulte* était décidé à soutenir ceux qui maintenaient honnêtement l'idée d'un Super-Gouvernement Mondial, garant de la paix et la prospérité : il décida donc saborder la Société des Nations et de lui substituer les Nations Unies (O.N.U.).

71. — M. Jean Marqués-Rivière est l'auteur de « *Comment la Franc-Maçonnerie fait une Révolution.* » (N.D.L.R.)

La Deuxième Guerre Mondiale lui en fournit l'occasion. En 1946, on rassembla puis on utilisa les débris de la Société des Nations pour la constitution de cet organisme piégé — Les Nations Unies — qui incluait l'U.R.S.S. et les États-Unis, les deux membres les plus puissants. Les Nations Unies donnèrent Israël aux Sionistes Politiques qui réclamaient ce territoire depuis un demi-siècle, et sur le conseil des mêmes hommes, déstabilisèrent la Chine, la Corée du Nord, la Mandchourie, la Mongolie, les Indes Orientales Hollandaises et des Régions de l'Indochine, au profit des dictatures communistes, preuve que c'est bien le même *Pouvoir Occulte* qui avait conçu et exécuté leur plan avec succès. Nous devons nous rappeler que Lénine avait prédit que les forces du communisme se répandraient selon toute probabilité sur le Monde Occidental à partir de l'Est.

Les personnes qui connaissent la «PROJECTION MERCATOR» sur le globe n'arrivent pas à comprendre comment les nations d'Extrême-Orient pourraient balayer les nations du Monde Occidental comme un raz-de-marée. Lorsqu'on étudie la Guerre Totale, les déclarations de Lénine sont transparentes comme du cristal. Plus important encore, lorsque Lénine ne s'avéra plus d'une grande utilité, il «mourut» ou on le supprima. Peu de personnes arrivent à comprendre pourquoi Staline, en quelques coups impitoyables et meurtriers, éloigna tous ceux qui en raison de leurs activités pendant la Révolution Russe étaient très qualifiés pour exercer le pouvoir en U.R.S.S. et l'usurpa à son profit.

Ceux qui étudieront le M.R.M. à partir des preuves présentées dans ce livre, comprendront pourquoi l'on a choisi Staline pour succéder à Lénine. Ce fut de nouveau la mise en œuvre du vieux principe de la Société Anonyme. Les Officiers des Services de Renseignements Britanniques et Américains avaient démontré pour leurs gouvernements le rôle qu'avaient joué les Banquiers Internationaux dans la Révolution Russe. En Avril 1919, le gouvernement britannique avait édité un «*Livre Blanc*» sur ce sujet. Il fut rapidement étouffé mais il avait causé suffisamment de dommages : on avait accusé les Banquiers

Internationaux de financer la Juiverie Internationale pour mettre à exécution leurs plans de Dictature Internationale.

Les Banquiers Internationaux furent dans l'obligation de trouver quelques moyens pour contrecarrer ces déclarations et ces idées.

Impitoyables, ils choisirent «Staline», un «Gentil» qui, suivant leurs instructions, écarta Trotsky du pouvoir et commença à éliminer des centaines de milliers de Juifs Russes lors des *«purges»* qui lui assurèrent un pouvoir fort après la mort de Lénine. Cette façon d'agir devrait prouver aux gens sincères, mais égarés, que les Banquiers Internationaux ainsi que leurs agents et leurs amis soigneusement choisis, considèrent les Masses populaires de toute race, couleur ou croyance comme des pions interchangeables sur l'échiquier. Il est vrai que beaucoup de Juifs étaient devenus communistes et disciples de Karl Marx. Ces juifs travaillèrent et combattirent pour mettre en pratique les théories que Karl Marx avait publiées en faveur d'une Internationale des Républiques Socialistes Soviétiques. Mais comme beaucoup de «Gentils», on les trompa.

À l'époque où Staline était solidement implanté à Moscou en tant qu'agent principal des Banquiers Internationaux, il était difficile de trouver encore en vie des membres des Première et Deuxième Internationales. La façon dont les super-conspirateurs utilisèrent les Francs-Maçons du Grand Orient et les firent éliminer ensuite dès qu'ils eurent accompli leur dessein est une autre illustration du caractère impitoyable de *ces* hommes qui ont pour unique dieu Satan.

Ainsi, le seul intérêt des Banquiers Internationaux est d'accaparer pour le compte de leur petit groupe très sélectionné, le contrôle absolu et incontesté des richesses, des ressources naturelles (72) et du potentiel humain du monde

72. — Nous révélerons la raison pour laquelle les Banquiers Internationaux soutinrent le Sionisme Politique de 1914 à aujourd'hui dans un autre chapitre traitant des événements qui conduisirent à la Deuxième Guerre Mondiale. Disons seulement ici que l'intérêt des

entier : nous allons continuer à fournir des faits irréfutables à ce sujet. Leur seule «honnêteté», c'est évidemment de croire qu'ils sont tellement supérieurs, intelligents, par rapport au reste de l'humanité qu'ils sont plus aptes que tout autre groupe à diriger les affaires du monde.

Ils sont convaincus qu'ils peuvent produire un plan de Gouvernement Mondial meilleur que le plan de Dieu. Pour cette raison ils ont décidé en dernier lieu d'extirper des cerveaux toute connaissance de Dieu et de Ses Commandements et de leur substituer leur propre «Nouvel Ordre», théorie selon laquelle l'État étant souverain en toutes choses, le dirigeant de l'État ne peut être en conséquence que le Dieu tout puissant sur cette terre.

La tentative de déification de Staline est l'illustration de cette affirmation. Une fois que tous les hommes seront convaincus de cette grande vérité, ils réaliseront que l'on a utilisé et que l'on utilise encore les hommes de toutes races, couleurs et croyances comme «*Des Pions sur un Échiquier.*»

Banquiers Internationaux était de s'arroger le contrôle des minéraux et du pétrole, d'une valeur de cinq billions de dollars, que le géologue Cunningham-Craig, Conseil du gouvernement britannique, et d'autres scientifiques, avaient découvert en Palestine avant 1918. On garda secret ces rapports géologiques et en 1939 on rappela Cunningham-Craig du Canada pour qu'il fasse une autre expertise au Moyen-Orient. Il mourut dans des circonstances mystérieuses aussitôt qu'il eût achevé son travail. Aujourd'hui, en 1954, les sicaires de la Haute Finance concluent tranquillement des accords afin d'exploiter ces ressources.

CHAPITRE V

LA RÉVOLUTION AMÉRICAINE

Nous devons percer le secret des hommes qui ont obtenu le contrôle de la Banque d'Angleterre, de la dette nationale britannique et se sont arrogés aussi le contrôle des échanges, du commerce et du système monétaire des colonies américaines de la Grande-Bretagne. Nous nous contenterons donc de relever les fils conducteurs de l'histoire à l'époque où Benjamin Franklin (1706-1790) arriva en Angleterre en tant que représentant des intérêts des hommes qui s'étaient associés à lui pour établir une certaine prospérité dans les colonies américaines.

Robert L. Owen, ancien président du Comité sur la Banque et la Monnaie du Sénat des États-Unis explique ce point à la page 98 du document du Sénat numéro 23. Il y déclare que lorsque les associés des Rothschild demandèrent à Franklin comment il expliquait la prospérité dans les colonies, il répliqua :

> *« C'est simple ; dans les colonies nous émettons notre propre argent. Nous l'appelons « émission coloniale. Nous l'émettons en des proportions convenables selon les exigences du commerce et de l'industrie. »*

Robert L. Owen remarqua que peu de temps après, les Rothschild, qui avaient eu connaissance de cela, eurent l'occasion d'exploiter la situation, réalisant un profit considérable. La mesure évidente qu'il fallait prendre c'était de promulguer une loi interdisant aux Officiels des Colonies d'émettre leur propre monnaie et de les obliger à passer par l'intermédiaire des Banques pour obtenir l'argent nécessaire. Amschel Mayer Rothschild était encore en Allemagne, mais il fournissait au Gouvernement Britannique des troupes mercenaires à £8 de solde par homme. Son influence était telle qu'en 1764 il réussit, grâce aux Dirigeants de la Banque d'Angleterre à faire promulguer des lois selon ses conceptions.

Les autorités des colonies durent retirer leur Monnaie d'Émission et hypothéquer les actifs et les valeurs coloniales en faveur de la Banque d'Angleterre, puis emprunter l'argent dont ils avaient besoin pour faire marcher leurs affaires.

En faisant référence à ces faits, Benjamin Franklin déclara :

«En une année, la situation fut renversée, l'ère de prospérité prit fin et une dépression s'installa, si considérable que les rues des colonies étaient bondées de chômeurs.»

Franklin ajouta :

«La Banque d'Angleterre refusa de donner plus de 50% de la valeur nominale de l'«Émission» lorsqu'on la lui envoya comme l'exigeait la loi. On réduisit donc de moitié le moyen d'échange.» (Les citations tirées du document du Sénat numéro 23 confirment ces déclarations.)

M. Franklin révéla la cause originelle de la Révolution lorsqu'il déclara :

«Les colonies auraient volontiers supporté un petit impôt sur le thé ou sur d'autres produits si l'Angleterre ne leur avait pas retiré leur argent, ce qui engendra le chômage et l'insatisfaction.»

L'insatisfaction devint générale, mais bien peu de coloniaux réalisèrent que l'imposition et les autres sanctions économiques résultaient des manigances d'un petit groupe de Gangsters Internationaux qui avait réussi à obtenir le contrôle du Trésor Britannique après avoir obtenu celui de la Banque d'Angleterre. Nous avons déjà montré comment ils firent grimper la dette nationale de la Grande-Bretagne de £1,250.000 en 1694, à £16.000.000 en 1698, et l'accrurent progressivement jusqu'à £885.000.000 en 1815 et £22.503.532.372 en 1945.

Le 19 Avril 1775 eurent lieu les premiers affrontements armés entre les Britanniques et les coloniaux à Lexington puis à Concord. Le 10 Mai, le deuxième Congrès Continental se réunit à Philadelphie et George Washington fut placé à la tête des Forces Navales et Militaires. Il en prit le commandement à Cambridge et le 4 Juillet 1776, le Congrès adopta la Déclaration d'Indépendance.

Au cours des sept années qui suivirent, les prêteurs d'argent Internationaux préconisèrent et financèrent la Guerre Coloniale. Les Rothschild amassèrent un argent considérable en fournissant aux Britanniques des soldats allemands de Hesse pour combattre les colons. Le Britannique n'avait aucune animosité envers ses «cousins» américains. Il sympathisa secrètement avec eux(73).

> Le 19 Octobre 1781 le Commandant-en-chef Britannique, le Général Cornwallis, capitulait avec son armée, y compris ce qui restait des mercenaires de Hesse. Le 3 Septembre 1783, le Traité de paix de Paris reconnaissait l'Indépendance des États-Unis. Le seul vrai perdant, c'était le peuple britannique. On avait terriblement accru sa dette nationale et les banquiers internationaux (qui étaient en réalité le Pouvoir Occulte derrière le Mouvement Révolutionnaire Mondial) avaient réussi la première étape du plan à longue échéance qui nécessitait la liquidation de l'Empire Britanniques(74).

Les agents des Banquiers Internationaux travaillèrent avec application pour empêcher l'unité de se faire. En maintenant

---

73. — Le Comte de Chatham et son fils William Pitt (1759-1806) dénoncèrent tous les deux la politique des Banquiers Internationaux vis-à-vis des colonies avant 1783. Le Roi George III choisit le jeune William Pitt et en fit son Premier ministre parce qu'il l'avait convaincu en lui expliquant que les prêteurs d'argent entraînaient les pays Européens dans des guerres afin de servir leurs propres intérêts. (N.D.A.)

74. — Depuis cette époque, les progrès qu'ils ont fait pour accomplir cette partie-de leurs plans ont été gigantesques. Jefferson et John Adams (parent de Roosevelt) étaient devenus tous deux de fervents Illuministes. Ce qui expliquerait la politique de Roosevelt. (N.D.A.)

les différents États de l'Amérique dans la désunion, il était beaucoup plus facile de les exploiter. Afin de prouver l'immixtion continuelle des prêteurs d'argent étrangers dans les affaires de n'importe quelle nation, nous citerons simplement le fait suivant : *Les Pères fondateurs des États-Unis* réunis à Philadelphie en 1787 parlèrent de l'importance d'instituer une législation qui les protégerait de l'exploitation des Banquiers Internationaux.

Ceux-ci organisèrent par le biais de leurs agents un «lobby» actif et firent même usage de l'intimidation. Mais en dépit de tous leurs efforts, le paragraphe 5 de la Section 8 de l'Article Premier de la Nouvelle Constitution Américaine stipula :

> *«Le Congrès aura le pouvoir de frapper la Monnaie et d'en fixer la valeur.»*

La grande majorité des citoyens des États-Unis considère la Constitution comme un document honorifique et presque sacré. Toutes les lois promulguées depuis lors sont supposées conformes aux clauses de la Constitution. Le fait qu'une législation postérieure (75) traitant de la finance et de la monnaie ait violé les clauses formulées dans l'article 1, Section 8, paragraphe 5 suffit à prouver la puissance des Banquiers dans le domaine politique.

Les banquiers internationaux obtinrent ensuite le contrôle économique des États-Unis ainsi que leur plan le prévoyait, d'une façon particulièrement efficace.

En utilisant le bon vieux système — sur lequel ils pouvaient compter — de la Société Anonyme, les Directeurs de la Banque d'Angleterre confièrent à un de leurs hommes de paille, Alexander Hamilton, le soin de représenter leurs intérêts aux États-Unis. En 1780, cet homme que l'on supposait patriote, proposa la constitution d'une Banque Fédérale, bien entendu aux mains d'intérêts privés. C'était la solution de rechange que préconisaient certaines personnes. Et elles insistaient pour que l'émission et le contrôle de l'argent restât aux mains

75. — Notamment par la création de la «Réserve Fédérale» en 1913, Banque Centrale à capitaux privés (voir le chapitre qui traite de cette question.) (N.D.T.)

du Gouvernement élu par le peuple. Alexander Hamilton suggéra de constituer un capital de $12.000.000 pour son projet de Banque Fédérale. La Banque d'Angleterre fournirait $10.000.000 et les $2.000.000 restant, de riches personnalités d'Amérique s'en chargeraient. En 1783, Alexander Hamilton et son associé en affaires, Robert Morris, créèrent la Bank of America. En tant que Directeur Financier du Congrès Continental, Morris réduisit le Trésor des États-Unis à l'indigence, au terme de sept années de guerre. Voilà comment le «*Pouvoir Occulte*» utilise les guerres pour favoriser son plan de M.R.M. Afin de bien s'assurer que les Réserves Financières des États-Unis avaient «fondu», Hamilton transféra les derniers $250.000 du ministère du Trésor et les investit dans le capital de la Banque. Les Directeurs de la Bank of America étaient des agents de la Banque d'Angleterre. Les Illuminati les contrôlaient toutes deux. Ils avaient vendu leurs âmes à Satan afin de s'accaparer le monde : voilà la vérité qu'ils souhaitaient dissimuler.

Les Pères de l'Indépendance Américaine réalisèrent que si les Directeurs de la Banque d'Angleterre obtenaient un contrôle monopolisateur du système monétaire de l'Amérique, ils récupéreraient tout l'argent qu'ils avaient perdu par le simple jeu des hypothèques et des saisies. Le résultat de ce combat pour le contrôle économique d'une nation fut que le Congrès refusa d'accorder un privilège à la Banque d'Amérique.

Benjamin Franklin mourut en 1790 et les agents des Banquiers Juifs Internationaux firent immédiatement une autre tentative pour obtenir le contrôle des finances de l'Amérique. Ils réussirent à faire nommer Alexander Hamilton Secrétaire du Trésor. Hamilton fit alors accorder par le Gouvernement une charte à la Banque, charte qui avait été réclamée à cor et à cri. Ce fut ensuite très simple d'usurper les droits de frapper la Monnaie fondée sur les dettes publiques et privées.

Les arguments les plus consistants que les agents des Banquiers avaient invoqués pour démonter l'opposition étaient que l'argent émis par le Congrès sur le crédit de la Nation serait sans valeur pour le commerce avec l'étranger alors que l'argent emprunté aux Banquiers, avec intérêt, serait accepté comme garantie légale dans toutes les transactions. Ainsi, le public se retrouva exploité par des hommes qui se prétendaient ses amis. Alexander Hamilton et Morris étaient plus que jamais des mercenaires des banquiers internationaux.

On porta le capital de la nouvelle Banque à $35.000.000 dont $28.000.000 souscrits par des Banquiers Européens que les Rothschild contrôlaient. Quelques malintentionnés suspectèrent les Banquiers Internationaux d'avoir conclu que Hamilton en savait beaucoup trop et qu'on ne pouvait lui faire confiance plus longtemps. Aaron Burr, un expert en duel, l'entraîna dans un combat et procéda à son exécution.

Pendant que les Banquiers Internationaux utilisaient les américains comme «vitrine», ils décidaient leur politique en Europe. Les intérêts des Rothschild exigeaient des Banquiers Américains d'étendre leurs crédits jusqu'à la limite nécessaire pour une sécurité optimale et de mettre en circulation une grande masse d'argent. Les moyens de propagande firent campagne pour un optimisme béat et la prospérité s'instaura. Les Américains allaient devenir le plus grand peuple de la terre ; on les engagea à investir rapidement pour le futur de leur grande nation.

Lorsque les personnes possédant quelques valeurs eurent hypothéqué leurs biens plus qu'il ne fallait, des ordres furent donnés pour réduire les crédits, annuler les emprunts à recouvrer et diminuer la masse d'argent en circulation. On créa donc une dépression artificielle. Les citoyens ne purent rembourser leurs obligations financières et les Rois de l'Argent s'adjugèrent des millions de dollars de biens et de garanties pour un montant largement inférieur à leur valeur normale. Si tout cela avait été suivi d'un procès en bonne et due forme, Al Capone et ses gangsters auraient été considérés comme des «*gentlemen*» en comparaison des Banquiers Internationaux.

Des Américains compétents ont commenté cette phase de l'Histoire des États-Unis, mais leurs opinions sur la question ne semblent pas avoir empêché leurs successeurs de tomber dans les mêmes pièges.

John Adams (1735~1826) écrivit à Thomas Jefferson en 1787 et lui dit :

> « *Toutes les perplexités, les confusions et les afflictions ne viennent pas des défauts de la Constitution, ni du mauvais accueil ou du manque de mérite, mais aussi de l'ignorance quant à la nature de l'argent, de sa circulation et du crédit.* «

Thomas Jefferson déclara :

> « *Je crois que les institutions bancaires sont plus dangereuses pour nos libertés que des armées régulières. Elles ont déjà constitué une aristocratie de l'argent qui défie les gouvernements. Le pouvoir d'émettre l'argent devrait être retiré aux banques et redonné au peuple à qui il appartient de droit.* »

Andrew Jackson déclara :

> « *Si le Congrès a le droit par la Constitution d'émettre le papier-monnaie, il leur a été donné de l'utiliser et non de le déléguer à des individus ou à des sociétés.* »

Ces commentaires explicites signifièrent aux Banquiers Internationaux qu'ils devaient s'attendre à une sérieuse opposition lorsque leur Charte pour la Banque des États-Unis sortirait en 1811. Afin de se préparer à cette éventualité, Amschel Mayer Rothschild exerça une mainmise absolue sur la Banque d'Angleterre pour renforcer son contrôle de l'économie mondiale. Son fils Nathan avait été particulièrement exercé pour entreprendre ce terrible ouvrage, comme nous l'avons signalé auparavant. Nathan révéla ses capacités et son talent exceptionnels dans les affaires financières. Il s'entraîna pour ne penser qu'en terme de profit tout comme un politicien professionnel ne pense qu'en terme de votes. En 1798, dès l'âge de 21 ans, il quitta l'Allemagne afin de s'assurer le contrôle de la Banque d'Angleterre.

On lui avait confié la modeste somme de £20.000. Démontrant son génie financier, il spécula et en un temps relativement court, tripla son capital. En 1811, lorsque la question du renouvellement de la Charte concernant la Bank of America fut examinée, Nathan Rothschild contrôlait les Banquiers Internationaux.

Il présenta son ultimatum :

> *«Ou la demande de renouvellement de la Charte était accordée ou bien les États-Unis seraient impliqué dans la guerre la plus désastreuse.»*

Beaucoup de patriotes américains ne purent croire que les Banquiers Internationaux fomenteraient une guerre et décidèrent de révéler leur «bluff. C'était l'intention d'Andrew Jackson qui les avertit par la suite :

> *« Vous êtes une caverne de voleurs, un nid de vipères. J'ai l'intention de vous mettre en déroute et par le Dieu Éternel je vous mettrai en déroute !»*

Or les nations sont tenues par les guerres et Nathan Rothschild donna des ordres :

> *«Donnez une leçon à ces Américains impudents. Ramenez-les au Statut Colonial.»*

Le gouvernement britannique, toujours subordonné à la Banque d'Angleterre se lança dans la guerre de 1812. On avait calculé cette guerre de façon à appauvrir les États-Unis jusqu'à un tel point que les législateurs en viendraient à demander la paix et à rechercher une aide financière. Nathan Rothschild avertit qu'on n'accorderait aucune aide financière s'il n'y avait pas de renouvellement de la charte pour la Bank of America.

Le plan de Nathan Rothschild marcha à la perfection. Peu lui importait que beaucoup d'hommes fussent tués et blessés, que beaucoup de femmes deviennent veuves, beaucoup d'enfants orphelins, et un grand nombre de personnes ruinées. Il se réjouissait avec les autres conspirateurs de ce qu'ils avaient atteint leur objectif et avaient ainsi créé de plus en plus d'insatisfaction parmi le peuple qui blâmait les politiques incohérentes de leurs propres gouvernements pendant que «*Le Pouvoir Occulte*», dans les coulisses, restait à l'abri de toute suspicion. Seul un petit nombre de personnes connaissait la vérité.

En 1816, le Congrès des États-Unis accorda le renouvellement de la Charte pour la Banque des États-Unis comme on le lui demandait. Des autorités en la matière ont affirmé carrément qu'on avait corrompu ou menacé les membres du Congrès pour le vote de la législation qui, de nouveau, allait enserrer le peuple américain dans des liens financiers.

Franklin, Adams et Jefferson étaient devenus tous trois membres des Illuminati.

Voilà pourquoi le Grand Sceau d'Amérique est en fait l'insigne des Illuminati, et voilà la preuve de la puissance de la Synagogue de Satan.

Les hommes qui conspirent et projettent de s'assurer le contrôle économique et politique du monde n'hésitent pas à prostituer «l'amour» pour arriver à leurs fins, comme ils n'hésitent pas à ordonner des assassinats pour se débarrasser des hommes qui constituent un obstacle sur leur chemin. En 1857, le mariage de Lénora, fille de Lionel Rothschild, avec son cousin Alphonse de Paris (ils pensent que l'on doit tout garder en famille) amena de nombreux personnages internationaux à Londres où l'on célébra la cérémonie.

Benjamin Disraeli, homme d'État anglais connu, qui fut nommé Premier ministre en 1868 et de nouveau en 1874 y fut invité. On rapporte que Disraeli aurait dit pendant son discours, lors de cette mémorable occasion :

> *«Sous ce toit nous trouvons les chefs de la famille des Rothschild, un nom célèbre dans toutes les capitales d'Europe et en tout endroit du globe. Si vous voulez, nous diviserons les États-Unis en deux zones ; une pour vous, James ; et une pour vous, Lionel. Napoléon fera de même ; il fera tout ce que je lui conseillerai. Quant à Bismarck, nous l'intoxiquerons de telle façon que nous en ferons notre esclave abject.»*

L'Histoire nous apprend que Judah P. Benjamin, parent des Rothschild, fut leur stratège attitré en Amérique. La guerre civile américaine qui divisa l'Union en deux camps adverses devint un fait accompli.

Les Banquiers persuadèrent Napoléon III d'étendre son Empire français jusqu'à Mexico. On assura également le gouvernement britannique qu'il était possible de faire à nouveau une colonie des États du Nord. La guerre civile américaine fut une guerre économique provoquée par les Banquiers Internationaux. En appliquant une pression économique, il était très simple d'aggraver les difficultés que les États du Nord avaient expérimentées après que l'on eût accordé la liberté aux esclaves.

Abraham Lincoln lui-même le reconnut :

> *«Aucune nation ne peut supporter longtemps d'être à moitié libre et à moitié esclave»* (76).

Les Banquiers Internationaux accordèrent un crédit illimité à toutes les forces que le Sud avait engagées pour combattre celles du Nord et prêtèrent à Napoléon III 201.500.000 francs pour sa campagne mexicaine. Lorsque la Confédération eut besoin d'aide en 1863, les Véritables Puissances offrirent à Napoléon le Texas et la Louisiane en échange d'une intervention française contre les États Nordistes.

Le Tsar de Russie eut vent de ces offres absurdes et déclara aux gouvernements d'Angleterre et de France que s'ils intervenaient activement et accordaient une aide militaire aux États du Sud, la Russie interpréterait une telle action comme une déclaration de guerre contre l'Empire de Russie. Pour appuyer son ultimatum, il envoya des navires de guerre Russes à New-York et à San Francisco, et les mit à la disposition de Lincoln (77).

---

76. — De même qu'il est impossible à une société qui emploie des salariés et jouit d'un haut niveau de vie, d'entrer en compétition avec une autre société qui utilise des esclaves ; exemple : la dictature. (N.D.A.)

77. — A la suite de cette intervention, les Banquiers Internationaux décidèrent de renverser le gouvernement russe.

Lorsque les autorités Nordistes se retrouvèrent dans les difficultés financières, les Banquiers Internationaux ne refusèrent pas de prêter de l'argent. Ils stipulèrent simplement que le taux d'intérêt pour les États Nordistes serait de 28%. Après tout, ils faisaient des affaires en tant que prêteurs d'argent. Selon toute probabilité la guerre civile américaine aurait pu être conclue en quelques mois si les prêteurs d'argent internationaux n'avaient pas accordé de nouveaux prêts. Ces prêts n'étaient que de l'usure. Ils étaient fixés à des conditions et à des taux d'intérêts calculés de telle façon qu'ils donnaient aux Banquiers Internationaux le contrôle de l'économie du pays. Lorsqu'ils jugèrent le moment opportun, ils mirent un terme à la guerre.

Lincoln essaya de briser les liens financiers qui enserraient les États Nordistes. À son avis, l'article 1, Section 8, paragraphe 5 de la Constitution était suffisante. Il méprisa les avances des Banquiers, fit imprimer $450.000.000 d'argent *«honnête»* et plaça cet argent sous la garantie de l'*Actif la Nation.* Les Banquiers Internationaux rendirent coup pour coup en faisant passer un projet de loi au Congrès qui stipula que l'on n'accepterait pas «les Dollars en papier de Lincoln» (*«Greenbacks»*) en paiement des intérêts sur les obligations du gouvernement et des taxes d'importation. Les Banquiers dévalorisèrent presque l'argent de Lincoln en refusant d'accepter les «Dollars en papier» sauf à un escompte élevé. Ayant ramené la valeur des Dollars en papier à 30 cents, ils les achetèrent en totalité. Puis ils se retournèrent et achetèrent les titres du gouvernement en exigeant un dollar pour un dollar. De cette façon, ils surmontèrent une menace sérieuse et gagnèrent 70 cents par dollar.

Un article inspiré par les Banquiers Internationaux parut dans le *London Times.* Il concernait l'émission des «Dollars en papier» d'Abraham Lincoln :

> *«Si cette méchante politique financière qui a son origine en Amérique du Nord devait être soutenue inconditionnellement, alors ce gouvernement produirait son propre argent sans coût. Il paierait ses dettes et*

serait sans dettes. Il aurait tout l'argent nécessaire pour commercer et deviendrait prospère. Ce serait sans précédant dans l'Histoire du monde. Les cerveaux et la richesse de tous les pays iraient en Amérique du Nord. CE PAYS DOIT ÊTRE DÉTRUIT OU IL DÉTRUIRA TOUTE MONARCHIE SUR CE GLOBE (78). »

On adressa la «*Hazard Circular*» à tous les intérêts bancaires d'outre-mer.

On y lisait :

«*Il est probable que l'on doit abolir l'esclavage par la force armée. Mes amis européens et moi sont tout à fait pour, car l'esclavage n'est que la possession de la main-d'œuvre et comporte la protection des travailleurs tandis qu'avec le système européen instauré par l'Angleterre, le capital contrôlera la main-d'œuvre tout en contrôlant les salaires. Les capitalistes sauront reconnaître l'immense dette que nous réaliserons sans guerre et que nous utiliserons pour contrôler la valeur de l'argent. Pour hâter sa réalisation, nous devons utiliser les titres du gouvernement comme base bancaire. Nous attendons maintenant le ministre du Trésor des États-Unis pour lui faire cette recommandation. Nous n'autoriserons pas la circulation des «Dollars en papier» — comme on les appelle — aussi longtemps que nous ne pourrons les contrôler. Mais nous pouvons contrôler les emprunts et par la-même, les émissions bancaires.*»

Les Banquiers financèrent les campagnes électorales de suffisamment de Sénateurs et d'hommes du Congrès, pour que le Projet de Banque Nationale se transformât en Loi. ; ce qui arriva en 1863 en dépit des vigoureuses protestations du Président Lincoln. Ainsi, les Banquiers Internationaux remportèrent un autre «round» et la population mondiale se retrouva encore plus près de l'esclavage religieux, politique et économique.

78. — Voici un exemple typique du langage à double sens des Illuminati. «Monarchie» signifie en vérité «Prêteur d'Argent.» (N.D.A.)

Le passage suivant fut écrit sur une lettre à en-tête des Rothschild Brothers, Banquiers à Londres, le 25 Juin 1863, à Messieurs Ikelheimer, Norton et Vandergould, numéro 3 à Wall Street (New-York) :

> *Chers Messieurs,*
>
> *Un certain M. John Sherman nous a écrit d'une ville de l'Ohio (États-Unis) pour nous indiquer les profits qui pourraient être réalisés dans les affaires bancaires nationales, selon une décision récente de votre Congrès ; un exemplaire de cette loi figurant en annexe. Apparemment, on a élaboré cette loi d'après un plan formulé par l'Association des Banquiers Britanniques — et par cette Association recommandée à nos Banquiers Britanniques — et par cette Association recommandée à nos amis Américains — elle s'avérerait, si elle était promulguée, hautement rentable pour la fraternité bancaire dans le monde entier.*
>
> *M. Sherman nous déclare que les capitalistes n'ont jamais eu une telle occasion d'accumuler de l'argent comme le fait entendre cette loi. Elle accorde à la Banque Nationale un contrôle presque absolu sur les Finances Nationales.* **Les seules personnes qui comprennent le système, dit-il, seront tellement intéressés par ces profits — ou bien en dépendront d'une façon ou d'une autre — qu'il n'y aura aucune opposition de cette classe tandis que de l'autre côté, la masse populaire, incapable de saisir les avantages terribles que le capital tire du système supportera ce fardeau sans se plaindre et peut-être sans même suspecter que le système est hostile envers ses intérêts.**
>
> *Vos respectueux serviteurs,*
>
> *Rothschild frères*

En réponse à la lettre publiée ci-dessus, les Messieurs Ikelheimer, Norton et Vandergould répondirent par la lettre suivante :

Chers Messieurs,

Nous accusons réception de votre lettre du 25 Juin dans laquelle vous faites référence à une communication que vous avez reçue de l'Honorable John Sherman de l'Ohio, en citant les avantages et les bénéfices que l'on pourrait espérer d'un investissement américain, selon les articles de la loi sur les activités bancaires nationales.

M. Sherman possède au plus haut degré les caractéristiques types du financier prospère. Son tempérament est tel que quels que soient ses sentiments, ils ne lui font jamais perdre de vue le point essentiel. Il est jeune, rusé et ambitieux. Il a fixé ses yeux sur la présidence des États-Unis et est déjà membre du Congrès (il a également des ambitions financières). Il pense avec raison qu'il a tout à gagner en étant amical envers les hommes, les institutions, en ayant d'importantes ressources financières qui parfois ne sont pas négligeables pour obtenir une aide gouvernementale ou bien pour se protéger d'une législation hostile.

Quant à l'organisation de la Banque Nationale, à la nature et aux bénéfices de tels investissements, nous vous prions de consulter nos circulaires imprimées envoyées dans notre pli.

C'est-à-dire :

- *Tout groupe de cinq personnes au minimum a la possibilité d'organiser une Société Bancaire Nationale.*
- *Une banque nationale ne peut pas avoir moins de $1.000.000 de capital sauf dans les villes de moins de 6.000 habitants.*
- *Ce sont des sociétés privées organisées en vue d'un profit privé et qui sélectionnent elles-mêmes leurs cadres et leurs employés.*
- *Elles ne sont pas soumises au contrôle des Lois de l'État sauf à celles que le Congrès peut promulguer de temps à autre.*
- *Elles peuvent recevoir des dépôts et prêter de même pour leur propre bénéfice. Elles peuvent acheter et*

vendre des titres, escompter du papier et réaliser toutes sortes d'affaires bancaires.

- *Pour constituer une Banque Nationale de l'ordre de $1.000.000, il set-a nécessaire d'acheter ce montant (de même valeur) en Titres (Obligations) du gouvernement des États-Unis. On peut acheter en ce moment les Titres des États-Unis à 50% d'escompte si bien qu'il est possible de constituer une Banque au capital de $1.000.000 pour seulement $500.000. On doit déposer ces Titres au Trésor des États-Unis à Washington en tant que garantie pour la monnaie de la Banque Nationale que le gouvernement fournira à la Banque.*
- *Le gouvernement des États-Unis paiera 6% d'intérêts sur tous les titres-or, les intérêts étant payés tous les six mois. Constatons qu'au prix actuel des titres, les intérêts payés par le gouvernement seront de 12% en or sur tout l'argent investi.*
- *Le gouvernement des États-Unis ayant déposé les titres susdits au Trésor Public, fournira en monnaie nationale, à la Banque ayant déposé ces avoirs, un intérêt annuel de 1%, en rémunération de la forte garantie réelle prise.*
- *La monnaie sera imprimée par le gouvernement des États-Unis et aura exactement l'aspect des dollars-papier si bien que le peuple ne verra aucune différence, bien que la monnaie ne soit qu'un engagement de payer de la banque.*
- *La demande d'argent est si importante qu'on peut immédiatement prêter cet argent au peuple au guichet des banques à un taux d'escompte de 10%, à 30 ou 60 jours, réalisant dans les 12% d'intérêt sur la monnaie.*
- *L'intérêt sur les titres, plus l'intérêt sur la monnaie que le titre garantit, plus les accessoires en affaires, devraient donner à la Banque des gains énormes de l'ordre de 28% à 33 1/3%.*
- *Les Banques Nationales ont le privilège d'accroître et de réduire leur monnaie à volonté, et bien sûr peuvent*

autoriser ou refluer des prêts si elles le jugent opportun. Comme les Banques ont une Organisation nationale et peuvent facilement agir de concert en refusant des prêts ou en les autorisant, il en résulte qu'elles peuvent, en combinant leur action et en refusant d'accorder des prêts, provoquer un resserrement :du marché de l'argent et une baisse de tous les produits du pays en une semaine ou même en un seul jour.

- *Les Banques Nationales ne paient pas d'impôts sur leurs titres, sur leur capital et sur leurs dépôts.*

En vous priant de considérer cela comme strictement confidentiel, Vos Très Respectueux,

Ikelheimer, Norton et Vandergould

Suite à l'échange de ces lettres, les Banquiers Américains se lancèrent une fois de plus dans les manipulations dont nous venons de parler. Ils firent une riche moisson en exerçant des saisies sur les biens et les garanties qu'on leur avait laissés pour les prêts accordés et que leurs clients ne pouvaient rembourser car les Banquiers, agissant de concert, avaient retiré la monnaie et restreint les crédits dans des proportions telles qu'il était impossible à la grande majorité des emprunteurs d'honorer leurs obligations financières.

Abraham Lincoln sentit qu'après cette cruelle et coûteuse expérience le peuple américain serait prêt à l'écouter et de nouveau il attaqua publiquement les Banquiers.

Dans un discours il déclara :

«Je vois dans un proche avenir une crise approcher qui me consterne et me fait trembler pour la sécurité de mon pays. Les sociétés sont quasiment «sur un piédestal» et une vague de corruption dans les hautes sphères va déferler et la puissance monétaire de ce pays s'efforcera de prolonger son règne en causant un préjudice au peuple jusqu'à ce que la richesse soit accaparée par quelques mains et la République détruite.»

Peu après avoir prononcé cet important discours, Abraham Lincoln fut réélu Président, mais avant qu'il eût pu promulguer une législation qui aurait mis un frein aux pratiques usuraires des Banquiers, John Wilkes Booth l'exécuta alors qu'il assistait à une représentation théâtrale dans la nuit du 14 Avril 1865. Peu d'Américains connaissent la raison pour, laquelle on assassina le Président Lincoln. La véritable raison fut connue lorsque les enquêteurs repérèrent un message codé dans les effets de Booth Judah P. Benjamin possédait la clé de ce message codé car il était l'agent des Rothschild en Amérique. Le message codé n'avait aucune relation avec le meurtre, mais il établissait formellement les liens de Booth avec les Banquiers Internationaux. Une fois de plus, ils restèrent tapis dans les coulisses pendant que le Juif Booth était accusé de la mort d'un grand homme. Si Abraham Lincoln avait vécu, il aurait très probablement «rogné et émondé les ailes» des prêteurs d'argent internationaux.

Avant que Lincoln ne fût assassiné, Salmon P. Chase, qui était le ministre du Trésor des États-Unis (il le fut de 1861 à 1864) déclara publiquement :

> «*Mon action destinée à promouvoir l'acceptation du Projet de Banque Nationale fut la plus grande erreur financière de ma vie. Elle a amené la constitution d'un monopole qui touche à tous les intérêts du pays. On devrait l'abroger, mais avant qu'il en soit ainsi, nous disposerons le peuple d'un côté et les Banquiers de l'autre ; la compétition sera terrible et on n'aura jamais vu une telle bagarre dans ce pays*» (79).

En 1866, il y avait $1.906.637.770 en circulation aux États-Unis, représentant $50,46 par habitant (per capita). À la fin de l'année 1876, il y avait seulement dans les $605.250.000 en circulation, représentant une somme par habitant de $14,60. Les retraits bancaires avaient réduit la masse monétaire

79. — Pour davantage de précisions quant à cet aspect du Mouvement Révolutionnaire Mondial, lire «*Lightning over the Treasury Building*» (Lumière sur la fondation du Trésor), de John R. Elsom ; et «*The Federal Reserve Conspiracy*» (La Conspiration de la Réserve Fédérale), de Eustace Mullins.

de la nation de plus de $1.300.000.000. L'importance de ces chiffres, nous la saisirons mieux lorsque nous saurons que le résultat de la politique des Banquiers fut d'avoir provoqué 56.446 faillites financières représentant une perte de plus de $2.245.105.000 d'investissements en espèces. La plus grande partie de ces pertes était couverte par des hypothèques. En d'autres mots, en réduisant la masse monétaire et en limitant les crédits, les Banquiers s'étaient enrichis de plus de $2.000.000.000 en un peu plus de 10 ans.

On peut prouver par quantité de faits que les Banquiers Américains et les Banquiers Européens ont toujours été de mèche et que les périodes de dépression furent créées par des manipulations financières semblables.

C'est ce que nous allons voir maintenant.

CHAPITRE VI

MANIPULATIONS MONÉTAIRES

Lorsque les Rothschild obtinrent le contrôle de la Banque d'Angleterre à la suite du spectaculaire «Assassinat» financier commis par Nathan en 1815, lui et ses associés insistèrent pour que l'Or devint la seule base d'émission de papier-monnaie. En 1870, les Banquiers Européens durent faire face à un petit ennui dans leur système de contrôle : en Amérique on utilisait un nombre considérable de pièces en Argent. Les Banquiers Européens décidèrent que l'on devait démonétiser l'Argent aux États-Unis. À cette époque, l'Angleterre avait beaucoup d'Or et très peu d'Argent ; l'Amérique avait beaucoup d'Argent et très peu d'Or (80).

Les Banquiers des deux côtés de l'Atlantique savaient que tant qu'il y aurait cette différence entre l'or et l'argent, ils ne pourraient obtenir le contrôle absolu de l'économie de la nation, car le contrôle absolu est essentiel au succès d'une manipulation à grande échelle.

Les Banquiers Internationaux Européens envoyèrent Ernest Seyd en Amérique et mirent à sa disposition $500.000 dans les Banques Américaines pour corrompre les membres-clés de la législature américaine.

---

80. — Ce fut pour aggraver cette situation que les agents des conspirateurs internationaux en Amérique constituèrent les «gangs» de dévaliseurs de diligences, et de trains, afin d'intercepter les chargements d'or envoyés des différentes mines au Trésor des États-Unis. Cette association des Banquiers Internationaux avec «l'*Underworld*» (Monde souterrain) existe encore de nos jours. (N.D.A.)

En 1873, à l'instigation des Banquiers, certains agents soumirent un «Projet de Loi» qualifié innocemment de «Projet pour réformer la frappe de la monnaie et les lois sur la monnaie.» Il était intelligemment rédigé et de nombreuses pages de cet écrit dissimulaient le véritable dessein du Projet. Le sénateur John Sherman, dont nous avons cité la lettre adressée à la Maison Rothschild, appuya seul ce projet de loi. Sherman était soutenu par le congressiste Samuel Hooper. Le sénateur Shermann donna une explication très plausible mais trompeuse du dessein du Projet qui fut adopté à l'unanimité. Trois années passèrent avant que l'on commence à réaliser l'importance de ce Projet de Loi camouflé dont l'objectif était de démonétiser l'Argent.

Le Président Grant le signa sans lire le contenu, après qu'on l'eût assuré que c'était simplement une question de routine pour des réformes nécessaires dans le domaine de la frappe de la monnaie et des lois monétaires. Selon les Archives du Congrès, aucun des membres, sauf ceux du Comité qui soutinrent le Projet de Loi, ne comprirent sa signification.

Les Banquiers Internationaux considéraient la promulgation du Projet comme essentielle pour leurs plans qui ne visaient à rien moins qu'obtenir le contrôle absolu du système monétaire des États-Unis. Ils instruisirent Ernest Seyd de façon à ce qu'il se présentât comme un expert dans la frappe de la monnaie. Après avoir présidé la constitution d'un comité favorable aux objectifs de ses maîtres, il siégea dans le dit Comité, exerçant la fonction de conseiller. Puis il aida à la rédaction du Projet de Loi, suivant les instructions des Rothschild.

Le congressiste Samuel Hooper soumit le Projet à la Chambre le 9 avril 1872. On rapporte qu'il aurait déclaré :

> *«M. Ernest Seyd, de Londres, est un écrivain distingué qui a traité avec grand soin la question de la monnaie et de la frappe de la monnaie. Après avoir examiné la première rédaction du Projet, il a donné de nombreuses et précieuses suggestions que l'on a incorporées dans le Projet de Loi.»*

M. John R. Elsom dans son livre «*Lumières sur la fondation du Trésor*» déclare à la page 49 :

> «*Selon les déclarations (celles de Seyd) qu'il fit à son ami, M. Frederich A. Luckenbach de Denver, dans le Colorado, qui nous a révélé l'histoire sous serment, il (*Seyd*) déclara : J'ai vu le Comité de la Chambre et du Sénat, distribué l'argent et je suis resté en Amérique jusqu'à ce que je sois sûr que j'avais donné la bonne mesure.*»

En 1878, un nouveau retrait de la masse monétaire et une limitation des crédits provoqua 10.478 faillites bancaires et faillites d'affaires aux États-Unis. En 1879, l'émission d'argent supplémentaire sur l'insistance du Congrès, mit un frein à la récession artificiellement créée et réduisit les faillites d'affaires à 6.658.

Mais en 1882, le «*Pouvoir Occulte*» derrière les affaires internationales donna des ordres, stipulant qu'il ne devait plus y avoir de compromissions. Ils rappelèrent à leurs associés banquiers, des États-Unis, qu'il n'y avait plus de place pour le sentiment dans les affaires. Les avertissements énergiques donnèrent des résultats spectaculaires. Entre 1882 et 1887, la monnaie en circulation aux États-Unis fut réduite à $6,67 par tête. Cette action porta le nombre total de faillites d'entreprises de 1878 à 1892 à 148.703, avec évidemment un nombre proportionné de saisies sur les fermes et les biens privés. Seuls en bénéficièrent les Banquiers et leurs agents qui accordaient les prêts et prenaient des mesures de saisie.

Les Banquiers Internationaux créaient délibérément des conditions de pauvreté et de désespoir aux États-Unis afin d'amener la situation qui permettrait à leur instrument, «le Parti Révolutionnaire Mondial», de recruter des forces révolutionnaires. Cette accusation est confirmée par une lettre destinée à tous les banquiers américains et provenant de l'Association des Banquiers Américains. Il fut prouvé que cette Association était intimement liée au Monopole Européen des Rothschild, même si elle n'était pas contrôlée effectivement par la Maison Rothschild à cette époque.

Voici la teneur de la lettre :

«Le 11 Mars 1893,

Cher Monsieur,

Les intérêts des Banques Nationales nécessitent une législation financière immédiate de la part du Congrès. La Monnaie en Argent et les billets du Trésor doivent être retirés et l'on doit émettre des billets de banque nationaux basés sur l'Or, unique étalon. Cela nécessitera l'autorisation de nouvelles mises en place de prêts d'un montant de $500.000.000 à $1.000.000.000 comme norme de circulation. Vous retirerez de suite un tiers de votre masse monétaire en circulation et rappellerez la moitié de vos prêts. Veillez à créer un resserrement monétaire chez vos clients, et particulièrement chez les hommes d'affaires influents. La vie des Banques Nationales en tant qu'investissements fixes et sûrs dépend d'une action immédiate, car il y a un sentiment sans cesse croissant en faveur de la monnaie légale du gouvernement et de la frappe de la monnaie en Argent.»

Cet ordre fut exécuté aussitôt et la panique de 1893 en découla. William Jennings Bryan essaya de contrecarrer la conspiration des Banquiers, mais une fois de plus la population crut aux fausses accusations diffusées dans la Presse, par la propagande des Banquiers. L'homme de la rue accusa le gouvernement. Le citoyen ne suspecta ce chaos pour renforcer leurs positions. William Jennings Bryan ne put rien faire de constructif. Sa voix, comme les voix de beaucoup d'autres citoyens honnêtes et loyaux, criait dans le désert.

En 1899, J. P. Morgan et Anthony Drexel se rendirent en Angleterre pour assister à une réunion des Banquiers Internationaux. Lorsqu'ils revinrent, J. P. Morgan avait été nominé (81) représentant en chef des intérêts Rothschild

81. — Gustave Myers révèle les liens de J. P. Morgan et de son père avec la Maison Rothschild en apportant beaucoup plus de précisions. Les Américains qui souhaitent éviter que l'histoire soit un éternel recommencement devraient savoir comment ils furent trahis au milieu

aux États-Unis. On l'avait probablement choisi à cause de l'ingéniosité dont il avait fait preuve en vendant des fusils de l'Armée de l'Union à son Gouvernement. Ces fusils avaient déjà été confisqués et il réalisa une fortune.

Le résultat de la Conférence de Londres fut que J. P. Morgan & Co de New-York, Drexel & Co de Philadelphie, Grenfell & Co de Londres, Morgan Harjes & Co de Paris, les Warburg d'Allemagne et d'Amsterdam et la Maison Rothschild s'associèrent.

La Coalition Morgan-Drexel organisa en 1901 la Northern Securities Corporation dans le dessein d'écarter des affaires le Groupe Heinze-Morse. Les Heinze-Morse contrôlaient d'importantes affaires bancaires, de navigation, des aciéries et d'autres industries. Ils devaient être écartés des affaires de façon à ce que le duo Morgan-Drexel put contrôler la prochaine élection fédérale.

Les Morgan-Drexel réussirent à placer le candidat Théodore Roosevelt en 1901, ce qui eut pour résultat de différer les poursuites qu'avait lancées contre eux le Ministère de la Justice pour les méthodes illégales qu'ils avaient employées pour se débarrasser de toute compétition. Les Morgan-Drexel s'associèrent ensuite avec Kuhn-Lœb & Co.

Pour tester leur puissance, ils décidèrent de monter un autre «assassinat» financier et créèrent la «Panique de Wall Street de 1907.» La réaction publique envers de telles méthodes de gangstérisme légalisé s'avéra suffisante pour décider le gouvernement à agir, mais les preuves qui vont suivre établissent clairement comment le peuple fut trahi.

Le gouvernement constitua «une Commission Monétaire Nationale.» Le Sénateur Nelson Aldrich en fut nommé directeur ; il était chargé de faire une étude rigoureuse des

du siècle dernier. Il est expliqué dans un autre chapitre comment les Banquiers Internationaux se rencontrèrent dans un quartier de Londres et mirent au point leur politique pendant que les dirigeants révolutionnaires se rencontraient dans un autre quartier et mettaient au point les phases de l'intrigue. Ces étapes étaient prévues pour déclencher les guerres et les révolutions mises au point par les Cerveaux. (N.D.A.)

pratiques financières et ensuite de formuler des réformes monétaires et bancaires en soumettant au Congrès la législation adéquate. Aldrich, on le découvrit par la suite, avait des intérêts financiers dans les puissants Trusts du caoutchouc et du tabac. Il était vraiment le dernier homme du Sénat à qui l'on aurait dû confier ce travail. Aussitôt après sa nomination, Aldrich se choisit un petit groupe de fidèles lieutenants et ils partirent tous pour l'Europe. Pendant qu'ils étaient en Europe, on leur accorda toutes les facilités pour étudier la façon dont les Banquiers Internationaux contrôlaient l'économie des pays européens. Ayant passé deux années en Europe et dépensé plus de $ 300.000 de l'argent des contribuables américains, Aldrich retourna aux États-Unis.

Le peuple n'eut pas grand chose pour son argent : Aldrich lui déclara qu'il n'avait pu établir un plan précis pour empêcher les paniques financières de se reproduire, de renverser les affaires, de créer le chômage et de détruire depuis la Guerre Civile américaine d'innombrables petites fortunes. Aldrich était si intime avec les Rockfeller que J.D. Junior épousa sa fille Abby.

Avant la tournée en Europe, on avait conseillé à Aldrich de s'entretenir avec Paul Warburg. Ce Paul Moritz Warburg était une personnalité exceptionnelle. Il avait immigré aux États-Unis sous la nationalité «allemande» vers 1902. Il devint par la suite membre de la Maison Financière Européenne de M.M. Warburg & Co de Hambourg et Amsterdam. Cette Compagnie était, comme nous l'avons vu, associée à la Maison Rothschild. Paul Warburg avait étudié la Finance Internationale en Allemagne, en France, en Grande-Bretagne, en Hollande et dans d'autres pays avant d'entrer en Amérique en tant qu'immigrant. Les États-Unis prouvèrent qu'ils étaient le pays de l'occasion en or car en un rien de temps, il acheta une participation chez Kuhn-Lœb & Co de New-York et se fit voter un salaire de $500.000 par an. Un de ses nouveaux associés était Jacob Schiff qui avait acheté une participation dans la firme avec de l'or à Rothschild. Ce Jacob Schiff était l'homme, nous le démontrerons, qui finança le mouvement terroriste en Russie de 1883 jusqu'à 1917.

Schiff n'avait pas trop mal travaillé pour lui-même et ses bailleurs de fonds. Il s'était arrangé pour obtenir le contrôle absolu des moyens de transport, des systèmes de communication et des voies de ravitaillement aux États-Unis. Or, nous en avons la preuve aujourd'hui, ces contrôles sont absolument nécessaires pour toute réussite révolutionnaire dans n'importe quel pays (82).

Dans la nuit du 22 Novembre 1910, une voiture de chemin de fer, privée, attendait à la Gare de Hoboken dans le New-Jersey. Le Sénateur Aldrich arriva en compagnie de A. Piatt Andrews, économiste de profession et Haut Représentant du Trésor que l'on avait invité et régalé en Europe. Shelton, le secrétaire privé d'Alrich se présenta également. Il était suivi de Frank Vanderlip, président de la National City Bank de New-York ; banque qui représentait les intérêts pétroliers des Rockeffeller et les intérêts ferroviaires des Kuhn-Lœb. On avait publiquement confié aux directeurs de la National City-Bank la tâche d'aider à fomenter une guerre entre les États-Unis et l'Espagne en 1898.

Quelle qu'ait pu être la vérité ou les responsabilités, le fait est qu'une fois la guerre terminée, la National City Bank possédait et contrôlait l'industrie sucrière cubaine. Les autres personnes qui rejoignirent Aldrich étaient H. P. Davison, associé principal de J. P. Morgan & Co et Charles D. Norton, président de la First National Bank de Morgan, à New York. Ces trois derniers furent accusés par la législation américaine de contrôler toute la monnaie et le crédit des États-Unis. Les derniers qui se présentèrent

82. — Des recherches dans de nombreux pays déjà «accaparés» prouvent que les grands magnats de la Finance qui possédaient et contrôlaient les moyens de transport sur terre et sur mer ainsi que les industries liées à ces entreprises, ont provoqué délibérément les situations qui ont conduit aux grèves générales, préludes au moment choisi pour le coup d'état révolutionnaire. Il est évident que ces magnats internationaux de la Finance ne peuvent établir des dictatures, comme ils le firent en Russie, que lorsque les gouvernements et les institutions en place ont été renversés. Notre livre prouve que ces visées ont été réalisées en Russie et de quelle façon. (N.D.A.)

furent Paul Warburg et Benjamin Strong. Warburg était si riche et si puissant à cette époque qu'il aurait inspiré la célèbre bande dessinée «*Annie l'orpheline*» dans laquelle on dépeignait Warburg — «Warbucks» — comme l'homme le plus riche et le plus influent du monde, un homme qui pouvait, lorsqu'il le souhaitait, faire usage de pouvoirs surhumains ou préternaturels afin de se protéger, lui et ses intérêts.

Benjamin Strong prit de l'importance au cours des manipulations de haute finance qui conduisirent à la panique de 1907 à Wall Street. Il était un des lieutenants de J. P. Morgan et s'était acquis une certaine réputation en exécutant les ordres sans poser de question, et avec une efficacité impitoyable.

La voiture privée d'Aldrich était rattachée au train. Des journalistes eurent vent du rassemblement des hommes qui contrôlaient le pétrole, les finances, les moyens de communication et de transport ainsi que les industries lourdes de l'Amérique. Ils arrivèrent en foule comme des sauterelles à proximité de la voiture privée... Mais ils ne purent discuter avec quiconque. M. Vanderlip mit définitivement un terme aux questions des journalistes par cette explication :

«Nous nous en allons passer un «week-end» au calme.»

Il fallut de nombreuses années pour découvrir ce qui s'était passé au cours de ce week-end tranquille. Une réunion secrète s'était tenue sur l'Île Jekyl en Géorgie. Ce «pied-à-terre» appartenait à J.P. Morgan et à un petit nombre de ses associés en finance.

Les questions sur lesquelles porta la réunion concernaient *«les moyens et les méthodes de s'assurer que la législation proposée pour mettre un frein aux escroqueries financières et aux manipulations financières aux États-Unis, serait sabotée, et qu'une législation favorable serait substituée pour les intérêts de ceux qui assistaient à la réunion secrète.»*

La réalisation de ces deux objectifs importants n'était pas un travail facile. On demanda à M. Paul Warburg de proposer des solutions et l'on accepta ses conseils.

Le même groupe tint par la suite des réunions à New-York pour peaufiner les détails. Les conspirateurs donnèrent le nom de «*The First Name Club*» (Club du Prénom) à leur groupe car, lorsqu'ils se rencontraient, ils s'adressaient toujours entre eux par leurs prénoms afin de se protéger des étrangers qui auraient pu s'intéresser de plus près à leurs personnes s'ils avaient entendu prononcer les noms de financiers nationaux et internationaux. Afin de raccourcir les délais, Aldrich, Warburg & Co rédigèrent la législation monétaire qu'Aldrich présenta par la suite comme l'œuvre de son comité particulier. Il la fit voter par le Congrès en 1913 sous l'appellation de «Loi de la Réserve Fédérale de 1913.»

La grande majorité des citoyens américains a franchement cru que cette loi protégerait leurs intérêts et placerait dans les mains du gouvernement fédéral, le contrôle de l'économie de la nation.

Rien n'est plus éloigné de la vérité. Le Système de Réserve Fédérale mettait les Banquiers associés d'Amérique et d'Europe en position de provoquer et de contrôler la Première Guerre Mondiale. Nous prouverons cette affirmation. La Première Guerre Mondiale fut provoquée afin de permettre aux conspirateurs internationaux de déclencher la Révolution Russe en 1917.

Ces faits illustrent la façon dont l'Histoire se répète et pourquoi elle se répète. Au moyen de complots et d'intrigues comparables, les Banquiers Internationaux avaient provoqué la Révolution Anglaise en 1648-1649 et la Grande Révolution Française de 1789 (83).

En 1914, le Réseau de la Réserve Fédérale comprenait douze Banques qui avaient acheté pour $134.000.000 de Fonds de la Réserve Fédérale. Selon le rapport du Congrès en date du 29 Mai 1939, ils avaient réalisé un profit de $23.141.456.197. En 1940, les avoirs de la Réserve Fédérale s'élevaient à $5.000.000.000. En 1946, on annonça qu'ils

83. — Pour de plus amples détails sur la «*Conspiration de la Réserve Fédérale*», lire le livre portant le même titre, écrit par Eustace Muffins et publié par «Common Sense» ; Union, New-Jersey en 1954. (N.D.A.)

se montaient à $45.000.000.000. Les Banquiers réalisèrent $40.000.000.000 de profit par leurs transactions au cours de la Deuxième Guerre Mondiale.

La majorité des citoyens, aux États-Unis, croit que le Système de Réserve Fédérale profite à toute la Nation, qu'il protège l'argent des déposants en rendant impossible les faillites bancaires et que les profits réalisés par les banques de Réserve Fédérale sont reversés au Trésor Public. Toutes leurs suppositions sont fausses.

À l'origine, le Système de Réserve Fédérale était sensé accomplir ce que la majorité des citoyens avait en vue, mais la législation arrêtée à l'Île Jekyl (Géorgie) en 1910, puis votée par le Congrès américain en 1913, ne profita pas au peuple ou au gouvernement des États-Unis. Elle profita uniquement aux Banquiers Américains qui étaient associés aux Banquiers Internationaux d'Europe.

Le Président des États-Unis choisit quatre des hommes qui avaient pour fonction de diriger le Système de Réserve Fédérale et leur attribua des appointements de $15.000 par an. Les rapports du Congrès prouveront que les Banques membres ont partagé illégalement les bénéfices réalisés dès le commencement. Ce ne fut qu'à partir de 1922 que la Loi originelle fut amendée de façon à ce que les Banquiers prissent part aux bénéfices en toute légalité.

Reste l'illusion suivante à dissiper :

«Le Système de Réserve Fédérale protège les personnes qui déposent leur argent pour qu'il soit en sûreté dans les Banques américaines contre d'éventuelles faillites bancaires.» Or, les statistiques montrent que depuis l'entrée en fonction du Système de Réserve Fédérale en 1913, plus de 14.000 banques ont fait faillite. Les déposants légitimes ont perdu pour des millions d'argent durement gagné. Comme l'argent, ou la richesse, est indestructible en général, quelqu'un a dû recevoir ce que d'autres ont perdu. C'est ce que l'on appelle de nos jours «l'intelligence dans les affaires.»

CHAPITRE VII

LES ÉVÉNEMENTS QUI PRÉCÉDÈRENT LA RÉVOLUTION RUSSE

LÉNINE

L'invasion de la Russie par Napoléon en 1812 ébranla profondément le peuple Russe. Le Tsar Alexandre Ier entreprit de restaurer la situation. Dans l'espoir de réaliser l'union dans tout l'Empire Russe, il desserra l'étau des restrictions imposées aux Juifs dans le Secteur de Colonisation dès 1772. Des concessions particulières furent accordées aux artisans et autres professions. On essaya avec détermination de faire travailler les Juifs dans l'agriculture et sous Alexandre Ier on les encouragea à l'assimilation selon le mode de vie Russe.

Nicolas Ier succéda à Alexandre Ier en 1825. Il était moins décidé à favoriser les Juifs, car il constata avec effroi leurs rapides avancées dans l'économie russe. Son gouvernement vit d'un très mauvais œil la détermination des Juifs à maintenir leur culture à part, de même que leur langue, leur façon de s'habiller… Pour essayer d'assimiler les Juifs dans la société russe, Nicolas Ier rendit obligatoire en 1804 l'école publique aux enfants Juifs. Le Tsar pensait que si l'on pouvait convaincre les jeunes Juifs qu'ils seraient bien accueillis dans la société russe, cela permettrait de dissiper un tant soit peu les malentendus. Son intention était d'effacer l'histoire des persécutions religieuses qu'on enfonçait dans l'esprit des jeunes juifs dès la prime enfance.

Le résultat de l'expérience russe ne fut pas celui que l'on escomptait. L'Instruction des enfants non-Juifs n'était pas obligatoire. Les Juifs devinrent les personnes les plus instruites en Russie (84).

Alexandre II suivit Nicolas Ier sur le trône de Russie en 1855. Benjamin Disraeli qualifiait Alexandre Ier de «Prince le plus bienveillant qui régna jamais sur la Russie.» Alexandre consacra sa vie à améliorer les conditions de vie des paysans, des classes plus pauvres et des Juifs. En 1861, il affranchit 23.000.000 de serfs. On avait obligé cette classe malheureuse à travailler la terre. Ces serfs étaient quasiment des esclaves. Ils pouvaient être cédés d'un propriétaire à un autre lors des ventes (ou des baux) de propriétés terriennes.

De nombreux Juifs, qui avaient tiré avantage de l'instruction obligatoire, s'inscrivirent dans les universités. Il leur était très difficile de trouver un emploi lorsqu'ils sortaient diplômés. Afin de réparer cette injustice, Alexandre II décréta que tous les diplômés Juifs auraient la possibilité d'exercer leurs professions dans le gouvernement de la Grande Russie. En 1879, des pharmaciens, des infirmières, des sages-femmes, des dentistes, des distillateurs et des artisans qualifiés, tous juifs, eurent l'autorisation d'exercer leur profession et de résider partout en Russie.

Mais les dirigeants révolutionnaires Juifs étaient décidés à poursuivre leur mouvement de Révolution Mondiale Populaire. Leurs groupes terroristes commirent provocations sur provocations, travaillèrent pour s'assurer le soutien d'intellectuels Russes aigris et pour enraciner l'idée de révolution violente dans les esprits de la population ouvrière.

---

84. — Tout cela est significatif et à mettre en relation avec la destination finale de la Puissance Tsariste qui se termina par le meurtre du Tsar Nicolas II et de toute famille dans la maison d'Ekaterinenburg, le 17 Juillet 1918, exécutés par nommé Yorovrest. On changea par la suite le nom d'Ekaterinenburg en Sverdlovsk, en honneur du Juif Yakov Sverdlov qui était le Président de la République Soviétique à l'époque des exécutions. On dessina même les symboles des Illuminati sur les murs de la cave de la mort. (N.D.A.)

En 1866, ils attentèrent une première fois à la vie du Tsar Alexandre II et essayèrent de l'assassiner une deuxième fois en 1879. Les deux attentats échouèrent de façon miraculeuse. Il fut alors décidé, et l'on s'y employa particulièrement, de destituer Alexandre. Son règne bienveillant bouleversait complètement leurs revendications :

> *«On ne pouvait instituer rapidement les réformes nécessaires que par une action révolutionnaire rapide.»*

Les conspirateurs préparèrent le complot suivant contre la vie d'Alexandre II dans la maison de la Juive Hesia Helfman, et le Tsar fut assassiné en 1881.

Pendant que les Forces Révolutionnaires de Russie essayaient de gêner le Gouvernement par tous les moyens, en commettant toutes sortes de provocations dont l'assassinat, le «*Pouvoir Occulte*» derrière le M.R.M. essaya une fois de plus d'entraîner la Grande-Bretagne dans une guerre contre la Russie, depuis ses Quartiers Généraux d'Angleterre, de Suisse et des États-Unis. Aucun des deux Empires n'aurait pu tirer de profits appréciables d'une telle guerre. Le résultat final aurait été l'affaiblissement des deux Empires sur le plan matériel, et aurait constitué alors une proie très facile pour une action révolutionnaire ultérieure. Dans le numéro d'octobre 1881 du «*Dix-neuvième siècle*», Goldwyn Smith, professeur d'Histoire Moderne à l'Université d'Oxford, écrivait :

> *«Lorsque j'étais dernièrement en Angleterre, on était au bord de la guerre avec la Russie, ce qui attrait entraîné l'Empire tout entier. Les intérêts Juifs en Europe et leur organe principal, la Presse Juive de Vienne, faisaient leur possible pour nous y pousser»* (85).

---

85. — Voilà une autre illustration qui nous montre comment un professeur d'Histoire peut tomber dans les pièges de l'antisémitisme, piège disposé par les conspirateurs. La majorité des personnes croit en général que tous les Banquiers Internationaux et les Magnats de la Finance sont Juifs ; c'est inexact. La majorité n'est pas constituée de Juifs que ce soit par le sang, l'origine raciale ou la religion. Ils encouragent en fait l'antisémitisme parce qu'ils utilisent tous les «mouvements anti» pour servir leurs intérêts. (N.D.A.)

L'assassinat du «Petit Père» des Russes en 1881 suscita un ressentiment général qui se traduisit par une explosion spontanée de violence envers la population juive dans de nombreux endroits de Russie. Le gouvernement russe promulgua *«Les Lois de Mai»* qui étaient très sévères car les officiels russes défenseurs de ces lois, prétendirent *«que si la politique bienveillante d'Alexandre II ne pouvait satisfaire et réconcilier les Juifs, il serait alors évident que seule la domination absolue de la Russie pourrait les satisfaire.»* Et de nouveau, la Race Juive tout entière fut punie pour les crimes de quelques dirigeants révolutionnaires patentés.

Le 23 Mai 1882, une délégation Juive, conduite par le Baron Ginzberg, rendit visite au nouveau Tsar Alexandre III et protesta officiellement contre les *Lois de Mai* (86). Le Tsar promit une enquête approfondie sur la question du conflit entre les factions Juives et non-Juives dans la population de l'Empire. Le 3 Septembre il prononça le discours suivant :

> *«Pendant un certain temps le gouvernement s'est consacré aux Juifs, à leurs problèmes et à leurs relations avec le reste de la population de l'Empire. Il a constaté les tristes conditions de vie que la conduite des Juifs dans les questions financières avaient imposées à la population chrétienne. Au cours des vingt dernières années, les Juifs ne se sont pas seulement immiscés dans toutes les branches du commerce et des affaires. Ils ont également accaparé une grande partie de la terre par achat ou fermage. À quelques exceptions près, ils ont comme un seul homme, consacré leurs efforts non pas à enrichir ou faire bénéficier le pays, mais à frustrer le peuple russe grâce à leurs ruses. Les pauvres ont particulièrement souffert de cette conduite qui a provoqué les protestations justifiées du peuple ainsi que des actes de violence envers les Juifs. D'un côté, le gouvernement faisait de son mieux pour supprimer ces troubles et délivrer les Juifs de l'oppression et des massacres ; d'un autre côté,*

86. — Ginzberg était le représentant officiel de la Maison Rothschild en Russie. (N.D.A.)

il considérait qu'il était urgent et juste d'adopter des mesures radicales pour mettre fin à l'oppression des Juifs vis-à-vis des autres habitants et pour débarrasser le pays de leurs malversations qui étaient, nous le savons bien, l'origine des agitations anti-Juives.

Le Gouvernement n'avait pas seulement promulgué les *Lois de Mai* comme acte de représailles pour l'assassinat du Tsar Alexandre II, mais également parce que les économistes russes avaient averti de façon pressante le Gouvernement que l'économie nationale était en danger de ruine si l'on ne prenait pas des mesures pour réduire les activités illégales des Juifs. Les économistes firent remarquer que les Juifs ne représentaient que 4,2% de la population globale mais s'étaient si bien incrustés dans l'économie russe que la nation se trouvait face à un désastre économique. Ou peut constater la justesse de leurs vues par les actions qui furent prises après que la députation du Baron Ginzberg ait échoué dans sa tentative de faire annuler les *Lois de Mai*. Les Banquiers Internationaux imposèrent des sanctions économiques contre l'Empire Russe et acculèrent presque la nation à la banqueroute. Ils exercèrent un embargo sur les échanges et le commerce russe. En 1904, après qu'ils eussent entraîné l'Empire Russe dans une guerre désastreuse contre le Japon, la Maison Bancaire Anglaise des Rothschild répudia ses promesses d'aide financière et essaya d'amener l'Empire Russe à la banqueroute, pendant que la Kuhn-Lœb & Co de New-York octroyait au Japon tous les crédits qu'il demandait.

L'«*Encyclopedia Britannica*», à la page 76 de son tome 2 (édition de 1947) déclare à propos des *Lois de Mai* :

«*Les* Lois de Mai *Russes furent le plus remarquable monument législatif qu'ait réalisé l'antisémitisme moderne... Leur résultat immédiat fut une dépression commerciale ruineuse ressentie par tout l'Empire et qui affecta profondément la confiance en l'économie du pays. Le ministre russe ne savait plus comment faire pour trouver de l'argent et l'on entreprit des négociations avec la Maison Rothschild pour un gros emprunt. Un projet de contrat venait d'être signé lorsqu'on déclara au ministre des Finances que si les persécutions contre les juifs ne prenaient pas fin, la grande maison bancaire* **se verrait obligée** *de se désister... L'antisémitisme qui avait déjà si profondément influencé les politiques nationales européennes imprima ainsi sa marque sur les relations internationales, car ce furent et le besoin pressant du Trésor Russe et la conclusion du traité secret de neutralité mutuelle du Prince Bismarck, qui amenèrent l'Alliance Franco-Russe.»*

De nombreux Juifs orthodoxes étaient navrés du terrorisme impitoyable que pratiquaient leurs compatriotes. Ils savaient qu'on instaurait une politique similaire en France, en Allemagne, en Espagne et en Italie. Les Juifs moins radicaux se tourmentaient, redoutant qu'une poursuite de ce terrorisme entraînât une vague immense d'antisémitisme qui se traduirait par l'extermination de la race Juive. Un Juif allemand, Theodore Herzl, confirma leurs plus grandes craintes en les informant de la politique antisémite de Karl Ritter, et en leur signalant qu'elle se répandait avec rapidité en Allemagne. Il proposa l'organisation d'un *Mouvement Juif de retour en Israël* sur la requête de Juifs Orthodoxes. Ce fut le commencement du Mouvement Sioniste (87).

Après que le Tsar Alexandre III eût rendu son verdict accusant les Juifs avares d'être la cause des troubles et de la ruine économique de l'Empire, les agents révolutionnaires organisèrent le «Parti Social-Révolutionnaire.» On nomma à sa tête un homme tout à fait impitoyable — Gershuni — qui fut l'organisateur des Groupes Terroristes. Un tailleur du nom de Yevno Azev eut la charge de mettre sur pied les «Sections Combattantes.» Les dirigeants du Parti Social-Révolutionnaire insistèrent également sur l'importance d'enrôler des Gentils dans le mouvement.

87. — Le Mouvement Sioniste fut à son tour contrôlé par les Banquiers Internationaux et utilisé à leur profit. Lire «*The Palestine Plot*» (Le Complot Palestinien) de B. Jensen. (N.D.A.)

Les Gentils qui réussirent aux tests auxquels on les soumit, devinrent membres à part entière. Ce fut cette décision qui amena Alexandre Ulyanov dans le Parti. Avant d'être admis par les dirigeants révolutionnaires comme membre à part entière, on lui ordonna de prendre part au complot visant à assassiner le Tsar Alexandre III. L'attentat contre la vie du Tsar échoua et Alexandre Ulyanov fut arrêté, jugé et condamné à mort. Son exécution fut l'origine du dévouement de son plus jeune frère, Vladimir, à la cause révolutionnaire. Vladimir escalada les marches du pouvoir jusqu'à devenir dirigeant du Parti Bolchevik. Il prit le nom de Lénine et devint par la suite le premier dictateur de l'U.R.S.S.

Entre 1900 et 1906, le Parti Révolutionnaire provoqua de graves troubles dans le monde du travail et créa de profonds malentendus entre les classes de la société russe. Il exacerba aussi la bigoterie religieuse jusqu'à en faire un «bouillon de culture.» On servit ce bouillon à la Russie tout en lui prescrivant de sérieux remèdes qui consistaient en meurtres et assassinats à grande échelle. Le bouillon se répandit sous la forme de la révolution de 1905.

La Section Terroriste des Révolutionnaires Sociaux assassina des officiels en 1901, dont le ministre de l'Instruction, Bogolepov. On perpétra cet assassinat afin de prendre en compte le ressentiment Juif vis-à-vis de la clause sur l'instruction dans les *Lois de Mai.* Cette clause limitait le nombre de Juifs s'inscrivant dans les écoles et les universités subventionnées par l'État, en fonction du pourcentage que représentait la population Juive par rapport à l'ensemble de la population russe. On vota cette mesure parce que les étudiants Juifs avaient envahi les écoles financées par l'État, puis on confia à un groupe de jeunes Juifs qui avaient souffert de la clause sur l'instruction des *Lois de Mai* (de 1882) — lorsqu'ils étaient enfants — la tâche d'assassiner le ministre de l'Instruction.

Ils devaient faire la preuve de leur courage et montrer leur capacité à accomplir leurs devoirs dans la Section Terroriste du Parti Social Révolutionnaire.

L'année suivante, en 1902, le ministre de l'Intérieur — Sipyagin — fut assassiné pour accentuer le ressentiment Juif envers les *Lois de Mai* qui avaient retourné la politique bienveillante d'Alexandre II et interdit aux Juifs de vivre en dehors de la Zone de Colonisation. Les Juifs qui avaient été expulsés de leurs habitations dans la Grande Russie, lorsqu'ils étaient enfants sous les *Lois de Mai*, se virent confier cette «exécution.» Ils ne commirent aucune faute.

En 1903, on assassina Bogdanovitch, Gouverneur d'Ufa ; en 1904, on tua le Premier ministre russe, Vischelev von Plehve. En 1905, la première révolution russe à grande échelle éclata. Le 17 Février on assassina l'oncle du Tsar, le Grand Duc Serge. En Décembre 1905, le Général Dubrassov élimina les révolutionnaires mais en 1906, la Section Terroriste l'assassina.

Après que le Tsar eut accusé les Juifs de la triste situation en Russie, le Baron Ginzberg reçut la mission d'œuvrer pour la destruction de l'Empire Russe.

Pour déclencher la guerre Russo-Japonnaise, les Rothschild d'Europe feraient mine d'être agréable à la Russie. Ils financeraient la guerre du côté russe pendant que les associés des Rothschild, Kuhn-Lœb & Co de New-York, financeraient secrètement le gouvernement japonais. On rendrait la défaite russe effective lorsque les Rothschild retireraient leur aide financière au moment où elle serait nécessaire et on créerait le chaos et la confusion dans les forces armées russes en Extrême-Orient par le sabotage des voies de communication et de transport qui traversaient la Sibérie. Ceci conduisit la Marine et l'Armée russe à manquer de ravitaillement et de renforts [88].

88. — Mon père, le Capitaine F.H. Carr, fut l'un des officiers britanniques qui servirent aux côtés des Japonais en 1904 et 1905. J'ai en ma possession une très belle sculpture en ivoire représentant un bûcheron Japonais appréciant une cigarette après son repas. Le gouvernement Japonais fit cadeau de cette pièce de musée à mon père en remerciement des services rendus. Mon père me donna de très précieuses informations quant aux intrigues «dans les coulisses» qui menèrent à la guerre Russo-Japonaise. (N.D.A.)

C'est alors qu'un officier de la marine russe parti de la Baltique et en route vers Port Arthur en Extrême-Orient, donna l'ordre à ses navires de faire feu sur une flottille de chalutiers britanniques qui pêchait dans le «Dogger Bank» en Mer du Nord. Aucune raison valable ne fut apportée pour expliquer cet acte gratuit de cruauté envers une puissance supposée alliée. La réaction de la population, en Angleterre, fut telle que l'on évita la guerre de justesse.

C'est à cause de cet incident que de nombreux officiers de la marine britannique et de la marine marchande offrirent leurs services au Japon.

Les prêts internationaux accordés par Jacob Schiff, de New-York, financèrent le gouvernement japonais. Schiff était l'associé principal de Kuhn-Lœb & Co. Il coopéra avec Sir Ernest Cassels, d'Angleterre et avec les Warburg de Hambourg. Jacob Schiff justifia le financement des Japonais en guerre avec la Russie dans une lettre qu'il écrivit au Comte Witte, émissaire du Tsar, qui assistait aux négociations pour la paix à Portsmouth (E-U.) en 1905 :

> *«Peut-on s'attendre à ce que l'influence du Juif américain sur l'opinion publique s'exerce en faveur du pays qui persécutait systématiquement ses frères de race ?... Si le gouvernement qui vient de se constituer ne réussissait pas à assurer la sécurité et un statut égal dans tout l'Empire vis-à-vis de la population Juive, alors le moment serait vraiment venu pour les Juifs de Russie de quitter leur patrie inhospitalière. Le problème auquel le monde civilisé devra faire face sera considérable, mais il sera résolu. Vous n'êtes pas seulement un homme d'État prévoyant et clairvoyant, mais aussi un grand économiste ; vous savez très bien que le destin de la Russie et son avenir seront scellés.»*

On peut encore mieux apprécier l'hypocrisie de Jacob Schiff lorsqu'on sait que depuis 1897 il finançait les terroristes en Russie. En 1904, il participa au financement de la révolution qui éclata en Russie en 1905. Il aida aussi à l'organisation, à l'échelle internationale, du financement de la

Révolution russe qui éclata dès 1917, donnant à ses associés et à lui-même leur première occasion de mettre en pratique les théories totalitaires (89).

Les Banquiers Internationaux fomentèrent la Guerre Russo-Japonaise afin de créer les conditions souhaitées pour le succès d'un coup d'état révolutionnaire destiné à renverser le pouvoir des Tsars. Les plans des Banquiers Internationaux furent déjoués lorsque les Mencheviks, dirigés par des Juifs, déclenchèrent de leur propre autorité une révolution en Russie, celle de 1905. Lorsque les Banquiers Internationaux accordèrent leur soutien financier, la révolution échoua au moment même où il semblait qu'elle allait réussir. Les Mencheviks, dirigés par des Juifs, avaient agi de leur propre initiative. Les Banquiers Internationaux décidèrent que Lénine dirigerait *«leur»* programme révolutionnaire en Russie dès ce moment-là.

Lénine naquit à Simbirsk, ville située sur les rives de la Volga. Il était le fils d'un haut fonctionnaire du Gouvernement qui portait le titre de «Conseiller d'État.» Il n'avait pas hérité de ce titre, mais il lui avait été octroyé pour service éminent lorsqu'il était inspecteur scolaire. Lénine reçut une instruction universitaire et put s'occuper de questions juridiques, mais il ne se consacra jamais aux affaires. Des étudiants Juifs l'avaient persuadé qu'il était temps de renverser la puissance des classes privilégiées, les masses devant prendre la direction de leur pays. Au moment où Lénine considérait que *«les réformes nécessaires ne pouvaient être mises en place rapidement que par l'action révolutionnaire»*, son frère fut arrêté par la police et exécuté.

On reconnut très vite un intellectuel en Lénine. Il s'était associé aux dirigeants du Parti Révolutionnaire dès l'âge de vingt ans.

---

89. — François Coty dans *Le Figaro* du 20 Février 1932 disait : *«Les subsides accordes à cette époque aux Nihilistes (de 1905 à 1914) par Jacob Schiff n'étaient en aucun cas des actes de générosité isolée. Une véritable organisation terroriste russe a été constituée aux États-Unis à ses frais dans le but d'assassiner des ministres, des gouverneurs, des chefs de la police, etc.»* (N.D.A.)

Nous avons déclaré précédemment que les opulents et influents prêteurs d'argent internationaux avaient participé au financement et à la direction des activités révolutionnaires dans la Zone de Colonisation. Lénine voulut savoir tout ce qui lui était possible de connaître des hommes qui dirigeaient les nombreux groupes révolutionnaires nationaux unis dans leur but commun de révolution populaire. En 1895, à l'âge de vingt-cinq ans, il s'en alla en Suisse et rejoignit Plekhanov, qui avait fui la Russie afin d'échapper au destin du frère aîné de Lénine, Alexandre.

En Suisse, Lénine et Plekhanov, qui étaient des «Gentils», rejoignirent des forces qui ne comprenaient que des Juifs : Vera Zasulich, Leo Deutch, B. Axelrod et Jules Tsederbaum. Ils constituèrent un mouvement marxiste à l'échelle mondiale qu'ils intitulèrent «Groupe pour l'Émancipation du Travail.» Tsederbaum était un jeune homme comme Lénine ; il s'était acquis une réputation de terroriste impitoyable et d'agitateur accompli dans «la Zone de Colonisation.» Il changea son nom en celui de Martov et devint le dirigeant des Mencheviks. Lénine dirigea les Bolcheviks en Russie.

L'échec de révolution des Mencheviks, en 1905, convainquit Lénine que la seule façon de réussir une révolution, c'était d'organiser un Comité de Direction International qui étudierait d'abord et dirigerait ensuite l'effort révolutionnaire. Lénine mit sur pied le *«Komintern»*, Comité Central de Direction Révolutionnaire International et les Banquiers Internationaux le choisirent comme leur agent au plus haut niveau, en Russie.

Lénine avait très sérieusement étudié la Grande Révolution Française de 1789.

Lorsqu'il apprit que *«Le Pouvoir Occulte»* qui avait provoqué la Révolution Française était encore très actif, il décida d'avoir partie liée avec lui. Son plan était de faire croire aux membres du Komintern qu'ils étaient les *«Cerveaux»* mais aussi d'influencer leurs pensées de façon à leur faire poursuivre les Plans à Longue Échéance des Banquiers Internationaux. Lorsqu'on ne pourrait plus contrôler les dirigeants révolutionnaires, il leur serait alors possible de les liquider. Nous produirons les preuves qui vous démontreront comment cela se fit réellement.

Ayant fixé sa politique, Lénine revint en Russie avec Martov pour organiser sa Campagne de Collecte d'argent, ramassis de chantages, de vols dans les banques, d'extorsions et de toutes sortes de pratiques illégales. Lénine prétendit qu'il était tout à fait logique de prendre l'argent du peuple et de comploter le renversement du gouvernement. Il établit un principe dans son parti : tous les jeunes gens qui aspiraient à en être membres devraient, comme son frère aîné Alexandre, révéler leur courage physique et leur vivacité mentale. Lénine insista sur le fait que chaque stade d'entraînement révolutionnaire de jeunes comprendrait le cambriolage d'une banque, la destruction d'un poste de police et l'élimination d'un traître ou d'un espion.

Lénine recommanda également à tous les «dirigeants» révolutionnaires des autres pays de mettre en place une organisation souterraine («*Underground*»). En discutant de ce sujet et en écrivant à ce propos, Lénine déclara :

> *«Tout ce qui est légal et illégal et qui favorise le mouvement révolutionnaire est justifié.»*

Il avertit toutefois que *«le parti légal serait toujours sous le contrôle du parti illégal.* Cette pratique est en vigueur aujourd'hui, particulièrement au Canada et aux États-Unis. Les communistes qui affichent ouvertement leur adhésion au Parti Progressiste Ouvrier prennent bien soin de ne pas être impliqués dans les activités criminelles illégales de l'organisation souterraine du Parti Communiste. Mais «l'appareil» dirige secrètement les opérations et en profite financièrement.

C'est une constante que bien peu des premiers dirigeants du communisme étaient issus du prolétariat. La plupart d'entre eux étaient des intellectuels très instruits. En 1895, ils provoquèrent une série de grèves. Quelques-unes se transformèrent avec succès en émeutes. Il instituèrent ainsi un des principes fondamentaux de la technique révolutionnaire : *«transformer un trouble mineur en une émeute et amener les citoyens à lutter physiquement contre la police.»*

Lénine, Martov et d'autres révolutionnaires furent arrêtés et condamnés à la prison. Lénine purgea sa peine de prison en 1897.

Le grand public ne sait généralement pas qu'à ce moment-là en Russie, les délinquants politiques exilés en Sibérie n'étaient pas emprisonnés si l'on n'avait pas la preuve d'un autre délit criminel. En conséquence, Lénine emmena avec lui en exil sa belle jeune femme Juive, et sa mère qui parlait le yiddish. Pendant sa peine d'exil, Lénine touchait chaque mois une allocation de «sept roubles quarante kopecks» du gouvernement russe. C'était juste assez pour payer la chambre et la table, et Lénine travaillait comme comptable afin de gagner un peu plus d'argent. Ce fut au cours de l'exil que Lénine, Martov et un complice du nom de Potresov décidèrent qu'à leur libération ils publieraient un journal dans le but de réunir les cerveaux et les énergies du mouvement révolutionnaire dans sa totalité, car il était à cette époque, divisé en de multiples factions.

En février 1900, Lénine avait purgé sa peine d'exil.

On lui donna la permission de retourner en Suisse pour effectuer une visite et il rejoignit les autres dirigeants révolutionnaires ainsi que les agents du «Pouvoir Occulte.» Ils approuvèrent son idée et on fit paraître l'*«Iskra»* — *«L'Étincelle.»* — Le conseil éditorial comprenait parmi les vieux dirigeants révolutionnaires Plekhanov, Zasulich et Axelrod, avec Lénine, Potresov et Martov qui représentaient les jeunes membres. La femme de Lénine était secrétaire du conseil. Trotsky, lui, rejoignit l'équipe éditoriale deux ans plus tard. Pendant un moment, le journal fut imprimé en fait à Munich et le conseil éditorial se rencontrait à Londres[90]. En 1903, on installa le journal à Genève. Les exemplaires étaient passés en contrebande en Russie et dans d'autres pays grâce à «l'organisation souterraine» mise en place par les Francs-Maçons du Grand Orient. Le journal portant le titre d'*«Iskra»*, les révolutionnaires qui adhérèrent à la Ligne du Parti définie par le conseil éditorial furent connus sous le nom d'*«Iskristes.»*

Le journal réclamait la convocation d'un Congrès d'Unification à Bruxelles pour 1903, dans le but de réunir les différents groupes marxistes. Les sociaux-démocrates russes, les sociaux-démocrates polonais de Rosa Luxemburg, le Groupe pour l'Émancipation du Travail et le Groupe Maximaliste y furent représentés. Dès le mois d'août, la police belge agissait et les délégués partirent pour Londres «en masse.» Ce Congrès fut d'une importance historique capitale, car au cours de son déroulement un fossé idéologique se creusa parmi les *Iskristes*. Lénine devint le dirigeant des Bolcheviks (ou groupe majoritaire) tandis que Martov devenait celui des Mencheviks (ou groupe minoritaire.)

Lorsque les Mencheviks encaissèrent la révolution avortée de 1905 (en Russie), Trotsky fit montre de ses capacités de dirigeant. Il est difficile pour le non-initié de comprendre ce qui brisa la tentative car les révolutionnaires eurent le contrôle de St Petersburg de Janvier à Décembre 1905, et instaurèrent le Soviet de Petersburg. Lénine et de nombreux dirigeants révolutionnaires de haut vol restèrent à l'écart et laissèrent le Parti Menchevik s'occuper de cette révolution.

Lénine était allé à Genève consulter le «*Pouvoir Occulte*» lorsque la révolution éclata, suite à la tragédie du *Dimanche Sanglant* de St Petersburg en Janvier 1905. Il ne revint pas en Russie jusqu'en Octobre. On accusa le Tsar d'intolérance pour

90. — L'influence que les Rothschild exerçaient sur les directeurs de la Banque d'Angleterre était considérable. Ces directeurs contrôlaient la politique du gouvernement britannique, ce qui explique que les révolutionnaires ont toujours pu trouver asile en Angleterre lorsqu'ils étaient exclus d'un autre pays. Karl Marx et Engels en sont des exemples types. (N.D.A.)

la tragédie du *Dimanche Sanglant*, mais ceux qui scrutèrent les événements, trouvèrent de nombreuses preuves qui les convainquirent de la provocation. L'incident du *Dimanche Sanglant* avait été concocté par le groupe terroriste dans le dessein d'exacerber la colère et la haine dans le cœur des ouvriers non-Juifs vis-à-vis du Tsar. L'incident permit aux dirigeants du Mouvement Révolutionnaire de s'assurer le soutien de milliers d'hommes et de femmes non-Juifs qui, jusqu'à ce triste jour, étaient restés fidèles au Tsar et parlaient de lui comme le «Petit Père.»

Le *Dimanche Sanglant* a une grande importance historique.

En Janvier 1905, la Russie était en guerre avec le Japon. Les transports par voie ferrée passant au travers des grandes étendues russes d'Ouest en Est avaient été sabotés. Les renforts et les ravitaillements n'avaient pu rejoindre le front de l'Est pour cause de sabotage. Le 2 Janvier, le peuple russe fut stupéfait d'apprendre par les journaux que Port Arthur était tombé aux mains des Japonais. Ils avaient perdu la guerre contre ce qu'ils appelaient une puissance de deuxième ordre.

Le Gouvernement impérial, dans sa tentative de se concilier les faveurs de la population ouvrière, avait adopté une politique d'encouragement dans la constitution de syndicats légaux. Les révolutionnaires connus devaient en être exclus.

Un prêtre orthodoxe russe, le Père Gapon, fut un des dirigeants les plus actifs dans la constitution de Syndicats Légaux. Les réformes libérales qu'avaient obtenues des citoyens non-radicaux ne plurent pas aux dirigeants du parti révolutionnaire qui proclamaient *«qu'on ne pouvait obtenir des réformes nécessaires que par la révolution et rapidement.»* Le Père Gapon s'était acquis une telle respectabilité que le Tsar et ses ministres le reçurent chaque fois qu'il souhaitait les entretenir d'un grave problème lié aux conditions de travail.

Le 2 janvier, lorsque les mauvaises nouvelles de la guerre se répandirent dans tout l'Empire, des émeutes ouvrières organisées éclatèrent dans les énormes usines Putilov à St Petersburg. On appela à la grève mais du fait de la situation générale, le Père Gapon déclara qu'il réglerait ces questions conflictuelles en en appelant directement au Tsar. La proposition toucha la majorité des ouvriers, mais les «radicaux» s'y opposèrent.

Toutefois, le dimanche après-midi du 22 Janvier 1905, des milliers d'ouvriers, leurs femmes et leurs enfants, formèrent un cortège pour accompagner le Père Gapon aux portes du Palais. Selon des rapports authentiques, le cortège était tout à fait en bon ordre. Des pétitionnaires portaient des bannières faites à la hâte exprimant leur fidélité au «Petit Père.»

Aux portes du Palais, sans le moindre avertissement, une décharge foudroyante de fusils et de mitrailleuses dispersa le cortège dans la plus grande confusion. Des centaines d'ouvriers et leurs familles furent massacrés. La place qui faisait face au Palais se transforma en une place de chaos et d'agonie. Le 22 Janvier 1905 est connu depuis cet événement sous le nom de «*Dimanche Sanglant.*»

Nicolas II était-il responsable ?

C'est un fait établi qu'il n'était pas au Palais ou dans la ville à ce moment-là. On sait également qu'un officier de la garde ordonna aux troupes de faire feu. Il est tout à fait possible qu'il fut une «Cellule» véhiculant la politique terroriste de ses supérieurs. Cet acte fut l'«étincelle» qui mit le feu à l'«amadou» fourni par les dirigeants révolutionnaires. La «flamme» d'une révolution à grande échelle suivit.

Sans prendre en considération le fait de savoir qui était responsable de cet acte, nous devons constater que des dizaines de milliers d'ouvriers de l'industrie autrefois fidèles, rejoignirent le Parti Révolutionnaire Socialiste et le mouvement s'étendit aux autres villes. Le Tsar essaya de refouler cette vague de rébellion. Dès Février il ordonna de procéder à une enquête sur les événements de St Petersburg, qu'il confia à la Commission Chidlovsky. En Août, il annonça qu'on avait pris des dispositions pour l'établissement d'un Corps Législatif représentatif démocratique qui devint la Douma. Il amnistia tous les délinquants politiques et ce fut au cours de cette amnistie que Lénine et ses dirigeants

Bolcheviks revinrent de Suisse au mois d'Octobre, ainsi que d'autres pays étrangers. Mais rien de ce que fit le Tsar ne put entraver la marée révolutionnaire.

- Le 20 Octobre 1905, l'Union des Chemins de Fer Russes tenue par les Mencheviks se mit en grève.
- Le 25 Octobre, des grèves générales efficaces eurent lieu à Moscou, Smolensk, Koursk ainsi que dans d'autres villes.
- Le 26 Octobre, le Soviet Révolutionnaire de Petersburg fut constitué et assuma les fonctions de gouvernement national. Le gouvernement soviétique était dominé par la faction Menchevik du Parti Travailliste Social-Démocratique Russe bien que le Parti Social-Révolutionnaire y eut une représentation. Le premier Président fut le Menchevik Zborovisk qui fut rapidement remplacé par Georgi Nosar. À son tour, il fut supplanté par Lev Trotsky qui en devint Président le 9 Décembre 1905.
- Le 16 Décembre, un groupe de militaires arrêta Trotsky et trois cents membres du Gouvernement soviétique. Il n'y eut pas un seul Bolchevik «important» parmi les personnes arrêtées, ce qui prouve que Lénine avait pris ses dispositions, grâce à la protection des Puissances Secrètes qui agissaient derrière le Gouvernement.

La révolution n'était pas tout à fait terminée.

- Le 20 Décembre, un Juif du nom de Parvus assuma la direction du nouvel exécutif soviétique. Il appela à la grève générale à St Petersburg et 90.000 ouvriers y répondirent. Le jour suivant 150.000 ouvriers firent grève à Moscou. Des insurrections éclatèrent à Chita, Kansk et Rostov.
- Le 30 Décembre, les troupes et des personnalités du gouvernement qui étaient restées fidèles au Tsar reprirent le contrôle d'une façon quasi «miraculeuse» et mirent fin à la révolution (91). Le Tsar Nicolas II

91. — Si Lénine et les Banquiers Internationaux étaient intervenus en faveur des Mencheviks à ce moment-la, rien n'aurait pu entraver

tint ses promesses. La Douma fut constituée et un parlement fut élu.

En 1907, le Cinquième Congrès du Parti Ouvrier Social-Démocratique Russe eut lieu à Londres. Lénine représentait le Parti Bolchevik avec 91 délégués ; les Mencheviks dirigés par Martov avaient 89 délégués ; Rosa Luxemburg dirigeait ses Démocrates-Sociaux Polonais et amenait 44 délégués ; le «Bund» Juif dirigé par Rafael Abramovitch en avait 55 ; les Démocrates Sociaux Lettons dirigés par le camarade Herman (Danishevsky) complétaient la panoplie. Il y avait en tout 312 délégués dont 116 étaient ou avaient été ouvriers.

On avait convoqué ce Congrès pour tirer toutes les leçons de l'échec de 1905. Lénine imputa l'échec du coup d'état révolutionnaire au manque de coopération entre les Mencheviks et les dirigeants des autres groupes. Il déclara aux 312 délégués que les Mencheviks en avaient assumé toute la direction et que toutes les occasions avaient généralement tourné au gâchis. Il en appela à une unité de politique et d'action Mais il déclara que l'on devrait préparer l'action révolutionnaire bien à l'avance et qu'il fallait jouer, en en tirant tous les avantages, sur l'élément de surprise.

Martov accusa Lénine de ne pas avoir accordé à l'effort révolutionnaire Menchevik tout le soutien qu'il aurait dû lui donner. Il l'accusa particulièrement d'avoir cessé toute aide financière. Martov et les autres groupes Juifs dirigés par Rosa Luxemburg et Abramovich étaient irrités par le fait que Lénine avait pu financer la présence du plus grand nombre de délégués. Ils l'accusèrent de financer son Parti Bolchevik grâce aux enlèvements, aux contrefaçons, aux vols et ils le

les actions révolutionnaires. Il n'y a aucune explication au fait qu'ils permirent aux forces gouvernementales de reprendre le contrôle à moins qu'ils n'aient eu des plans secrets qu'ils ne pouvaient mettre à exécution à ce moment-la. La seule conclusion qui semble être logique, c'est qu'ils se préparaient à la Première Guerre mondiale et souhaitaient que la Russie restât une monarchie jusqu'à ce que la guerre éclate. Les événements qui se produisirent indiquèrent que c'était la leur plan. (N.D.A.)

réprimandèrent pour avoir refusé de contribuer dans une proportion équitable, grâce à ses ressources mal acquises, au financement de l'organisation centrale fédérative. Un long rire secoua l'assistance lorsqu'un des Mencheviks accusa Lénine d'avoir marié un de ses agents les plus élevés à une riche veuve pour alimenter la trésorerie de son parti.

On allègue que Lénine aurait reconnu avoir agi de la sorte pour le bien de la cause. Il soutint que le camarade qu'il avait marié à une veuve était «un représentant sain et fort de l'humanité.» Il pensait que la veuve avait acquis une bonne valeur pour son argent. Ce fut à ce Congrès qu'un personnage de moindre importance, à cette époque — Staline — se lia avec Lénine. Le Congrès décida finalement que les dirigeants des différents groupes révolutionnaires devraient coopérer plus étroitement et choisit le groupe qui éditerait leurs journaux révolutionnaires. Ils mirent fortement l'accent sur la propagande et décidèrent à ce congrès de réorganiser complètement leur machine de propagande : les publications devraient adopter la même politique éditoriale, celle de la «Ligne du Parti.»

En 1908, les Bolcheviks entamèrent la publication du «*Proletarie.*» Lénine, Dubrovinsky, Zinoviev et Kamenev en étaient les rédacteurs en chef. Les Mencheviks publièrent «*Golos Sotsial-Demokrata.*» Plekhanov, Axelrod, Martov, Dan et Martynov (Pikel) en étaient les rédacteurs-en-chef. Tous les rédacteurs-en-chef étaient Juifs sauf Lénine et Plekhanov. Trotsky fit sortir une publication semi-indépendante : «*Vienna Pravda.*»

En 1909, Lénine obtint le soutien inconditionnel de deux dirigeants Juifs, Zinoviev et Kamenev. Ils constituèrent «*La Troïka*» et cette amitié dura jusqu'à la mort de Lénine en 1924.

Après le Cinquième Congrès du Parti Ouvrier des Sociaux-Démocrates Russes qui se tint à Londres en 1907, Lénine voulut savoir si son nouveau disciple nommé Staline était courageux et digne de confiance. Il souhaitait également convaincre les dirigeants des autres groupes révolutionnaires qu'il était financièrement indépendant. Afin de mener à bon terme son double dessein, il instruisit Staline en vue du Cambriolage de la Banque de Tiflis. Staline s'adjoignit pour complice l'Arménien Pretroyan qui changea par la suite son nom en celui de Kamo. Ils apprirent que la Banque allait transférer une importante somme d'argent par transport en commun. Ils attirèrent le véhicule dans une embuscade et Petroyan lança une bombe. Le véhicule et les passagers furent pulvérisés sauf la solide cassette qui contenait l'argent liquide : 250.000 roubles. Une trentaine de personnes y perdirent la vie et le butin revint à Lénine. Staline avait prouvé qu'il était un dirigeant potentiel.

Les Bolcheviks rencontrèrent des difficultés pour utiliser les roubles volés au profit du Parti, car une bonne part de l'argent consistait en billets de 500 roubles. Lénine conçut alors l'idée de distribuer les billets de 500 roubles aux Bolcheviks dignes de confiance présents dans différents pays étrangers. On leur donna pour instruction de se débarrasser d'autant d'argent qu'ils le pourraient à une date fixée. Cette instruction fut exécutée mais deux des agents de Lénine rencontrèrent la police au cours de la transaction. L'un d'entre eux était Olga Ravich qui épousa par la suite Zinoviev, le grand ami de Lénine. L'autre était Meyer Wallach dont le véritable nom était Finklestein qui changea de nouveau son nom par la suite en celui de Maxime Litvinov et fut connu dans le monde entier en tant que Commissaire des Affaires Étrangères de Staline de 1930 à 1939(92).

La Révolution de 1905 terminée, le Tsar Nicolas II entreprit de faire des réformes nombreuses et radicales, entre autres de transformer la monarchie absolue Russe en Monarchie Constitutionnelle à l'image de la monarchie britannique. Dès que la Douma commença à fonctionner, le Premier ministre Peter Arkadyevich Stolypine s'avéra grand réformiste. Il domina la politique russe et fit le Projet

92. — Ce «gangster» joua un rôle important dans les affaires internationales en Angleterre et en Allemagne, à la Société des Nations et aux Nations Unies, jusqu'à sa mort. (N.D.A.)

de «Constitution Stolypine» qui garantissait les droits civils aux paysans qui représentaient alors dans les 85% de la population Russe. Ses réformes agraires accordaient une aide financière aux paysans de façon à ce qu'ils pussent acheter leurs propres fermes. Son idée était que la solution logique pour contrecarrer ceux qui recommandaient un mode de vie collectif, devait encourager la propriété individuelle.

Mais les dirigeants révolutionnaires voulaient usurper le pouvoir politique et économique. Ils ne furent pas du tout satisfaits des réformes. En 1906, le Groupe Terroriste essaya d'assassiner Stolypine en détruisant sa maison au moyen d'une bombe. On fomenta de nombreux complots afin de supprimer le Premier ministre le plus progressiste que les Russes pouvaient espérer. Par une sombre nuit de Septembre 1911, le Grand Émancipateur fut mortellement blessé d'un coup de feu alors qu'il assistait à une représentation de gala au théâtre de Kiev. L'assassin était un homme de loi Juif, un certain Mordecai Bogrov.

En 1907, les Banquiers Internationaux organisèrent la panique de Wall Street pour se rembourser de l'argent dépensé lors des guerres et des révolutions russes. Ils étaient également en train de financer les stades préliminaires de la révolution chinoise qui éclata en 1911.

De nombreuses réformes parmi celles qui furent proposées par Stolypine furent poursuivies après sa mort.

En 1912, une loi sur les assurances dans l'industrie donna aux ouvriers de ce secteur des indemnités en cas de maladie et d'accident, les remboursant aux deux tiers pour la maladie et aux trois quarts pour les accidents. On donna pour la première fois depuis qu'on les imprimait un statut légal aux journaux des partis révolutionnaires, et on développa les écoles publiques. On révisa les lois sur les élections afin d'assurer un gouvernement plus représentatif.

Et en 1913, le gouvernement du Tsar accorda une amnistie générale à tous les prisonniers politiques. Dès qu'ils furent sortis de prison, ils recommencèrent à comploter avec une énergie décuplée le renversement du gouvernement russe. Les terroristes recommandèrent l'élimination de la famille impériale. Mais les réformes avaient séduit la grande majorité du peuple russe. La Révolution ressemblait, à ce moment-la, à une voie sans issue. Les dirigeants du Mouvement Révolutionnaire décidèrent qu'ils accorderaient provisoirement un sursis à la Russie. Ils concentrèrent leurs efforts sur les autres pays ; le Portugal et l'Espagne se signalèrent à leur attention.

À la suite du Brouillard Rouge créé par la Propagande Communiste et d'une campagne d'«Infamies» organisée et menée en Russie comme cela l'avait été en France et en Angleterre avant les révolutions dont elles furent le théâtre, il était difficile de ne pas croire que les Tsars et les Nobles russes n'étaient rien d'autre que de grands monstres barbus dont l'activité principale consistait à réduire les paysans en esclavage, à violer leurs jeunes femmes et à embrocher les jeunes enfants à la pointe de leurs épées en galopant à travers les villages... Afin de prouver que le dernier des Tsars était un réformiste, nous citerons Bertram Wolfe, anti-tsariste et pro-révolutionnaire notoire.

Wolfe déclare à la page 360 de son livre : «*Three who made a Revolution*» (Trois qui firent une Révolution) :

> *«Entre 1907 et 1914, au moment des lois de réforme agraire de Stolypine, 2.000.000 de paysans et leurs familles s'en allèrent des villages «MIR» et devinrent propriétaires individuels. Tout au long de la guerre (1914-1917) le mouvement s'étendit, si bien qu'au 1er Janvier 1916, 6.200.000 familles de paysans sur environ 16.000.000, qui étaient devenues éligibles, sollicitèrent une séparation. Lénine comprit qu'il s'agissait d'une course contre la montre entre les réformes de Stolypine et le prochain soulèvement révolutionnaire. Si le soulèvement devait être remis à plus tard, pour une vingtaine d'années, les nouvelles mesures agraires transformeraient la campagne qui ne pourrait devenir une force révolutionnaire. Lénine cerna de près le problème comme en fait foi la révélation suivante :*

en 1917 lorsqu'il demanda aux paysans de prendre la terre, ils en possédaient déjà plus des trois-quarts.»

Il est malheureusement vrai que Raspoutine exerça une influence maléfique sur certains hommes et sur certaines femmes à la Cour Impériale de Russie. Je sais, grâce à des dames attachées à la Cour, à cette époque, que Raspoutine exerçait une influence terrible sur l'Impératrice, car son jeune fils souffrait d'hémophilie et il était la seule personne qui pouvait arrêter les saignements. Or, Raspoutine avait certainement des pouvoirs mesmériques (*cf.* de F. A. Mesmer, c'est à dire hypnotiques) qui ne sont pas rares chez certains sujets russes. Il avait la faculté d'amener l'Impératrice sous son influence, non pas à la manière d'un amant, mais dans le but d'obliger le Tsar à accomplir ce qu'il voulait qu'il fit. Il n'est pas exagéré de dire que Raspoutine, grâce au pouvoir qu'il exerçait sur le Tsar par le biais de l'Impératrice, dirigeait en fait la Russie à la consternation du peuple russe.

Il est également vrai que Raspoutine introduisit dans les Cercles de la Cour, des hommes et des femmes qui pratiquaient les rites païens dont on usait secrètement au Palais Royal avant qu'éclata la Révolution Française en 1789. Ces orgies rituelles reposaient sur la prétention ridicule que le peuple ne pouvait être sauvé tant qu'ils n'auraient pas sondé les bas fonds de la dégradation dans le péché.

Il introduisit des subversifs jusque dans la maison du Tsar et ces hommes obtinrent des renseignements qui permirent à leurs maîtres de faire chanter de nombreuses personnes influentes et de leur imposer leur volonté. Raspoutine faisait sans aucun doute partie des Illuminati et de la Synagogue de Satan.

CHAPITRE VIII

LA RÉVOLUTION RUSSE : 1917

En janvier 1910, dix-neuf dirigeants du Mouvement Révolutionnaire Mondial se rencontrèrent à Londres. Cette réunion est connue sous le nom de «Plenum de Janvier du Comité Central.» On y discuta des différents moyens d'arriver à une plus grande unité. De nouveau on insista auprès de Lénine pour qu'il abandonne sa politique d'indépendance financière. Il répondit en brûlant les derniers billets de banque de cinq cents roubles qui provenaient du cambriolage de la banque de Tiflis. Lénine était convaincu qu'il était presque impossible d'encaisser les billets sans se faire prendre par la police.

Le Plenum décida de faire du journal «*Sotsial Demokrata*» la publication officielle du Parti et les Bolcheviks nommèrent Lénine, Zinoviev et les Mencheviks Martov et Dan rédacteurs-en-chef. Kamenev se vit assigner la tâche d'assister Trotsky dans l'édition de la «*Vienna Pravda.*» Le Plenum discuta également de la tactique que devait adopter le mouvement révolutionnaire mondial. Les délégués considérèrent les répercussions possibles qui pourraient résulter de certains assassinats politiques que l'on projetait. La politique du Parti était mise en place et on donna l'ordre au Comité Central de préparer les Temples et les Loges du Grand Orient pour l'action. Les membres devaient faire un actif prosélytisme pour leur idéologie révolutionnaire et athée.

La ligne du Parti était d'unifier tous les groupuscules révolutionnaires dans le dessein de provoquer une guerre entre tous les grands pays capitalistes : les terrifiantes pertes endurées, les impositions énormes et les malheurs subis par les populations feraient que la majorité de la classe ouvrière réagirait favorablement à l'éventualité d'une révolution qui mettrait fin aux guerres. Une fois que tous les pays seraient Soviétisés, les Puissances Secrètes seraient en mesure de constituer une Dictature Totalitaire et n'auraient plus besoin de cacher leur identité (93). il est possible que Lénine ait connu les visées secrètes et les ambitions des Illuminati qui modelaient l'action révolutionnaire pour qu'elle s'adapte à leurs desseins.

Les dirigeants révolutionnaires devaient organiser leurs réseaux souterrains dans tous les pays de façon à être prêts à accaparer le système politique et l'économie de leur nation. Les Banquiers Internationaux devaient étendre les ramifications de leurs réseaux d'influence dans le monde entier. Nous avons montré que Lénine était devenu actif dans les cercles révolutionnaires en 1894 et qu'il avait décidé d'avoir partie liée avec les Banquiers Internationaux car il doutait de la capacité des hommes qui dirigeaient les partis révolutionnaires nationaux — à dominance Juive — à consolider les victoires acquises. Avec ces déclarations en mémoire, il est nécessaire de passer en revue les **événements révolutionnaires qui se sont déroulés** de 1895 à 1917.

On assassina l'Impératrice d'Autriche en 1898 (Sissi) ; le Roi Humbert d'Italie en 1900 ; le Président McKinley en 1901 ; le Grand Duc Serge de Russie en 1905 ; le Roi et le Prince de la Couronne de Portugal en 1908.

93. — Ce n'est pas une surprise si, aujourd'hui, tous les pays démocratiques sont dirigés par des gouvernements socialistes. Seuls, en effet, des gouvernements dits «de gauche» pouvaient, avec la complicité bienveillante des forces dites «de droite», appliquer une politique ultra-libérale en vue d'aboutir, *in fine*, à l'instauration du mondialisme qui n'est rien d'autre que le totalitarisme/communisme. Cette politique ultra-libérale, appliquée par des gouvernements «de gauche», et le plan qui en est à l'origine, font l'objet d'une explication détaillée dans l'ouvrage Maitreya. (n.d.l.r.)

Afin de prouver que les Illuminati, qui agissaient par le biais des Francs-Maçons du Grand Orient, étaient responsables de ces assassinats politiques, nous livrons les faits suivants :

Les dirigeants du Mouvement Révolutionnaire Mondial qui se rencontrèrent à Genève en Suisse, pensèrent qu'il était utile de renverser le Roi Carlos de Portugal de façon à ce qu'ils établissent une République dans ce pays et en 1907, ils donnèrent l'ordre de l'assassiner. En Décembre de cette année-là, Magalhaes Lima, Grand Maître du Grand Orient du Portugal vint à Paris pour faire des conférences dans les Loges Maçonniques. Son sujet était *«Portugal : le renversement de la Monarchie et la nécessité d'une forme républicaine de gouvernement.»* Quelques semaines plus tard, le Roi Carlos et son fils, le Prince de la Couronne, étaient assassinés.

Les Francs-Maçons du continent se vantèrent de ce succès. Furnemont, Grand Orateur du Grand Orient de Belgique déclara le 12 Février 1911 :

> *« Vous rappelez-vous du profond sentiment de fierté que nous ressentîmes tous lors de la brève annonce de la Révolution Portugaise ? En quelques heures le trône avait été abattu, le peuple triomphait, et la république était proclamée. Pour le non-initié, ce fut un éclair dans un ciel limpide... mais nous, mes frères ; nous avons compris. Nous savions la merveilleuse organisation de nos frères Portugais, leur zèle et leur travail incessants. Nous possédions le secret de ce glorieux événement.»* (Extrait du *Bulletin du Grand Orient de Belgique* 5910, page 92).

Les dirigeants du Mouvement Révolutionnaire Mondial et les Hauts Gradés de la Franc-Maçonnerie continentale se rencontrèrent en Suisse en 1912. Ce fut au cours de cette réunion qu'ils prirent la décision d'assassiner l'Archiduc François-Ferdinand afin de provoquer la Première Guerre Mondiale. La date réelle à laquelle on devait commettre le crime fut laissée en suspens parce que les conspirateurs, qui opéraient de sang froid, considérèrent que le moment opportun pour ce meurtre n'était pas encore venu, et ne fournirait pas le maximum de répercussions politiques.

Le 5 Septembre 1912, la *«Revue Internationale des Sociétés Secrètes»*, éditée par Mgr Jouin, publia les passages suivants aux pages 787-788 : *«Peut-être la lumière se fera-t-elle un jour sur cette parole d'un haut franc-maçon suisse au sujet de l'héritier du trône d'Autriche : «L'Archiduc est un homme remarquable. C'est dommage qu'il soit condamné. Il mourra sur les marches du trône.»*

La lumière sur ces mots, on la fit au procès des assassins qui tuèrent l'héritier du trône d'Autriche et sa femme, le 28 Juin 1914. Cet acte de violence commis à Sarajevo fut l'étincelle qui mit le feu à la Première Guerre Mondiale. Les notes sténographiques de Pharos, prises au Procès Militaire sont un document des plus éclairants. Elles fournissent des preuves précises établissant que les Banquiers Internationaux avaient manipulé les Loges du Grand Orient afin de provoquer la Première Guerre Mondiale comme ils les avaient manipulés en 1787-1789, afin de provoquer la Révolution Française.

Le 12 Octobre 1914, le président de la cour militaire interrogea Cabrinovic, le terroriste qui avait lancé la première bombe dans la voiture de l'Archiduc.

Le président :

«Dites-m'en plus au sujet des motifs. Avez-vous su avant l'attentat, que Tankovic et Ciganovic étaient Francs-Maçons ? Le fait que vous et eux étiez Francs-Maçons a-t-il eu une influence sur votre décision(94) *?»*

Cabrinovic :

«Oui.»

Le président :

«Avez-vous reçu d'eux la mission d'exécuter l'Archiduc ?»

94. — Tankovic et Ciganovic étaient des Francs-Maçons de plus haut grade que Cabrinovic. Il a été antérieurement déclaré au procès que Ciganovic avait dit à Cabrinovic que les Francs-Maçons ne pourraient trouver des hommes pour exécuter l'Archiduc. (N.D.A.)

Cabrinovic :

«Je n'ai reçu de personne la mission de perpétrer l'assassinat. La Franc-Maçonnerie a à y voir parce qu'elle a renforcé mon intention. En Franc-Maçonnerie, il est permis de tuer. Ciganovic m'a dit que les Francs-Maçons avaient condamné l'Archiduc François-Ferdinand à mort plus d'une année auparavant.»

Ajoutons à cette évidence, le témoignage du Comte Czerin, ami intime de l'Archiduc qui écrit dans son livre *«Guerre Mondiale»* que :

«L'Archiduc savait très bien que le risque d'un attentat à sa vie était imminent. Une année avant la guerre il m'avait informé que les Francs-Maçons l'avaient condamné à mort.»

Après avoir réussi à provoquer une Guerre Mondiale, les dirigeants du Mouvement Révolutionnaire Mondial agitèrent le fait même pour convaincre les ouvriers de l'industrie et les soldats que la guerre était une guerre capitaliste. Ils ne cessèrent de faire de l'agitation et critiquèrent tout ce qu'il était possible de critiquer. Ils accusèrent les différents gouvernements de tout ce qui tournait mal.

Les «Capitalistes» Internationaux étaient manipulés par les Illuminati qui restaient discrètement à l'arrière-plan, à l'abri de toute suspicion et de tout risque(95).

La Russie, venant à peine d'émerger de sa guerre désastreuse contre le Japon, quelques années auparavant, il fut relativement simple aux agitateurs patentés qu'étaient les Mencheviks de créer une atmosphère de doute, de suspicion et d'inquiétude dans les esprits des ouvriers russes et finalement des troupes, en 1914-1916.

En Janvier 1917, les Armées Impériales Russes avaient perdu pratiquement 3.000.000 d'hommes ; le meilleur de la Russie avait disparu.

---

95. — C'était certainement une guerre capitaliste mais les ouvriers ne réalisèrent pas qui était derrière. Ce fut par la propagande mise en œuvre par la presse que les Banquiers Internationaux contrôlaient chaque pays du monde.

Lénine et Martov étaient en Suisse, terrain neutre sur lequel tous les complots internationaux sont ourdis. Trotsky était en train d'aguerrir les centaines de révolutionnaires ex-Russes qui avaient trouvé refuge aux États-Unis. Il était particulièrement actif dans l'«East Side» de New York(96).

Les dirigeants Mencheviks amenèrent leur politique subversive en Russie et leur premier objectif fut de renverser le pouvoir des Tsars. L'occasion arriva en Janvier 1917. Des sabotages savamment exécutés dans les systèmes de communication, au Ministère des Transports et au Ministère du Ravitaillement, provoquèrent une sérieuse pénurie de vivres à St Petersburg. Ces exactions eurent lieu à un moment où la population s'était accrue démesurément du fait de l'affluence dans la ville d'ouvriers de l'industrie dont on avait besoin pour l'effort de guerre. Février 1917 fut un mauvais mois : on introduisit le rationnement de la nourriture. Le 5 Mars, le malaise général était évident. Les queues devant les boulangeries grossissaient. Le 6 Mars, les rues se remplirent de chômeurs et des troupes Cosaques arrivèrent dans la ville. Le Tsar visitait encore les troupes au front(97).

Le 7 Mars, les dirigeants Juifs du Parti Menchevik rassemblèrent les femmes pour qu'elles manifestent dans la rue et protestent contre le manque de pain(98).

Le 8 Mars, les femmes organisèrent une manifestation.

96. — Des membres importants de la police et des débats au Congrès ont montré que ces entrées illégales ont lieu même aujourd'hui dans des proportions toujours plus importantes. Les nervis de l'«*Underground*» trouvèrent également des facilités d'accès au Canada. Le danger réside dans le fait que l'«*Underworld*» et l'«*Underground*» révolutionnaire sont reliés entre eux. L'un n'aurait jamais pu survivre sans l'autre et les hommes qui sont la «Puissance Secrète» manipulent les deux. Les Seigneurs de la Guerre Aryens ont utilisé la Mafia, les Magnats de la Finance Internationale et les terroristes Juifs. Ceci explique les guerres de «gangs.» (N.D.A.)

97. — Les troupes avaient un fusil pour six hommes en Février 1917 ; et pour un jour de munitions. (N.D.A.)

98. — On avait usé de la même tactique sous la Révolution : des hommes déguisés en femmes avaient marché sur les Tuileries. (N.D.A.)

Les dirigeants révolutionnaires les prirent alors en main. Des groupes choisis conduisirent des manifestations de diversion. Des bandes apparurent ici et la, chantant des chants révolutionnaires et hissant des drapeaux rouges. À l'angle de la perspective Nevsky et du Canal Ste Catherine, la Police Montée et les Cosaques dispersèrent les foules sans infliger de pertes. Les foules qui s'étaient réunies autour de ceux qui hissaient les drapeaux rouges et en appelaient à la Révolution ne reçurent pas un seul coup de feu. Il semblait qu'on avait donné des ordres précis pour éviter à tout prix une répétition du *Dimanche Sanglant* de 1905 (99).

Le 9 Mars, la perspective Nevsky, du Canal Ste Catherine à la Gare Nicolas, fut investie par des foules d'ouvrières qui devenaient plus hardies sous la pression des agitateurs. La Cavalerie Cosaque éclaircit la rue. Quelques personnes furent piétinées mais les troupes employaient seulement le plat de leurs sabres. À aucun moment les armes à feu ne furent utilisées. Cette patience exaspéra les dirigeants révolutionnaires et les agitateurs durent concentrer leurs efforts pour obliger le peuple à entrer en conflit physique avec la police et les troupes. Au cours de la nuit, les dirigeants révolutionnaires déployèrent des mitrailleuses en des endroits discrets, dans toute la ville.

Le 10 Mars, un incident malheureux fournit la minuscule étincelle nécessaire pour la mise à feu de l'explosif révolutionnaire. Le feu se répandit alors à la vitesse de l'éclair. Une foule énorme s'était rassemblée près de la Gare Nicolas. Vers quatorze heures, un homme lourdement habillé de fourrures, afin de se protéger du froid, s'en allait vers la place juché sur son traîneau. Il était impatient et donna l'ordre à son conducteur de se frayer un passage dans la foule mais il se trompa sur l'humeur des manifestants.

On extirpa l'homme du traîneau et on le battit. Il s'enfuya à pied et trouva refuge dans une voiture à chevaux. Une partie

99. — Un des meilleurs ouvrages traitant des événements qui menèrent à la Révolution Russe est celui de Frank Britton : «*Behind Communism*» — «Derrière le Communisme.» (N.D.A.)

de la foule le suivit et un révolutionnaire lui fracassa la tête avec une petite barre de fer. Ce pur acte de violence excita la foule qui recouvrit et descendit la Perspective Nevsky, détruisant des fenêtres. Des rires éclatèrent.

Le désordre devint peu à peu général. Les dirigeants révolutionnaires, en vertu d'un accord préalable, tirèrent sur la foule de leurs positions cachées. La foule attaqua la police et l'accusa d'avoir tiré sur elle, puis elle massacra chaque policier jusqu'au dernier (100). Les détenus des prisons furent alors relâchés pour exciter la foule. Les conditions nécessaires au Règne de la Terreur étaient mises en place.

Le 11 Mars, les pillages commis par les criminels qui venaient d'être relâchés conduisirent à une émeute générale. La Douma tenta encore d'arrêter la marée montante de révolte. Elle envoya un message urgent au Tsar lui disant que la situation était sérieuse. Le télégramme, d'une longueur considérable, expliquait l'état d'anarchie qui régnait. Les *«Cellules»* Terroristes — Communistes — infiltrées dans les moyens de communication envoyèrent un autre message. Le Tsar, à la lecture du télégramme qu'il reçut, exigea la dissolution de la Douma. Il se priva ainsi du soutien de la majorité des membres qui lui étaient fidèles.

Le 12 Mars, le Président de la Douma qui venait d'être dissoute envoya un dernier message, désespéré, au Tsar. Il concluait en ces mots :

> *«La dernière heure a sonné. Le destin de la patrie et de la dynastie est en train de se décider.»*

On rapporte que le Tsar ne reçut jamais ce dernier message. Ce contrôle des moyens de communication par les *«Cellules»* infiltrées en des positions-clés fut largement développé au cours des mois suivants (101).

---

100. — J'ai en ma possession des preuves précises et indiscutables de personnes qui étaient à St Petersburg, bien placées pour savoir que les mitrailleuses utilisées ne furent en aucune manière mises en place ou servies par la police car elle avait reçu des ordres précis de ne pas recourir à la violence. (N.D.A.)

101. — Afin de démoraliser les troupes qui combattaient les Allemands

Le 12 Mars, plusieurs régiments se révoltèrent et tuèrent les officiers. C'est alors qu'à l'improviste, la garnison de la forteresse St Pierre et St Paul se rendit et la plupart des soldats rejoignirent les forces de la révolution.

Immédiatement après la reddition de la garnison, un Comité de la Douma se constitua, qui comprenait 12 membres. Ce gouvernement provisoire survécut jusqu'à ce qu'il soit renversé par les Bolcheviks de Lénine en Novembre 1917. Les dirigeants révolutionnaires qui étaient pour la plupart des Mencheviks, constituèrent le Soviet de Petersburg. Ils furent d'accord pour autoriser le Gouvernement Provisoire à fonctionner avec un semblant d'autorité légale.

St Petersburg n'était qu'une simple ville dans un Empire considérable. Il n'y avait aucun moyen de savoir exactement comment les citoyens des autres villes se comporteraient. Kerenski un Socialiste, était un homme très dur. On l'appelait le «Napoléon de la Russie.»

Par l'entremise des bons auspices des Banquiers Internationaux, M.M. Warburg et Fils, Lénine fut mis en relation avec les dirigeants militaires allemands. Il leur expliqua que la politique du Gouvernement Provisoire de Kerenski et celle du Soviet Révolutionnaire Menchevik était de maintenir la Russie en guerre contre l'Allemagne (102).

Lénine entreprit de réduire le pouvoir des dirigeants révolutionnaires Juifs en Russie. Il promit de retirer les armées Russes de la guerre contre l'Allemagne à condition

---

sur le front, en Novembre 1917, Lénine fit envoyer de faux messages aux officiers supérieurs, censés venir du Haut Commandement russe. Un général reçut des ordres pour avancer sur l'ennemi alors que deux autres qui étaient placés sur chaque flanc de la première armée reçurent l'ordre de se retirer. Il n'est pas étonnant que les troupes s'en soient prises à leurs propres officiers. (N.D.A.)

102. — J'ai des preuves qui établissent formellement que le frère de Paul Warburg de New-York était un officier des Services de Renseignements de l'Armée Allemande. Il négocia avec Lénine pour le compte du Haut Commandement Allemand et se chargea du sauf-conduit pour passer d'Allemagne en Russie. (N.D.A.)

que le gouvernement allemand l'aide à renverser le Gouvernement Provisoire russe et à obtenir le contrôle économique et politique du pays. Ce marché fut accepté et Lénine, Martov, Radek, ainsi qu'un détachement de trente et quelques Bolcheviks furent transportés secrètement à travers l'Allemagne en direction de la Russie dans un wagon plombé. Ils arrivèrent à St Petersburg le 3 Avril. Les Warburg d'Allemagne et les Banquiers Internationaux de Genève avaient procuré les fonds nécessaires.

Le Gouvernement Provisoire russe signa sa propre condamnation à mort en 1917 lorsqu'immédiatement après sa constitution, il promulgua un décret accordant une amnistie inconditionnelle à tous les prisonniers politiques. L'amnistie comprenait ceux qui avaient été exilés en Sibérie et ceux qui avaient trouvé refuge dans les pays étrangers. Ce décret permit à plus de 90.000 révolutionnaires, pour la plupart extrémistes, de revenir en Russie. Beaucoup d'entre eux étaient des dirigeants capables. Lénine et Trotsky enrôlèrent cette gigantesque affluence de révolutionnaires dans leur Parti Bolchevik.

Dès qu'il fut en Russie, Lénine employa la propagande pour attaquer le Gouvernement Provisoire qui lui avait accordé le pardon, à lui ainsi qu'à ses adeptes. Au début du mois d'Avril, le Soviet de Petersburg (cela signifie «Conseil des Ouvriers») était dominé par les Mencheviks. Les «Essars» (Sociaux-Révolutionnaires) arrivaient en seconde position et les Bolcheviks pour une fois étaient minoritaires. La politique du Gouvernement Provisoire visait à poursuivre l'effort de guerre car la majorité des Russes considérait que les ambitions totalitaires des Seigneurs de la Guerre «Nazis Noirs» allemands constituaient une menace directe pour la souveraineté russe. Tcheidze qui soutint avec vigueur cette politique assumait la présidence du Soviet de Petersburg en l'absence de Martov. Le Vice-Président du Soviet, Skobelev, qui était également membre du Gouvernement Provisoire soutint aussi l'effort de guerre. Il pensait que si les révolutionnaires pouvaient provoquer la défaite des forces armées allemandes, il leur serait possible d'aider les groupes révolutionnaires Allemands et Polonais à renverser le gouvernement allemand au moment de la défaite.

L'unique objectif de Lénine à ce moment-la, était d'accaparer la direction. Il attaqua la politique du Gouvernement Provisoire et accusa ses membres d'être des instruments de la bourgeoisie. Il recommanda ouvertement son renversement immédiat par des moyens violents mais ne voulut pas s'opposer aux Mencheviks du Soviet de Petersburg. Lénine donna des instructions à ses agitateurs Bolcheviks et leur fit prêcher la destruction du Gouvernement Provisoire aux ouvriers des usines et aux garnisons militaires. Ils utilisèrent le slogan *«Tout le pouvoir aux Soviets»*, ce qui signifiait : tout le pouvoir aux conseils des ouvriers.

Parmi les milliers de révolutionnaires qui revinrent en Russie, suite à l'amnistie générale, il y avait bien sûr Trotsky. Il amenait avec lui, du Canada et des États-Unis, plusieurs centaines de révolutionnaires qui avaient fui la Russie bien avant. La grande majorité était constituée de Juifs parlant le yiddish, originaires de l'«East End» de New-York(103).

Ces révolutionnaires aidèrent Lénine à accéder au pouvoir. Une fois qu'ils eurent servi à ce dessein, la plupart d'entre eux furent condamné à l'exil ou à la mort. Il se passa alors un temps très court entre ce moment et la mort, l'exil ou la mise en prison des premiers membres de la Première Internationale. L'histoire des dictatures de Lénine et de Staline devrait convaincre toute personne dénuée de tout préjugé qu'on a utilisé les populations du monde, sans considération de couleur ou de croyance, comme des «Pions sur un jeu d'échecs international» dont les joueurs étaient les Banquiers Internationaux *«Rouges»* et les Seigneurs de la Guerre Nazis Aryens «Noirs», le tout manipulé par les Illuminati.

---

103. — Le Père Denis Fahey, C.SSp, dans son livre «*The Rulers of Russia*» (Les dirigeants de la Russie) donne aux pages 9 à 14 les noms de tous ces dirigeants révolutionnaires, leur nationalité, leur origine raciale et les situations qu'ils occupèrent dès que Lénine eût usurpé le pouvoir et que Trotsky eût consolidé sa position en Russie en Novembre 1917. (N.D.A.)

Une autre preuve que les Banquiers Internationaux étaient responsables de l'action de Lénine dans la Révolution Russe, nous est donnée par «*Le Livre Blanc*», publié sur ordre du Roi d'Angleterre en Avril 1919 (*Russia* number 1). Mais les Banquiers Internationaux, par le truchement des directeurs de la Banque d'Angleterre, «persuadèrent» le gouvernement britannique de retirer le document original et de lui en substituer un autre dans lequel toutes les références aux Juifs Internationaux étaient supprimées (104).

François Coty déclare dans *Le Figaro* du 20 Février 1932 :

> «*Les subsides accordés aux Nihilistes en Russie et ailleurs à cette période par Jacob Schiff n'étaient en aucun cas des actes de générosité isolée. Une véritable organisation Terroriste Russe avait été constituée aux États-Unis, à ses frais, et était chargée d'assassiner les ministres, les gouverneurs, les chefs de la police, etc.*»

Les Illuminati qui utilisent le communisme et le nazisme pour favoriser leurs visées secrètes totalitaires prévoient l'action révolutionnaire en trois phases ou trois mouvements (105) :

1. Le remplacement de la forme existante de gouvernement (sans considérer le fait qu'il s'agisse d'une monarchie ou d'une république) en un État socialiste si possible par des voies constitutionnelles.
2. Le remplacement de l'État socialiste par une dictature prolétarienne par l'action révolutionnaire.
3. Le remplacement de la dictature prolétarienne par une Dictature Totalitaire avec suppression de toutes les personnes influentes qui peuvent s'y opposer.

---

104. — Le Capitaine A.H.M. Ramsay, membre du Parlement pour le Midlothian et le Pleebleshire de 1931 à 1945, déclare à la page 96 de son livre « *The Nameless War* » (La Guerre sans Nom). : «*On m'a montré les Deux Livres Blancs... l'original et la version expurgée, en parallèle. Les passages cruciaux avaient été supprimés dans l'édition expurgée.*» (N.D.A.)

105. — Pour davantage de détails quant à cette question, lire « *The Last Days of the Romanov* » (Les Derniers Jours des Romanov)., de Robert Wilton, correspondant russe du *London Times* pendant quinze ans et «*Les Derniers Jours des Mevanov*», de Thornton Butterworth. (N.D.A.)

Après 1918, tous les Juifs russes furent, ou bien des Juifs révolutionnaires se cramponnant avec ténacité aux théories marxistes et œuvrant pour l'établissement d'une Internationale des Républiques Socialistes Soviétiques (Trotskystes), ou bien des Juifs Sionistes qui préférèrent retourner en Palestine. Mademoiselle B. Baskerville, dans son livre «*Le Juif Polonais*» publié en 1906, déclare à propos des ghettos, aux pages 117 et 118 :

> «*Le Social-Sionisme vise à convertir les Sionistes au Socialisme avant qu'ils aillent en Palestine pour faciliter l'établissement d'un gouvernement socialiste... et clans le même temps, ils font leur possible pour renverser ces gouvernements européens qui ne considèrent pas leur programme politique... leur programme qui regorge d'idées socialistes... qui comprend l'organisation de grèves, d'actes de terreur, et les organisateurs étant très jeunes, des actes de sottise aussi bien...*»

Le «*Pouvoir Occulte*» derrière le M.R.M. contrôle également le Sionisme Politique ; cependant, la grande majorité des Juifs qui œuvre en faveur du Sionisme est totalement ignorante du fait qu'on l'utilise comme des «Pions sur un Jeu d'Échec International.»

CHAPITRE IX

INTRIGUE POLITIQUE
1914 ~ 1919

La façon dont on employa l'intrigue internationale pour déposer le très Honorable H.H. Asquith alors qu'il était Premier Ministre de Grande Bretagne en 1916, me fut expliquée par un homme qui était extrêmement bien informé. Je le rencontrai en 1917, alors que j'exerçais les fonctions de Courrier du Roi. Nous étions dans ma chambre d'hôtel. Au cours de la conversation, je lui déclarai que je suspectais fortement un groupe relativement restreint d'hommes richissimes d'utiliser la puissance de leur richesse pour influencer les affaires nationales et internationales en vue de conduire un plan secret et des ambitions personnelles.

Mon interlocuteur répliqua :

> «*Si vous parlez de telles choses, vous risquez de ne pas vivre assez longtemps pour constater la justesse de vos vues.*»

Il me parla alors de la façon dont M. Asquith avait été déposé en Décembre 1916, et continent on avait mis au pouvoir, en Angleterre, M. David Lloyd George, Winston Churchill et le Très Hon. Arthur James Balfour.

L'histoire qu'il me raconta avait une remarquable ressemblance avec le complot du «*Pouvoir Occulte*» qui avait dirigé la campagne d'«Infamies» juste avant le démarrage de la Révolution Française en 1789. On se rappellera à ce propos la lettre destinée à attirer le Cardinal Prince de Rohan au Palais Royal pour le compromettre avec une prostituée déguisée en Marie-Antoinette.

La version modernisée de cette méthode est la suivante.

Peu après la déclaration de guerre en Août 1914, un petit groupe d'hommes richissimes permit à un certain agent de transformer une vieille mais très spacieuse maison de maître en un luxueux club privé. Les personnes qui acceptèrent de financer une entreprise aussi coûteuse insistèrent pour qu'on garde leur identité secrète. Elles expliquèrent qu'elles souhaitaient simplement soutenir et réconforter les officiers des Forces Armées qui risquaient leur vie polir le Roi et le Pays.

Le Club pourvoyait à toutes sortes de divertissements, de facilités, de plaisirs, dans le luxe le plus éclatant. La fréquentation du club était uniquement réservée à des officiers en permission à Londres. Un nouveau membre devait être introduit par un frère officier. Mon interlocuteur m'apprit son nom : le «Glass Club (106).»

À leur arrivée, les officiers invités étaient interrogés par un responsable qui, s'il était satisfait de leurs lettres de créance, leur expliquait la façon dont fonctionnait le club. On demandait à l'officier qui attendait son admission de donner sa parole d'honneur de ne pas révéler les noms des personnes qu'il rencontrerait au cours de son séjour au club, ou après l'avoir quitté. Ayant satisfait solennellement à cette demande, on expliquait à l'invité qu'il rencontrerait un certain nombre de femmes très connues de la meilleure société Londonienne. Elles portaient toutes des masques et on demandait à l'officier de ne pas essayer d'identifier ces dames. Il devait jurer de garder leur secret s'il venait à en identifier quelques-unes par accident.

Une fois que ces recommandations étaient faites, on conduisait l'officier dans sa chambre privée qui était meublée et pourvue de la façon la plus riche qui soit. Elle était équipée

106. — Une copie conforme de ce club existait juste à la périphérie de Montréal pendant la Deuxième Guerre Mondiale. (N.D.A.)

d'un lit spacieux, d'une armoire de toilette, d'une garde-robe, d'un bar bien garni de vins et de liqueurs, d'une tabatière ainsi que de toilettes et d'une salle de bain. On priait le nouvel invité de faire comme chez lui et on l'informait qu'il aurait la visite d'une dame. Elle porterait une broche, un bijou qui comportait le numéro de sa chambre. Si après avoir fait connaissance, il souhaitait l'emmener dîner, il le pouvait.

La salle de réception dans laquelle les invités et leurs hôtesses se réunissaient en buvant des cocktails avant le dîner ressemblait à celle du Palais du Roi. La salle à manger était suffisamment grande pour contenir une cinquantaine de couples. Il y avait même une salle de bal. Des tapisseries, des éclairages indirects, de jolies femmes fastueusement vêtues, de la musique douce, des senteurs de parfums rares constituaient le décor dans un cadre des plus coûteux et faisaient de cet endroit un Paradis tel que les Arabes se l'imaginent. L'atmosphère du club était ainsi faite que les officiers en permission se reposaient d'abord puis participaient à de véritables fêtes romaines. Il n'y avait rien de grossier ou de vulgaire au «Glass Club.» Tout en cet endroit était beau, délicat, doux et accommodant... tout à fait l'opposé des horreurs, de la violence et de la brutalité d'une guerre moderne.

Entre les danses, les personnes procuraient des divertissements destinés à susciter des sentiments de bien-être. Lorsque la soirée s'avançait on dressait un grand buffet littéralement chargé de plats succulents comportant poisson et gibier. Un bar pourvoyait à toutes sortes de boissons, du champagne au simple whisky. Entre minuit et une heure, cinq filles splendides interprétaient la «*Danse des sept voiles.*» La danse représentait une scène au Harems du Sultan.

Lorsqu'ils étaient fatigués du divertissement, de la danse et de la compagnie des autres personnes, les couples se retiraient dans leurs appartements privés.

Le jour suivant, ils avaient la possibilité d'apprécier la baignade à l'intérieur, le tennis, le badminton, le billard ou bien la salle de jeux qui était un Monte-Carlo en miniature.

Vers Novembre 1916, on attira un très haut personnage pour lui faire visiter le Club. Il reçut une note lui disant qu'il y obtiendrait des informations de la plus haute importance pour le gouvernement britannique. Il se rendit au Club dans sa voiture personnelle et donna l'ordre à son chauffeur de l'attendre. Après avoir été admis, on le conduisit dans une des plus luxueuses salles de séjour. Une dame vint le rejoindre et lorsqu'elle le vit, elle en défaillit presque. C'était sa femme ; beaucoup plus jeune que son mari, elle jouait ce rôle d'hôtesse auprès des officiers en permission depuis longtemps. C'était une situation des plus embarrassantes.

La femme ne savait rien du complot et n'avait pas d'informations secrètes à révéler. Elle fut persuadée qu'elle et son mari cherchaient à flirter et pensa que seule cette chance malheureuse leur avait permis cette réunion et ce face à face. Il y eut une scène. Le mari se fit informer du rôle que jouaient les hôtesses au Club mais ses lèvres étaient scellées comme celles d'un mort car il faisait partie du gouvernement. Il ne pouvait se permettre d'être impliqué dans un scandale.

Chaque employé du Club, masculin ou féminin, était un espion. Ils rapportaient tout ce qui s'y passait à leurs maîtres. L'identité des personnes impliquées leur était connue. L'information ainsi obtenue était inscrite dans ce qui devint «*Le Livre Noir.*»

«*Le Livre Noir*» mentionnait leurs «péchés» par action et par omission, leurs vices particuliers, leurs faiblesses et le degré d'affection envers leurs parents et leurs amis, leurs liens avec, et leur influence sur les hommes politiques, les industriels et les hommes d'église influents. Tout était soigneusement noté.

En Novembre 1916, un membre du Parlement essaya d'exposer ce qui se passait au «Glass Club.» Trois officiers de l'armée, qui avaient protégé le Club, suspectèrent qu'il s'agissait d'un énorme réseau d'espionnage (107) après qu'on eût tenté de les faire chanter en leur demandant des informations qui se seraient avérées d'une grande valeur pour

107. — Ceci est à mettre en relation avec le paragraphe 8 du complot tel qu'il est exposé dans le chapitre III. (N.D.A.)

l'ennemi. Leur aventure impliquait une dame australienne, son chauffeur, ainsi que les femmes et les filles de plusieurs personnages hauts placés dans le Gouvernement.

Les tentatives que l'on fit pour connaître la vérité furent stoppées net mais on fit mention du «*Livre Noir*» au Parlement et dans la grande presse. On déclara que la politique du gouvernement était à la merci d'un scandale gigantesque qui s'avérerait calamiteux à un moment où les forces armées sur mer, sur terre et dans l'air subissaient de terribles revers.

La presse «libérale» commença à attaquer le Premier ministre. On l'accusa de donner asile, dans son gouvernement, à des hommes qui étaient incapables d'en assumer les charges et d'avoir fait des affaires considérables avec les industriels et les financiers allemands avant la guerre. On l'accusa d'avoir été amical envers le Kaiser et d'avoir été incapable de prendre des décisions rapides et fermes. On le ridiculisa en le qualifiant d'«Asquith-qui-attend-de-voir.»

Mon interlocuteur me raconta que les preuves amassées contre les hauts officiels impliqués dans le scandale du «Glass Club» entraînèrent la démission du gouvernement. Ainsi, selon les explications de mon interlocuteur, l'Empire Britannique dut changer de Gouvernement en plein milieu d'une Guerre Mondiale. Lorsque M. Asquith démissionna en Décembre 1916, une coalition gouvernementale dirigée par David Lloyd George le supplanta. Winston Churchill et M. Balfour en étaient deux des membres les plus éminents.

Peu de temps après avoir entendu cette histoire je fus stupéfait de constater que les trois officiers qu'on avait mentionnés, étaient signalés dans les listes officielles comme «tués au combat.»

En temps de guerre, une telle chose est tout à fait possible. Mais peu après je reçus une brève note mentionnant qu'on avait emprisonné la Dame australienne et son chauffeur en vertu de la Loi du Royaume sur la Défense Nationale. Vint enfin l'annonce qu'un membre du Parlement impliqué dans l'affaire s'était retiré de la vie publique. Quelques semaines plus tard, on me retira ma fonction de Courrier du Roi et on me nomma officier navigant dans la flotte des sous-marins britanniques. Nous perdîmes 33% de nos officiers et de nos hommes, mais je fus parmi ceux qui survécurent.

Ce fut bien après la guerre, lorsque j'étudiais l'Histoire Moderne et, les religions comparées, que je commençai à prendre conscience de la grande importance du Sionisme Politique dans le Complot visant à obtenir le contrôle absolu de l'économie mondiale. Les événements historiques qui vont suivre parlent d'eux-mêmes.

Lorsque la guerre éclata en 1914, le très Honorable H. H. Asquith était Premier Ministre. C'était un anti-Sioniste. Les Banquiers Internationaux décidèrent le remplacement du gouvernement Asquith par une coalition gouvernementale dans laquelle David Lloyd George et Winston Churchill useraient de leur grande influence. Lloyd George avait été durant des années l'Avocat du Mouvement Sioniste dirigé et financé par les Rothschild. Winston Churchill avait été partisan du Sionisme Politique dès son entrée en politique.

En 1917, les Banquiers Internationaux soutenaient les Mouvements Bolchevik et Sioniste. Il semble incroyable que le Gouvernement Britannique n'ait pas su ce qui se tramait, surtout lorsqu'on sait qu'il dut intervenir pour faire libérer Trotsky et ses dirigeants révolutionnaires emprisonnés à Halifax alors qu'ils étaient en transit de New-York vers la Russie.

La chute de l'Empire russe devait entraîner le retrait des puissantes armées russes de la guerre aux côtés des Puissances alliées. Les armées allemandes que l'on avait engagées sur le front de l'Est pouvaient venir renforcer celles qui se battaient contre les forces alliées sur le front de l'Ouest.

Bien qu'il les ait connus, le gouvernement ne fit rien pour contrecarrer les plans des Banquiers Internationaux, avant qu'ils arrivent à échéance.

Le gouvernement britannique était conscient de la situation préoccupante qui se développait en Russie.

Nous en avons la preuve par le fait qu'il discuta de cette question et qu'il prit la décision d'envoyer Lord Kitchener en Russie pour réorganiser les armées russes. Lord Kitchener partit de Scapa Flow à bord du H.M.S. Hampshire qui fut mystérieusement coulé dans la nuit du 5 Juin 1916. On mentionna la disparition de Lord Kitchener et de tout l'équipage à l'exception d'une douzaine de marins qui regagnèrent la terre ferme à bord d'un radeau. Le gouvernement britannique annonça que le H.M.S. Hampshire avait été coulé par un sous-marin allemand ou par une mine allemande mais nous avons la preuve que c'était un mensonge.

J'ai enquêté sur cet événement à fond.

Dans un précédent ouvrage publié en 1932, «*Les Anges de l'Enfer des Profondeurs*» — «*Hell's Angels of the Deep*» — j'ai donné la preuve que le H.M.S. Hampshire n'avait pas été coulé par une mine ou une torpille allemande mais par un acte de sabotage ou suite à une erreur de jugement de l'officier navigant. Les preuves techniques que j'ai rassemblées m'ont convaincu que le H.M.S. Hampshire avait sombré après avoir heurté des récifs immergés des bas-fonds du Nord. Il est difficile de croire qu'un navigateur expérimenté et qualifié ait pu commettre une telle erreur de jugement. Je persiste à croire qu'un saboteur a déréglé les aimants du compas de navigation : les gyros-compas ne constituaient pas alors l'équipement réglementaire et même les bateaux qui en possédaient, considéraient les modèles du type «Sperry» comme dangereux. Je le sais de ma propre expérience.

Le général Erich von Ludendorff (qui était chef d'État Major et partageait avec le général Lindenburg le Commandement des Forces Militaires Allemandes) étudia également les circonstances relatives à la perte du H.M.S. Hampshire, ainsi que la mort de Lord Kitchener.

Il déclara formellement :

> «*Qu'aucune action d'Unités Navales Allemandes, de sous-marins ou bien de poseurs de mines, n'était responsable de la perte du navire.*»

Il déclara être arrivé à la conclusion que la mort de Lord Kitchener ne pouvait être :

> *«Qu'un acte de Dieu parce-que s'il avait vécu, il aurait sans aucun doute réorganisé les Armées Russes et en aurait fait les Armées les plus redoutables.»*

Le général remarqua alors que :

> *«S'il avait pu réaliser cet objectif les Bolcheviks seraient entrés en possession d'une des plus redoutables machines de guerre que le monde ait jamais connu. Une telle force aurait permis au communisme de déferler sur le monde entier.»*

Je maintiens que les Banquiers Internationaux ne pouvaient se permettre d'accepter la réorganisation des Armées Russes qu'APRÈS le soulèvement Menchevik et après le renversement du Gouvernement Provisoire de Kérensky en 1917. Lénine et Trotsky n'auraient jamais réalisé ce qu'ils accomplirent si Lord Kitchener avait pu réorganiser, discipliner et entraîner les Armées Russes en 1916. L'Histoire rapporte aussi que Winston Churchill et Lord Kitchener s'étaient sérieusement brouillés à propos de la politique militaire au cours des années 1914~1916. Lord Kitchener s'était âprement opposé à la volonté de W. Churchill d'envoyer une escadre navale à Anvers en 1914 et au plan d'occupation des Dardanelles. Deux entreprises qui s'étaient avérées de coûteuses erreurs. L'aventure des Dardanelles aurait pu réussir et aurait probablement mit fin à la guerre en 1916 si Churchill avait attendu que l'armée et la marine, fussent prêtes à entrer en opération conjointement.

Lorsque Churchill insista pour que les forces navales, seules, attaquent les Dardanelles, l'ennemi saisit immédiatement la stratégie qu'il projetait d'appliquer sur le terrain. Après avoir commis cette première bévue, Churchill donna l'ordre à l'armée de terre d'y prendre part. On passa outre aux objections de Lord Kitchener et on ignora ses conseils. Les forces militaires alliées destinées à prendre d'assaut les Dardanelles étaient insuffisantes en nombre, mal entraînées, pauvrement équipées pour une telle entreprise et mal assistées en renforts, en vivres et en aide médicale.

Elles furent obligées d'attaquer des troupes de première classe dont les chefs avaient été mis au courant du danger que représentait le projet allié. Nos forces militaires et navales durent affronter des obstacles qui n'existaient pas lorsque Churchill avait ordonné le premier assaut naval. La campagne des Dardanelles était vouée à l'échec dès le commencement.

Plus nous étudions les méthodes qu'emploient les «Puissances Secrètes» derrière les affaires internationales, plus il est évident — et nous le constatons dans tous les cas — qu'elles font passer des assassinats isolés pour des accidents ou des suicides ; des sabotages pour des négligences ou des erreurs de jugement, et des bévues involontaires pour des circonstances atténuantes.

La seule considération qui pouvait justifier la politique de coalition gouvernementale en 1916 à propos de la Russie est la suivante :

Le gouvernement savait qu'il ne pourrait obtenir d'aide financière ou militaire de l'Amérique qu'APRÈS le renversement du gouvernement russe. Une telle déclaration semble absurde, mais elle est corroborée par les faits suivants :

- Les Mencheviks déclenchèrent la Révolution Russe en février 1917.
- Le Tsar abdiqua le 15 mars 1917.
- Jacob M. Schiff, associé principal de Kuhn-Lœb & Co de New-York, annula immédiatement les restrictions qu'il avait imposées quant à la prorogation d'une aide financière aux Alliés. Mortimer Schiff reçut alors de son père Jacob, l'ordre de télégraphier à Sir Ernest Cassels : *«Du fait de l'action récente en Allemagne et des événements en Russie, nous ne nous abstiendrons pas plus longtemps de financer les gouvernements alliés.»*

Le 5 Avril, le gouvernement britannique annonça qu'il envoyait le Très Honorable Arthur James Balfour, Ministre des Affaires Étrangères aux États-Unis, afin de faire savoir aux Banquiers Américains que le gouvernement britannique était prêt à soutenir officiellement leurs plans vis-à-vis du Sionisme Politique, à condition qu'ils fassent entrer l'Amérique en guerre aux côtés des Alliés. L'Amérique entra aussitôt en guerre : le 7 Juin 1917, les premières troupes américaines débarquaient sur le sol de France.

- Le 18 Juillet 1917, Lord Rothschild écrivit à M. Balfour ce qui suit : *«Cher M. Balfour, Je puis enfin vous envoyer les conditions que vous me demandiez. Si le gouvernement de Sa Majesté m'envoie un message les acceptant et que vous les approuviez également, je le transmettrai à la Fédération Sioniste lors d'une réunion qu'on organisera pour en discuter.»*

Les conditions étaient les suivantes :

1. *«Le gouvernement de Sa Majesté accepte le principe selon lequel la Palestine sera transformée en un foyer national pour le peuple juif*(108).»
2. *«Le gouvernement de Sa Majesté fera tout son possible pour garantir la réalisation de cet objectif et discutera des méthodes et des moyens à employer avec l'organisation Sioniste*(109).»

M. Balfour et le gouvernement britannique acceptèrent les termes dictés par Lord Rothschild et ses confrères Sionistes. On en a la preuve par le fait que le 28 Août, Sir Herbert Samuel (qui fut nommé Vicomte par la suite), Sir Alfred Mond (qui devint Lord) et Lord Rothschild persuadèrent le Gouvernement Britannique d'envoyer Lord Reading aux États-Unis en tant que Chef de la Mission Économique. Lord Reading, lorsqu'il était Sir Rufus Isaacs, avait été mêlé au scandale Marconi.

Les détails de l'accord(110) qu'il négocia avec le gouvernement des États-Unis en Septembre 1917 n'ont jamais fait l'objet d'un compte-rendu public. On sait toutefois que la «négociation» avait trait à la Banque d'Angleterre car elle

108. — Remarquez que le mot employé est PALESTINE et non ISRAËL (N.D.A.)

109. — M. Stokes, membre du Parlement, cita cette lettre au Parlement Britannique au cours du débat sur la Palestine, le 11 Décembre 1947. (N.D.A.)

110. — Lire «*Programme for the Third World War*» (Programme pour la Troisième Guerre Mondiale)., de C.H. Douglas, Liverpool, 1944. (N.D.A.)

fut complètement réorganisée, sous contrôle américain, et matériellement reconstruite après 1919.

En Septembre, Jacob Schiff de Kuhn-Lœb & Co écrivit une longue lettre traitant de la question Sioniste à un certain M. Friedman. On y trouvait le passage suivant :

> «*Je crois vraiment qu'il faudrait s'assurer la bonne volonté de l'Amérique, de la Grande-Bretagne et de la France,* (111) *quels que soient les événements, pour que notre peuple puisse s'établir en grand nombre en Palestine... ensuite pour qu'il soit possible d'obtenir de ces Puissances l'assurance formelle que la Palestine deviendra indépendante dès que sa population se sera accrue en des proportions suffisantes pour la justifier.*»

Le 26 Septembre 1917, Louis Marshall, représentant légal de Kuhn-Lœb & Co écrivit à son ami Max Senior — autre Sioniste important — ce qui suit :

> «*Le Major Lionel de Rothschild, de la Société des Juifs britanniques m'informe que son organisation est en plein accord avec le Comité Juif américain... La Déclaration Balfour, avec le consentement des Puissances, est un acte de la plus haute diplomatie. Le Sionisme n'est qu'une étape d'un plan à longue échéance : c'est un piédestal sur lequel on peut installer une arme puissante. Toutes les protestations que les opposants pourraient faire seront vaines et les soumettraient individuellement à des sanctions détestables et concrètes, mais très impressionnantes. Je préfère ne pas penser aux conséquences qui pourraient en résulter.*»

Nous avons ici un aveu brutal de la part de Louis Marshall, que :

> «*Le Sionisme n'est qu'une étape d'un plan à longue échéance... c'est un piédestal sur lequel on peut installer une arme puissante.*»

111. — M. Cambon, du Ministère des Affaires Étrangères français, accepta dès cette époque la Déclaration Balfour en ce qu'elle soutenait le Sionisme. (N.D.A.)

Le plan à longue échéance auquel il fait référence ne peut être que le Plan à longue échéance dont nous avons déjà parlé et auquel nous avons continuellement fait référence. C'est un Plan au moyen duquel les Financiers Internationaux espèrent remporter le contrôle absolu des richesses, des ressources naturelles et du potentiel humain du monde entier.

Voici quelques événements historiques parmi les plus importants qui confirment la déclaration que nous venons de citer :

Le 28 Janvier 1915, M. Asquith, Premier Ministre d'Angleterre écrivit dans son journal :

> «*Je viens de recevoir de Herbert Samuel un mémorandum intitulé* «L'Avenir de la Palestine»... *Il pense que nous devrions implanter sur ce territoire à peu près trois ou quatre millions de Juifs européens. On a presque l'impression de lire une nouvelle édition mise à jour de* «Tancred.» *Je confesse ne point être séduit par cette proposition d'accroissement de nos responsabilités...etc..*»

Le Premier ministre Asquith se présentait donc comme antisémite.

Des Sionistes éminents possédaient la plupart, sinon la totalité des principales industries de guerre en Grande-Bretagne. Sans aucune raison valable, en 1915-1916, la Grande-Bretagne se trouva subitement à court de produits chimiques dans la fabrication d'explosifs si bien que les canons et les munitions qu'on avait promis à nos alliés Russes ne purent être fabriqués. Les obus destinés à nos canons étaient devenus tellement rares que nous fûmes contraints de les rationner et le gouvernement Asquith fut accusé de saboter l'effort de guerre.

Mais examinons les faits.

Sir Frederik Nathan était le responsable de la production chimique. M.M. Brunner et Mond reçurent la tâche de faire tout ce qui était en leur possible pour redresser cette situation délicate. Utilisant les fonds du gouvernement, ils construisirent une grande usine chimique à Silverstown. Sir Alfred Mond, pendant ce temps-la, fut nommé Commissaire des Ateliers de Sa Majesté et devint par la suite Chef de l'Agence Juive en Palestine.

On lança le travail à toute vapeur dans l'usine et elle revint au niveau de production en un temps record. Les félicitations ne manquèrent pas et l'on gratifia d'honneurs les richissimes financiers Sionistes qui, soi-disant, œuvraient pour l'effort de guerre britannique. Mais, dès que l'usine de Silverstown se mit à produire, elle «sauta», causant la mort de quarante personnes. Plus de huit cents bâtiments et habitations furent détruits. (Pour des précisions supplémentaires sur cet aspect de la guerre, lire «*The Brief for the Prosecution*» (Le Dossier d'Accusation), de C. H. Douglas.)

La Grande-Bretagne ne put fournir des armes et des munitions à la Russie comme elle le lui avait promis et cette dernière expérimenta de sérieux revers militaires sur le front de l'Est. Les journaux rapportèrent que les troupes russes combattaient avec des bâtons et à poings nus avant d'être massacrées par des troupes allemandes bien armées. Une lettre du Professeur Bernard Pares (qui fut anobli par la suite) destinée à Lloyd George sous-entendait que les canons et les munitions promis au gouvernement impérial russe furent délibérément gardés afin de créer les conditions favorables à la révolution que complotaient alors les Banquiers Internationaux à Genève et à New-York.

La lettre du Professeur Pares écrite en 1915 révèle en partie :

> «*Je dois déclarer à mon humble avis que l'échec malheureux de M.M. Vickers-Maxim & Co quant à la fourniture de munitions à la Russie, qui auraient dû arriver dans ce pays il y a cinq mois, met gravement en danger les relations entre les deux pays et en particulier leur coopération dans la guerre actuelle. Je déclare formellement que jusqu'ici, aucun ravitaillement en provenance d'Angleterre a atteint la Russie.*»

David Lloyd George, à l'époque où la lettre fut écrite, était Chancelier de l'Échiquier (Ministre des Finances) et responsable du financement de la guerre. Sir Ernest Cassels contrôlait MM. Vickers-Maxim & Co et était associé aux affaires de Kuhn-Lœb & Co de New-York, eux-mêmes associés aux Rothschild et aux Banquiers Internationaux d'Angleterre, de France, d'Allemagne, etc.

Lorsqu'on parla de la lettre du Professeur Pares au Gouvernement, Lloyd George aurait pris la défense de sa politique en déclarant que :

> «*Charité bien ordonnée commence par soi-même. Nos soldats britanniques qui combattent en France ont seulement quatre mitrailleuses par bataillon. On ferait mieux de les équiper avant d'exporter des armes en Russie.*»

Lord Kitchener aurait répondu :

> «*Je considère que c'est un luxe d'avoir plus de quatre mitrailleuses par bataillon alors que nous ne pouvons fournir les armes promises à la Russie. Le résultat, c'est que les Russes n'ont qu'un fusil en état de fonctionnement pour six hommes.*»

Les agents des conspirateurs internationaux reçurent l'ordre de salir Lord Kitchener et ils firent circuler la rumeur suivante dans le monde entier : Lord Kitchener aurait déclaré qu'il considérait que plus de quatre mitrailleuses par bataillon de soldats britanniques combattant en France était un luxe ! Cette atteinte à la réputation de Lord Kitchener, véritable contre-vérité, a eu la vie dure jusqu'à aujourd'hui. On la trouvait encore dans la biographie de David Lloyd George publiée récemment et dans un compte-rendu de biographie publié il y a quelque temps dans le *Toronto Star Weekly*. J'ai envoyé au rédacteur-en-chef du *Star Weekly* tous les renseignements véridiques concernant cet important événement historique. Il me répondit que c'était de la dynamite, beaucoup trop dangereuse à manier pour lui et me signala qu'il avait transmis ma correspondance au *Daily Star*. Inutile de dire qu'on ne publia jamais la vérité.

C'est un exemple typique qui nous montre comment les conspirateurs internationaux salissent la réputation d'hommes honnêtes, même décédés, afin de dissimuler leurs propres agissements nuisibles, exemple qui illustre parfaitement comment leurs agents influencent la presse du monde entier pour informer la population dans le mauvais sens, pour l'inciter à accuser des hommes innocents, jusqu'au gouvernement de leur pays, le rendant responsable de malheurs qui sont le résultat de leurs conspirations.

Afin de prouver que Vickers-Maxim & Co étaient sous la coupe de Kuhn-Lœb & Co, à cette époque, Boris Brazol déclare :

> «*Le 4 Février 1916, le Parti Révolutionnaire Russe d'Amérique tint une réunion à New-York à laquelle assistaient 62 délégués... On y révéla que des rapports secrets venaient juste de parvenir au siège du Parti en provenance de Russie et signalaient que le moment était propice... On donna l'assurance à l'assemblée que des fonds substantiels seraient accordés par des personnes sensibles à la libération du peuple russe. À ce sujet, on mentionna fréquemment le nom de Jacob Schiff*(112).»

Jacob Schiff était à cette époque associé principal de Kuhn-Lœb & Co de New-York. Une cinquantaine de révolutionnaires sur les soixante deux qui assistèrent à la réunion du 4 Février 1916 étaient des hommes qui avaient eu un rôle actif lors de la Révolution de 1905. On les utilisa une fois de plus pour fomenter des troubles révolutionnaires, mais Jacob Schiff avait prévu que Lénine usurperait les fruits de la victoire dans l'intérêt des Banquiers Internationaux.

L'*Encyclopédie du Savoir Juif* déclare à propos du Sionisme :

> «*La Guerre Mondiale eut pour conséquence l'abandon de Berlin en tant que centre d'organisation, et l'autorité suprême fut transférée au Comité d'Urgence Sioniste Provisoire établi à New-York sous la direction de «Justice» Louis Deinbitz Brandeis.*»

Jacob de Haas écrivit dans son livre «*Louis Deinbitz*

112. — Boris Brasol est l'auteur de «*The World of the Cross Roads*» — Un monde à la croisée des chemins (n.d.a).

Brandeis» :

> *«Le Service (Sioniste) des Transferts... ses ramifications s'étendaient dans toutes les zones militaires occupées par les Alliés, en Turquie, en Syrie, en Palestine et en Transjordanie ainsi qu'à Bagdad. Pas un seul «cent» (US.) sur les millions brassés ne fut perdu... En commençant par utiliser les services des bureaux adéquats du Département d'État des États-Unis (Ministère des Affaires étrangères) comme moyen de communication et de cautionnement, ce service obtint le succès et l'efficacité nécessaires si bien que le Trésor des États-Unis l'employa pour transmettre des fonds et des messages que le gouvernement ne pouvait communiquer avec succès... les ambassades des capitales européennes avançaient du liquide à la demande du ministre de l'Exécutif (Sioniste) de New-York.»*

L. Fry déclare à ce propos, à la page 51 de son livre «*Le Retour des Flots vers l'Orient*» (*Waters flowing Eastward*) :

> *«À partir de ce moment, on ressentit de plus en plus leur influence dans les cercles politiques d'Europe et d'Amérique. En particulier le* «Zionist Transfer Department» *comme on l'appelait, avait la possibilité de transférer des fonds et des informations aux éléments subversifs des pays ennemis.»*

Ensuite nous retrouvons les Loges du Grand Orient sur la scène du Mouvement Révolutionnaire Mondial. M. Erzberger déclare aux pages 145-146 de «*Mon expérience de la Guerre Mondiale*» :

> *«Le 16 Mars 1916, l'Alliance Israélite versa au Grand Orient de Paris la somme de 700.000 francs et dans les archives du Grand Orient de Rome, on peut constater que* «le 18 Mars 1916 eut lieu le transfert d'un million de lires au Grand Orient de Rome.» *Je ne suis pas assez naïf pour imaginer que «l'Alliance Israélite» utilise les deux Grands Orients uniquement dans le dessein de faire parvenir un million de lires aux Juifs italiens.»*

Sur les événements qui suivirent la démission d'Asquith en

1916, A. N. Fields déclare à la page 104 de «*All These Things*» (Toutes ces choses) que «*l'influence juive dans la politique britannique se fit davantage ressentir après l'accession au pouvoir de M. Lloyd George.*» L. Fry, à la page 55 du «*Retour des Flots vers l'Orient*», déclare :

> «*La première réunion officielle du... Comité Politique eut lieu le 7 Février 1917 dans la demeure du Dr. Moses Gaster. Étaient présents Lord Rothschild, James de Rothschild (fils d'Edmond de Rothschild de Paris ; ancien propriétaire des Colonies Rothschild en Palestine), Sir Mark Sykes (dont la maison aux portes de Buckingham était le quartier général de la Cause Sioniste, centre parfaitement équipé en appareils télégraphiques, etc.), Sir Herbert Samuel, Herbert Bentwich (par la suite Procureur Général de Palestine), Harry Sacher, Joseph Cowen, Chaïm Weizmann et Nahum Sokolov*[113].
>
> «*On y discuta tous les aspects du programme Sioniste qui devait servir de base aux négociations officielles englobant les futurs mandats, Palestine, Mésopotamie et Royaume du Hedjaz.*»

J.M.N. Jeffries (Op. cit.) vient corroborer cette information :

> «*Les minutes de cette réunion furent chiffrées et communiquées sur le champ à l'Organisation Sioniste des États-Unis... À partir de ce moment-là, sa branche Politique des États-Unis commença à façonner et à diriger la politique britannique et les affaires britanniques.*»

Afin de démontrer la réalité du pouvoir qu'exercent les Banquiers Internationaux dans les affaires du gouvernement britannique, nous citerons Samuel Landmann[114].

113. — Le même Sokolov qui écrivit «*Histoire du Sionisme.*» (N.D.A.)

114. — Son livre «La Juiverie Mondiale» parut à Londres le 22 Février 1936. Nous verrons que l'intrigue internationale a créé une situation semblable au commencement de la Deuxième Guerre Mondiale. (N.D.A.)

Landman écrivait :

« Un accord fut conclut entre Sir Mark Sykes, Weizmann et Sokolov fut alors décidé d'envoyer un message secret à « Justice » Brandeis stipulant que le Cabinet britannique aiderait les Juifs à acquérir la Palestine en échange, Outre-Atlantique, d'un actif soutien Juif en faveur de la Cause Alliée. Il fallait susciter aux États-Unis un soutien à une aussi noble cause.

« On expédia ce message chiffré, via le ministère des Affaires Étrangères britannique. On expédia également des messages secrets aux dirigeants Sionistes de Russie par le biais du général Mac Donogh...

« Le Dr. Weizmann (un des fondateurs du Sionisme Politique) put s'assurer du gouvernement le service d'une demi-douzaine de jeunes Sionistes en vue d'œuvrer activement pour le Sionisme. À cette époque, la conscription était en vigueur et seuls ceux qui exerçaient une profession d'intérêt national pouvaient être retirés du service actif du service au front. Je me souviens du Dr. Weizmann écrivant une lettre au général Mac Donogh (directeur des opérations militaires) et invoquant son appui pour obtenir l'exemption du service actif de Léon Simon, de Harry Sacher, de Simon Marks, de Hyamson, de Tolkowsky et de moi-même.

« À la demande du Dr. Weizmann, on me transféra du Ministère de la Guerre... au Ministère de la Propagande... et plus tard au Bureau Sioniste... vers Décembre 1916. À partir de ce moment-là, et pendant plusieurs années, on considéra le Sionisme comme un allié du gouvernement britannique...

« Les problèmes de déplacement et de passeport n'existaient pas lorsqu'un homme était recommandé par notre bureau. Par exemple, un certificat qui portait ma signature était reconnu par le Ministère de l'Intérieur et un Juif Ottoman devait être considéré comme un allié de notre cause et non pas comme un ennemi, ce qui était le cas pour les simples sujets Turcs. »

Une étude de la vie de Disraeli nous apprend qu'il passa de nombreux dimanches soirs en compagnie des Rothschild de Londres. Il y est révélé que lorsque Kuhn-Lœb & Co de New-York financèrent les révolutionnaires Juifs en Russie, les Rothschild de Londres furent les gestionnaires de l'Administration tsariste à Londres. Nous apprenons aussi que les Rothschild londoniens étaient «libéraux» et que de 1840 à 1917 la «Presse Libérale» contrôlée par eux était évidemment anti-russe, Disraeli nous informe qu'en Allemagne on considérait les dirigeants de la politique et de la finance comme réactionnaires, car ils ne permettaient pas aux Banquiers Internationaux de faire exactement ce qu'ils voulaient, Le Baron von Bleichroeder, de Berlin, et les Warburg de Hamburg étaient les représentants des Rothschild en Allemagne. En Russie, les Weinstein d'Odessa secondaient les Ginzberg de St Petersburg dans la protection des intérêts des Rothschild.

Un autre homme très actif pour la cause des Banquiers Internationaux fut Otto Kahn. Il dissimula soigneusement ses véritables couleurs de révolutionnaire mondial derrière les drapeaux de plusieurs pays dans lesquels il vécut et dont il se prétendit «citoyen patriote.» Otto Kahn était né en Allemagne et émigra aux États-Unis comme Paul Warburg. Comme lui, il devint associé de Kuhn-Lœb & Co dès son arrivée en Amérique, et obtint un emploi de clerc chez Speyer & Co afin de ne pas attirer l'attention. Il épousa par la suite la petite fille de M. Wolf, un des fondateurs de Kuhn-Lœb & Co. Lorsque Mme Kahn visita Moscou en 1931, le gouvernement soviétique la reçut officiellement et donna en son honneur un grand dîner et plusieurs réceptions fastueuses. L'Armée Rouge de Staline se mettait au garde-à-vous sur les routes lorsqu'elle passait et les soldats présentaient les armes (115).

Le 2 Avril 1934, dans un article du *Daily Herald*, M. Hannen Swaffer écrivit :

«Je connaissais depuis de nombreuses années Otto Kahn, le multimillionnaire. Je l'ai connu lorsqu'il était un

115. — Lire «*Toutes ces choses*» de A.N. Fields. (N.D.A.)

> *allemand patriote et lorsqu'il fut un américain patriote. Naturellement, lorsqu'il voulut faire partie de la Chambre des Communes (britannique), il rejoignit le «Parti Patriotique.» M. Otto Kahn serait devenu Président de l'Union des Pays de langue anglaise si l'on n'avait accidentellement dévoilé ses activités révolutionnaires : il fut prouvé que sa demeure était le centre de réunion d'agents soviétiques tels que Nina Smorodine, Claire Sheridan, Louis Bryant et Margaret Harrisson.»*

Au cours de l'été 1917, il devint impératif de savoir qui financerait Lénine et Trotsky pour leur coup d'état révolutionnaire. Les Banquiers Internationaux décidèrent que leurs représentants se rencontreraient à Stockholm (Suède) parce que ce pays était neutre et relativement peu fréquenté par les espions internationaux. Parmi les personnes qui assistèrent à la réunion, se trouvaient des hommes qui représentaient les intérêts bancaires de Grande-Bretagne, d'Allemagne, de France, de Russie et des États-Unis d'Amérique. M. Protopopoff, le ministre russe de l'Intérieur y était, de même que M. Warburg de Hamburg, frère de Paul Warburg, associé de Kuhn-Lœb & Co de New-York, qui avait mis au point la législation du Système de Réserve Fédérale en 1910. Nous verrons que dans le but de savoir comment on s'entendrait sur le financement de Lénine et de Trotsky pour renverser le gouvernement russe, des délégués vinrent de toutes les nations en guerre. Il fut décidé finalement que Kuhn-Lœb de New-York mettrait $50.000.000 à la disposition de Lénine et de Trotsky à la Banque de Suède.

En 1917, les officiers des Renseignements britanniques et américains rapportèrent ces faits à leurs Gouvernements respectifs. Ce fut à ce moment tragique que le Commander E. N. Cromie mourut en repoussant une foule (116) de révolutionnaires qui attaquait le Consulat de Grande-Bretagne

116. — Le Commander Cromie servit dans les sous-marins britanniques à la même époque que l'auteur. Ses exploits en faveur des Russes sont rapportés dans «*By Guess and by God*», livre que nous avons publié en 1931 (N.D.A.)

à St Petersburg. Il retint ces enragés afin de donner à ses collègues le temps de brûler des documents qui avaient trait à ces questions et à d'autres sujets.

Le gouvernement américain expédia au gouvernement britannique les rapports qu'il avait reçus de ses officiers des services de renseignement.

M. Oudendyke, ministre des Pays-Bas à Petrograd (qui veillait sur les intérêts britanniques en Russie après que le Commander Cromie ait été assassiné), avertit également le gouvernement britannique. Son avertissement fut publié en Avril 1919 dans le «*Livre Blanc*» sur la révolution bolchevique édité par les imprimeurs du Roi.

Les plans que Jacob Schiff avait dressés pour permettre à Trotsky et à sa cohorte de révolutionnaires professionnels de revenir à St Petersburg via New York «*tombèrent à l'eau*» lorsque Trotsky fut emprisonné par le gouvernement canadien à Halifax (Nouvelle Ecosse). Le pouvoir que les Banquiers Internationaux exercent sur les gouvernements constitutionnels est ainsi prouvé par le fait qu'ils protestèrent aussitôt auprès des gouvernements concernés. Trotsky et son «gang» de révolutionnaires furent relâchés et ils reçurent un sauf-conduit pour traverser la Zone de blocus britannique.

Nous avons une preuve supplémentaire de la complicité des politiciens britanniques dans la Révolution Russe de 1917, grâce à D. Petrovsky qui nous expose le rôle joué par Sir G. Buchanan, ambassadeur de Grande-Bretagne(117). Petrovsky prouve que bien que parfaitement informé de tout ce qui se tramait dans les coulisses, le gouvernement de Lloyd George aida les Banquiers Internationaux à faire entrer Trotsky et ses révolutionnaires en Russie pendant qu'au même moment le Haut Commandement allemand aidait les Banquiers Internationaux à faire passer Lénine et son «gang» de révolutionnaires de Suisse à Petrograd. On fournit à Lénine ainsi qu'à ses hommes de main un wagon de chemin de fer privé pour leur voyage à travers l'Allemagne.

117. — Lire «*La Russie sous les Juifs*», pages 25-26 et 34-35. (N.D.A.)

M. Petrovsky révèle que Milioukoff, qui avait été nommé ministre des Affaires étrangères par le gouvernement républicain russe au printemps de 1917, fut l'homme qui négocia cette intrigue qui impliquait des nations en guerre. Il est aussi mentionné qu'en remerciement de la coopération du Haut-État-Major allemand, le gouvernement de Grande-Bretagne accepta la requête de Milioukoff, à savoir la libération de M. M. Litvinov. Ce dernier avait été arrêté par les officiers du renseignement britannique en tant qu'espion de l'Allemagne. Les origines de M. Litvinov s'avèrent d'un grand intérêt ; ses parents portaient le nom de Finkelstein. Lorsqu'il rejoignit le Mouvement Révolutionnaire Mondial, il changea son nom en celui de Meyer Wallach. Lorsqu'il décida de s'associer avec Lénine et son parti bolchevique, il changea de nouveau son nom en celui de Maxim Litvinov. C'est le même homme qui fut l'espion des Allemands et c'est encore le même homme qui sera arrêté lorsqu'il essayera de changer les billets de banque de 500 roubles qu'il avait dérobés après avoir lancé une bombe lors du cambriolage de la Banque de Tiflis.

Après sa libération par les autorités britanniques, Litvinov retourna en Russie. Il aida Lénine à renverser le Gouvernement Provisoire de Kérensky et le Soviet Menchevik instauré à St Petersburg avant octobre 1917. Litvinov fut le Commissaire des Affaires étrangères de Staline de 1930 à 1939 et fut nommé membre dû Comité Central du Parti Communiste en 1935. Assassin, receleur d'argent volé, espion, gangster international et Chef d'orchestre des menées révolutionnaires dans de nombreux pays, toutes ces qualités furent acclamées par les nations du monde lorsqu'il fut élevé à la fonction de Président du Conseil des Nations Unies. Seul un groupe international, tel que les Banquiers Internationaux, pouvait sauver la vie de cet homme et lui assurer la liberté lorsqu'il exécutait les mots d'ordre criminels des comploteurs internationaux. Seuls le pouvoir et l'influence des Banquiers Internationaux ont pu le faire élire Président du Conseil des Nations Unies.

Voici une bonne preuve pour montrer que les Illuminati contrôlent les hommes qui dirigent les Nations Unies !

Une autre preuve qui vaut la peine d'être citée établit que les Banquiers Internationaux du Royaume-Uni, des États-Unis, d'Allemagne et de Russie travaillèrent ensemble même après que l'Allemagne et la Grande-Bretagne se soient déclaré la guerre. Nous trouvons cette preuve dans une brochure intitulée «*Trotsky*» (Defender Publishers, Wichita, Kansas), citant une lettre de J. M. Dell et adressée personnellement à Lloyd George.

Mais pourquoi continuer ?

Il faudrait des livres entiers pour citer toutes les preuves établissant que les Banquiers Internationaux organisèrent, financèrent et dirigèrent la Révolution Russe afin d'obtenir le contrôle d'un énorme territoire pour que les Illuminati puissent y tester à fond leurs théories totalitaires. En pratiquant des expériences sur un territoire aussi gigantesque que la soi-disant U.R.S.S., ils pouvaient déceler les erreurs et les faiblesses du procédé par tâtonnements. Il aurait été vraiment stupide de leur part d'essayer de diriger le monde entier avant d'avoir accompli cette expérience qui coûta des millions de vies humaines. De telles actions ont toujours fait partie de leur Plan à longue échéance. Ce plan a commencé il y a cinq mille ans et fut remis à jour lors de la réunion qui eut lieu dans l'Orfèvrerie Bauer à Francfort en 1773.

> *«A moins que l'on ne décide d'agir en commun, il est probable que ce plan arrivera à échéance lorsqu'ils auront obtenu le contrôle économique et politique après la Troisième Guerre Mondiale.»*

Nous verrons que le gouvernement de coalition qui avait accusé le Premier Ministre Asquith pendant la Première Guerre, en Décembre 1916 ne fit aucun effort pour arrêter les Banquiers Internationaux dans l'exécution de leurs plans, qui concernaient la Révolution Russe alors que ce gouvernement savait que leur succès entraînerait le retrait des Armées russes de la guerre.

Les Sionistes de Grande-Bretagne acceptèrent le renversement du gouvernement impérial russe, nous en avons la preuve dans le fait suivant : dès que Lénine eut annoncé qu'il venait d'établir sa dictature, en Novembre 1917, Lloyd George annonça également que la politique du gouvernement britannique appuierait le Plan Rothschild pour l'établissement d'un Foyer National du Peuple Juif en Palestine. Lloyd George n'éprouvait donc aucun ressentiment vis-à-vis des Banquiers Internationaux qui avaient pourtant retiré la Russie de la guerre, pays allié de la Grande-Bretagne.

Les révolutionnaires Mencheviks dirigés par les Juifs, en Russie, avaient combattu lors de la révolution avortée de 1905. Les mêmes révolutionnaires déclenchèrent la révolution en Février 1917. Une fois de plus, ils allèrent au devant de grands succès au cours des premières phases du coup d'état révolutionnaire. Ils constituèrent de fait un Soviet à Petersburg. Les Banquiers Internationaux ne se soucièrent pas de qui menait ce soviet jusqu'à ce qu'il soit près du but ; mais dès qu'il fut en position de marquer, ils s'interposèrent et prirent la partie en main. Leur but était de mettre en place une Dictature Totalitaire fonctionnant selon le principe de la société anonyme.

On fit de Lénine un «dictateur» et le soviet retourna dans les coulisses. Ensuite, on accusa la foule communiste de leurs crimes contre l'humanité...

Le 17 Juillet 1917, les Bolcheviks, sous la direction de Lénine, lancèrent une agitation anti-gouvernementale en Russie. Il en résulta un soulèvement de la population échauffée des villes, qui était composée d'ouvriers et de soldats. Cette révolte sans lendemain prit le nom de «Journées de Juillet.»

Kérensky fit face à la situation avec fermeté.

Il fit tirer sur les foules ; plusieurs centaines de personnes furent tuées mais on restaura l'ordre. Les dirigeants Bolcheviks s'enfuirent et quelques-uns d'entre eux furent arrêtés. Lénine et Zinoviev se cachèrent à Sestroretsk. Trotsky, Kamenev et Lunatcharsky faisaient partie des révolutionnaires arrêtés. Staline qui était à cette époque rédacteur-en-chef de la «*Pravda*» ne fut pas malmené. Après la révolte, le Prince Lvov abdiqua et Kérensky, le «Napoléon Juif» devint

Premier ministre. Kérensky, qui était un grand orateur, essaya de relancer l'enthousiasme pour l'effort de guerre parmi les soldats et les ouvriers.

Toutes les tentatives oratoires de Kérensky échouèrent.

L'influence de Kérensky commença à décliner régulièrement. Lénine était affairé et convoqua le Sixième Congrès du Parti Ouvrier Social-Démocrate Russe pour le 8 Août. Ce congrès dura jusqu'au 16 Août. Il en sortit responsable des groupes révolutionnaires unifiés. C'est pendant cette année-là que le Parti Révolutionnaire Uni prit le nom de PARTI COMMUNISTE. Au Congrès, un comité secret se constitua et s'intitula Comité Central d'Octobre. Il comprenait 26 membres qui devaient préparer la Révolution d'Octobre, et diriger ensuite le coup d'état révolutionnaire dans toutes ses différentes phases. Staline se montra à la hauteur de la situation, et à la clôture du Congrès on l'élut au Præsidium du Sixième Congrès du Parti. Les étudiants, en leur majorité, croient qu'on n'aurait jamais remarqué Staline si de nombreux autres dirigeants révolutionnaires expérimentés n'avaient été emprisonnés.

Mais la vérité, c'est que Lénine agissait comme Agent Principal du *Pouvoir Occulte* qui avaient des vues sur Staline : il devait supplanter les autres à terme.

Le Comité Central, en organisant la Révolution d'Octobre, voulait devancer le Gouvernement Provisoire et en appeler à une élection générale où l'on emploierait le bulletin secret pour élire un gouvernement constitutionnel représentatif qui dirigerait l'Empire Russe. La tentative de prise du pouvoir par Lénine devait, pour réussir, être accomplie avant que l'Assemblée Constitutionnelle ne se réunisse en Janvier pour mettre au point cette élection à l'échelle de la nation. Si cette élection venait à être organisée, la population aurait des représentants au gouvernement. Il sentit qu'il serait plus difficile d'obtenir le soutien nécessaire pour le renversement d'un gouvernement du peuple que de renverser le Gouvernement Provisoire.

Son raisonnement s'avéra juste.

Aussi étrange que cela puisse paraître, à la lumière des événements qui se déroulèrent par la suite, Kamenev fut libéré le 17 Août et Trotsky, un mois plus tard. Le 24 Septembre, Trotsky fut élu Président du Soviet de Petersburg à la place de Cheidze. Le 26 Septembre, le Soviet de Petersburg vota le transfert du pouvoir militaire à un Comité Révolutionnaire Militaire dirigé par Trotsky. La véritable révolution de Lénine n'était alors qu'une question de jours. Lénine démontrait ce qu'une préparation minutieuse et une précision d'horlogerie, soutenue par des moyens financiers illimités pouvaient accomplir. Il savait comment utiliser à son avantage l'élément de surprise et convainquit rapidement de nombreux dirigeants d'autres groupes révolutionnaires qu'il était l'homme de la guerre révolutionnaire. Il eut bientôt tout le monde sous sa coupe et les chefs durent obéir à ses ordres avec efficacité et sans poser de question.

Les dirigeants révolutionnaires firent circuler une rumeur qui disait que le Deuxième Congrès Pan-Russe des Soviets aurait lieu le 7 Novembre. C'était pour détourner l'attention et faire croire au grand public qu'il n'y avait aucune action révolutionnaire prévue à court terme. Le 4 Novembre, toutefois, le Comité Révolutionnaire Militaire organisa de gigantesques manifestations de masse, sorte de préparation à la véritable révolte. Le jour suivant, le 5 Novembre, la garnison de Pierre et Paul choisit de prendre le parti des Bolcheviks. Le 6 Novembre, Kérensky fit un effort désespéré pour prévenir la révolution en ordonnant l'arrestation du Comité Révolutionnaire Militaire. Il interdit toutes les publications des Bolcheviks et ordonna à des troupes fraîches de remplacer la garnison de Pierre et Paul. Mais Lénine avait trop bien organisé sa Cinquième Colonne. Les ordres de Kérensky ne furent jamais transmis.

Les officiels en qui il avait confiance le laissèrent tomber.

Lénine sortit discrètement de son repaire. Il rejoignit le Comité Révolutionnaire Militaire à l'Institut Smolny dès qu'il sut l'échec des mesures contre-révolutionnaires de Kérensky. L'Institut servait de quartier général aux révolutionnaires.

Le 7 Novembre à 14 heures, on donna le signal pour le déclenchement de la révolution. La nuit arrivée, Lénine avait bien en main St Petersburg. À 15 heures, il fit un discours enflammé au Soviet de Petersburg. À 21 heures, les troupes Bolcheviques assiégèrent le quartier général du Gouvernement Provisoire au Palais d'Hiver. À 23 heures, le Deuxième Congrès Pan-Russe des Soviets se réunit et les Bolcheviks s'assurèrent la majorité. Le Congrès devint ainsi le Gouvernement Officiel de la Russie. Kamenev en fut élu premier Président et Lénine, Premier ministre. Trotsky devint Commissaire aux Affaires étrangères. Le 21 Novembre, un Juif du nom de Sverdlov succéda à Kamenev. Il était dans le Parti Bolchevik depuis six mois seulement et on le considérait comme un élément de peu d'importance, mais après avoir été élu Président, il exerça rapidement un contrôle absolu sur l'économie russe. Sverdlov était un expert financier formé dans un but particulier, en fait un agent des Banquiers Internationaux.

De nombreux événements dont on ne sut jamais l'explication se déroulèrent dans les cercles révolutionnaires. Sverdlov, qui était très jeune, mourut deux années seulement après avoir réorganisé l'économie intérieure russe. Il avait accompli sa «tâche» et il en savait beaucoup trop. En conséquence, il «mourut.»

L'Histoire ne fait que se répéter...

Lénine appliqua la théorie selon laquelle une organisation implacable de terreur, comportant des souffrances physiques, des angoisses mentales et une dégradation morale, représente une valeur économique précise : les Bolcheviks obtinrent en effet le contrôle absolu de Petersburg après quelques jours de batailles sanglantes qui méritent le nom de massacres universels et d'impitoyable «Terreur.» Lénine ne se laissa pas griser par le succès. L'Empire Russe était grand. Il décida avec habileté que les élections programmées par le Gouvernement Provisoire auraient lieu le 25 Novembre.

Ce Gouvernement avait prévu que la convocation de l'Assemblée des représentants librement élus serait organisée par une Commission spéciale. Lénine laissa tout se dérouler selon les prévisions puis il arrêta les membres de cette Commission spéciale et lui substitua un «commissaire à l'Assemblée Constitutionnelle.» La seule différence entre les deux assemblées, c'était que les Bolcheviks dirigés par Uritzky dominaient l'assemblée qu'avait constituée Lénine. Grâce à cette action, les Bolcheviks étaient en position d'exercer leur autorité sur l'Assemblée nouvellement élue, dès qu'elle serait convoquée. Lorsqu'enfin l'Assemblée fut réunie, Sverdlov prit en main les débats, bien qu'il ne fût point délégué. Les Bolcheviks eurent alors recours à des tactiques qui mettaient les délégués aux prises à un tumulte constant et instituèrent un désordre complet. Au bout d'une dizaine d'heures, tous les Bolcheviks sortirent brusquement et leurs troupes firent irruption. Elles éjectèrent les délégués qui restaient et bouclèrent les portes du bâtiment. Ce fut la fin du Gouvernement Constitutionnel en Russie.

En Mars 1918, les Bolcheviks et leur «Parti Ouvrier Social-Démocate Russe» partirent pour Moscou, changèrent le nom de leur parti et l'intitulèrent Parti Communiste. Le Deuxième Congrès Pan-Russe des Soviets devint alors le conseil d'administration officiel.

Le Parti Social-Révolutionnaire contrôlé par des Juifs ne voulut pas de Lénine comme numéro Un en Russie. Le 30 Août 1918, deux membres Juifs de ce groupe essayèrent de l'assassiner. Lénine fut blessé et Uritzky, qu'il avait nommé chef de sa «Tchéka», fut tué. Cet incident servit de prétexte à Lénine pour supprimer ceux qui le gênaient. Il nettoya le pays à fond. Les «raids» nocturnes devinrent fréquents. Aucune personne ne savait lorsqu'elle allait se coucher si elle serait en vie le lendemain matin.

David Shub, dans son livre pro-marxiste «*Lénine*», déclare :

> «*On ne perdait pas de temps à passer au crible les faits ou à trier les personnes prises dans une rafle lors de ces raids nocturnes... Les prisonniers étaient généralement*

poussés dans le vieux poste de police à proximité du palais d'Hiver et fusillés.» Le meurtre, la torture, les mutilations, les viols, l'incendie et tous les autres attentats à l'honneur et à la pudeur furent les pierres de touche sur lesquelles on fonda la République Socialiste Soviétique. Des millions de citoyens russes moururent. On estime que plus de 12.000.000 d'autres furent condamnés à servir l'État par les Travaux Forcés. Seule la mort les en délivrait...

Pendant que les Alliés, exténués, combattaient le Bolchevisme sur quatre fronts, Lénine réorganisait le Mouvement Révolutionnaire Mondial.

En Mars 1919, il convoqua la Troisième Internationale et la présida.

Zinoviev fut élu Président.

Le but de la réunion était de renforcer les partis révolutionnaires dans chaque pays du monde et de prendre des dispositions pour fournir une aide financière aux dirigeants, les conseiller et les aider en de nombreux autres points considérés comme nécessaires au succès de la Révolution Mondiale Populaire (118).

118. — On peut disposer d'une information beaucoup plus abondante, du côté russe, en lisant «*Bellind Communism*» (Derrière le Communisme) de Franck Britton. (N.D.A.)

CHAPITRE X

LE TRAITÉ DE VERSAILLES

Nous avons déclaré précédemment que le Traité de Versailles fut un des documents les plus iniques jamais signé par les représentants des soi-disant nations civilisées. L'injustice des clauses de ce «*Traité de Paix*», dont le peuple allemand fut la victime, rendait une autre guerre mondiale inévitable (119).

Il nous faut comprendre les circonstances qui entourèrent la signature de l'Armistice du 11 Novembre 1918. Le Haut Commandement Allemand ne demanda pas l'Armistice parce que ses années étaient sur le point d'être défaites. Lorsque l'Armistice fut signé, les Armées allemandes n'avaient subi aucun revers définitif sur le champ de bataille.

Le Haut Commandement Allemand demanda l'armistice de façon à pouvoir consacrer ses efforts à prévenir la Révolution Communiste.

Rosa Luxemburg et son Spartacus Bund à direction Juive avaient prévu de reproduire en Allemagne ce que Lénine avait réalisé en Russie une année auparavant.

L'Armistice fut signé en tant que «prélude à une Paix négociée.» Il est de la plus grande importance de se souvenir

---

119. — L'injustice perpétrée à Versailles ne fut dépassée que par les accords qui entrèrent en vigueur par la suite : Téhéran, Potsdam et Yalta. Nous prouverons que les mêmes influences maléfiques furent à l'œuvre dans toutes ces négociations. (N.D.A.)

de ce fait, car un Armistice conclu selon ces termes est tout à fait différent d'une capitulation sans condition.

Le Haut Commandement Allemand prit conscience du danger intérieur qui le menaçait à la suite d'une grave série d'événements : les révolutionnaires de Rosa Luxemburg avaient réussi à s'infiltrer dans la flotte allemande de Haute Mer et devinrent très actifs en 1918. Ils firent circuler des rumeurs selon lesquelles les bateaux et les équipages devaient être sacrifiés lors d'une ultime bataille (suicide) contre les marines britanniques et américaines.

Les individus qui firent circuler ces rumeurs déclarèrent que l'objectif de la bataille serait d'immobiliser les flottes alliées de telle sorte qu'il leur serait impossible de défendre les côtes britanniques face à une invasion militaire, donnant ainsi la victoire aux Seigneurs de la Guerre Allemands.

Les *«Cellules»* communistes poussèrent les marins allemands à la mutinerie, en clamant que l'invasion programmée de la Grande-Bretagne était vouée à l'échec, car les savants britanniques avaient fabriqué une arme secrète. Selon ces rumeurs, la force d'invasion se verrait cernée par une mer de flammes, produite à partir de compositions chimiques tirées grâce à des canons installés sur la terre ferme, ou lancés à partir d'avions. Le feu, la chaleur et le manque d'oxygène rendraient impossible la survie. Les subversifs prétendirent que la seule façon d'éviter un tel sort, c'était de faire une révolution qui mettrait un terme à la guerre. Les marins allemands se mutinèrent le 3 Novembre 1918.

Le 7 Novembre un important Corps de marins déserta alors qu'il se rendait sur le Front de l'Ouest. On les avait persuadés qu'ils seraient utilisés comme «fer de lance» de la prétendue invasion de la Grande-Bretagne.

Pendant ce temps, des soulèvements avaient entraîné des fermetures d'usines dans de nombreux centres industriels allemands. Les «subversifs» parlaient de défaitisme. La situation se détériora jusqu'à l'abdication du «Kaiser», le 9 Novembre 1918.

Le Parti Social-Démocrate constitua immédiatement un Gouvernement Républicain et l'Armistice fut signé le 11 Novembre 1918. Les chefs communistes du Spartacus Bund avaient placé leurs *«Cellules»* en des endroits-clés à l'intérieur du nouveau gouvernement et parmi les forces armées. Leurs actions créèrent partout une situation de chaos. Rosa Luxemburg joua alors son atout. Elle obligea le gouvernement socialiste à donner l'ordre de démobilisation immédiate des forces armées allemandes.

Cette action empêcha le Haut Commandement Allemand d'utiliser ses troupes très disciplinées pour prévenir la révolution (imminente) qui éclata en Janvier 1919.

Avant d'usurper le pouvoir en Allemagne, Rosa Luxemburg avait reçu la promesse d'une aide financière et militaire de la part des Banquiers Internationaux, aide qu'ils avaient accordée à Lénine et à Trotsky un an auparavant. Les phases préliminaires de son coup d'état révolutionnaire furent financées par le fonds qu'ils avaient constitué chez l'ambassadeur soviétique Joffe. Le coup d'état révolutionnaire ne put aboutir au résultat auquel Lénine était arrivé en Russie car l'aide promise ne lui parvint pas alors que Rosa Luxemburg déclenchait sa première attaque. Elle réalisa alors que les hommes qu'elle considérait comme ses amis avaient trahi son Spartacus Bund Juif. Ce simple incident prouverait que *«le Pouvoir Occulte»* derrière le Mouvement Révolutionnaire Mondial sert uniquement ce qui favorise ses intérêts et lâche qui il veut au moment où il veut.

La majorité des directeurs du Mouvement Révolutionnaire Mondial descend des Khazars, Tartares et autres races mongolo-asiatiques non-sémites (120) qui adoptèrent entre le VIIe et le VIIIe siècles la religion juive, celle-ci convenant à leurs desseins égoïstes. Ces individus ont manipulé les Juifs et les Gentils comme des *«Pions sur l'Échiquier.»*

120. — Consulter *«The Iron Curtain over America»* (Le Rideau de Fer sur l'Amérique) du Prof. John Beaty. Wilkinson Publishing Compagnie, Dallas, Texas, pages 15-16. (N.D.A.)

Le dessein de ces tristes personnages était double. Les hommes qui pensèrent et dirigèrent le Mouvement Révolutionnaire Mondial ne voulaient pas que l'Allemagne fut «soviétisée» AVANT d'avoir utilisé le peuple allemand pour une autre guerre contre la Grande-Bretagne. Ils calculèrent qu'une Deuxième Guerre Mondiale épuiserait complètement les deux Empires, leur donnant ainsi la possibilité de les subjuguer facilement grâce aux ressources de l'U.R.S.S. qu'ils contrôlaient depuis la dictature de Lénine. Afin de pouvoir déclencher une Deuxième Guerre Mondiale, ils pensèrent qu'il était nécessaire d'instaurer en Allemagne une profonde haine antisémitique dans le but de diviser l'Europe en deux camps opposés : fascistes et antifascistes. Le Plan réclamait de tous les pays communisés qu'ils restent neutres, du point de vue militaire, pendant que leurs agents feraient tout leur possible pour aggraver la situation que des esprits supérieurs avaient créée chez l'adversaire.

Après que la révolution, dominée par les Juifs ait échoué par manque d'aide, le peuple aryen allemand eut pleinement sa revanche sur le peuple Juif. Des milliers de Juifs, hommes, femmes et enfants furent rassemblés au cours de la nuit et exécutés. Rosa Luxemburg et son bras droit Karl Liebknecht furent capturés et tués d'une balle dans la tête comme des chiens enragés par un lieutenant allemand. Une fois de plus, un grand nombre de Juifs durent payer l'addition pour les crimes d'un petit groupe de «gangsters» internationaux qui les utilisaient comme des «pions» sur le jeu de l'intrigue internationale.

Afin de prolonger et d'intensifier la haine du peuple allemand envers les Juifs, la propagande les accusa d'avoir provoqué la défaite des armées allemandes ainsi que les termes injustes et humiliants imposés par le Traité de Versailles. La propagande renforça en Allemagne la tendance vers le National-Socialisme en présentant la Grande-Bretagne, la France et les États-Unis comme des pays capitalistes avares influencés et contrôlés par les Banquiers Juifs Internationaux.

Ainsi, la voie était préparée pour l'avènement d'Hitler.

Peu après la signature de l'Armistice, les Banquiers Internationaux donnèrent comme instruction à Lénine de consolider l'acquit communiste et de préparer les États Soviétiques à se défendre contre une agression capitaliste. Lénine annonça que ce serait sa politique, mais Trotsky désapprouva fortement. Il recommanda la révolution immédiate dans tous les pays européens qui n'avaient pas été subjugués. Il voulait aider le Spartacus Bund en Allemagne Afin de maintenir la flamme de l'esprit révolutionnaire.

Lénine déclara fermement que leur premier devoir était d'établir la zone d'influence communiste dans tous les pays du monde situés entre les 35e et 45e parallèles de l'hémisphère Nord. Il annonça qu'il soutiendrait l'action révolutionnaire uniquement dans les pays compris entre ces limites. Les pays les plus importants étaient l'Espagne, l'Italie, la Grèce, certaines régions d'Asie Mineure comprenant la Palestine, certaines régions de la Chine et la zone comprise de part et d'autre de la frontière du Canada et des États-Unis. Lénine avertit la Troisième Internationale qu'il était du devoir des dirigeants révolutionnaires de tous ces pays d'organiser leurs partis Afin d'être prêts à renverser leurs gouvernements lorsque les forces extérieures auraient créé la situation propice à la révolution. L'échec de Rosa Luxemburg fut cité en exemple, montrant ce qui arriverait si l'on menait une action révolutionnaire indépendante.

Le plan stratégique de Lénine est connu dans les cercles militaires (121) sous le nom de *«Plan du Bœuf Musqué»* parce que ces animaux du Nord ont pu survivre aux attaques de leurs ennemis grâce au simple expédient qui consiste à former un cercle en se rassemblant et à faire face aux ennemis. Les veaux étaient placés à l'intérieur du cercle. Les loups et les ours ne pouvaient attaquer le troupeau de flanc ou par l'arrière. S'ils avaient attaqué de face, ils auraient été blessés à mort par

121. — Le temps avait bien fait mûrir ce plan à longue échéance et cela explique pourquoi la Chine est tombée aux mains des communistes. (N.D.A.)

les cornes ou taillés en lambeaux par les sabots des bœufs, tranchants comme des rasoirs.

Lénine justifia son abandon de Rosa Luxemburg en prétextant qu'il avait pu ainsi organiser les Armées Soviétiques et résister aux redoutables attaques des pays capitalistes de 1919 à 1921. En 1921, Lénine déclara aux membres de la Troisième Internationale que l'Espagne devait être le prochain pays «soviétisé» et accusa Rosa Luxemburg d'avoir été responsable de la vague d'anti-sémitisme qui avait déferlé sur l'Allemagne. La Troisième Internationale envoya alors Karl Radek en Allemagne pour diriger le mouvement communiste. Il avait l'autorisation d'agir selon ses propres initiatives quant au recrutement, à l'organisation et à la formation du parti, mais on l'avertit de «ne pas entreprendre» d'action révolutionnaire sauf sur ordre du Komintern. Le Komintern était sous la coupe de Lénine et en conséquence, des Banquiers Internationaux.

Après avoir défini les lignes directrices pour que la situation intérieure en Allemagne coïncide avec leur Plan à longue échéance, les «gangsters» internationaux portèrent ensuite leur attention sur la Palestine qui occupait une position géographique centrale dans leurs plans généraux de conquête mondiale. De plus, ils savaient que des géologues réputés avaient localisé d'énormes gisements de minéraux dans une zone qui englobait la Mer Morte. (Il s'agissait de Cunningham-Craig dont nous avons parlé précédemment.) Ils décidèrent pour cette raison de subventionner le Sionisme Politique afin de favoriser leur double dessein :

1. Contraindre les nations du monde entier à faire de la Palestine un Foyer National pour les Juifs qui disposeraient d'un «État Souverain» contrôlé par leur richesse et leur pouvoir. Si leur Plan à longue échéance aboutissait à une Troisième Guerre Mondiale, ils auraient la possibilité d'utiliser leur «État Souverain» pour étendre le contrôle qu'ils exerçaient sur les nations communisées, à l'ensemble du monde. Une fois cette opération accomplie, ils pourraient couronner

le «Roi de l'Univers, dieu sur la terre(122).» Le plan à longue échéance tel que nous l'avons exposé dans le chapitre VIII prouve que c'est bien là leur intention.

2. Assurer le contrôle de la richesse minérale estimé à cinq billions de dollars qu'ils savaient cachée dans et aux alentours des rivages de la Mer Morte. Les événements qui se produisirent montreront comment ils arrivèrent à leur double visée.

Après que la Grande-Bretagne, la France et les États-Unis eurent reçu la tâche de constituer un Foyer National pour les Juifs en Palestine, suite à la Déclaration Balfour d'Avril 1917, Lord Allenby reçut l'ordre de chasser les Turcs d'Asie Mineure et d'occuper la Terre Sainte. Le fait que la Palestine dût être cédée aux Juifs ne fut connu *qu'après* que les Arabes eurent aidé Allenby à accomplir sa tâche. De l'avis général, la Palestine ne pouvait devenir qu'un Protectorat britannique.

Aussitôt après l'entrée triomphale de Lord Allenby à Jérusalem, les Banquiers Internationaux «persuadèrent» les gouvernements Alliés d'obliger leurs émissaires politiques à se constituer en Commission Sioniste. Officiellement, les membres de cette Commission étaient envoyés en Palestine pour maintenir une liaison entre l'administration militaire et les Juifs. Leur véritable dessein était de «conseiller» le général Clayton de façon à ce que son administration militaire puisse favoriser leurs plans secrets. La Commission Sioniste commença à fonctionner dès Mars 1918.

Siégeaient parmi les membres de la Commission Sioniste :

- Le Major Ormsby-Gore qui devint par la suite Lord Harlich. Le major était directeur de la Midland Bank, de la Standard Bank of South Africa et de l'Union Corporation(123).

122.à l'heure actuelle, il semblerait que ce personnage soit MAITREYA. (N.D.L.R.)

123. — Les directeurs de la Standard Bank aidèrent à provoquer la Guerre des Bœrs pour s'arroger le contrôle des gisements diamantaires et aurifères en Afrique. (N.D.A.)

- Le Major James de Rothschild, fils d'Edmond de Rothschild, de Paris, qui possédait auparavant les colonies Rothschild en Palestine et fut membre Libéral au Parlement britannique. Il occupa cette fonction de 1929 à 1945, et fut nommé ministre parlementaire dans le Gouvernement de coalition Churchill/travaillistes.
- Le lieutenant Edwin Samuel qui devint par la suite le Chef de la censure du gouvernement britannique pendant la Deuxième Guerre Mondiale. Il fut nommé directeur en chef de la Radiodiffusion de Palestine après la fondation de l'État d'Israël, en 1948 (124).
- M. Israel Sieff, qui était directeur de «Marks and Spencers», les gigantesques magasins départementaux britanniques. Sieff était un proche associé des Banquiers Internationaux. Il fut nommé directeur du Comité de Planification Économique et Politique. Il était membre permanent du *«Brain Trust»* qui «conseilla» les Gouvernements britanniques successifs. Sa position en Grande-Bretagne fut comparable à celle de Bernard Baruch aux États-Unis d'Amérique de 1918 à ce jour. M. Sieff rendit aux Banquiers Internationaux des services si éminents qu'on le fit «Commandeur de l'Ordre des Maccabées.»
- Leon Simon, qui fut anobli par la suite et placé à la tête des Postes Générales britanniques, contrôlait tous les moyens télégraphiques, téléphoniques et les câblogrammes.

Les autres membres de la Commission étaient le Dr. Elder, M. Joseph Cowen et M. Chaïm Weizmann, tous amis intimes des richissimes Sionistes d'Amérique (125).

---

124. — Il aurait été beaucoup plus exact de lui attribuer le titre de «Directeur en chef de la Propagande des Banquiers Internationaux.» (N.D.A.)

125. — La Palestine revêt une telle importance dans les plans des dirigeants du Mouvement Révolutionnaire Mondial que plusieurs livres ont été écrits sur le sujet. Les lecteurs qui désirent en apprendre davantage devraient lire : «*La Palestine, la réalité*» de J.M.N. Jeffries ; «*Le Complot Palestinien*» de B. Jensen ; «*Le Sionisme et la Palestine*» de Sir Ronald Storrs (qui fut le premier gouverneur de Jérusalem). ; «*Genève contre la Paix*» du

Sir R. Storrs déclara :

«Qu'on avait envoyé la Commission Sioniste en Palestine «avant» que la Conférence de la Paix ne débute ses travaux, ceci afin de créer une atmosphère favorable à l'établissement d'un Foyer National pour les Juifs mais également pour stimuler les financiers qui l'appuyaient.

Les Banquiers Internationaux dominèrent la Conférence qui aboutit au Traité de Versailles. Nous en avons la preuve dans le fait qu'en Janvier 1919, M. Paul Warburg (qui avait instauré le Système de la Réserve Fédérale aux États-Unis) arriva à Paris à la tête de la délégation américaine. Son frère, Max, arriva à la tête de la délégation allemande.

Le Comte de St Aulaire nous apprend :

«Ceux qui cherchent la vérité ailleurs que dans les documents officiels savent que le Président Wilson, dont les élections avaient été financées par la Grande Banque de New York (Kuhn-Lœb et Compagnie), fit preuve d'une obéissance presque aveugle aux ordres de ces Messieurs.»

Le Docteur Dillon déclare :

«La série d'expédients manigancés et imposés dans ce but, le fut par les Juifs (=représentants des Banquiers Internationaux) rassemblés à Paris dans le dessein d'exécuter leurs programmes méticuleusement élaborés. Ils réussirent en grande partie.»

Le Mandat de Palestine a été élaboré par le Professeur Félix Frankfurter, éminent Sioniste américain qui devint par la suite Conseiller en Chef du Président Roosevelt à la Maison Blanche. Il était secondé par le très Honorable Sir Herbert Samuel, le Dr. Jacobson, le Dr. Fiewel, M. Sacher, M. Landman, M. Ben Cohen et M. Lucien Wolfe (126) qui exerçait une influence terrible sur M. David Lloyd George. On disait

Comte de St Aulaire (qui fut ambassadeur de France au Palais de St James en Angleterre). ; «*La Conférence de la Paix, de Paris*» du Dr. Dillon, Londres 1919 ; «*Dossier d'Accusation*» du Major C.H. Douglas. (N.D.A.)

126. — M. Lucien Wolfe publia en 1934 : «*Essais sur l'Histoire Juive.*» (N.D.A.)

qu'il avait en sa possession tous les secrets du ministère des Affaires Étrangères (Foreign Office) britannique(127).

Aux conférences préparatoires, M. Mandel (dont le vrai nom était Rothschild) fut le secrétaire privé du français M. Clémenceau. M. Henry Morgenthau occupait dans la délégation des États-Unis la fonction de contrôleur général. Il était le père du futur ministre des Finances du Président Roosevelt. Un autre homme associé aux Banquiers Internationaux, M. Oscar Strauss, joua un rôle important dans la constitution de la Société des Nations et dans l'élaboration de ses politiques pour qu'elles coïncident avec le Plan à longue échéance des «gangsters» internationaux : la domination mondiale absolue.

M. Lucien Wolfe nous dit à la page 408 de ses «*Essais sur l'Histoire Juive*» qu'un :

> «*Petit groupe d'autres juifs éminents furent les signataires du Traité de Paix. Louis Klotz signa le Traité de Versailles pour la France* (il fut impliqué par la suite dans des transactions financières louches et se retira de la vie publique), *le Baron Sonino pour l'Italie et Edwin Montague pour l'Inde.*»

M. Harold Nicolson, auteur de «*La Construction de la Paix* 1919-1944» déclare à la page 243 que Wolfe lui affirma que tous les Juifs bénéficieraient d'une protection internationale tout en conservant les droits nationaux. M. Georges Batault, quant à lui, nous apprend dans «*Le Problème Juif.*», à la p. 38 :

> «*Nous devons accuser les Juifs de l'entourage de Lloyd George, Wilson et Clémenceau, d'avoir créé une Paix Juive.*»

Une fois de plus, la race Juive fut accusée des crimes de quelques financiers impitoyables.

Au printemps de 1919, Bela Kun usurpa le pouvoir

127. — Voir le *Jewish Guardian*, numéro de Juin 1920 ; «*The Sunender of an Empire*» (La Capitulation d'un Empire) de Nesta H. Webster p. 357, 1933 ; «*Le Complot Palestinien*» de B. Jensen, p. 60. (N.D.A.)

en Hongrie et essaya de mettre en pratique les idées de Lucien Wolfe. La dictature de Bela Kun dura seulement trois mois, mais au cours de ce laps de temps des dizaines de milliers de chrétiens furent expropriés et assassinés sauvagement. On compta parmi les victimes des ouvriers, des officiers, des marchands, des propriétaires fonciers, hommes et femmes, prêtres et laïcs.

Le «*Nouveau Livre International de l'armée* 1919» déclare entre autres :

> «*Le gouvernement de Bela Kun était composé presque exclusivement de Juifs qui occupaient aussi des postes administratifs. Les communistes s'étaient associés d'abord aux socialistes qui ne constituaient pas un parti radical extrémiste mais ressemblait plutôt aux partis ouvriers ou aux groupes syndicalistes des autres pays. Toutefois Bela Kun ne choisit pas son équipe chez eux mais se tourna vers les Juifs et constitua en fait une bureaucratie juive.*»

L'Histoire nous rapporte qu'après trois mois de pillage systématique, d'enlèvements, d'assassinats en tous genres, Bela Kun fut déposé. «*Au lieu de l'exécuter on l'interna dans un asile d'aliénés.*» Des agents du groupe qu'il avait si bien servi s'arrangèrent pour le faire libérer et il retourna en Russie. On le mit à la tête de la Tchéka qui terrorisait les Ukrainiens afin de les soumettre et ce, au moment où on donnait l'ordre à Staline de collectiviser l'agriculture des Soviets. Cinq millions de paysans moururent de faim pour avoir refusé d'obéir aux diktats. Plus de cinq autres millions furent envoyés aux Travaux Forcés en Sibérie.

Lorsque Staline essaya de transformer l'Espagne en une dictature communiste, en 1936, il choisit Bela Kun pour y organiser «le Règne de la Terreur.»

Voici maintenant un bel exemple du pouvoir des Banquiers Internationaux. Il s'agit d'un incident qui se produisit au cours des conférences préparatoires à Paris, en 1919. Les négociateurs tendaient à s'écarter de la politique fixée par les Banquiers Internationaux. Sur ce, Jacob Schiff de New-

York adressa au Président Wilson qui était présent à la Conférence de Paris, un télégramme de deux mille mots. Il donnait des «instructions» au Président des États-Unis sur ce qu'il fallait faire quant au mandat de Palestine, aux réparations allemandes, à la Haute Silésie, à la Sarre, au Corridor de Dantzig et pour Fiume. Le câblogramme était daté du 28 Mai 1919. Schiff l'envoya au nom de l'Association de la Société des Nations Libres (128).

Dès qu'il reçut le câblogramme, le Président Wilson modifia aussitôt le sens des négociations. À propos de cet incident, le Comte de St Aulaire déclara :

> *«Le Traité de Versailles, au sujet de ces cinq questions, fut dicté par Jacob Schiff et ses coréligionnaires* (129).»

Nous devons remarquer à nouveau que le petit peuple Juif n'avait absolument rien à voir quant à l'élaboration de la politique que les Banquiers Internationaux voulaient faire appliquer par Lloyd George, le Président Wilson et le Premier ministre Clémenceau.

Dès qu'on eut «persuadé» les Gouvernements alliés de faire de la Palestine un Protectorat britannique (comme le demandait le télégramme), les Banquiers Internationaux donnèrent comme instructions à leurs agents de rendre les tenues du Traité de Paix si rigoureux qu'il serait impossible au peuple allemand de les tolérer plus longtemps. Il s'agissait de la partie du plan qui visait à susciter chez les Allemands une haine des Britanniques, des Français, des Américains et des Juifs de façon à ce qu'ils fussent de nouveau prêts à se battre pour récupérer ce qui leur appartenait de droit.

Aussitôt le Traité de Versailles signé, la drôle de guerre «Capitalistes contre Bolcheviks» commença. Cette guerre permit à Lénine de justifier sa politique d'abandon des révolutionnaires allemands et de consolider les résultats auxquels il était déjà arrivé en Russie. On ne permit jamais à la

128. — Cette Société était financée et sous la coupe de cinq Banquiers Américains. (N.D.A.)

129. — Voir «*Genève contre la Paix*», page 90. (N.D.A.)

guerre contre le Bolchevisme de mettre en danger la dictature de Lénine. Elle se termina en 1921, et le résultat fut que les Bolcheviks s'en tirèrent avec un énorme prestige, tandis que les pays capitalistes perdaient de leur crédibilité. Cette situation prépara le chemin aux agents des Banquiers Internationaux qui suggérèrent d'admettre les États Soviétiques à la Société des Nations dans *«l'intérêt d'une paix stable.»*

Le gouvernement britannique, toujours enclin à obéir aux «exigences» des Banquiers Internationaux, fut le premier à se conformer à la nouvelle «requête.» La France le suivit le 28 Octobre 1924. Après que l'infâme Litvinov eut travaillé Henry Morgenthau et Dean Acheson (tous deux sous la coupe de Félix Frankfurter et de Louis D. Brandeis), le Président Roosevelt reconnut les Soviétiques le 16 Novembre 1933. La Société des Nations les accepta alors comme membres.

À partir de ce moment-là, la Société des Nations ne fut, plus ou moins, qu'un instrument entre les mains de Staline. Ses agents façonnèrent sa politique et ses activités pour qu'elles cadrent avec les Plans à longue échéance des dirigeants du Mouvement Révolutionnaire Mondial (130).

Une fois que les pays communistes eurent été admis à la Société des Nations, les Francs-Maçons du Grand Orient qui étaient délégués ou faisaient partie du personnel, s'en chargèrent (131).

Henry Wickham Steed, ancien rédacteur-en-chef du *Times* de Londres, qui était considéré comme l'un des hommes les mieux informés du monde, mentionna à plusieurs reprises le fait que les Banquiers Internationaux dominaient les

130. — Pour de plus amples détails, lire «*Le Jour Mémorable de Moscou dans l'Histoire Américaine*» par Wm La Varre ; numéro d'Août de la revue de la *Légion Américaine*. Et aussi le livre de Trotsky intitulé «*Staline.*» (N.D.A.)

131. — Lire «*The Hidden Hand*» (La Main cachée) du Colonel A.H. Lane, page 28. Nahum Sokolov qui était Président du Comité Exécutif du Congrès Sioniste fit cette déclaration le 25 Août 1952 : «La Société des Nations est une idée Juive»

affaires mondiales. Il fit la déclaration suivante aussitôt après la signature du Traité de Versailles :

> «*J'affirme que les premiers instigateurs (qui obligèrent les Puissances Alliées à reconnaître la dictature bolchevik) étaient Jacob Schiff ; Warburg et d'autres financiers internationaux qui souhaitaient par dessus tout soutenir les Bolcheviks Juifs de la Russie* (132).»

Leo Maxse écrivait dans le numéro d'Août 1919 de la «*Revue Nationale*» :

> «*Quel que soit celui qui tient le pouvoir à Downing Street : conservateur, radical, ligueur ou pseudo-bolchevik, les Juifs internationaux font la loi. Voilà le mystère de la* «Main cachée» *que personne n'a expliqué intelligemment.*»

Une fois de plus, le mot «Juif» aurait pu être remplacé par celui de «Banquier» ou de «Gangster.» Dans le même genre, il aurait été aussi injuste d'accuser tous les catholiques romains des crimes perpétrés par certains chefs de la «Mafia romaine» qui avaient abandonné depuis longtemps la pratique de leur religion (133).

Lorsque M. Winston Churchill visita la Palestine en Mars 1921, on lui demanda de recevoir une délégation de dirigeants musulmans. Ils protestèrent parce que l'objectif final du Sionisme Politique était de donner les ressources naturelles de la Palestine aux seuls Juifs. Ils firent remarquer que les Arabes occupaient la Palestine depuis plus de mille ans et demandèrent (à Churchill) qu'il usât de son influence pour réparer ce qu'ils considéraient comme une grande injustice. On rapporte que Churchill leur aurait répondu :

> « *Vous me demandez de désapprouver la Déclaration*

---

132. — Lire «*Through thirty years*» (Trente années de vie politique en Europe) de Henry Wickham Steed ; Londres, Tome II, pages 301-302. (N.D.A.)

133. — Ce furent les allusions à la «Puissance Secrète» et à la «Main cachée» faites par Steed, Léon de Poncins, Mme Webster, Maxse et d'autres qui me poussèrent à enquêter sur le sujet afin de trouver la bonne réponse. (N.D.A.)

Balfour et d'arrêter l'immigration (Juive). Ce n'est pas en mon pouvoir... et ce n'est pas dans mes intentions... Nous pensons que c'est bon pour le monde, pour l'Empire britannique et aussi pour les Arabes... et nous veillerons à ce que cela soit» (134). »

Lorsque Churchill fit cette réponse aux Arabes, il pensait selon toute probabilité à la menace qu'avait proférée Chaïm Weizmann, agent des Banquiers Internationaux depuis de nombreuses années. Un an avant là visite de Churchill en Palestine, Weizmann avait fait une déclaration officielle, publiée dans le «*Judische Rundschau*», numéro 4 de 1920 qui avertissait :

«Nous nous établirons en Palestine que vous le vouliez ou non... Vous pouvez hâter notre arrivée ou aussi bien la retarder. Il est toutefois dans votre intérêt de nous aider pour que notre puissance constructrice ne se transforme pas en une puissance destructrice qui renverserait le monde.»

Nous devons étudier cette déclaration de Weizmann en relation avec une autre déclaration, celle d'un Banquier International lors d'un rassemblement de Sionistes à Budapest en 1919. Le Comte de St Aulaire en fait mention en évaluant les chances d'un gouvernement mondial :

«Dans l'aménagement du Monde Nouveau, nous donnons les preuves de notre organisation à la fois pour la révolution et pour la construction, par la S.D.N. qui est aussi notre œuvre. Le bolchevisme est l'accélérateur, l'autre le frein de la mécanique dont nous sommes le

134. — L'auteur n'appréciera le sens de cette déclaration qu'en 1954 lorsque le Premier ministre Churchill -au cours de sa visite à Bernard Baruch déclara : *«Je suis un Sioniste et j'ai toujours encouragé le Sionisme»* et poursuivit en recommandant fortement la *«coexistence pacifique avec les Nations communistes.»* Comme les États communistes ne sont en fait que des dictatures soutenues par la Finance Internationale, nous devons supposer qu'en 1921 comme en 1954, Churchill savait déjà secrètement que ces États étaient les mieux adaptés, les plus capables de fonctionner sous la loi [communiste] de notre époque. (N.D.A.)

moteur et la direction... Le but ? Il est marqué par notre mission(135). *C'est le GOUVERNEMENT MONDiAL.*»

Ces deux déclarations réunies nous font comprendre l'extension internationale de leurs visées secrètes. Huit ans après avoir terminé ce chapitre du manuscrit originel, je reçus des Services de Renseignements Canadiens, le rapport qui va suivre. Les déclarations faites à la Conférence de Budapest du 12 Janvier 1952 corroborent parfaitement mes affirmations de 1944 et confirment les conclusions auxquelles j'étais arrivées en 1924. J'insère donc ici le discours prononcé en 1952, mot pour mot. Il fut originellement publié dans une revue américaine «*Common Sense*» de M. Eustace Mullins, une autorité en matière de conspiration marxiste(136).

> «*Un rapport en provenance d'Europe cite le discours suivant du Rabbin Emmanuel Rabinovitch lors d'une réunion spéciale du Conseil d'Urgence des Rabbins Européens tenue à Budapest (Hongrie), le 12 Janvier 1952 :*

> «*Salutations, mes enfants. Nous vous avons appelé ici afin de récapituler les principales étapes de notre nouveau programme. Comme vous le savez, nous avions espéré disposer de vingt années entre les deux guerres afin de consolider les gains énormes que nous avons réalisés grâce à la Deuxième Guerre Mondiale. Mais l'accroissement de notre population dans certaines zones vitales provoque une opposition contre nous. Nous devons maintenant travailler en usant de tous les moyens mis à notre disposition pour précipiter la Troisième Guerre Mondiale dans un délai de cinq ans. Le but pour lequel nous avons tant halé, tous unis, depuis trois mille ans, est enfin à notre portée et son accomplissement est d'une telle évidence qu'il est dans notre intérêt d'accroître nos efforts et notre prudence davantage encore. Je puis sans crainte vous promettre qu'avant dix ans, notre race aura pris la place qui lui revient dans le monde, à*

135. — Voir «*Genève contre la Paix*» à la page 91. (N.D.A.)

136. — Eustace Mullins est l'auteur de «*La Conspiration de la Réserve Fédérale*", Publiée par Common Sense, New Jersey, États-Unis. (N.D.A.)

savoir que tout Juif sera Roi, et tout Gentil, esclave (137).
(Applaudissements dans l'assistance)

« *Vous vous rappelez du succès de notre campagne de propagande dans les années 1930 qui exacerba les passions anti-américaines en Allemagne et les passions anti-allemandes en Amérique et qui aboutit à la Deuxième Guerre Mondiale. Une campagne de propagande semblable est menée de façon intensive dans le monde, actuellement. Nous développons une fièvre guerrière en Russie par une incessante campagne anti-américaine pendant qu'une panique anticommuniste à l'échelle de la nation déferle sur l'Amérique. Cette campagne oblige toutes les petites nations à choisir entre une association avec la Russie ou une alliance avec les États-Unis. Notre problème le plus urgent, en ce moment, est d'enflammer l'esprit militariste « à la traîne » des Américains. L'échec de la Loi de Service Militaire fut un grand revers pour nos plans, mais nous sommes assurés qu'une mesure appropriée set-a prise par le Congrès aussitôt après les élections de 1952. Les Russes, aussi bien que les peuples asiatiques sont tout à fait sous notre contrôle et ne s'opposeront pas à la guerre. Mais nous devons attendre pour circonvenir les Américains. Nous espérons le faire grâce à la résurgence de l'antisémitisme qui travailla si bien à unifier les Américains contre l'Allemagne. Nous comptons fortement sur des rapports de violences antisémites en Russie* (138) *pour nous aider à susciter une indignation aux États-Unis et amener un front de solidarité contre la puissance soviétique. Simultanément, afin de démontrer aux Américains la réalité de l'antisémitisme,* ***nous prêterons, grâce à de nouvelles sources, d'importantes sommes d'argent aux éléments fortement antisémites***

137. — Ce plan est en voie de réalisation, et ce dans tous les domaines : religieux, politique, économique, social, artistique. (N.D.L.R.)

138. — Cet éclairage expliquerait-il pourquoi le leader russe Jirinovski (pourtant d'origine juive) a obtenu un large financement après un voyage éclair à New York au début des années 90 ?. (N.D.L.R.)

d'Amérique, pour augmenter leur efficacité. *Puis nous provoquerons des réactions antisémites dans plusieurs de leurs grandes villes qui serviront notre double dessein qui consiste à révéler les mouvements réactionnaires en Amérique — nous leur imposerons alors le silence — et de souder les États-Unis en un bloc homogène anti-russe.*

«En l'espace de cinq ans, l'objectif de ce programme sera atteint : une Troisième Guerre Mondiale qui surpassera en destruction tous les conflits antérieurs. Israël bien sûr, restera neutre, et lorsque les deux partis seront dévastés et épuisés, nous nous poserons en arbitres, grâce à notre Commission de Contrôle qui visitera tous les pays ruinés. Cette guerre mettra fin une fois pour toutes à notre combat contre les Gentils. Nous révélerons au grand jour notre identité et celles des races d'Asie et d'Afrique. Je peux déclarer avec assurance que la dernière génération d'enfants blancs vient de naître. Nos commissions de contrôle, dans l'intérêt de la paix et dans celui d'effacer les tensions inter-raciales, interdiront aux Blancs de se marier avec des Blancs. Les femmes Blanches devront cohabiter avec des hommes de Races Foncées, et les hommes Blancs avec des Femmes Noires. Ainsi, la race Blanche disparaîtra car mélanger le Noir avec le Blanc signifie la fin de l'homme Blanc[139]*. Notre ennemi le plus dangereux ne sera plus qu'un souvenir. Nous nous embarquerons pour une ère de dix mille ans de paix et d'abondance, la* Pax Judaïca, *et notre Race exercera un contrôle absolu sur le monde. Notre intelligence supérieure nous permettra facilement de régner en Maîtres sur un monde de peuples foncés.»*

Question de l'assistance : *«Rabbi Rabinovitch, qu'en*

139. — Il est évident que le déclin démographique de la population blanche, accompagné d'une politique d'immigration massive en Occident, d'une perversion des mœurs et de l'apostasie religieuse, s'est développé avec célérité depuis le début des années 80... La mise en pratique d'une telle politique exécutée par les gouvernants répond bien à l'exécution d'un Plan (datant au moins de 1952). ! Voir l'ouvrage 2000 : L'Année charnière. (N.D.L.R.)

sera-t-il des différentes religions après la Troisième Guerre Mondiale ?»

Rabinovitch : *«Il n'y aura plus de religions. Non seulement l'existence d'une classe de prêtres demeurerait un danger perpétuel pour notre domination, mais la croyance en une vie après la mort donnerait une force spirituelle aux éléments inconciliables dans de nombreux pays et leur permettrait de nous résister. Nous maintiendrons toutefois les rites et les coutumes du Judaïsme en tant que signe de notre caste dirigeante héréditaire, et nous renforcerons les lois raciales de façon à ce qu'aucun Juif ne se marie en dehors de notre race et qu'aucun étranger ne soit accepté.*

«Nous pourrions être amenés à laisser se reproduire les jours sinistres de la Deuxième Guerre Mondiale — lorsque nous fûmes obligés de laisser les bandits hitlériens sacrifier une partie de notre peuple — pour disposer des prétextes ou des témoignages adéquats et justifier ainsi dans la légalité les procès et les exécutions des dirigeants d'Amérique et de Russie, jugés en tant que criminels de guerre, après que nous ayons dicté la paix. Je suis sûr que vous avez, que vous aurez besoin d'un peu de préparation pour un tel ouvrage, car le sacrifice a toujours été le mot d'ordre de notre peuple et «la mort de quelques milliers de Juifs en échange de la domination mondiale est vraiment un prix infime à payer.»

«Afin de vous convaincre de la certitude de cette domination, laissez-moi vous faire remarquer comment nous avons transformé toutes les inventions de l'homme blanc en armes qui se sont retournées contre lui. Ses imprimeries et ses radios sont les porte-paroles de nos désirs, «et ses industries lourdes, les instruments avec lesquels il arme l'Asie et l'Afrique contre lui.» *Nos intérêts à Washington soutiennent magnifiquement les Programmes en quatre points concernant le développement de l'industrie dans les zones reculées du*

monde de façon à ce qu'après la destruction des industries et des villes d'Europe et d'Amérique par la guerre atomique, les Blancs ne puissent résister aux importantes masses de peuples de couleurs qui maintiendront une supériorité technologique incontestée (140).

«Ainsi, en ayant la vision de la victoire mondiale devant vos yeux, retournez dans vos pays et intensifiez votre admirable travail jusqu'à ce jour proche où Israël se révélera dans sa destinée glorieuse comme la Lumière du Monde.»

Le mot Illuminati a pour signification «porteur de lumière» !

Ce discours confirme bien ce que j'ai toujours dit, à savoir que le *Pouvoir Occulte* a délibérément suscité l'antisémitisme, et aussi l'anticommunisme, pour l'accomplissement de ses desseins. Il prouve également que les Illuminati ont utilisé le communisme, le Sionisme et le Fascisme pour favoriser leurs visées secrètes. Et ils utiliseront, s'ils le peuvent, la Démocratie Chrétienne contre le communisme pour amener la phase suivante de leur Plan à longue échéance : la Troisième Guerre Mondiale ! Mais le trait le plus éclairant du discours est celui qui dévoile la façon dont les Illuminati se servent d'un Rabbin Juif pour convaincre d'autres coréligionnaires qu'ils seront la classe dirigeante du Nouvel Ordre Mondial, fait très douteux comme nous le montrera l'Histoire...

C'est le Luciférianisme qui dirigera et non pas les Juifs !

Par les termes du Traité de Versailles, en 1919, les Banquiers Internationaux obtinrent le contrôle du réarmement de l'Allemagne et de son redressement économique. Une fois cette tâche accomplie, ils passèrent des accords (*«Abmachungen»*) avec le Haut Commandement Allemand et acceptèrent que les Soviétiques fournissent secrètement aux généraux allemands toutes les armes et munitions dont ils avaient besoin pour équiper une armée moderne de plusieurs

140. — Étudiez cette déclaration en relation avec le rassemblement des dirigeants de toutes les races *«foncées»* et *«Noires»* qui eut lieu à Bandung en Avril 1955 et avec la politique d'envois d'armes à Israël et à l'Égypte. (N.D.A.)

millions d'hommes. Ils obtinrent également du dictateur soviétique de grandes facilités pour l'entraînement de leurs armées mais aussi pour leur permettre de former les officiers et les sous-officiers dont ils auraient besoin pour encadrer cette nouvelle armée qu'ils voulaient constituer lorsqu'ils jugeraient le moment opportun.

Les grands projets en cours d'élaboration issus des «*Abmachungen*», étaient financés par les Banquiers Internationaux(141). Ils permirent ainsi aux pays communistes et fascistes de bâtir leur économie et de constituer leur potentiel militaire. Ces mêmes Banquiers Internationaux permirent de ce fait au Haut Commandement Allemand, d'échapper à toutes les restrictions militaires imposées par le Traité de Versailles(142).

Les gigantesques usines de munitions et d'armements Krupp, construites chez les Soviétiques, derrière les montagnes de l'Oural, reçurent pour nom de Code «*Manych*», et les firmes d'armements allemandes eurent toutes les concessions qu'elles demandaient. L'intrigue internationale à une telle échelle ne pouvait signifier qu'une seule chose. Ceux qui étaient impliqués se préparaient pour la Deuxième Guerre Mondiale. Les gouvernements des soi-disant nations alliées furent parfaitement informés de ce qui se tramait dans les coulisses comme je le découvris lorsque je visitai Londres pendant la Conférence sur le Désarmement Naval en 1930.

Voilà une preuve supplémentaire qui confirme le mot de Disraéli :

«Les gouvernements élus ne gouvernent pas.»

L'Histoire révèle que de 1920 à 1934, le *Pouvoir Occulte* dirigea l'intrigue internationale de telle manière que les dirigeants du communisme à direction présumée juive,

141. — Cela se passait avant l'avènement d'Hitler. (N.D.A.)

142. — Il a été prouvé que les généraux allemands et les officiers haut placés qui négocièrent les «*Abmachungen*» furent condamnés à mort au procès de Nuremberg en tant que «criminels» de guerre... Ils en savaient beaucoup trop. (N.D.A.)

en Russie, travaillèrent la main dans la main avec les dirigeants du nazisme à direction présumée aryenne, en Allemagne. Cette phase de l'Histoire est assez compliquée et le simple citoyen éprouvera de la difficulté à la comprendre (143).

Le communisme et le nazisme ont de nombreux points en commun : tous les deux sont athées, tous les deux nient l'existence d'un Dieu Tout Puissant, tous les deux ont recours la guerre, à la haine et à la force. Les dirigeants des deux idéologies athées et matérialistes ne peuvent être en conséquence que les agents du démon. Ils favorisent la conspiration diabolique qui vise à détourner les âmes humaines de la fidélité et de l'obéissance envers notre Dieu Tout Puissant. Ils utilisent tous les deux une sorte de Franc-Maçonnerie du Grand Orient à des fins de propagande (144).

Le Chef du Conseil des Trente-Trois est le Président du Conseil Exécutif des Treize auxquels nous avons fait référence précédemment. Les cérémonies d'initiation de toutes les Loges du Grand Orient exigent du candidat de jurer qu'il ne reconnaîtra aucun autre mortel au-dessus du Chef de l'organisation ; ce «*Chef*» est par conséquent «*Dieu sur terre.*» Les Banquiers Internationaux ont toujours été, au Sommet, les Chefs de la Franc-Maçonnerie du Grand Orient, depuis 1770. Les Seigneurs de la Guerre Aryens ont toujours été, au Sommet, les Chefs des Loges allemandes. Ils ont choisi respectivement leurs propres successeurs.

Une analyse des événements historiques de 1914 à 1934 indique que les Banquiers Internationaux ont bien fomenté la Première Guerre Mondiale :

1. Afin d'amener une situation favorable à l'action

143. — Toutefois, la lumière a été faite en grande partie sur ce sujet grâce à M. Cecil F. Melville auteur d'une étude sérieuse sur cette phase particulière du Mouvement Révolutionnaire Mondial : «*La façade russe de l'Allemagne.*» (N.D.A.)

144. — Les Loges du Grand Orient allemand n'ont jamais admis les Juifs pour la raison évidente que les Puissances Secrètes n'auraient jamais pu mettre à exécution un complot international de la nature et des dimensions des «*Abmachungen*» si leur politique avait été différente. (N.D.A.)

révolutionnaire et leur permettre ainsi d'obtenir le contrôle absolu de l'Empire Russe ;

2. afin de destituer les Têtes Couronnées d'Europe. Ces dirigeants devaient être destitués avant qu'un des groupes n'impose ses visées totalitaires ;
3. afin d'obliger les gouvernements britannique et français à accepter l'établissement d'*«un Foyer National pour les Juifs, en Palestine.»*

Le gouvernement de Grande-Bretagne fut obligé d'apporter son aide au plan des Banquiers Internationaux (la Révolution Bolchevique de 1917, en Russie), afin d'obtenir, selon leur promesse, l'entrée en guerre de l'Amérique aux côtés des Alliés. Nous pouvons présumer que le «Lusitania» fut coulé pour fournir l'incident nécessaire à la justification du changement de politique américaine, comme Pearl Harbour fut l'excuse de l'Amérique pour entrer dans la Deuxième Guerre Mondiale.

Le projet originel du mandat de Palestine portait en titre :

«TRANSFORMER LA PALESTINE
EN UN FOYER NATIONAL POUR LES JUIFS.»

Il fut changé à la dernière minute en FOYER NATIONAL DU JUIF EN PALESTINE. Ainsi les ambitions des Sionistes étaient masquées.

Les Banquiers Internationaux dissimulèrent de façon délibérée la vérité quant aux énormes gisements minéraux que les géologues avaient découverts en Palestine jusqu'à ce que les gouvernements de Grande-Bretagne, de France et des États-Unis aient accepté leur *Mandat sur la Palestine*(145).

145. — On ne permit pas à la vérité de filtrer quant à la valeur des ressources minérales. Il fallut attendre que les Nations Unies aient démembré la Palestine en 1948 de telle façon... que les minéraux représentant une valeur supérieure à cinq billions de dollars se trouvent dans le sous-sol de l'État d'Israël. Le Comte Bernadotte, de Suède, proposa que les Juifs abandonnent tout le Sud et reçoivent la Galilée de l'Ouest, au Nord. On rejeta son plan et en Septembre 1947 le Comte Bernadotte fut assassiné par des extrémistes Juifs. (N.D.A.)

Les Banquiers Internationaux ont utilisé le Sionisme pour obtenir le contrôle d'un État souverain occupant une position centrale, à partir duquel il leur serait possible d'étendre au monde entier le contrôle qu'ils exercent actuellement sur l'U.R.S.S.

Les conspirateurs ont dirigé les affaires internationales de 1921 à 1934 et réussi à diviser l'Europe en deux camps opposés — fascistes et antifascistes — en prévision de la Deuxième Guerre Mondiale.

CHAPITRE XI

Staline

Staline — Joseph Vissarionovitch Djougachvili — naquit dans le village montagnard de Gori, province de Géorgie, en 1879. Son père était un paysan originaire de Dido-Lilo. Sa mère, Ekaterine Geladze, était une femme très dévote dont les ancêtres avaient été serfs au village de Gambarouli.

On sait très peu de choses au sujet du père de Staline, sauf qu'il travaillait parfois comme manœuvre et de temps en temps comme cordonnier dans une usine de chaussures, à Adelkhanov. Il a laissé l'impression d'un individu nonchalant aimant bien boire. La mère de Staline était toutefois une femme dévouée qui travaillait dur. Elle lavait du linge pour gagner un peu plus d'argent pour la famille. Son ambition était que Staline devienne prêtre. Chiche, elle économisait tout ce qu'elle pouvait pour lui donner une bonne éducation. Le jeune Staline suivit l'école élémentaire à Gori pendant quatre ans et acquit une bourse qui lui permit d'entrer au Séminaire Théologique de Tiflis. Mais Staline n'était pas fait pour la vie religieuse. Il avait continuellement des ennuis avec les autorités du séminaire et en fut exclu au bout de quatre années d'études (146). Il rejoignit alors un groupe de jeunes révolutionnaires.

146. — En fait, Staline est devenu un révolutionnaire athée à la lecture de Darwin et de sa théorie diabolique de l'évolutionnisme. En parcourant les écrits de Darwin il eut, en effet, l'impression que l'homme n'était pas une créature de Dieu. (N.D.L.R.)

Staline se maria d'abord avec Ekaterina Svanidze qui lui donna un fils : Yasha Jacob Djougachvili. Ce garçon ne fut jamais très doué ; son père devenu dictateur, il travaillait comme électricien et mécanicien.

La deuxième femme de Staline, Nadya Alliluyeva, lui donna deux enfants : un fils, Vassili et une fille, Svetlana. Vassili devint Général de Division dans l'Armée de l'Air Soviétique. Il dirigeait habituellement les manifestations aériennes lors des cérémonies étatiques après l'accession de son père au pouvoir dictatorial. À la mort de Staline, il fut exécuté.

Staline et sa deuxième femme, Nadya, ne semblent guère s'être entendus : il eut une liaison avec une belle Juive, Rosa Kaganovitch qui aurait vécu avec lui après le suicide de sa deuxième épouse.

Dans le chapitre *«affaires de cœur»* de Staline, il faut ajouter que Nadya sombra dans la dépression, sans doute après les impitoyables massacres de ses coréligionnaires qu'il accusait de déviationnisme.

Le frère de Rosa, Lazar Kaganovitch, était un grand ami de Staline. Il fut membre du Politburo et occupa ce poste jusqu'à la mort du dictateur. Kaganovitch donna des preuves de ses capacités de Commissaire à l'Industrie lourde lorsqu'il développa les champs pétrolifères du bassin du Donetz et construisit le métro de Moscou. Le fils de Kaganovitch, Mikhaël, épousa Svetlana, la fille de Staline. *L'Associated Press* du 15 Juillet 1951 fit mention du mariage de Svetlana Staline avec Mikhaël Kaganovitch. Ce qu'il advint du premier mari de Svetlana demeure un mystère. Il apparaîtrait que le premier époux de Svetlana était parti ou qu'on l'aurait aidé à partir afin de permettre au fils de Kaganovitch d'épouser la fille de Staline. De la même façon, la deuxième femme de Staline était partie ou aurait été «aidée» à partir pour que Staline puisse épouser la sœur de Kaganovitch, Rosa. On rapporte que Staline épousa Rosa après le suicide de sa femme.

Molotov, vice-Premier ministre de Staline, avait épousé une Juive Américaine, sœur de Sam Karp, propriétaire de la Karp Exporting Company de Bridgeport dans le Connecticut. La fille de Molotov, elle, se fiança avec le fils de Staline en 1951 ; le Politburo ressemblait d'une certaine manière à un «Conseil de famille.»

Comme nous l'avons montré et mentionné précédemment, Staline était devenu un membre du gratin du Parti Révolutionnaire Russe uniquement parce qu'au cours des phases préparatoires de la Révolution Russe, beaucoup de dirigeants parmi les plus connus étaient en prison. Staline n'occupa jamais de poste de première importance à l'intérieur du Parti Communiste pendant la dictature de Lénine. Au moment de la dernière maladie de Lénine, Staline manœuvra pour s'emparer d'une position de choix. Alors bien placé, il put éliminer Trotsky et d'autres concurrents Juifs. Une fois les rênes du pouvoir saisis, il ne les lâcha plus jusqu'à sa mort.

Comment Staline a-t-il pu arriver au pouvoir ?

L'histoire mérite d'être rapportée. Lénine subit une attaque en Mai 1922 qui lui paralysa la parole et les réflexes moteurs. En Décembre de cette année-là, il nomma un Triumvirat composé de Zinoviev, de Kamenev et de Staline, qui devait s'occuper des problèmes du gouvernement. Peu de temps après, il eut une nouvelle attaque et mourut. Trotsky a suggéré, et ses adeptes le croient volontiers, que Staline aurait *«hâté»* la mort de Lénine, parce qu'il s'irritait de la maladie prolongée et de l'incapacité de son chef.

Lorsque le Triumvirat commença à exercer ses fonctions à Moscou, le Politburo comprenait Lénine, Zinoviev, Kamenev, Trotsky, Boukharine, Tomsky et Staline. Zinoviev et Kamenev, bras droits de Lénine depuis le moment où il était devenu dictateur, se considérèrent naturellement comme les membres principaux du Triumvirat et logiquement comme ses successeurs. Zinoviev traitait Staline avec condescendance et Kamenev le considérait toujours avec ironie (147).

147. — Lire «*Staline*» de Trotsky, page 337. (N.D.A.)

Zinoviev et Kamenev virent en Trotsky leur véritable concurrent pour la dictature, après la mort de Lénine. Dans son livre *«Staline»*, Trotsky rapporte que Zinoviev et Kamenev utilisèrent Staline comme un contrepoids vis-à-vis de lui, et dans une moindre mesure par les autres membres du Politburo. À ce moment-là, aucun membre du Politburo ne pensait que Staline s'élèverait un jour au-dessus de leurs têtes.

Zinoviev était considéré comme le membre principal du Triumvirat ; il fut donc délégué à l'ouverture du douzième Congrès du Parti, fonction que Lénine s'était réservée lors des précédentes cérémonies. Zinoviev n'alla pas bien loin car Staline prit rapidement l'avantage. Avant la fin du Congrès, Staline contrôlait la machine du Parti Communiste et occupait une position dominante dans le Triumvirat. Telle était la situation lorsque Lénine mourut en 1924.

En avril 1925, Staline écarta Trotsky du poste de Commissaire à la Guerre. Il cessa alors toute relation avec Zinoviev et Kamenev, et s'allia à Boukharine, Rykov, Tomsky. Zinoviev, Kamenev et Trotsky s'unirent pour s'opposer à Staline, mais ils avaient manœuvré trop tard. En Février 1926, Staline exclut Zinoviev du Politburo, puis de la présidence du Soviet de Petersburg (Léningrad) et enfui de la présidence de la Troisième Internationale. En Octobre 1926, Staline exclut Kamenev et Trotsky du Politburo. L'année suivante, Staline écarta ses trois ennemis du Comité Central du Parti Communiste et peu de temps après, les exclut élu Parti.

En 1927, Trotsky essaya de provoquer une révolte contre Staline, au motif qu'il s'écartait de l'idéologie marxiste et substituait une dictature totalitaire impérialiste à une authentique Union des Républiques Socialistes Soviétisées. Ce que l'on ne semble pas avoir remarqué, c'est le fait que Staline agissait avec l'accord des Banquiers Internationaux pour diriger les Soviétiques. Il dut épurer la Russie de tous les hommes qui pouvaient faire obstruction à leurs Plans à longue échéance.

Pendant la purge, plusieurs millions de personnes furent massacrées et à peu près un nombre équivalent envoyées en travail forcé. De nombreux hommes qui avaient été des dirigeants du mouvement révolutionnaire depuis la constitution de la Première Internationale furent traqués jusqu'à la mort ou emprisonnés. Parmi les dirigeants qui subirent l'épuration de Staline, on trouvait Trotsky, Zinoviev, Kamenev, Martynov, Zasulich, Deutch, Parvus, Axelrod, Radek, Uritzky, Sverdlov, Dan, Lieber et Martov. Les seuls Juifs qui vivaient dans une relative intimité avec Staline, à l'époque de sa mort, étaient Kaganovitch, son beau-frère, et Rosa, sa troisième femme.

Staline poursuivit la politique de Lénine, à savoir l'établissement d'une zone d'influence communiste, entre les 35e et 45e parallèles, enserrant l'hémisphère Nord. De nombreux dirigeants révolutionnaires d'autres pays Rirent convaincus que Staline avait conçu des idées impérialistes et avait des velléités d'exercer les fonctions de dictateur totalitaire à l'échelle du monde. Ils avaient raison. Staline prit ses ordres, comme Lénine l'avait fait, auprès des hommes qui sont *«Le Pouvoir Occulte»* derrière le Mouvement Révolutionnaire Mondial, et ce jusqu'en 1936.

À partir de ce moment-là, il commença à ignorer leurs commandements, comme nous le prouverons.

Staline ne voulait pas impliquer ses armées dans des guerres contre d'autres nations. Sa politique était d'entretenir des feux révolutionnaires dans tous les pays du Sud, entre les 35e et 45e parallèles. Tactique qui s'avéra extrêmement rentable. Au moment de sa mort, l'influence communisante s'exerçait sur la moitié du territoire de l'hémisphère Nord ; la moitié de la population mondiale, environ, avait été asservie.

Lénine avait déclaré en 1921 que l'Espagne devait être le prochain pays soviétisé. Staline hérita de l'idée de la soviétisation de l'Espagne comme d'un pieux legs. Une fois l'Espagne transformée en une *dictature* prolétarienne, il serait facile d'asservir la France et la Grande-Bretagne.

L'Allemagne serait alors dans la situation du casse-noix. Si par malchance l'asservissement de l'Espagne échouait, la manœuvre servirait à provoquer la Deuxième Guerre Mondiale.

Tandis qu'il se préparait à la Révolution Espagnole, Staline reçut des Banquiers Internationaux l'ordre de prendre part activement à une guerre économique qu'ils avaient projetée en 1918, aussitôt après la signature de l'armistice. À vrai dire, les peuples qui ne s'étaient pas engagés activement dans le combat avaient prospéré au cours de la Première Guerre Mondiale. Lorsque les hostilités prirent fin, les peuples des pays alliés jouirent de deux années de prospérité. Ensuite, lorsque les investissements spéculatifs eurent atteint des sommets, on retira d'énormes sommes d'argent de la circulation. On limita les crédits et l'on fit des rappels de fonds sur les emprunts. En 1922-25 on ressentit une dépression de peu d'importance (148).

Cette jonglerie économique fut une expérience préliminaire avant que le *Pouvoir Occulte* provoque la grande dépression de 1930.

Après 1925, on renversa la politique financière et on dopa constamment la situation jusqu'à ce que la prospérité eût atteint un niveau jamais vu en Amérique, en Grande-Bretagne, au Canada et en Australie. La spéculation sur les titres (actions et obligations) et sur les biens immobiliers devint sauvage.

Puis, vers la fin de 1929, arriva brusquement le Krach et la plus grande dépression jamais connue s'abattit sur le «monde libre.»Des millions de personnes se retrouvèrent dans l'indigence.

Des milliers se suicidèrent.

On accusa le *«mauvais»* gouvernement du bouleversement économique qui avait réduit à l'indigence des dizaines de millions de personnes et avait transformé «en milliardaires trois cents personnes qui étaient déjà millionnaires.»

---

148. — Ceci est expliqué dans les chapitres 1 et 2 de «*Red Fog over America.*» (N.D.A.)

En 1925, Staline démarra ses plans industriels quinquennaux pour accroître la croissance intérieure des pays soviétisés. Le plan prévoyait l'exploitation des ressources naturelles, la transformation des matières premières en produits de première nécessité et la modernisation des machines dans l'agriculture et dans l'industrie. Ce vaste plan quinquennal était financé grâce aux prêts des Banquiers Internationaux. Ce programme, ajouté au développement du potentiel de guerre allemand et russe prévu par les accords (*«Abmachungen»*) auxquels nous avons fait référence précédemment, donna un sérieux coup de fouet à l'économie soviétique.

Les dirigeants de la Russie avaient ainsi la possibilité d'employer des millions d'hommes et de femmes, véritables esclaves, ce qui leur donna un avantage supplémentaire par rapport aux nations qui payaient leurs employés et maintenaient un haut niveau de vie.

L'objectif suivant fut la collectivisation des fermes. Pendant des siècles, les Serfs russes eurent un statut proche de l'esclavage. Lénine avait réussi à obtenir leur soutien en leur promettant de plus grandes concessions que celles accordées sous le *«règne»* bienveillant du Premier ministre Peter Arkadyevitch Stolypine, de 1906 à 1914. Plus de 2.000.000 de familles paysannes avaient quitté les «Villages-Mir» et étaient devenues propriétaires terriens. Au 1er Janvier 1916, le nombre de familles s'était accru jusqu'à atteindre le nombre de 6.200.000.

Mais afin de garantir les emprunts qu'ils avaient concédés lors des *«Abmachungen»* et des programmes de développement industriel, les Banquiers Internationaux exigèrent le contrôle du commerce d'import-export des Nations soviétisées. Ils réclamèrent également la collectivisation des fermes en tant qu'unique moyen d'augmenter de façon appréciable la production agricole.

On sait ce qui arriva lorsque Staline imposa par la force ces décrets. On l'a toujours accusé personnellement des atrocités inhumaines qui obligèrent les paysans à se conformer aux lois.

On a écrit de nombreux ouvrages sur cette terrible période. La vérité, telle que je l'ai présentée aux Journaux Américains en 1930 n'a jamais été publiée à ce jour. Plus de 5.000.000 de paysans furent exécutés ou condamnés systématiquement à mourir de faim car ils refusaient d'obéir ou essayaient d'échapper aux décrets de collectivisation. Plus de 5.000.000 d'autres furent envoyés aux travaux forcés en Sibérie.

Ce qui est généralement *très peu connu* c'est le fait que le blé confisqué aux paysans russes s'en alla grossir les énormes quantités de blé achetées par les agents des Banquiers Internationaux partout dans le monde *sauf* au Canada et aux États-Unis. Après avoir accaparé le blé, les Banquiers Internationaux achetèrent des quantités colossales de viandes traitées et congelées en Argentine et dans d'autres pays producteurs de viandes.

Résultat : le Canada et les États-Unis ne purent trouver de débouchés pour leur bétail ou leur blé dans des marchés saturés de produits...

Au cours de la période 1920-1929, les Banquiers Internationaux subventionnèrent les marines marchandes de la plupart des pays à l'exception des marines de Grande-Bretagne, du Canada et des États-Unis. Le résultat de cette piraterie commerciale fut que les bateaux de Grande-Bretagne, du Canada et des États-Unis ne purent concurrencer les bateaux des autres pays. Des milliers de navires restèrent immobilisés dans leurs ports d'attache et les exportations chutèrent de façon vertigineuse.

On n'avait jamais vu une telle chose auparavant.

La chute des exportations des nations alliées s'accompagna d'une augmentation des importations de denrées fabriquées à bon marché en Allemagne, au Japon et dans les pays d'Europe Centrale. Pour vivre dans une aisance normale, cinq salariés sur huit, au Canada, doivent recevoir leur paye, directement ou indirectement du commerce d'exportation. Dès que les exportations chutent, les cinq-huitièmes de la population connaissent une baisse de leur pouvoir d'achat, baisse qui affecte plus gravement et plus rapidement les personnes qui travaillent dans les services. Si les exportations se maintiennent à la baisse, la récession se transforme alors en dépression.

Pour s'assurer que les cales des navires étaient bien verrouillées par les structures économiques des pays alliés, les hommes qui avaient accumulé le blé et la viande commencèrent à déverser leurs stocks sur les marchés mondiaux à des prix largement inférieurs aux coûts de production du Canada, de l'Amérique et de l'Australie. Cette action amena la situation suivante : les greniers à blé des pays alliés pendant la Première Guerre Mondiale, regorgeaient de blé qu'ils ne pouvaient vendre alors que les peuples d'autres pays mouraient de faim par manque de pain et de viande.

La Grande-Bretagne devait encaisser £85.000.000 par an grâce à ses services maritimes. Ces rentrées compensaient chaque année sa balance commerciale déficitaire. L'économie britannique reçut un choc violent lorsque la concurrence déloyale ne lui permit pas de gagner cet argent et le peuple britannique dut acheter son pain et sa viande sur les marchés les moins intéressants.

Les hommes qui étaient les maîtres de l'intrigue internationale utilisèrent cet état de confusion économique artificiel pour provoquer de graves malentendus parmi les différentes nations du Commonwealth Britannique et réduire ainsi les liens à l'intérieur de l'Empire (149).

Le résultat de cette guerre économique fut que les activités maritimes, industrielles et agricoles des pays alliés ou capitalistes se retrouvèrent de fait en quasi-stagnation tandis que les États Soviétiques et les Puissances de l'Axe travaillaient à plein rendement. Une fois de plus, nous devons toujours avoir en mémoire le principe fondamental suivant : les guerres se *«terminent»* en dépressions et *«préparent la voie»* à l'action révolutionnaire dans les pays qui ne sont pas encore asservis.

Cela dit, il était essentiel pour l'avancement de leur Plan à Longue Échéance, d'organiser les affaires internationales

149. — Cette phase de l'Histoire sera étudiée plus en détail ailleurs. (N.D.A.)

de telle façon qu'ils puissent provoquer la Deuxième Guerre Mondiale lorsqu'ils le jugeraient bon.

Lénine et Staline avaient indiqué que l'Espagne occupait une *position-clé ;* en conséquence, nous étudierons dans le chapitre suivant la manière dont ils tentèrent d'asservir l'Espagne.

CHAPITRE XII

LA RÉVOLUTION ESPAGNOLE

Le Plan à Longue Échéance pour l'asservissement complet de l'Espagne commença, comme pour beaucoup d'autres pays, peu après la mort du Christ. Voulant écraser la puissance de l'Église chrétienne en Espagne, les prêteurs d'argent ordonnèrent à leurs agents de s'infiltrer dans les congrégations et de se faire passer pour des chrétiens (150). Ces hommes se trouvèrent de la sorte en position de détruire les organisations ecclésiastiques de l'intérieur. Lorsque cette conspiration devint manifeste au XIIIe siècle, le Pape Innocent III institua l'Inquisition. Le dessein de l'Inquisition était de détecter et de questionner les infidèles suspectés de se faire passer pour des chrétiens (151).

L'Espagne avait été particulièrement bienveillante pour les Juifs qui avaient été autorisés à exercer des emplois publics et à être percepteurs. Mais comme cela se produisit dans tous les pays d'Europe, on accusa l'ensemble de la population juive des crimes des banquiers et de leurs agents.

---

150. — Rappelons-nous des prescriptions adressées en 1489 par le Sanhédrin de Constantinople à Chamor, Rabbin d'Arles-en-Provence. (N.D.A.)

151. — **De nombreux Juifs ont, en effet, simulé des conversions au catholicisme pour s'introduire dans les séminaires et devenir ecclésiastiques de haut rang.** Si, en public, ils donnaient l'impression d'être des catholiques très pieux, en revanche, ils continuaient à pratiquer la religion juive dans le secret (lire l'ouvrage *Histoire des Marranes*, de Cecil Roth.) De telles personnes ont été qualifiées de marranes. On compte aujourd'hui **plusieurs de ces Juifs, introduits dans le sein de l'Église catholique pour mieux la détruire.** (N.D.L.R.)

Entre 1475 et 1504, sous le règne d'Isabelle et de Ferdinand, l'Inquisition repéra et supprima tous les traîtres qui complotaient pour renverser la puissance de l'Église et de l'État. Les Inquisiteurs, sous la direction de Torquemada, découvrirent que l'«*Underground*» subversif était si étendu et si organisé qu'en 1492 l'Espagne suivit l'exemple d'autres pays européens et expulsa tous les Juifs. Cette action donna à certains extrémistes l'occasion de susciter des violences populaires à l'encontre des israélites et de nombreux massacres regrettables eurent lieu. Ces tueries illégales furent condamnées publiquement par les Autorités Ecclésiastiques à Rome.

Les Banquiers Internationaux, qui s'étaient réorganisés au cours des années 1600, et leurs agents, s'infiltrèrent dans le Ministère du Trésor espagnol. Ayant été particulièrement actifs lors des révolutions anglaise et française, ils essayèrent ensuite de détruire l'économie espagnole pour préparer la voie aux actions révolutionnaires dans ce pays.

Il est utile d'étudier l'intrigue politique qui sévit en Espagne de 1839 à 1939, car elle nous offre une vue très claire de la technique révolutionnaire mise en œuvre pour réaliser l'asservissement de tous les pays. Dans toutes les tentatives révolutionnaires, on observe trois phases :

1. L'infiltration d'agents du parti révolutionnaire dans le gouvernement, les administrations, les forces armées, les syndicats ouvriers, afin d'être en mesure de détruire le Gouvernement de l'intérieur lorsqu'on donnera le signal de la révolte.
2. L'association du parti révolutionnaire avec le parti socialiste ou le parti libéral de centre gauche afin de renverser le gouvernement établi, qu'il s'agisse d'une monarchie ou d'une république.
3. Les activités subversives pour instaurer l'anarchie, en vue de discréditer le Gouvernement de Front Populaire et de fournir une justification à la mise en place de la Dictature Prolétarienne. Une fois le programme réalisé, des purges la transforment en une Dictature Totalitaire, comme nous l'avons vu en Russie en 1917.

Les agents de Karl Marx organisèrent la première grève politique générale en 1865. En 1868, les directeurs du M.R.M. expédièrent le *«Senior Fanelli»* en Espagne pour affilier les anarchistes aux révolutionnaires marxistes. Fanelli était un ami intime de Bakounine, lui-même proche associé de Marx et d'Engels. En 1878, Bakounine se brouilla avec Marx sur la politique et on l'exclut de la Première Internationale du M.R.M. (152).

En 1872, Bakounine réussit à influencer les dirigeants révolutionnaires espagnols et leur fit constituer l'Alliance Socialiste-Démocratique (153). Le gouvernement espagnol décréta que les organisations extrémistes de Bakounine étaient illégales, mais elles continuèrent à exister souterrainement, d'autant plus que les Loges du Grand Orient constituaient de parfaits quartiers généraux. Lors d'un congrès tenu à Saragosse, la section espagnole de l'Internationale Marxiste accepta de s'allier à l'Internationale Anarchiste. À la suite de cette association, les deux groupes s'appliquèrent à réunir les différents Organismes Ouvriers en une grande *«Camorra.»* Leurs efforts combinés aboutirent à une révolution qui instaura la Première République Espagnole, en 1873.

Le coup de force des dirigeants révolutionnaires fut accompagné comme d'habitude du règne de la terreur. L'Anarchie se développa sauvagement et l'on assista à de nombreux excès. Finalement, le général Pavia réussit un «Coup d'État» et les révolutionnaires retournèrent dans l'*«Underground.»*

Afin de pouvoir revenir à l'air libre, les membres de l'*«Underground»* révolutionnaire soutinrent les «dirigeants» d'un mouvement *Libéral modéré* de façon à récupérer le pouvoir politique. Les dirigeants révolutionnaires profitèrent de la querelle entre les partisans de Don Carlos et ceux

152. — Lire *«Bakounine»* par le Professeur E.H. Carr, livre qui donne beaucoup de détails. (N.D.A.)

153. — L'ouvrage *«La Quiebra Fraudulenta de la Republica»* de C. Domi donne des précisions sur cette période de l'Histoire espagnole. (N.D.A.)

d'Isabelle pour provoquer une guerre civile. Cette guerre se termina par la défaite des Carlistes en 1876(154).

Les Ouvriers espagnols désiraient vraiment organiser leur propre défense, mais la majorité n'acceptait pas la politique extrémiste que recommandaient les Anarchistes. Les anti-révolutionnaires organisèrent en conséquence l'«Association des Ouvriers» mais les révolutionnaires s'attaquèrent aussitôt à ces modérés(155). Cette persécution continua jusqu'en 1888 lorsque Pablo Iglesia proposa aux modérés d'adopter le nom d'«Union Générale des Ouvriers», en espagnol, l'U.G.T. Mais les membres de cette organisation ne reçurent pas plus de soutien, même après que le gouvernement eut déclaré hors la loi la Fédération Anarchiste Ibérique.

Les éléments syndicalistes collaborèrent avec le parti républicain radical jusqu'en 1908. Ils constituèrent alors la *«Solidaridad Obrera»* (Solidarité Ouvrière), et fondèrent deux ans plus tard, en 1910, la Fédération Régionale du Travail, en espagnol, la C.R.T. Aussitôt après, ils constituèrent la Fédération Nationale du Travail (C.N.T.).

En 1913, la C.R.T. et la C.N.T. furent suspendues pour avoir provoqué de nombreuses grèves. Le gouvernement ne s'opposait pas aux principes de la convention collective, mais à la politique extrémiste et aux actions révolutionnaires des dirigeants. Toutes les organisations de défense des travailleurs furent alors interdites, parce que les extrémistes cherchaient à obtenir les postes de décision dans les Organisations (Unions).

La réaction fut exactement celle qu'espéraient les conspirateurs de la Révolution Mondiale. Leur mouvement syndicaliste révolutionnaire acquit une puissance considérable

154. — Voilà un exemple typique qui nous montre comment on se sert de n'importe quelle situation pour diviser les citoyens d'une nation et les obliger à se combattre. Le principe est que toutes les guerres préparent le chemin à la révolution. (N.D.A.)

155. — Cet exemple nous montre comment les agents des Banquiers Internationaux sont implantés dans le secteur privé, afin d'aider leurs dirigeants révolutionnaires à évincer les dirigeants modérés qu'ils ne peuvent acheter ou contrôler d'une autre façon. (N.D.A.)

et combattit *contre tous les partis* politiques et même *contre l'État.* La politique de ces extrémistes était *«l'action directe»*, dans la plus grande violence. En 1916, le C.R.T. fut réorganisée par Angel Pestana et Salvador Segui. En 1918, ces deux dirigeants ouvriers constituèrent à Barcelone un seul Grand Syndicat.

Au cours de la Première Guerre Mondiale, l'Espagne en tant que pays neutre se constitua d'importantes réserves monétaires, mais à vrai dire, les classes ouvrières ne reçurent pas la moindre miette de la prospérité nationale. Cet incident fut peut-être le facteur qui jeta les classes ouvrières des organisations ouvrières modérées dans les bras des dirigeants révolutionnaires, c'est-à-dire des groupes ouvriers extrémistes. Toutefois, les dirigeants ouvriers de haut niveau et plus modérés n'abandonnèrent pas le combat contre les radicaux et le résultat de leurs efforts fut qu'ils mirent sur pied un nouvel organisme ouvrier en 1920 : *«Le Syndicat Libre.»*

Au cours des trois années suivantes, on assista à une lutte continuelle entre les organisations ouvrières de *«Droite»* et celles de *«Gauche»* : grèves locales, grèves générales, destruction de propriétés, meurtres à grande échelle pour réduire la force des organisations adverses, assassinats discrets afin de remplacer les dirigeants ouvriers.

Tous ces crimes furent commis au nom de la *«Liberté.»*

En 1923, la situation avoisinait le chaos. Afin d'empêcher le Parti Communiste de provoquer une nouvelle révolution, le Roi d'Espagne demanda au général Primo de Rivera de prendre la tête d'une Dictature Militaire.

Un des premiers résultats de la dictature de Primo de Rivera fut la victoire et la fin de la guerre au Maroc.

Ce fut au cours des phases ultimes de cette guerre que le général Franco se signala particulièrement sur le champ de bataille. Il transforma ce qui allait rapidement devenir une déroute militaire en une brillante victoire. Alliant la justice à la pitié il s'acquit l'admiration et la fidélité d'un grand nombre de marocains et se fit remarquer par le peuple, en Espagne.

Mais les ennemis de Primo de Rivera l'accusèrent d'avoir fait tout ce qu'un homme ne devrait pas faire. Signalons avec objectivité qu'il restaura la loi et l'ordre, et institua nombre de réformes sociales. Il coopéra avec Largo Caballero pour améliorer les conditions de travail et se dépensa tellement que seules ses difficultés de santé de 1929 peuvent expliquer les erreurs de jugement qu'il fit en 1930.

Fatigué et épuisé, et comme pour se décharger rapidement de ses responsabilités, il appela deux «dirigeants socialistes» : Beisteiro et Saborit. Il leur confia la tâche de réorganiser le système électoral de la nation pour que le peuple puisse décider entre une monarchie ou un gouvernement républicain. Les raisons qui déterminèrent De Rivera à confier à Besteiro et Saborit la tâche de réorganiser le système électoral en Espagne ne seront probablement jamais connues.

Les deux socialistes fabriquèrent un système électoral sur mesure pour instaurer un Gouvernement Républicain Socialiste. À Madrid seulement, le nombre de votants fictifs dépassa les 40.000 (156).

La corruption était présente dans toutes les grandes villes.

Les Loges du Grand Orient souhaitaient la disparition de la monarchie en Espagne ; elles organisèrent en conséquence une «Union Fraternelle Militaire» particulière, grâce à laquelle elles obtinrent de vingt et un généraux espagnols sur vingt trois la promesse de soutenir la cause républicaine. Le général Mola qui était le Chef de la Sécurité Intérieure Espagnole nous informe dans son livre «*Tempestad Calma, Intriga Y Crisis*» que les généraux furent initiés au Grand Orient et «*reçurent un million et demi de pesetas pour les aider à fuir à l'étranger au cas où le mouvement républicain échouerait.*»

Franco fut l'un des deux généraux qui refusèrent de se joindre à l'«Union Fraternelle Militaire.» Confirmant la déclaration de Mola, Cano Lopez déclara au Cortes Espagnol (Parlement) :

156. — Voir «*L'Arène Espagnole*», page 56. (N.D.A.)

«Depuis 1925 la Franc-Maçonnerie a regroupé sous la dénomination «Union Fraternelle Militaire» *la plupart des officiers supérieurs de l'armée. Parmi les membres on trouve Cabanellas, Sanjurjo, Goded, Mola, Lopez, Ochoa, Queipo de Llana et d'autres... Sur vingt trois généraux divisionnaires, vingt et un étaient francs-maçons... Tous avaient prêté serment au Grand-Orient.»* («Je jure une obéissance inconditionnelle au Chef du Conseil des Trente-Trois... Je jure de ne reconnaître aucun mortel au-dessus de lui.»)

Lopez ajouta :

«A deux reprises, en 1929 pour l'abolition de la dictature de ce Rivera et en 1931 pour l'abolition de la monarchie, le Grand Orient ordonna et les généraux obéirent(157).»

Le général Mola raconta comment lui et la plupart des autres généraux rompirent leur serment au Grand Orient lorsqu'ils furent convaincus qu'on ne les utilisait que pour favoriser les plans secrets de Staline et transformer l'Espagne en une autre dictature communiste(158).

Les Banquiers Internationaux aidèrent à financer l'effort révolutionnaire en Espagne, sans être impliqués pour autant. En Février 1932, le «*Journal*» rapporta que Staline avait promis $200.000 d'aide pour financer les Écoles d'Entraînement Révolutionnaire d'Espagne.

Les compte-rendus financiers présentés au Congrès de l'Internationale Communiste de 1931 nous révèlent qu'ils avaient reçu £240.000. C'était l'aide destinée aux révolutionnaires espagnols(159).

157. — Voir Jean Daurays : «*L'Oeuvre Latine*», Janvier 1937. (N.D.A.)

158. — Ce que le général Mola déclara fut confirmé par une émission radiophonique en provenance de Moscou, le 13 Mars 1938. Le présentateur, qui expliquait pourquoi la guerre civile ne penchait pas en faveur des communistes (Loyalistes) déclara : *«La Grande Œuvre en Espagne a été sérieusement compromise par les généraux félons lorsqu'ils ont rompu leur engagement au Grand Orient.»* (N.D.A.)

159. — Nous prouverons dans les passages et chapitres suivants que les dirigeants révolutionnaires ont répandu de faux billets de banque anglais

Ajoutons à tout cela que deux millions et demi de pesetas furent allouées pour l'achat d'armes et de munitions.

Le général Mola déclara qu'en 1938 plus de deux cents dirigeants révolutionnaires arrivèrent en Espagne après avoir suivi un entraînement à l'Institut Lénine de Moscou.

De 1930 à la date des élections, on orchestra une campagne d'*«Infamies»* contre le Roi d'Espagne et la Famille Royale de la même façon qu'on avait procédé vis-à-vis de Louis XVI et de Marie-Antoinette. Un des mensonges les plus ridicules jamais inventés, que l'on faisait partout circuler, racontait que chaque jour, on saignait à mort un soldat espagnol pour maintenir en vie le Prince d'Asturie, qui souffrait d'hémophilie. D'autres calomnies accusaient le Roi d'être libertin, comme de la même façon on avait faussement accusé l'Impératrice de Russie d'être la *«maîtresse»* de Raspoutine.

Les bulletins de vote (tamponnés) des grands centres industriels balayèrent le vote rural massif en faveur de la monarchie. Après la publication des résultats déclarant l'instauration d'un gouvernement républicain, le Roi Alphonse XIII d'Espagne fit sa dernière déclaration publique en déclarant :

> *«Les élections qui ont eu lieu dimanche m'ont prouvé que je n'ai plus l'amour et l'affection de mon peuple. Ma conscience m'incline à penser que ce ne sera pas pour toujours parce que je me suis toujours efforcé de servir l'Espagne et mon peuple, de tout mon cœur. Un Roi peut commettre des erreurs. J'en ai sans doute fait à l'occasion, mais je sais que notre pays s'est toujours montré généreux vis-à-vis de ceux qui ont commis des fautes sans malveillance.*
>
> *«Je suis le Roi de tous les Espagnols et je suis espagnol. Je pourrais trouver de nombreux moyens pour maintenir mes* «prérogatives royales» *et résister efficacement à ceux qui les attaquent, mais je préfère me tenir résolument de côté plutôt que de provoquer un conflit qui pourrait*

pour financer la révolution dans les autres pays. (N.D.A.)

> *jeter mes compatriotes l'un contre l'autre dans une guerre civile et une lutte parricide.*
>
> «*Je ne renonce à aucun de mes droits qui, plutôt que d'être miens, ne sont qu'une accumulation de legs de l'Histoire pour une tutelle dont j'aurai strictement à rendre compte un jour. J'attendrai la véritable et entière expression de la conscience collective et jusqu'à ce que la nation pat-le, je suspends délibérément l'exercice de mes* «prérogatives royales» *et quitte l'Espagne, reconnaissant par là qu'elle est seule maîtresse de ses destinées. Je persiste à croire, aujourd'hui même, que j'accomplis le devoir que me dicte l'amour de mon pays.*
>
> «*Je prie Dieu pour que les Espagnols puissent sentir et accomplir leur devoir aussi sincèrement que je le fais* (160).»

Des nombreux socialistes qui instaurèrent le gouvernement républicain espagnol, beaucoup étaient sincères dans leurs convictions. Ils ne voulaient aucune participation du communisme *«rouge»* ou du nazisme *«noir.»* Mais ils s'avérèrent impuissants à empêcher les communistes et les anarchistes de mettre à exécution la deuxième partie de leur programme révolutionnaire.

La tactique adoptée par les dirigeants révolutionnaires fut de doubler les socialistes à chaque occasion. Les *«Cellules Rouges»* infiltrées dans le gouvernement l'obligèrent à commettre des erreurs stupides. Les *«Rouges»* de l'extérieur condamnèrent alors le gouvernement et le qualifièrent d'incompétent de corrompu et d'inefficace. Les communistes et les anarchistes déclarèrent que seule une dictature du prolétariat serait en mesure de mettre en place un gouvernement stable...

---

160. — Ce document nous prouve que la Presse Internationale mentait à ses lecteurs lorsqu'elle rapportait que le Roi d'Espagne avait abdiqué. Le Roi d'Espagne n'a **jamais** abdiqué. D'autre part, si le général Franco a la haute main sur le gouvernement, c'est parce que les conspirateurs internationaux ont toujours l'intention de transformer l'Espagne en une Dictature Totalitaire. (N.D.A.)

Et les agents de Moscou commirent toutes sortes de crimes pour jeter le discrédit sur les responsables de la sécurité intérieure.

Le général Primo de Rivera avait souvent eu recours aux services de Largo Caballero afin de réduire les inégalités entre les «ouvriers» et les «employeurs», pendant sa dictature. À l'avènement du gouvernement républicain, Largo Caballero jeta le masque. En 1935, il se vanta ouvertement d'avoir placé *«des dizaines de milliers de cellules communistes dans toute l'Espagne.»*

Au Onzième Plenum de l'Exécutif de l'Internationale Communiste, les délégués espagnols reçurent des félicitations parce que les *«conditions préalables d'une crise révolutionnaire étaient en train d'être mises en place à grande vitesse en Espagne* (161).»

Au Douzième Plenum, le libellé de félicitations aux délégués espagnols était rédigé comme suit :

> *«En Espagne, nous avons pu observer de vigoureux efforts de grève révolutionnaire menés sans interruption pendant de nombreux mois. Le prolétariat espagnol n'avait jamais expérimenté de telles choses auparavant. Ce qui est en train de se réaliser grâce à ces luttes, c'est l'avancée de la Révolution Espagnole.»*

Un vieux dicton nous apprend que *«la vérité surgit lorsque les voleurs se querellent.»* C'est exactement ce qui se produisit en Espagne. Les trois dirigeants de l'*Underground*» moscovite en Espagne étaient Joaquin Maurin, Victor Serges et Andres Ninn. Tous trois avaient reçu une formation spéciale aux activités révolutionnaires à l'Institut Lénine de Moscou. On leur confia ensuite la direction de ces activités en Espagne. Maurin était impliqué dans le mouvement séparatiste, en Catalogne, depuis l'âge de seize ans. À dix-sept ans, cet «intellectuel» avait reçu l'ordre d'enseigner au peuple

161. — Voir l'édition anglaise du rapport du Onzième Plenum page 11 et du Douzième Plenum page 37. (N.D.A.)

espagnol la solution soviétique pour résoudre les difficultés économiques mondiales. À l'âge de vingt-et-un ans il fut placé à la tête des anarchistes.

Il prêcha et pratiqua la religion de la haine et de la violence. En 1914, il fut condamné à vingt ans d'emprisonnement, mais il n'avait pas atteint l'âge légal pour une telle peine. Maurin fut délégué au Troisième Congrès de l'Internationale Communiste qui eut lieu à Moscou en 1921. Il s'y fit remarquer en bien.

À la chute de Primo de Rivera, Maurin retourna en Espagne. Il avait vécu en exil en France et à Moscou. Il était allé en prison, en était sorti, s'était évadé, avait été blessé en 1925, enfermé à la citadelle Montjuich, etc., ... On dit que le seul moment de tranquillité dont il put jouir furent les trois années qu'il passa avec sa jeune femme, à Paris, de 1927 à 1930.

Maurin écrivit un livre, en 1936, dont Victor Serges rédigea la préface. Dans ce livre — «*Hacia la Segunda Revolucion*» — il révélait que Staline avait dévié de l'idéologie marxiste et l'accusait de se servir des forces du communisme pour hâter ses propres visées impérialistes, totalitaires et secrètes (162).

Bien que Maurin, Serges et Ninn aient rompu ouvertement avec Staline, en 1936, leur pouvoir et leur influence sur les classes ouvrières étaient si importants que Staline donna l'ordre de laisser en vie jusqu'à ce qu'ils aient servi au grand œuvre... Il les utilisa jusqu'au début de la guerre civile espagnole puis les fit disparaître. Il donna comme instruction de «*camoufler leur mort de telle façon que la population penserait que tous les trois étaient tombés comme martyrs de la cause communiste.*» Maurin fut trahi, livré aux forces de Franco, jugé et exécuté. Serges fut tué par les Loyalistes tandis qu'il combattait ; Ninn subit le même traitement. On attribua leur mort, avec grand tapage, aux violences commises par les ennemis du communisme.

162. — Maurin et Serges eux-mêmes n'ont pas suspecté que Lénine et Staline ne faisaient que véhiculer les ordres des banquiers internationaux, qui à leur tour obéissent aux Illuminati. (N.D.A.)

Victor Serges écrivit que :

« L'évolution du Communisme Soviétique s'acheva en 1936... passant de l'internationalisme révolutionnaire à un nationalisme de grande puissance militaire, appuyé dans de nombreux pays par un des partis qu'il avait sous sa coupe. Après Juillet 1936, les Staliniens constituèrent un Parti Socialiste Unifié, affilié à la Troisième Internationale... L'objectif du Stalinisme consistait à établir un nouveau pouvoir à caractère fasciste pour encercler la France, alliée probable de la Russie dans la guerre qui se préparait. »

Maurin précisa :

« La politique traditionnelle de l'Angleterre est de ruiner ses adversaires pour se poser ensuite en protectrice et rendre impossible la renaissance du vassal conquis. L'Espagne est d'abord la victime de l'Angleterre puis aussitôt après, celle de la France. Lorsque l'Espagne hésite, l'Angleterre et la France l'attaquent farouchement. Si elle penche du côté de l'Angleterre, la France accroît la persécution. Aussi longtemps que la France et l'Angleterre seront des pays capitalistes, ils ne pourront être les alliés naturels de l'Espagne. L'axe logique pourrait passer par le Portugal, l'Allemagne, l'Italie et la Russie. Un « bloc » de cette nature neutraliserait la France et l'Angleterre » (163).

Serges explique bien pourquoi on voyait une intense propagande *« loyaliste »* dans la presse « universelle », alors qu'on faisait si peu de place aux communiqués de Franco :

« On n'a jamais confronté des méthodes aussi basses et démoralisantes, des méthodes utilisées par Staline et son instrument, la Troisième Internationale, véritable

163. — Là encore nous avons un exemple typique de la façon dont les Banquiers Internationaux gardent parfaitement leur secret. Maurin accusa les gouvernements d'Angleterre et de France des crimes internationaux perpétrés contre l'humanité par les Banquiers, sous la direction des Illuminati. Par ailleurs, ceci confirme ce que nous avons révélé précédemment, à savoir qu'une fois établie la Zone d'Influence entre les 35e et 45e parallèles, les pays compris dans ce périmètre seront asservis. (N.D.A.)

> *flot ininterrompu de propagande à long terme et sans aucun souci pour la vérité. La méthode de la* ***répétition*** *et du* ***cynisme*** *est devenue presque mécanique... La bureaucratie soviétique est en train d'instituer cette procédure à l'échelle internationale. Toute «ineptie» inventée par un correspondant des «Izvestia» à Valence est aussitôt reprise en chœur par les journaux très spéciaux de Paris, Stockholm, Oslo, Bruxelles, Londres, New-York, Melbourne et Buenos Aires... Des millions d'exemplaires colportant des mensonges infâmes sont diffusés et constituent la seule information que des millions d'ouvriers soviétiques reçoivent. Les journaux anglais, américains, chinois et néo-zélandais reproduisent ces mensonges (sur ordre). Des intellectuels avancés, antifascistes, arriveront à les croire. On voit qu'une formidable entreprise de démoralisation est à l'œuvre dans l'univers et je comprends combien est juste le mot impitoyable de Trotsky qualifiant la propagande du Kominterm Stalinien de* «Syphilis du Mouvement Ouvrier.»
>
> (Victor Serges dans l'ouvrage de Maurin : *«Révolution et Contre révolution en Espagne.»)*

Ce que Maurin et Serges écrivirent en 1936 ne fait que confirmer ce que le Pape Pie XI déclarait dans son encyclique «*Divini Redemptoris*» paru en Mars 1937.

Un chapitre de ce document célèbre nous apprend :

Qu'*«il y a une autre explication pour la diffusion rapide des idées communistes... une propagande dirigée par un* «centre unique» *et qui s'adapte très habilement aux conditions des différents peuples ; propagande qui dispose de «grands moyens financiers», d'organisations gigantesques, de Congrès Internationaux, de forces nombreuses et bien disciplinées ; propagande qui se fait par des tracts et des revues, par le cinéma, le théâtre et la radio, dans les écoles et même dans les universités, qui envahit peu à peu tous les milieux même les meilleurs, si bien que le poison pénètre presque insensiblement et toujours davantage les esprits et les cœurs. Un facteur puissant contribue largement à la diffusion du communisme, c'est la conjuration du silence dans une grande partie... de la* «presse mondiale» *non catholique... Nous disons «conjuration» car on ne saurait expliquer autrement le fait qu'une presse aussi avide de commenter les menus incidents de la vie quotidienne ait pu si longtemps garder le silence au sujet des horreurs commises en Russie, au Mexique et dans une grande partie de l'Espagne, qu'elle parle relativement peu d'une organisation mondiale aussi vaste que le communisme dirigé par Moscou. Cette conjuration est due en partie à des raisons inspirées par une politique à courte vue ; elle est favorisée par diverses organisations secrètes (forces occultes) qui depuis longtemps cherchent à détruire l'Ordre Social Chrétien.*

«Cependant les douloureux effets de cette propagande sont sous nos yeux. Là où le communisme a pu s'affirmer et dominer — et ici Nous songeons avec une particulière attention paternelle aux peuples de la Russie et du Mexique — il s'est efforcé par tous les moyens de détruire (et il le proclame ouvertement) la civilisation et la religion chrétiennes jusque dans leurs fondements, d'en effacer tout souvenir du cœur des hommes, spécialement de la jeunesse... En Espagne, ce n'est pas l'une ou l'autre église, tel ou tel couvent qu'on a abattus, mais quand ce fut possible, ce sont toutes les églises et tous les couvents et toute trace de la religion chrétienne qu'on a voulu détruire. La fureur communiste ne s'est pas contentée de tuer des évêques et des milliers de prêtres, de religieux et de religieuses, s'en prenant plus particulièrement à ceux et à celles qui justement s'occupaient avec plus de zèle des ouvriers et des pauvres, mais elle fit un nombre beaucoup plus grand de victimes parmi les laïcs de toute classe... destruction perpétrée avec une haine, une barbarie, une sauvagerie qu'on n'aurait pas cru possible en notre temps.

«Aucun particulier de jugement sain, aucun homme d'État, conscient de sa responsabilité, ne peut, sans frémir d'horreur, penser que les événements d'Espagne pourraient se répéter demain en d'autres nations civilisées...

«Un frein est nécessaire à l'homme pris individuellement comme à l'homme vivant en société... Mais lorsque du cœur des hommes l'idée même de Dieu s'efface, leurs passions débridées les poussent à la barbarie la plus sauvage.»

Nous allons examiner les événements d'Espagne sur lesquels le Pape Pie XI essaya en vain d'attirer l'attention du monde chrétien dès 1937.

CHAPITRE XIII

LA GUERRE CIVILE D'ESPAGNE

Le général Mola nous apprit que :

«Suite à l'élection du gouvernement socialiste en Espagne, et au départ du Roi, un nombre considérable de personnalités sollicitèrent leur admission dans les Loges du Grand Orient. Elles pensaient qu'elles pourraient ainsi échapper à la persécution des Francs-Maçons du gouvernement. Leur but était de montrer leur attachement à la République et de faire en sorte que leurs carrières ne soient point brisées.»

Aussitôt après le départ du Roi, Franco déclara aux membres de l'Académie Militaire qu'il commandait :

«La République a été proclamée en Espagne. Il est maintenant du devoir de tous de coopérer avec discipline et fidélité pour que la paix puisse régner et que la nation ait la possibilité de se gouverner par les voies juridiques habituelles. Jusqu'à présent, à l'Académie, il y a toujours eu de la discipline et un parfait accomplissement du devoir. Aujourd'hui, ces qualités sont plus que nécessaires ; l'Armée a besoin, avec sérénité et dans un esprit d'union, de sacrifier toute pensée idéologique au bien de la nation et à la tranquillité de la patrie.» Cette proclamation nous montre que Franco n'était point un Nazi «Noir» comme a bien voulu le faire croire au grand public la propagande communiste.

Mais le «*Pouvoir Occulte*» ne voulait pas que le gouvernement républicain gouverne de façon efficace et démocratique. Churchill nous en donne la preuve :

> «*Les communistes aidèrent à son établissement non seulement pour le renverser de nouveau mais surtout pour amplifier le chaos politique et économique. Lorsqu'ils eurent amené le pays et le peuple à l'anarchie, les dirigeants recommandèrent avec raison la solution de la dictature du prolétariat qui, seule pourrait restaurer la loi, l'ordre, et sauver la situation.*»

La Monarchie renversée en Espagne, la suite logique ne pouvait être que le combat contre la religion du peuple. On introduisit la laïcisation dans les écoles et on lança une campagne destinée à détruire l'autorité parentale et celle de l'Église. Ayant formé des milliers de jeunes Bolcheviks antireligieux et antisociaux, il suffisait d'attendre l'occasion de jeter ces masses déboussolées contre les forces de l'ordre lors d'une révolte bien préparée à l'avance.

Le 14 Mai 1931, une réunion fut organisée au Club Ateno à Madrid et la discussion porta sur le nouveau programme politique.

Les huit points examinés étaient les suivants :

1. La création d'une dictature républicaine.
2. La punition immédiate de toutes les personnes responsables d'agissements illégaux en temps de dictature.
3. La dissolution de la Garde Civile, de l'Armée, de la Police, etc. et la substitution de groupes républicains armés choisis dans les classes ouvrières et dans les Clubs républicains.
4. La confiscation des propriétés des Ordres Religieux.
5. La nationalisation de la terre.
6. L'interdiction de toutes les agences de presse hostiles à la cause républicaine.
7. L'utilisation des écoles techniques et d'autres bâtiments en vue du bien public.
8. L'ajournement des séances du Cortès jusqu'à ce que ce programme ait été adopté.

Le libéral intellectuel Azatia, le socialiste Prieto et le communiste Caballero étaient trois des plus éminents dirigeants politiques du moment. En public, Azafia s'opposa avec une légère ironie à des mesures aussi radicales bien qu'il les approuvât secrètement. Et lorsqu'il arriva au pouvoir, il mit ce programme à exécution.

En fin de compte les «*Cortes Constituyentes*» furent élus. Sous couvert d'une «Loi pour la défense de la République» fut mise en place une dictature impitoyable ; son seul caractère démocratique en était le nom : «La République des Ouvriers.» Un révolutionnaire formé à Moscou, Jiminez Asua, prépara le projet de Nouvelle Constitution (164). Azana concentra alors tous ses efforts sur la destruction des églises et sur la persécution envers les ordres religieux. En décembre 1932, il fonda la «Ligue de l'Athéisme» dont le périodique «*Sin Dios*» (Sans Dieu) était financé par les deniers publics. Tous ces mauvais coups étaient accomplis au nom de la Démocratie. Les dirigeants déclarèrent au peuple qu'il serait libéré de la tutelle des ordres religieux et du clergé qui restaient les alliés des monarques féodaux et tyranniques.

En Catalogne, les activités révolutionnaires que le général Primo de Rivera avait jugulées, reprirent de plus belle. En Janvier 1933, un correspondant londonien du *Morning Post* rapporta que :

> «*La police avait découvert de gigantesques dépôts de bombes, de fusils et de munitions dans toute l'Espagne et qu'on dépensait de très importantes sommes d'argent pour appuyer la cause révolutionnaire. De nombreuses personne arrêtées, qui ne* «payaient pas de mine» *si l'on se fiait à leur aspect extérieur, transportaient des mallettes pleines de billets de banque* (165).»

164. — Tout comme les agents du M.R.M. avaient rédigé la législation bancaire de la Federal Reserve aux États-Unis en 1910 et en 1913, ainsi que le «*Mandat de Palestine*» en Angleterre, en 1916. (N.D.A.)

165. — La Police saisit 90.000 fusils, 33.000 revolvers, 500.000 cartouches et une quantité astronomique d'argent falsifié. (N.D.A.)

On organisa ensuite un soulèvement en Asturie, et le 14 Septembre 1934, un rapport mentionnait que des fonctionnaires du ministère de la guerre et des officiers de l'Armée étaient impliqués dans des ventes d'armes.

Le général Franco fit un effort désespéré pour essayer de réorganiser l'Armée Espagnole et pour mettre fin à l'anarchie, mais il fut très peu soutenu par les autorités gouvernementales. Pour montrer à quel point la subversion communiste était bien organisée, on mit le feu à plus de trois cents églises au même moment, dans une centaine de villes et de villages différents.

Les assassinats de personnes dont les révolutionnaires voulaient prendre la place devinrent si courants qu'il y eut concurrence entre les «*Pistoleros*» professionnels. Il était possible de faire liquider un ennemi pour 50 pesetas (un peu plus de 5 dollars U.S. de 1967). Les agents de Moscou exploitèrent cette situation de confusion pour appliquer la sentence de Lénine :

> «*La légalité chez les communistes consiste à baser le terrorisme sur des principes fondamentaux* (166).»

La torture, les mutilations, les viols, les enlèvements, les incendies, les effusions de sang et la mort furent les méthodes qu'employa le communisme pour tenter d'arriver au pouvoir. La situation se détériora de mal en pis. Au début de l'année 1936, le pays dans son ensemble était en état d'agitation.

Le Président Alcala Zamora prononça la dissolution des Cortes. Le 16 Février fut la date de l'élection générale. Gil Robles et Calvo Sotelo haranguèrent le pays sous l'étiquette anticommuniste. La propagande Bolchevik, pour cette élection, était dirigée quant à elle par «*Les Amis de la Russie.*»

Largo Caballero était en prison à ce moment-là pour le rôle qu'il avait joué lors d'un enlèvement qui impliquait des révolutionnaires. M. Edward Knoblaugh qui écrivit par la suite «*Correspondant in Spain*» l'interviewa :

166. — Consulter «*Le Bolchevik*», numéro d'Octobre 1930. (N.D.A.)

> *«Nous remporterons au moins 265 sièges. Tous les règlements existants seront changés. Azatia jouera le rôle de Kérensky face à Lénine (moi-même). En l'espace de cinq ans la république sera si bien organisée que mon parti pourra l'utiliser facilement comme tremplin pour notre objectif : Une Union des Républiques Ibériques... voilà notre but. La Péninsule Ibérique sera de nouveau un seul pays. Le Portugal y entrera paisiblement, nous l'espérons, mais par la force s'il le faut. VOUS VOYEZ DERRIÈRE CES BARREAUX LE FUTUR MAÎTRE DE L'ESPAGNE. Lénine déclarait que l'Espagne serait la Deuxième République Soviétique en Europe. La prophétie de Lénine va se vérifier. Je serai le deuxième Lénine et je ferai de cette prophétie une réalité.»*

Suite à cette élection foncièrement malhonnête — l'Espagne n'en avait jamais connu de telle — le Président Zamora écrivit :

> *«Le Front Populaire se hissa au pouvoir le 16 Février, grâce à un système électoral aussi absurde que déloyal, qui donnait un avantage extraordinaire à une majorité relative qui aurait très bien pu être une minorité. Ainsi, dans une certaine circonscription électorale, le Front Populaire, avec 30.000 votes «de moins» par rapport à l'opposition fut néanmoins capable de remporter 10 sièges sur les 13, alors qu'en aucun autre endroit de la circonscription électorale le nombre de votes dépassait de plus de 2 % ceux de son plus grand adversaire. Des cas paradoxaux de ce type étaient assez répandus.»*

Malgré l'illégalité des moyens employés, le premier dépouillement ne donna que 200 sièges sur 465 au Front Populaire qui devint en conséquence le plus important groupe «minoritaire» du parlement : L'objectif suivant des membres du Front Populaire fut de combiner leurs forces avec celles des Basques et autres groupes minoritaires. Ils élirent un Comité de vérification des élections dans chaque circonscription électorale et s'assurèrent que l'examen final des votes serait favorable au Parti du Front Populaire.

À plusieurs reprises, on disqualifia des candidats de Droite et on élit à leur place des candidats du Front Populaire aux sièges de députés. Lorsque le *«battage»* fut terminé, le Front Populaire avait les 265 sièges que Caballero lui avait prédits... Mais après la proclamation de ce résultat, le décompte final des votes révéla :

Pour les partis de «Centre» et de Droite : 4.910.000 votes.

Pour le «Front Populaire» : 4.356.000 votes.

Ce qui faisait apparaître une Majorité de «Centre Droit» de 554.000 votes.

Il est bien évident que les candidats du Front Populaire élus aux Cortes espagnols représentaient un éventail allant du socialiste inoffensif au Bolchevik forcené.

Les Staliniens créèrent un tel chaos qu'une situation infernale se répandit par toute l'Espagne. Avant les élections de Février 1936, le rapport gouvernemental espagnol mentionna ce qui suit :

> *«À partir de la chute de la dictature de Primo de Rivera en 1931, il se produisit une révolution qui tua 2.500 personnes, sept révoltes, 9.000 grèves, cinq «prorogations du budget» ; il y eut deux milliards de pesetas de supplément de dépenses publiques, un millier de municipalités furent mises en sommeil, 114 journaux interdits, deux années et demi d'État d'exception» (équivalent de notre état de Loi Martiale).*

Après six semaines de Front Populaire sous la direction d'Azafia, Caballero et Prieto, le rapport faisait les comptes :

Agressions et vols : Aux quartiers généraux politiques, 50 ; dans des établissements privés et publics, 105 ; dans les églises, 36.

Incendies : Aux quartiers généraux politiques, 12 ; dans les établissements privés et publics, 60 ; dans les églises, 106.

Troubles : Grèves générales, 11 ; soulèvements et révoltes, 169 ; personnes tuées, 76 ; blessées, 346.

Caballero, parlant à Zaragoza, déclara :

«*Nous devoirs détruire l'Espagne de façon à la refaire selon nos vues. Le jour de la vengeance, nous ne laisserons pas pierre sur pierre.*»

Caballero avoua également :

«*Avant les élections nous demandons ce que nous voulons. Après les élections nous prendrons ce que !rom voudrons, par n'importe quel moyen «la Droite» ne doit pas espérer-de pitié de la part des «ouvriers.» Nous n'épargnerons pas de nouveau la vie de nos ennemis.*»

Azafia proclama tout heureux :

«*L'Espagne a cessé d'être catholique.*»

La dirigeante communiste Marguerite Nelken annonça :

«*Nous réclamons une révolution. Celle qui a eu lieu en Russie ne nous sera d'aucune aide. Nous voulons des flammes que l'on apercevra par toute la planète et un déluge de sang qui rougira les mers.*»

Le correspondant du *Times*, quant à lui, nota la situation à Barcelone.

En Février 1936, il rapporta :

«*Un Comité de Vigilance a averti le 20 courant un certain nombre de hauts fonctionnaires d'abandonner leurs postes. Le Comité a été obéi.*»

Un mois plus tard, il écrivit :

«*La dictature du prolétariat est maintenant le but évident de tous les* «Rouges.»

Et un peu plus tard :

«*Le socialisme espagnol s'est vu entraîner vers le communisme et c'est parmi la jeune génération que Marx et Lénine ont recruté la plupart de leurs disciples. Ces jeunes gens croient que la conquête du pouvoir est l'exigence immédiate du socialisme espagnol ; la violence, le seul moyen pour l'obtenir ; et la dictature du prolétariat, la seule façon de garder le pouvoir. La doctrine subversive est inlassablement prêchée.*»

En Mars 1936, il rapporta :

«Des députés du Cortes (Parlement espagnol), les poings serrés pour le salut communiste, ont chanté l'hymne national soviétique en ce lieu même.»

Pourquoi la jeunesse espagnole s'est-elle tournée en si grand nombre vers le communisme ?

Si nous avons compris la technique des dirigeants du M.R.M., la réponse est à notre portée : c'est parmi les classes ouvrières et la jeunesse de la nation que les dirigeants révolutionnaires tirent leurs troupes de choc.

Une enquête a révélé qu'Azarla se prenait pour un intellectuel qui croyait sincèrement au socialisme. Il était ouvertement antireligieux mais protesta toutefois et montra son désaccord face au terrorisme que recommandaient et pratiquaient les anarchistes et les communistes. Une fois qu'il eut en main le pouvoir politique… il l'employa et fit abolir par le gouvernement républicain les règlements d'enseignement religieux dans les écoles et chargea Francisco Ferrer de les laïciser. Au lieu de commencer la journée d'école par une prière au Dieu Tout Puissant, les nouveaux enseignants laïcs commençaient leur classe en faisant chanter aux élèves :

«Nous sommes les fils de la révolution, nous sommes les fils de la liberté. Avec nous pointe l'aube d'une nouvelle humanité.»

Voici la traduction d'un autre «*hymne*» chanté au début et à la fin des journées de classe dans les écoles de Barcelone :

«Lance la bombe ; dispose bien la mine ; tient solidement le pistolet. Fais circuler le mot de la révolution… Aide les anarchistes. Résiste jusqu'à la mort avec tes armes ; détruis le gouvernement avec l'essence et la dynamite.»

Les rédacteurs-en-chef des journaux britanniques et américains refusèrent de publier la vérité tant elle leur semblait hallucinante. Moscou diffusa par la radio des «*hymnes*» très semblables en langue anglaise pour l'instruction des communistes anglais en 1937-1938.

La preuve la plus accablante des méthodes systématiques employées pour retourner et pervertir les jeunes et en faire des révolutionnaires, c'est Francisco Ferrer lui-même qui nous la fournit. Dans une lettre adressée à un camarade révolutionnaire, il écrit :

> *«Afin de ne pas effrayer le peuple et de ne pas donner au gouvernement (républicain) un prétexte pour fermer mes établissements, je les appelle* «École Modernes» *et non pas Écoles pour Anarchistes. Nous voulons provoquer la révolution. En ce moment, toutefois, nous devons nous préoccuper d'enraciner l'idée d'un soulèvement violent dans les esprits des jeunes. Ils doivent apprendre que contre la police et le clergé, il n'y a qu'un seul moyen d'action... la bombe et le poison* (167).»

Lorsque les forces de Franco capturèrent Ferrer au cours de la Guerre Civile, il fut jugé comme traître à l'Espagne et la lettre que nous avons citée un peu plus haut fut versée au dossier comme charge. Reconnu coupable, il fut exécuté. Le Suprême Conseil du Grand Orient de France protesta auprès de toutes les Loges Maçonniques du monde, prétendant que l'on avait assassiné Ferrer à cause de ses activités anti-catholiques.

Une enquête sur le programme d'entraînement destiné à la jeunesse nous révèle également les méthodes employées pour corrompre la morale chez les jeunes. Lénine avait bien dit que:

> *«Le meilleur révolutionnaire est un jeune dénué de toute morale.»*

Son mot d'ordre était devenu une loi dans les Organisations Communistes et tous les membres travaillaient secrètement à faire des jeunes gens des deux sexes, des asociaux et des débauchés.

On enseigna ouvertement aux adolescents la rébellion envers la discipline familiale. On fit croire aux enfants que

167. — Ce fut pour financer les *«Écoles d'Entraînement»* pour la jeunesse, de Ferrer, que Moscou versa les $200.000 auxquels nous avons fait référence précédemment. À Toronto, en 1954, il y avait dix-sept *«Écoles d'Entraînement»* de ce type. Il y en avait plusieurs à Sudbury, Ontario. Tous les grands centres urbains en sont dotés (N.D.A.)

leurs parents étaient des personnes vieux-jeu et l'autorité parentale fut objet de risée. Les démolisseurs prétendaient que les parents avaient menti à leurs enfants depuis le moment où ils avaient été en âge de comprendre, prenant comme exemples le Père Noël et l'*«origine»* des bébés. Les subversifs prétendirent que les parents avaient été victimes des enseignements réactionnaires et de l'exploitation capitaliste et l'enfant éduqua ses parents dans les idées modernes et progressistes. On les avertit que, pour leur propre bien, ils devaient refuser la domination et la discipline enseignée par les parents. Le dessein de cette campagne subversive était de détruire *le caractère sacré et l'unité de la famille qui est le fondement de notre civilisation.*

Pour que les enfants n'aient plus de respect envers les ministres du culte, les subversifs les présentèrent d'abord comme les personnes de leurs familles les moins intelligentes et les moins bien bâties physiquement. Puis ils les ridiculisèrent, les présentant comme des mollusques, des efféminés et des serviteurs des classes dirigeantes.

Citant Marx à l'appui, on raconta aux enfants que :

> *«La Religion est l'opium du peuple parce qu'elle enseigne que l'acceptation de la pauvreté, de la maladie et des travaux pénibles est un bien pour l'âme.»*

On monta l'enfant chrétien contre les prêtres catholiques en lui racontant les calomnies les plus extravagantes à leur sujet, notamment sur leur vie privée. Ils étaient présentés comme des *«loups déguisés en moutons»*, comme des *«corbeaux noirs»* se repaissant de la jobardise de leurs paroissiens. Si un ministre ou un prêtre était impliqué dans un scandale, comme cela arriva, on en tirait tout ce qu'il était possible d'en tirer pour la cause révolutionnaire.

On ridiculisa la religion chrétienne de la façon la plus écœurante qui soit. Le Christ était présenté comme un fils illégitime de Marie, une jeune Juive qui pour sauver la face, attrapa Joseph et lui fit croire que son enfant avait été conçu par le Saint-Esprit. Le Christ adulte était dépeint comme un falsificateur. Ses miracles n'étaient que des illusions, des tours savamment exécutés comme les magiciens savent en faire de nos jours. Les douze Apôtres étaient tout simplement ses complices. On fit souvent usage de la soi-disant bande dessinée *«Mandrake le Magicien»* pour illustrer les procédés employés par les hypnotiseurs et les magiciens afin de berner le public.

Une de ces ritournelles expliquait aux enfants chrétiens que le Christ fut un contrebandier (en alcools) dès son plus jeune âge. Les subversifs affirmaient qu'il avait fait semblant de réaliser un miracle aux noces de Cana pour vendre son vin de contrebande. Ils accusèrent même le Christ et tous les catholiques romains d'être des cannibales, en s'appuyant sur la citation évangélique du Christ lorsqu'Il exhorta ses disciples en ces termes :

> *«A moins que vous ne mangiez ma chair et ne buviez mon sang, vous n'aurez point la vie éternelle.»*

Les jeunes adolescents étaient présentés à des compagnons qui leur enseignaient le libéralisme. Celui-ci tournait bien vite au dévergondage. On leur enseignait la conception anarchiste de la vie :

> *«Moins il y a de lois, mieux c'est. Faites ce que vous voulez.»*

D'après les enseignants subversifs, il n'y avait qu'un «seul» péché, à savoir la désobéissance aux ordres des dirigeants expérimentés et «deux» crimes irrémissibles : l'abandon de poste et la divulgation des secrets du «parti.»

La phase suivante consista à lancer la jeunesse antisociale dans un véritable conflit avec la police. Ils commencèrent par l'impliquer dans des «gangs.» Les jeunes dirigeants communistes «incitaient» les autres membres à agir en dehors de la loi. Ils les obligeaient à se battre pour démontrer leur courage, les entraînaient dans des crimes sans importance et les conduisaient alors encore plus loin dans la jungle de l'*«Underworld»* communistes (168).

168. — L'orgie sexuelle qui eut lieu à l'Hôtel Ford, de Toronto, le 23 Octobre 1954, à la suite du Match de football de la «Plume Rouge» impliquait des douzaines d'adolescents des deux sexes. Exemple typique de l'influence communiste, exercée secrètement, sur la jeunesse d'une nation. (N.D.A.)

La publication de bandes dessinées axées sur le Crime et le Sexe est une des nombreuses cordes de l'arc de la guerre psychologique communiste. Ces bandes dessinées sont calculées de façon à réveiller les tendances sadiques cachées et réprimées chez l'enfant et à affaiblir la «barrière» morale des enfants par ailleurs normaux. Tout «professeur» qui prétend que les bandes dessinées sur le Crime et le Sexe n'influencent pas les enfants, selon les décisions des Illuminati, est un fou ou bien un valet de ces individus.

Les jouets qui représentent des fusils, des soldats, des revolvers et les films farcis de crimes et d'exécutions sont tous calculés de façon à ébranler les sentiments les plus délicats des enfants chrétiens normaux et à les accoutumer à l'utilisation d'armes ainsi qu'aux scènes de violence et de mort violente.

Les livres et les revues pornographiques sont diffusés abondamment et à bas prix car cette littérature est destinée à faire sauter la fine couche de vertu et de décence, principes moraux que la civilisation chrétienne nous avait inculqués.

Peu de gens ont conscience du rôle important que joue le cinéma moderne dans le retournement de la jeunesse, l'éloignant de ses foyers, de son pays et de sa religion. De nombreux cinémas projettent des films dans lesquels, pendant une «heure», des criminels «dangereux», hommes et femmes, font tout ce qui est interdit par nos lois et nos principes moraux puis consacrent une «minute» à leurs démêlés avec la justice ou à leur mort, suite logique de leurs «crimes.»

Des prises de vues de combats qui se produisirent pendant la Révolution mexicaine en 1913, furent présentées à Galveston au Texas.

Le spectacle d'hommes tués au combat ou entraînés de force hors de leurs maisons et massacrés par les révolutionnaires fit hurler et évanouir les femmes tandis que les hommes vomissaient, si bien que l'opinion publique fit interdire ces exhibitions.

Aujourd'hui, de telles scènes sont présentées couramment dans des films destinés «aux enfants» lors des séances du samedi après-midi[169]. Cette simple illustration nous montre comment on a systématiquement endurci le grand public et particulièrement les enfants, comment on leur a fait accepter le spectacle de la violence ou bien de morts sanglantes, spectacle que l'on a fait passer pour tout à fait normal. Tout ceci corrobore la devise révolutionnaire selon laquelle:

> *«On ne peut provoquer rapidement les réformes urgentes que par l'action révolutionnaire.»*

Dans chaque pays qui n'est pas encore asservi, les directeurs du Mouvement Révolutionnaire Mondial ont monté des Agences Cinématographiques privées qui diffusent les images les plus obscènes dans le cadre de réunions privées. Ces films montrent toutes les sortes de dépravations sexuelles dont l'homme est capable.

De tels films sont conçus pour démoraliser la jeunesse et pour mieux la circonvenir dans les organisations révolutionnaires. Ces révélations sont confirmées par le fait qu'en U.R.S.S. les lois qui interdisent ces exhibitions sont strictement respectées.

Les jeunes asociaux, antireligieux, endurcis et abrutis sont envoyés à Moscou et on leur enseigne: «la Guerre Révolutionnaire ainsi que l'Art du Combat de Rue.»

Il s'agit d'un enseignement différent par rapport à celui qui est dispensé aux dirigeants ouvriers et aux intellectuels en vue.

La Guerre Psychologique Révolutionnaire travaille, en Occident, à l'accomplissement de ses objectifs comme elle le fit en Espagne. La preuve en est qu'aujourd'hui personne ne perd son sommeil après avoir entendu des nouvelles

169. — Que dirait l'auteur aujourd'hui alors que la jeunesse est dans une fange d'immoralisme sans commune mesure avec le passé ? Ce lamentable processus qui entraîne ces jeunes âmes en enfer est aujourd'hui alimenté par l'abandon des parents, soucieux de plaire à l'esprit du monde ; la trahison des pasteurs ; la télévision ; le comportement des adultes ; la perversion des familles ; et surtout par ce vecteur essentiel pour les communistes maquillés en mondialistes sociaux, démocrates : l'école ! Un châtiment terrible nous menace, car nous sommes maintenant en guerre contre Dieu lui-même. (N.D.L.R.)

traitant de catastrophes aériennes, d'accidents d'automobiles, de crimes et de massacres. Une série d'informations de ce type aurait fortement perturbé le sommeil, il y a seulement cinquante ans.

Personne n'entreprend plus d'action lorsque les journaux rapportent sans broncher que des milliers de Juifs ont été massacrés et des milliers de chrétiens martyrisés par Bela Kuhn ou des Chinois sadiques, à cause de leurs convictions anticommunistes. On accepte maintenant de telles horreurs comme de simples accidents de la vie quotidienne. Nous avons été immunisés et n'avons plus les mêmes réactions qu'autrefois face aux violences de toute sorte. Nous ne sommes plus troublés par les coups d'état. Si nous l'avions été, nous aurions fait quelque chose pour mettre fin à ces impostures.

Les hommes écoutent ceux qui ne cessent crier — comme en Espagne — que *«le communisme ne pourra jamais provoquer une révolution ici.»* Ils écoutent ceux qui leur procurent un sentiment de fausse sécurité. La majorité des citoyens est comparable aux enfants qui dissimulent leurs têtes sous les couvertures lorsqu'ils sentent le danger. On devrait pourtant savoir que tirer les draps et les couvertures au-dessus de sa tête n'a jamais protégé d'un assassin, d'un violeur ou de l'explosion d'une bombe.

Quelques faits nous montreront comment la guerre psychologique a procédé en Espagne. À ce sujet, nous devons toujours garder en mémoire ce mot de Lénine :

> *«Une des phases de l'entraînement de tous les jeunes révolutionnaires doit comprendre le cambriolage d'une banque, la destruction d'un poste de police et l'élimination d'un traître ou d'un espion. Tant qu'un jeune n'aura pas été sevré du lait de la bonté humaine et de tout sentiment de philanthropie, nous ne le considérerons pas digne* «d'être membre du parti.» *Voilà un statut tout à fait différent de celui de* «Compagnon de Route» *(du communisme).*

Au fur et à mesure que la date choisie pour la Révolution, en Espagne, approchait, les pourvoyeurs de littérature pornographique et en images obscènes devenaient si hardis qu'ils plaçaient leurs «stands» à l'entrée des églises et offraient leur marchandise aux personnes qui entraient et sortaient. Les couvertures de ces publications représentaient généralement des prêtres et des religieuses dans des activités que nous ne nommerons pas.

M. Edward Knoblaugh, grand spécialiste en matière de Guerre Civile espagnole fut tellement sidéré par cette campagne anticléricale qu'il rapporta quelques faits :

«De temps en temps, des délégués Protestants venaient en Espagne Loyaliste afin d'enquêter sur les histoires d'activités anticléricales dont ils avaient entendu parler. Ces délégations étaient chaleureusement accueillies. On faisait alors de grands efforts pour les persuader qu'ils avaient été scandaleusement abusés. Des guides «choisis» *leur étaient affectés et conduisaient les visites. Ils ne voyaient que ce que les autorités communistes voulaient bien qu'ils vissent. Un ou deux jours plus tard, ils étaient renvoyés chez eux, impressionnés dans le bon sens* (170).»

Mais un jour, il se produisit une bévue. Une délégation d'ecclésiastiques protestants s'arrêta devant un stand de livres pour admirer quelques ouvrages rares et anciens. Avant que le guide ait pu intervenir, ils aperçurent également des exemplaires de *«La Trace»* et de *«Bicharracos Clericales»* [*«Sales Bêtes Cléricales»*]. Les couvertures représentaient des orgies ecclésiastiques et l'on y voyait des religieuses à moitié nues. Les deux revues étaient illustrées à profusion d'images obscènes.

M. Knoblaugh commenta :

«Les délégués s'en retournèrent fort irrités.»

La situation en Espagne basque, entre 1923 et 1936, était très semblable à celle qui existe actuellement au Canada parmi les populations de langue française et de langue anglaise. Le peuple basque a sa propre langue, sa propre

170. — M. Knoblaugh fut «*Correspondant en Espagne.*» Il écrivit un livre qui portait ce titre. (N.D.A.)

culture et ses propres traditions qui remontent à l'antiquité. Il est profondément religieux et très fier. Comme de nombreux Canadiens Français, les Basques croyaient qu'ils méritaient l'Indépendance Nationale. Pour hâter cet objectif, ils organisèrent un Mouvement Séparatiste afin de libérer le peuple Basque du joug de l'Espagne. Comme on pouvait s'en douter, les conspirateurs du mouvement révolutionnaire espagnol ne perdirent pas de vue une telle situation. Le peuple Basque était catholique romain à fond. Il croyait qu'il était en droit de combattre pour son indépendance politique s'il le fallait. La grande majorité, toutefois, ne se serait jamais associée au parti communiste, «en connaissance de cause», pour réaliser cette opération.

C'est pourtant ce qui arriva.

Les *«Cellules»* marxistes s'étaient infiltrées dans la société Basque et dissimulèrent leur véritable identité avec une telle maestria qu'elles dirigèrent les «Séparatistes» comme elles l'entendirent. Elles menèrent alors les Basques au massacre. Sous le couvert d'un patriotisme et d'une ferveur religieuse intenses, les dirigeants Basques — le Président Aguirre, Giral et Negrin — firent fondre et frappèrent sur une croix massive, le «pistolet» de l'Anarchisme ainsi que la «faucille» et le «marteau» du communisme.

Lorsque la révolution éclata, les masses furent abandonnées à leur sort. Aguirre devint «Chef» de l'État Basque et *«Generalissimo»* des armées Basques. Pendant qu'il travaillait dans son bureau à Bilbao, on assassinait des centaines de prêtres catholiques et d'autres dirigeants Basques. Leur martyre accrut naturellement la haine qui existait entre Basques et Espagnols.

F. J. Olondriz, qui rédigea la préface du livre de José Echendis :

> «La persécution Rouge au Pays-Basque» *écrivit : «Lorsque le jour arriva, les Séparatistes Basques, aveuglés par la colère — beaucoup d'entre eux oubliant leur foi et leurs sentiments de catholiques — se retrouvèrent étroitement et solidement unis aux communistes, aux athées et aux anarchistes... Ils se jetèrent dans la guerre, furent*

responsables de massacres et crurent que tous les moyens étaient licites, oubliant dans leur révolte les mots péremptoires de leur chef religieux, le Pape Pie XI, qui avertissait dans son Encyclique «Divini Redemptoris» *que «Le Communisme est intrinsèquement pervers et que l'on ne peut admettre sur aucun terrain la collaboration avec lui de la part de quiconque veut sauver la civilisation chrétienne.»*

Combien nos grands hommes d'État auraient dû se souvenir de ces paroles de sagesse alors qu'ils coopéraient avec Staline pendant la Deuxième Guerre Mondiale !...

Une autre vérité que les chefs de Gouvernements ne devraient jamais oublier, c'est le fait que les communistes et «tous» les autres mouvements internationaux sont manipulés par les Illuminati pour faire progresser leurs visées et leurs plans secrets.

CHAPITRE XIV

Franco

Pour comprendre ce qui se produisit en Espagne en 1936, il nous faut d'abord savoir quelques éléments caractéristiques de sa vie.

Franco entra dans l'Armée Espagnole avec l'intention d'y faire carrière. Sa vie professionnelle est un véritable roman : il se distingue dès sa nomination dans la Légion Espagnole en transformant la défaite infligée par les Maures au général Sylvestre en une victoire éclatante. Non seulement il mena ses troupes avec courage, mais il leur inspira une grande confiance par son génie stratégique. Il gagna aussi le respect de ses ennemis par ses victoires militaires et sa remarquable politique administrative au Maroc si bien que les Maures le considérèrent presque comme *«un dieu.»* Ils finirent par l'appeler le *«Victorieux»*, le *«Chef des Chefs»*, *«Brave comme un Lion.»*

Toutes ces raisons permettent de comprendre pourquoi les marocains se rallièrent à lui lorsqu'en Juillet 1936, il leur demanda s'ils lui étaient fidèles.

Franco ne fut jamais très bien vu des autres généraux, mais il bénéficiait toutefois de l'estime de la plupart d'entre eux. Cette raison, importante, fit que le gouvernement de Front Populaire ne se transforma jamais en une Dictature Totalitaire.

La situation politique au début de 1936 était la suivante : Azaila, Caballero et Carlos Prieto dominaient le gouvernement de Front Populaire. Gil Robles et Calvo Sotelo étaient à la tête de l'opposition de Droite.

Le jour des élections, en Février 1936, le général Franco avait téléphoné au général Pozas qui commandait alors la Garde Civile. Il le prévint que les communistes élus aux Cortes avaient projeté d'exciter la foule dans l'intention de provoquer un coup d'état révolutionnaire et de renverser le gouvernement républicain. Le général Pozas déclara au général Franco que ses craintes lui paraissaient exagérées. Le général Franco téléphona ensuite au général Molero, Ministre de la Guerre et l'informa du danger menaçant. Franco suggéra qu'il fallait lui donner la permission de déclarer la Loi Martiale.

Il rédigea ensuite les instructions qui lui donneraient le pouvoir de faire face aux excès et à la violence de la foule. Seules les signatures du Conseil des Ministres étaient indispensables pour lui permettre de maintenir la loi et l'ordre, et de protéger le gouvernement républicain de l'action révolutionnaire. Mais Portela qui exerçait alors la fonction de Premier Ministre allégua qu'il était trop âgé pour faire appliquer la décision du ministère.

Franco répliqua :

« Vous avez mis l'Espagne dans cette triste situation. Il est maintenant de votre devoir d'essayer de l'en sortir. »

Le général Franco reçut l'ordre de se rendre aux Îles Canaries. Cet ordre signifiait en clair son exil d'Espagne. Avant de partir, il eut une réunion avec les généraux Mola et Varela. Ils lui certifièrent qu'ils étaient absolument certains que lorsque les autres généraux qui avaient rejoint les Loges Militaires du Grand Orient, connaîtraient la vérité, la plupart d'entre eux rompraient avec le Grand Orient et l'accepteraient à leur tête. Avant de se quitter, Mola et Franco mirent au point un moyen de communication secret. Dès que Franco fut parti aux Îles Canaries, les agents de Staline redoublèrent d'activité.

Le 23 Juin 1936, Franco écrivit une longue lettre(171) au Ministre de la Guerre dans laquelle il insistait à nouveau sur les dangers du moment. Mais ces avertissements tombèrent comme lettre morte. Il était évident que les membres communistes du gouvernement républicain imprimaient leur politique et agissaient en conséquence.

Lorsque Sotelo révéla aux «Cortes» qu'entre Février et Juin 1936, il y avait eu 113 grèves générales, 218 grèves partielles, 284 bâtiments, 171 églises, 69 clubs et 10 locaux de journaux incendiés, et plus de 3.300 assassinats, Casares Quiroga, Premier ministre de l'époque, sursauta et lui répliqua avec emportement :

«On vous tiendra personnellement responsable de l'émoi que suscitera votre discours.»

Dolores Ibarruri, une communiste dénommée la *«Pasionaria»* à cause de ses discours incendiaires et de ses actions fanatiques était aussi membre du Cortes espagnol. Elle aussi sursauta et, pointant son doigt en direction de Sotelo, hurla littéralement :

«Cet homme a prononcé son dernier discours.»

C'était vrai. Le 13 Juillet 1936, Sotelo fut traîné hors de sa maison par une quinzaine de Gardes d'Assaut sous le commandement du Capitaine Don Angel Moreno. On l'emmena dans un cimetière tout proche et on l'assassina. Ce fut cet événement qui incita de nombreux généraux espagnols à rompre leurs serments vis-à-vis du Grand Orient et qui les poussa à demander à Franco de prendre le pouvoir en Espagne. Dolores Ibarruri était un agent de Staline : on lui avait confié la tâche de corrompre les *«raids»* sur les fabriques d'armes gouvernementales et d'équiper en armements les forces révolutionnaires espagnoles. Elle s'acquitta de ces différentes tâches avec beaucoup de compétence.

Les Gardes d'Assaut firent des descentes dans les maisons des anticommunistes notoires et nombreux, suite à l'assassinat de Sotelo. Mais la plupart d'entre eux avaient été avertis et avaient fui.

171. — Voir les détails dans l'ouvrage d'Arrara : «*Franco.*» (N.D.A.)

Le meurtre de Calvo Sotelo, le 13 Juillet 1936, décida Franco. Il envoya un message codé aux généraux qui avaient juré de se battre pour sauver l'Espagne et l'empêcher de devenir un État satellite de la Russie. Parmi les généraux que Franco avaient contactés, figuraient Mola, Goded, Fanjul, Sanjurjo, Saliquet, quelques officiers de la Marine Espagnole et Queipo de Llano. Aussitôt le message envoyé, Franco s'envola des Canaries et se rendit à Tetuan où il savait qu'il pouvait compter sur la fidélité des troupes marocaines.

Le 21 Juillet 1936, Franco fit une courte proclamation qui définissait l'enjeu du combat, en un langage concis :

> *«Il est du devoir de tout homme de participer à ce combat évident entre la Russie et l'Espagne.»*

Ainsi commença la Guerre Civile. Le professeur Unamuno résuma la situation d'une autre façon, plus succincte :

> *«C'est le combat du christianisme contre la barbarie.»*

Il aurait dû préciser «Contre l'Illuminisme.»

D'autres faits ont prouvé que le Komintern de Staline conspirait pour asservir l'Espagne et provoquer une guerre totale entre la Grande-Bretagne et ses alliés d'un côté, et l'Allemagne et ses alliés, de l'autre. Il existe un rapport d'une réunion du Secrétariat Politique du Komintern qui eut lieu le 25 Janvier 1938. Le but de la réunion était *«de discuter des différents moyens d'accroître l'effort révolutionnaire en Espagne et en Afrique du Nord.»* Les représentants du Profintern assistaient à la réunion ainsi que les Branches Étrangères du G.P.U. (la Police Secrète Soviétique).

La plupart des dirigeants révolutionnaires expérimentés de Moscou étaient présents : Iejov, chef de la section secrète du Komintern ; Georges Dimitrov, l'incendieur du Reichstag ; le chef de la Ligue des Sans-Dieu et celle des Libres-Penseurs ; le Secrétaire de l'Internationale Communiste d'alors ; Schick, Manuilsky et Lozovsky du Profintern ; Popescu, Weintrauben, Gourovitch, Liémann, Turrini, Adami et Valdez qui représentaient le Soviet des Affaires Étrangères au Bureau Politique du Komintern.

Ce sont les noms des hommes qui ont travaillé activement à étendre la zone d'influence communiste dans le monde ces dernières années — [1958/1967] — Dès l'ouverture de la réunion, Dimitrov prononça un discours enflammé. Il dénonça le manque d'énergie missionnaire parmi les envoyés spéciaux militaires qui avaient été «parachutés» en Espagne pour aider à corrompre le Gouvernement du Front Populaire et pour diriger les opérations militaires des armées loyalistes.

Il déclara que leur action :

«*N'avait pas engendré l'énergie nécessaire et l'élan révolutionnaire propres à convaincre les masses européennes. Les résultats obtenus n'ont pas justifié les risques importants qui ont été pris. Le combat primordial qui est de provoquer un conflit armé entre les deux groupes d'États capitalistes n'est pas arrivé à terme.*»

«Il en vint à ordonner ensuite «*que le Commandant Militaire Soviétique en Espagne soit placé, comme les ambassadeurs, sous le contrôle des Émissaires du Komintern qui sauraient lui imprimer les sentiments révolutionnaires adéquats.*» (Rapporté dans «*Gringoire*», numéro du 11 Février 1938.)

Pendant la Guerre Civile d'Espagne, la propagande tenta de persuader «l'homme-de-la-rue» qu'un petit groupe de généraux avait organisé une révolte pour renverser le Gouvernement Républicain de Front Populaire et mettre en place une dictature militaire. Les Forces du Front Populaire s'étaient intitulées «*Loyalistes*» et celles de Franco, «*Nationalistes.*» Les «Loyalistes» comprenaient tous les groupements politiques à partir du Centre «*Gauche*» et les «Nationalistes» comprenaient tous les mouvements à partir du Centre «*Droit.*»

Les communistes espagnols étaient divisés en deux groupes : ceux qui voulaient transformer la Dictature Prolétarienne en un État Totalitaire Stalinien, et ceux qui souhaitaient faire du Soviet Espagnol une composante de l'Internationale des Républiques Soviétiques comme le recommandait la Théorie Marxiste.

Les Forces Nationalistes comprenaient des hommes qui avaient soutenu le Mouvement Carliste qui, depuis 1837 avait l'intention de restaurer le Trône d'Espagne au profit des descendants de Don Carlos. Les Carlistes étaient surtout présents dans la Province de Navarre et soutinrent l'Armée Nationaliste de Franco parce qu'ils ne voulaient pas que le communisme s'installe en Espagne.

Parmi les Forces de *«Droite»*, il y avait aussi les Phalangistes, les mouvements d'«Extrême Droite» où figuraient sans aucun doute des hommes de tendance «Nazie» qui pensaient subjuguer leurs ennemis de *«Gauche»*, grâce à la «Guerre Totale.» Pourtant, malgré toutes ces factions, les gens simplifiaient : les gens de *«Droite»* accusaient les gens de *«Gauche»* d'être des communistes et les gens de *«Gauche»* accusaient tous ceux de *«Droite»*, même s'ils étaient du «Centre» d'être des «Fascistes.»

Les communistes commirent les atrocités les plus horribles : tortures, mutilations, viols, assassinats par milliers de victimes innocentes. Tout cela faisait partie du plan revu et corrigé de Règne de la Terreur.

Quelques extrémistes de chez Franco commirent également des atrocités. Toutes les guerres civiles en arrivent à transformer un grand nombre d'hommes en brutes inhumaines qui deviennent des «bêtes» dès qu'on a excité en elles le désir du sang. On ne peut justifier en aucun cas la Guerre Civile et l'on devrait exécuter tous ceux qui recommandent les guerres révolutionnaires. Les témoignages les plus dignes de foi nous démontrent que le Roi d'Espagne, en 1931, et le Général Franco en 1936, firent tout ce qui était en leur pouvoir pour éviter la guerre civile.

Franco n'invita pas les citoyens Espagnols à se rallier à lui avant qu'il ait épuisé tous les autres moyens d'empêcher le coup d'état communiste du 26 Juillet 1936. Le Gouvernement du Front Populaire avait fortement diminué les effectifs de l'Armée de métier espagnole, qui avait été quasiment remplacée par une Force de Police Nationale que contrôlait le gouvernement de «Gauche.»

Il est extraordinaire de constater que la promesse de Franco de réduire le complot communiste n'ait pas échoué car des enquêtes effectuées après la guerre révélèrent qu'en 1936, les forces armées étaient minées par les traîtres, officiers et soldats, que les agents de Moscou, présents à l'intérieur du gouvernement de Front Populaire espagnol, avaient placés à des postes-clés.-Le 21 Juillet 1936, l'organisation dirigée par Moscou pour mettre la main sur l'Espagne était fin prête.

Franco savait que Julio Alvarez del Vayo, Ministre des Affaires Étrangères dans le gouvernement républicain et Commissaire Général, avait nommé des centaines de commissaires politiques dans l'armée républicaine. La majorité de ces hommes était communiste et Vayo avait agi sans consulter le Premier Ministre. Les commissaires obligeaient les soldats à rejoindre le Parti Communiste, leur offraient des avantages et des promotions s'ils acceptaient, et les menaçaient de toutes les sanctions qui étaient en leur pouvoir s'ils ne s'exécutaient pas. Luis Araquistain, ex-ambassadeur de la République Espagnole à Paris, publia ces faits dans le *New-York Times* du 19 Mai 1939.

Personne ne les contesta.

Indalecio Prieto, député Socialiste Espagnol, Ministre de la Défense Nationale pendant la Guerre Civile d'Espagne, mena la guerre contre Franco. Dans un rapport publié à Paris en 1939 et intitulé «*Comment et pourquoi j'ai quitté le Ministère de la Défense Nationale*», il déclarait :

> «*Il était difficile d'être sur ses gardes parce que des communistes occupaient certains postes confidentiels et afin de ne pas être suspectés, avaient reçu l'ordre de dissimuler leur appartenance et parfois même, de s'affilier à d'autres partis pour la réalisation de leurs objectifs. Le Dr. Juan Negrin était de ceux-là. Il fut l'un des hommes les plus puissants en Espagne pendant la Guerre Civile.*»

Prieto écrivit à son sujet :

> «*Parce que je refusais d'obéir aux ordres de Moscou, Juan Negrin m'exclut du gouvernement qu'il présidait le 5 Avril 1938. J'occupais le poste de Ministre de la Défense*

Nationale dans son gouvernement. On entreprit deux actions simultanées contre moi : l'une fut confiée à la police secrète russe et aux militaires qui opéraient dans notre pays ; l'autre, aux communistes espagnols... Les Russes donnaient les ordres et les communistes espagnols obéissaient.»

Le Dr. Juan Negrin certifiait qu'il n'était pas communiste, mais ce fut lui qui donna l'ordre de livrer les 7.000 caisses d'or espagnol à Staline. Les caisses furent chargées sur les bateaux «*Kine*», «*Neve*» et «*Volgiles*» ; tous les trois arborant le pavillon soviétique. José Velasco et Arturo Candela accompagnèrent le chargement à Odessa, en tant qu'hommes de confiance. Tout cela se fit avec la plus grande discrétion et les «*autres membres du gouvernement de Front Populaire ne firent pas au courant de cette affaire.*» Pendant que Negrin exerçait ses fonctions, on nomma trois communistes aux postes de sous-secrétaires à la défense, qui furent les véritables maîtres de l'armée de terre, de la marine et de l'armée de l'air républicaines (172).

Largo Caballero était un communiste notoire, mais lorsqu'il refusa d'obéir aux ordres des émissaires de Moscou, ceux-ci gouvernèrent pratiquement à sa place «*alors même qu'il exerçait les fonctions de Président.*» Quand il essaya de rectifier ses erreurs, il s'aperçut qu'il était trop tard. Comment les agents de Moscou pouvaient-ils exercer un contrôle aussi absolu sur les dirigeants de «*Gauche*» dans un pays étranger ?

Prieto nous l'explique :

«*La quasi totalité des postes de commandement dans l'armée du gouvernement de Front Populaire furent occupés en fait par des communistes ; ils avaient entre leurs mains tous les rênes du «pouvoir.» Comment un tel phénomène a-t-il pu se produire ? Par le biais d'un système coercitif ponctué d'avancement individuel pour*

172. — Le vol de cet or est encore un problème international en 1955, puisque Franco exige, encore aujourd'hui que les Soviétiques le lui restituent. (N.D.A.)

ceux qui courbaient la tête, d'assassinat pour ceux qui se révoltaient.»

Theo Rogers dans son «*Espagne, un voyage tragique*» fait référence à une saisie de documents qui prouvaient irréfutablement qu'une révolution à grande échelle avait été programmée et devait éclater en Juillet 1936. Rogers écrivait :

> «*La découverte chez des Miliciens, Militants Communistes et Anarchistes, de documents et de plans montra qu'un complot soigneusement préparé avait été mûri en vue d'un soulèvement qui renverserait jusqu'au gouvernement central de Madrid et établirait une Dictature Soviétique.*»

On ne peut qu'y voir la griffe des Illuminati.

La déclaration de Rogers s'avéra tout à fait exacte. Des documents confirmèrent que les généraux Franco et Mola savaient dès Avril 1936 qu'un Coup d'État communiste était prévu, d'abord pour le 1er Mai, reporté ensuite au 29 Juin et remis à nouveau au 22 Juillet. On repoussa les délais pour permettre à ceux qui avaient la tâche de déclencher la Révolution, de disposer d'un peu plus de temps pour mettre au point les ultimes et indispensables détails.

Le monde entier aurait dû être au courant du complot dirigé par Moscou contre l'Espagne parce que les ordres ultimes furent interceptés au moment où ils étaient adressés par le Komintern aux dirigeants du mouvement révolutionnaire espagnol. Les Documents furent livrés *à l'Écho de Paris* qui les publia en Avril 1936.

L'article de *l'Écho de Paris* informait :

«**INSTRUCTIONS DESTINÉES À LA MILICE ROUGE.**

Ces instructions destinées aux chefs de la Milice Rouge Espagnole... n'émanent pas d'une Organisation Centrale Espagnole, mais des «Services Techniques» de Paris qui les ont envoyées en Espagne à cette époque. Ces «Services Techniques» sont ceux du Parti Communiste français qui travaille en étroite coopération avec le Komintern et ses délégués en France. Le document que nous publions «est actuellement entre les mains du gouvernement» *; mais nous ne lui avons communiqué en aucune* *façon. Nous sommes convaincus que M. Daladier, Ministre de la Guerre et de la Défense a donné des ordres pour qu'on prenne des mesures préventives de défense et de protection.»*

Le texte abrégé est le suivant :

1. *Renforcer les troupes de choc et la garde dans les casernes et leur fournir des pistolets automatiques.* «Ces troupes de choc et ces gardes sont membres du Parti Communiste et servent dans les forces gouvernementales permanentes ainsi que dans la réserve.»
2. *Ces troupes seront mises en relation avec les «groupes» qui investiront les casernes.* «Ces derniers seront en uniforme et sous les ordres de nos officiers en lesquels nous avons une entière confiance.»
3. *Lorsque le combat commencera, nos officiers pourront entrer en contact secrètement avec leurs groupes. Ils prendront contact avec les comités respectifs et mettront à exécution le* «plan d'attaque programmé à l'avance, à l'intérieur des casernes.»
4. *Les comités provisoires, dans les casernes, devront renouveler tous les deux jours leurs listes d'ennemis, de neutres, de sympathisants et d'experts. Lorsque les casernes auront été investies, les personnes classées comme ennemies — c'est-à-dire en priorité tous les* «commandants et officiers» — *seront rapidement éliminées et sans hésitation.*
5. *Chaque membre des comités recevra une liste de noms répertoriant les individus qu'il devra exécuter.*
6. *Après avoir exécuté tous les ennemis, on soumettra les neutres à des tests sévères pour éliminer en eux cette habitude que l'on rencontre chez les caractères indécis : l'hésitation.*
7. *Les comités qui traiteront les neutres feront le nécessaire pour que les groupes de vigilance, à l'extérieur, puissent entrer dans les casernes. Le prétexte sera* «l'aide à apporter pour mettre fin à la rébellion.»
8. [Consigne sans importance.]

9. *Les groupes qui auront pour fonction de liquider les généraux d'active se composeront de dix hommes armés de revolvers. Les généraux ont à leur disposition deux adjudants-majors et un secrétaire que l'on devra exécuter chez eux. Ceux qui seront chargés de les éliminer ne se déroberont pas, quels que soient les obstacles ou l'opposition,* «l'âge ou le sexe.»
10. *Les groupes qui auront pour fonction d'éliminer des généraux* «qui ne sont pas en situation d'active» *seront constitués de groupes de trois hommes et mèneront à terme leur mission telle qu'elle a été définie dans le paragraphe précédant.*

11 & 12. Précisions sur la façon dont les habitations et les emplacements situés sur des positions stratégiques doivent être occupés par les militants communistes pour être secrètement armés et fortifiés afin de tendre des embuscades aux troupes qui pourraient réussir à s'échapper des casernes. Les instructions mentionnent : «Puisque des officiers de l'armée disposent de voitures blindées, certains groupes de nos militants devront se rendre aux points stratégiques tels que les carrefours dans des voitures et des camions armés de mitrailleuses afin d'empêcher qu'une aide soit apportée aux personnes qui résident au centre des villes. Les camions devront transporter des stocks de grenades.»

13. *Nos militants mettront rapidement les uniformes qu'ils auront obtenus au préalable et recevront des fusils.*
14. *Lorsque la révolte éclatera, nos groupes de militants revêtus des uniformes de la Garde Civile et de la Garde d'Assaut, dotés de l'équipement qui a déjà été préparé à leur intention, arrêteront les dirigeants de tous les partis politiques. Ils brandiront le prétexte de la protection personnelle pour justifier leur façon d'agir. Une fois en détention, le processus d'élimination des généraux qui ne sont pas en situation d'active sel-a appliqué. Les groupes en uniforme arrêteront également et mettront en prison les capitalistes importants dont les noms sont mentionnés dans l'appendice* «B» *de la Circulaire numéro 32.*

15. *Nous n'emploierons pas la violence contre ces capitalistes* «sauf s'ils résistent» *; nous les obligerons toutefois à nous livrer le solde de leurs comptes courants bancaires et leurs valeurs. En cas de dissimulation nous les éliminerons sans exception, y compris leur famille. Il est nécessaire que les* «Cellules» *travaillent à leur service en tant que domestiques ou ouvriers, là où ils peuvent nous être très utiles* (173).
16. *Insignifiant.*
17. *En ce qui concerne les membres des forces armées qui se prétendent sympathisants, nous emploierons la même tactique qui fût employée en Russie. D'abord, utiliser leurs services et ensuite les éliminer comme des ennemis. Pour le succès de notre cause et sa pérennité, un officier ou un soldat neutre est préférable à un officiel ou à un soldat qui a abandonné son uniforme parce qu'il craignait pour sa vie. Il est probable qu'un homme agissant ainsi n'hésiterait pas à nous trahir si l'occasion se présentait.*
18. *Les Instructions à notre milice relatives à la mobilisation, aux mouvements de transports, à l'utilisation des armes et à l'habileté au tir doivent être intensifiées* (174).
19. *La milice postée aux carrefours doit éliminer les troupes qui viennent d'être défaites et qui essayent de s'échapper.*
20. *Les nids de mitrailleuses seront situés dans des bâtiments sur la ligne de front et derrière les arsenaux, les postes de police, les casernes de pompiers, aux abords et aux sorties des villes. Si, malgré ces consignes l'ennemi arrive à sortir, nous devrons l'attaquer à la grenade à main.*
21. *D'autres miliciens attendront dans des véhicules blindés, placés en des positions stratégiques dans les villes à une*

173. — Cet ordre de protéger les Banquiers et les capitalistes qui travaillaient en tant qu'agents des Illuminati fut en tous points comparables à ceux qu'on donna pour protéger les Rothschild pendant la Révolution Française. (n.d.a.)

174. — En 1947, l'auteur rapporta aux autorités concernées qu'on avait importé au Canada 303 fusils (armes réformées). De la même façon, le Cabinet des Ministres du Canada permit l'exportation d'armes reformées au Moyen-Orient en 1956. (n.d.a.)

distance n'excédant pas un kilomètre. Ils seront également armés de mitrailleuses.

22. *Les liaisons se feront par voitures express et par cyclistes armés de revolvers.*
23. *Non significatif.*
24. *Les détails les plus intimes concernant la vie et la réputation des neutres et des sympathisants doivent être collectés et soigneusement répertoriés, y compris leurs besoins familiaux et le poids que l'amour de leurs enfants et le désir de leurs besoins nécessaires peuvent exercer sur eux. Si des membres de notre milice, des neutres ou des sympathisants font preuve d'un quelconque signe de faiblesse ou de résistance aux ordres, ils doivent être dénoncés au Comité le plus élevé de l'organisation comme coupables de complicité et/ou de réaction.*
25. *Nos miliciens doivent être organisés de façon à pouvoir travailler loin de leurs foyers et lieux d'origine : l'expérience nous a enseigné qu'au dernier moment, par sentimentalisme, les hommes qui travaillent dans leurs propres villages, au milieu de leurs familles et de leurs amis ne peuvent mener à terme nos instructions et manquent d'enthousiasme.*
26. *Tous les propriétaires de dépôts de marchandises seront considérés comme des capitalistes importants. Ces dépôts devront être organisés pour subvenir aux besoins du prolétariat par le biais des groupes administratifs* (175).
27. *Diverses instructions concernant l'utilisation de l'arme de la FAMINE, capable de réduire rapidement l'opposition et confirmant ce qui a été dit quant à son emploi dans les conflits nationaux et la guerre internationale. Il précise :* «Au cours de la Première Semaine et jusqu'à ce que la situation soit devenue normale, la fourniture de boisson et de nourriture aux bourgeois est interdite.»

175. — Cet ordre nous montre clairement que les Illuminati sont les véritables dirigeants dans toute Révolution. Ils sont toujours placés aux postes les plus importants dans les gouvernements, dans la société, dans l'industrie et dans les forces armées. Les ouvriers, la foule ne sont que des «*Pions sur l'Échiquier.*» Ils sont utilisés et ensuite subjugués. Prouvez-leur la réalité de cette conspiration et le complot communiste échouera. (N.D.A.)

28. *Les stocks de vivres dans les casernes et ceux qui sont aux mains de nos ennemis, mais qui ne peuvent être saisis, devront être rendus inutilisables par adjonction de paraffine, pétrole ou d'autres substances.*

Depuis que ces ordres ont été donnés, les dirigeants révolutionnaires de tous les pays ont reçu des instructions spéciales pour établir des plans méticuleux et agir parmi les membres de la police et des pompiers, car l'expérience a montré que la majorité de ces employés municipaux «restaient fidèles à leurs patrons bourgeois.»

L'action que nous recommandons vise à :

1. *S'infiltrer dans les deux partis.*
2. *Corrompre les hommes de la base.*
3. *Faire rapidement acheter ou louer par les membres du Parti des propriétés situées aux abords* (faisant face ou placées à l'arrière) *des postes de police et des casernes de pompiers de façon à ce que leurs membres puissent être éliminés s'ils* «changent de chemise.» *L'heure de la révolte devra coïncider avec le moment où la police changera de camp.»*

Les ordres adressés aux dirigeants du Parti Communiste Espagnol précisaient comment ils devaient occuper toutes les fonctions, les services publics ainsi que les administrations civiles. L'objectif était d'obtenir dans les plus brefs délais le contrôle absolu de tous les dépôts de vivres et des moyens de communication.

Des consignes révolutionnaires interceptées à Majorque en Octobre 1936 furent traduites par Jacques Bardoux, qui écrivit par la suite «*Le Chaos en Espagne.*» Elles étaient destinées aux dirigeants révolutionnaires d'Espagne.

Document espagnol

Afin de pouvoir contrôler les plus petits détails du mouvement à partir du 8 Mai, seuls les agents de liaison auront la possibilité de donner des ordres et communiqueront entre eux au moyen du Code chiffré E.L.M. 54-22. Les dirigeants locaux devront donner des instructions verbales au comité à l'aide du code suivant :

1.2.1. Ordre de commencer la Mobilisation.
2.1.2. Ordre de commencer la révolte.
2.2.1.1.1. Ordre d'attaquer des points déterminés à l'avance.
3.3.3. S'occuper des contre-révolutionnaires.
2.4.3. Mobilisation des syndicats.
2.5.5. Grève Générale.
2.6.5. Actes de Sabotage, par ex. Faire sauter des voies ferrées, etc...
1.3.2. Signal pour retarder la révolte.
1.1.0. Ordre de ravitaillement.
1.0.0. La Réorganisation est terminée.
0.0. Fermer les frontières et les ports.
1.1. Exécution de ceux dont les noms sont sur la liste noire.

Tous ces ordres seront diffusés le jour qui précédera la révolte, le 1er Mai ou le 29 à minuit, par l'émetteur installé à la Casa del Pueblo, à Madrid, dont la longueur d'onde est presque la même que celle de la Radio Générale de Madrid(176).

«**Organisation de Madrid**» :

La ville doit être divisée de la façon suivante :

A.B. Chamartin de la Rosa, Quartier Général (Q.G.) à la Casa del Pueblo — Maison du Peuple — de ce district.
C.D. Cuatro Caminos, Q.G. au Club Socialiste du district.
E.F. District du Palais, Q.G. aux imprimeries du Mundo Obrero (Monde Ouvrier). G.H. District de l'université, Q.G. aux bureaux de la rédaction d'*«El Socialista.»*
I. J. Quartier Latina, Q.G. à la Casa del Pueblo.
M.N. Quartier Inclusa, Q.G. au Centre Socialiste.
N.O. Quartier Pardinas, Q.G. au Garage Castello 19.
P.Q. District du Sud, Q.G. au Centre Socialiste de Vallecas.
R.S. District de Carabanchel, Q.G. au Club Socialiste.
T.U.V. Centre de Madrid, Q.G. à la Casa del Pueblo. Secrétariat.
X.Y.Z. Bureaux numéros 2,3,4,6,8,10,12 (pièce du balcon).

176. — Ce fut après la diffusion de ces ordres que la date de la révolte fut reportée au 22 Juillet. (N.D.A.)

Plan de Campagne de Madrid

— La révolte sera annoncée par l'explosion de cinq bombes à l'heure du crépuscule. Aussitôt, nous simulerons une attaque Fasciste sur l'un des centres du C.N.T. (Ouvrier). Ensuite, une grève générale sera déclenchée ; les soldats et les chefs qui nous soutiendront accentueront la révolte. Les groupes entreront en action.

— Ceux qui sont affectés à "T.U.V." investiront le Centre des Communications, la présidence et le ministère de la Guerre. Ceux qui sont affectés au district attaqueront les commissariats (intendance militaire) et la section "X.Y.Z." investira la Sécurité Publique.

— Un groupe spécial composé exclusivement de mitrailleurs doté de grenades à main se rendra aux quartiers généraux du Gouvernement et les attaquera par les routes suivantes : Carretas, Montera, Mayor, Correos, Paz, Alcala, Arena !, Preciados, Carmen et San Jeronimo. Les groupes, composés de cinquante cellules de 10 hommes chacune, entreront en action dans les rues de deuxième et troisième importance. Les groupes composés de deux cellules seulement combattront dans les rues de première importance et dans les avenues.

— Les ordres stipulent l'exécution immédiate de tous les contre-révolutionnaires arrêtés.

— Nous demanderons aux républicains du Front Populaire de soutenir le mouvement ; et dans le cas d'un refus de leur part, nous les expulserons d'Espagne.

Document français

— Secret.

— Aux Chefs de Groupes et de Sections.

— Cellule de St George du Bois, Poste de Guet.

Premier groupe : Q.G. Hôtel de Ville. Chef de Groupe, A. Président.

Première Section : B.

4 volontaires, 5 fusils, 1 revolver, 70 cartouches pour les fusils, 20 pour les revolvers, 15 grenades.

Deuxième Section : C.

6 volontaires, 4 fusils, 3 revolvers, 70 cartouches pour les fusils, 20 pour les revolvers.

Troisième Section : D. Chef, C.

4 volontaires pour distribuer les armes et les munitions et pour fabriquer des munitions, 6 revolvers, 15 bidons d'essence, 25 bidons (de 5 litres chacun) de réserve destinés au Camarade C.

DEUXIÈME GROUPE : Q.G. Gare de Chemin de Fer. Chef, D.E.P.

7 volontaires, 8 fusils, 80 cartouches, 20 bâtons de dynamite destinés au Camarade E.

TROISIÈME GROUPE . À la Gare. Chef, F.E.

5 volontaires (2 experts), 6 fusils, 1 revolver, 60 cartouches pour les fusils, 20 pour les revolvers, 1500 mètres de fil de téléphone isolé destinés au Camarade F.

QUATRIÈME GROUPE : (d'attaque) Q.G. Sous-sol de l'Hôtel de Ville. Chef, G.

Première Section : H.

4 volontaires, 4 fusils, 50 cartouches, 10 couteaux, 12 cordes.

Deuxième Section : I.

4 volontaires, 4 fusils, 50 cartouches, 10 couteaux, 10 cordes.

Instructions Spéciales

DEUXIÈME GROUPE : Faire sauter les voies ferrées et les convois fascistes.

TROISIÈME GROUPE : Relier immédiatement les Centraux Téléphoniques, la Poste, la Gare et l'Hôtel de Ville.

À TOUS LES GROUPES : Économiser les munitions dès qu'arriveront les armes et les munitions en provenance de la Cellule de Rochefort.

PREMIER GROUPE : doit s'occuper de toutes les provisions, des animaux et du fourrage dès l'arrivée des instructions en provenance de Rochefort, en vue de la distribution (177). *Le camarade Président.*

177. — L'information présentée ci-dessus fut communiquée à la «*Presse*

Commentaire de l'auteur :

Des événements historiques récents ont prouvé que les instructions données par les Illuminati via Moscou pour passer l'Espagne en coupe réglée ont été mises à jour et appliquées dans tous les pays d'Europe asservis depuis 1936.

Il n'y a aucune raison de croire que la 5e Colonne n'est pas aussi bien organisée et structurée au Canada et aux États-Unis, ni qu'elle ne soit prête à exécuter les ordres des Illuminati dès que les dirigeants du Mouvement Révolutionnaire Mondial jugeront le moment opportun. De nombreux indices nous portent à croire que les membres du Parti Communiste, au Canada et aux États-Unis, ont pratiqué depuis 1948 des exercices d'évacuation rapide des grandes villes et des zones industrielles, de façon à pouvoir être en rase campagne lorsqu'arriveront les premières vagues de bombardiers soviétiques (178).

Les prétextes invoqués étaient incontournables. Ils prévoyaient de revenir et de tout investir lorsque la situation serait dans un chaos indescriptible et que les habitants seraient encore en état de choc.

Puisqu'il est nécessaire de mettre un terme à l'illuminisme en Europe et en Asie, ce serait une grave et coûteuse erreur de ne pas avoir conscience du danger que représente leur 5e Colonne. Nous devons éloigner ce danger interne ou bien tous nos plans de défense civique d'urgence seront inutiles. Nous devons d'abord nous occuper de l'ennemi pour que nos plans de défense et nos solutions soient parfaitement à l'abri des traîtres et des saboteurs.

---

indépendante du. Monde (*Libre*).» par des écrivains non-conformistes et des correspondants accrédités, dès qu'elle fut en leur possession — après avoir été contrôlée –, mais elle ne fut jamais publiée. Pourquoi ? (N.D.A.)

178. — A l'époque, cette perspective était la plus probable. Aujourd'hui, comme on peut le lire dans l'ouvrage intitulé Maitreya, les choses vont se faire, très probablement, différemment. (N.D.L.R.)

Nous devons nous rappeler que les communistes sont utilisés pour déclencher la révolte. Ceux qui dirigent les communistes constituent ensuite une Dictature du Prolétariat qui, à son tour, est investie par les agents des Illuminati.

CHAPITRE XV

LE RÈGNE RÉVOLUTIONNAIRE DE LA TERREUR

Il nous faut vraiment approfondir les méthodes des agents des Illuminati en Espagne pour écarter de nos pays de semblables dangers. Les dirigeants révolutionnaires avaient fait occuper par leurs *«Cellules»* des positions-clés dans les prisons et les asiles psychiatriques, dans le but de contrôler ces institutions pour qu'ils puissent libérer les éléments antisociaux en détention et les utiliser ensuite comme troupes de choc lors de la révolution.

> *«Dans toutes les révolutions jusqu'à aujourd'hui,* «les prisonniers antisociaux et les criminels aliénés» *ont été utilisés pour exciter la foule et introduire ainsi le «Règne de la Terreur.»*

Les dirigeants révolutionnaires avaient prévu que ce *«Règne»* entraînerait la capitulation de la population en un temps record (179).

---

179. — D'après des enquêtes réalisées dans des prisons des États-Unis et du Canada, toutes ces révoltes ont une origine communiste. Il a fallu presque vingt-trois ans pour arriver à prouver que quelques-uns des responsables du Pénitencier de Kingston, à l'époque où Tim Buck était emprisonné, étaient communistes. D'autres preuves nous montreraient que ces agents aidèrent Tim Buck à organiser les émeutes de la Prison de Kingston. Comme j'étais déjà un écrivain non-conformiste à cette époque, j'écrivis que tout cela sentait *«à plein nez»* le complot et visait à faire de Tim Buck un martyr pour que le public éprouve de la sympathie à son égard et obtienne sa libération. Je déclarais que des gardes et

La politique d'emprisonnement à Madrid fut très influencée par les conseils que donna aux autorités du gouvernement de Front Populaire le «Général» Kleber, Russo-Canadien, qui, après une formation théorique à l'Institut Lénine de Moscou fut envoyé en Espagne pour servir Staline et acquérir une expérience pratique de la guerre révolutionnaire.

Dès que le gouvernement de Front Populaire eut prit ses fonctions en Mars 1936, les membres d'Extrême-gauche insistèrent pour que soit votée une Loi d'Amnistie accordant la liberté à tous ceux qui avaient pris part à la révolte dans les Asturies. Outre cette petite armée de révolutionnaires, 30.000 autres que l'on avait arrêtés en tant que communistes furent relâchés.

Après le 17 Juillet, on relâcha 40.000 autres criminels de droit commun à la condition qu'ils servent dans l'Armée Loyaliste. Les dirigeants révolutionnaires liquidèrent la plupart des criminels de droit commun dès qu'ils eurent accompli leur œuvre. En agissant ainsi, ils démontraient que les atrocités commises pendant la révolution furent les crimes d'irresponsables opérant de leur propre initiative et non pas selon les directives d'un plan terroriste élaboré depuis longtemps.

Voilà la situation qui s'offrait au général Franco lorsqu'il décida de sauver l'Espagne de la tyrannie communiste.

De nombreux livres ont été écrits pour nous expliquer comment Franco et une poignée de généraux espagnols ont finalement réussi à déjouer le Complot Communiste. C'est une histoire remarquable de courage et d'intense foi en leur Croisade chrétienne.

---

des responsables de la prison étaient impliqués mais mon histoire ne fut jamais imprimée. En 1953, un des responsables dont j'avais suspecté dès 1932 l'appartenance aux *«Rouges»*, contesta l'élection fédérale en Colombie Britannique en tant que candidat Progressiste Ouvrier. Entre 1939 et 1944, ce même homme avait obtenu la responsabilité de former le personnel de la branche technique (ingénierie) de la Marine Royale Canadienne. Nous avons communiqué cette information aux autorités concernées. (N.D.A.)

On avait implanté des «*Cellules*» communistes dans les services techniques, les communications et les transmissions. Dès que Franco eut fait sa proclamation, les sous-secrétaires «*rouges*» de l'Armée, de la Marine et de l'Air ordonnèrent à ces «*Cellules*» de liquider tous les officiers inscrits sur les listes d'ennemis, ce qui fut fait avec une extrême rigueur. Ceci confine que les organisateurs suivaient de très près les formules adoptées pour les révolutions anglaise, française, russe et allemande.

Pris par surprise, près des deux tiers des officiers furent assassinés au cours des premières phases de l'attaque. Les mutins essayèrent de convaincre les autres soldats et les gradés qu'ils ne faisaient qu'obéir aux ordres du gouvernement en exécutant les officiers convaincus d'être des ennemis du gouvernement de Front Populaire.

De nombreux soldats ne purent croire ce qu'on leur racontait très vite, il ne fut pas rare de voir un navire de guerre faire feu sur un autre navire. Ou alors, dans un premier temps, la tourelle avant était commandée par les Rouges et peu de temps après, la tourelle arrière du même bateau était aux mains des anticommunistes. Les massacres qui se produisirent sur les bateaux s'étendirent aux chantiers de construction navale ainsi qu'aux villes dans lesquelles ils se trouvaient.

On pourrait trouver quelques excuses pour justifier l'action énergique entreprise contre les officiers qui allaient rejoindre le parti de Franco, mais il est tout à fait impossible d'excuser le terrorisme des communistes, déguisés en soldats et en policiers du gouvernement de Front Populaire, vis-à-vis de la population sans arme et sans défiance. Imposer le terrorisme prouvait, au prix de centaines de milliers de vies innocentes, que les rouges revendiquaient la politique de Lénine, celle qui préconisait le terrorisme pour appuyer les tentatives violentes de renversement de gouvernement, simplement parce que le terrorisme était la méthode la plus économique d'asservissement des masses.

Une méthode rapide qui agissait de fond en comble.

Nous devons garder en mémoire que les chefs d'une révolution ne considèrent pas leur tentative comme irrémédiablement perdue si elle n'aboutit pas à une dictature du prolétariat. Toute révolte contre un gouvernement constitué et une autorité légitime est considérée par ceux qui complotent et programment les tentatives révolutionnaires comme une étape dans la bonne direction. Si la tentative échoue par malique de chance, c'est regrettable mais ce n'est pas sans espoir. Peu importe le nombre de personnes tuées. Elles ne sont que des «*pions sur l'Échiquier*» et les pions sont interchangeables...

Il est étonnant de constater que très peu de dirigeants révolutionnaires de haut vol sont tués lors d'une révolution (180). Une des techniques révolutionnaires consiste à sacrifier les masses et à protéger les membres des Illuminati, car ils doivent assurer le gouvernement du Nouvel Ordre Mondial. Même lors des simples grèves, les «*Rouges*» suscitent généralement des troubles et disparaissent ensuite. Ils laissent les autres ouvriers combattre seuls face à la police ou à la milice.

Celui qui n'est pas membre du «parti» ou «Compagnon de Route» ne peut espérer de pitié de leur part. Les «Compagnons de Route» sont d'ailleurs liquidés après avoir donné tout leur rendement. En voici un exemple caractéristique.

Avant Juillet 1936, les directeurs du M.R.M. avaient littéralement inondé Madrid de leurs agents. Moses Rosenberg arriva à Madrid en tant qu'ambassadeur de Moscou. Anteneff Avseenko s'installa à Barcelone. Dimitrov arriva pour diriger personnellement les persécutions religieuses prévues à la suite du Coup d'État Communiste.

Pendant la Guerre Civile, Rosenberg gouverna en véritable Tsar de Madrid tandis qu'Avseenko assumait le commandement de l'Armée Rouge Catalane.

---

180. — Historiquement, il a été montré que dix fois plus de dirigeants révolutionnaires sont morts lors des Purges du Parti que pendant les guerres révolutionnaires contemporaines. (N.D.A.)

Rosenberg organisa la Tcheka en Espagne et vit qu'elle menait à bien son travail en s'acharnant sur des victimes de plus en plus nombreuses.

Les agents de Moscou mirent sur pied les *«Escadrons de Purification.»* Officiellement, ils avaient pour fonction de débusquer les Fascistes mais secrètement, ils *«liquidaient»* tous ceux qui, auparavant, figuraient sur les listes comme réactionnaires et ne voulaient rien entendre du plan d'asservissement de l'Espagne par les Illuminati. Ces listes avaient été constituées par des espions communistes qui les avaient mises au point à l'union des Concierges (immeubles et habitations individuelles), dans les Services des Impôts, les Services Postaux et autres services publics.

Les listes de personnes qui devaient être liquidées étaient très complètes, suite au travail des espions de Moscou. Quelques-uns s'étaient déguisés en rémouleurs et avaient couvert chaque district, rue après rue, maison après maison. Tous les citoyens étaient répertoriés sur les listes selon leur rang et leurs affiliations politiques, sociales, professionnelles et religieuses.

Lorsqu'on donna le signal du «Règne de la Terreur», les Communistes firent leur travail de brutes assoiffées de sang, avec sûreté, férocité et méthode.

Staline avait déclaré autrefois :

«Il est préférable qu'une centaine de personnes innocentes meurent plutôt qu'un seul réactionnaire ne s'échappe.»

Ils respectèrent cette consigne avec une rigueur diabolique.

Les personnes qui vivent dans des pays non encore asservis doivent bien comprendre ce qui se passe lors d'un règne de la terreur. Nous allons donc décrire certaines de ces atrocités.

Le 17 Juillet 1936, un groupe de communistes portant les uniformes des troupes gouvernementales se présenta au Couvent des Dominicaines à Barcelone. Le Chef informa la Mère Supérieure qu'en raison des violences de la foule, qu'il fallait redouter, il avait reçu l'ordre d'escorter les Sœurs en un lieu sûr. Elles rassemblèrent le peu d'affaires qu'elles avaient et, en toute confiance, accompagnèrent les soldats qui les emmenèrent dans les faubourgs où elles furent toutes assassinées.

Le Chef fit cyniquement remarquer par la suite :

> *«Nous avions besoin du bâtiment. Nous ne voulions pas le saccager avant de l'occuper*(181)*.»*

Le senior Salvans était un anticommuniste notoire. Trois fois, les escadrons de purification se rendirent à son domicile, à Barcelone. Lorsqu'à la troisième visite, les *«Rouges»* ne purent obtenir aucune information sur sa cachette, ils assassinèrent toute sa famille : huit personnes. Cet acte méprisable fut perpétré selon les recommandations des instructions (paragraphes 15 et 6) auxquelles nous avons déjà fait référence.

Un des actes de violence les plus abjects jamais commis au nom de *«La Liberté... de l'Égalité... de la Fraternité...»* fut l'assassinat de seize frères convers qui travaillaient comme infirmiers volontaires dans le plus grand hôpital de Barcelone. Leur seul crime était qu'ils appartenaient à un ordre religieux. Le fait qu'ils soignaient **tous ceux** qui étaient malades sans considération de classe, de couleur ou de croyance ne fit aucune différence pour ceux qui ordonnèrent leur *«liquidation.»*

E.M. Godden, qui fit éditer son livre *«Conflit en Espagne»*, mentionne à la page 72 :

> *«Le massacre des vivants s'accompagna de la dérision envers les morts. Au cours de la dernière semaine de Juillet 1936, des cadavres de religieuses furent exhumés de leurs fosses et étayés à l'extérieur des murs de leur couvent. On fixa des panneaux obscènes et offensants sur leurs corps.»*

181. — Cité dans les rapports officiels : *«Les atrocités Communistes en Espagne.»* Première, deuxième et troisième parties. Les enquêtes furent menées par un comité composé d'hommes de différentes nationalités. L'édition fut réalisée par Arthur Bryant, écrivain et journaliste connu au niveau international. (N.D.A.)

Mon cousin, Tom Carr, qui fut ingénieur des Mines en Espagne de 1919 à 1938 avait épousé la fille de M. Allcock, Consul américain de Huelva. Un des communistes de la 5e Colonne de Caballero qui avait été élu maire de Huelva livra son administration aux communistes lorsque Moscou lança son mot d'ordre. Leur première action fut de torturer puis d'assassiner tous les prêtres. Les Sœurs furent déshabillées et conduites de leurs couvents dans les rues pour distraire les révolutionnaires (182).

Godden déclara aussi avoir interrogé deux anglaises qui échappèrent aux violences parce qu'elles étaient étrangères. Ces deux femmes racontèrent à Godden qu'on les avait obligées à assister aux agissements de derviches fanatiques d'une foule composée d'hommes et de femmes. Dans un premier temps, les «*Rouges*» se moquèrent d'un prêtre et le torturèrent avant de pendre finalement son corps démembré à une statue de la Sainte Vierge. Dans un deuxième temps, la foule perça un trou dans le corps d'un jeune prêtre et ensuite, alors qu'il était encore en vie, le transperça avec un crucifix.

En Septembre 1936, le Père Van Rooy, écrivain français connu, rapporta que Dimitrov aurait dit :

> «*On nous reproche de détruire les églises et les couvents d'Espagne ; qu'importe la destruction de quelques couvents et de quelques églises ! Nous sommes sur le point de créer un monde nouveau.*» (Voir le *Catholic Herald* du 11 Février 1938.)

Un comité qui enquêta officiellement sur les atrocités communistes en Espagne, en 1939, reconnut qu'une estimation raisonnable du nombre de citoyens «liquidés» à Barcelone parce que «réactionnaires», entre Juillet 1936 et Décembre 1937, tournait autour de 50.000. À Valence, leur nombre fut de 30.000. À Madrid, ce comité estima qu'un bon

182. — Cette déclaration de mon cousin fut confirmée par l'ouvrage de William Foss et de Cecil Cerahty : «*The Spanish Arena — L'Arène Espagnole*», page 238, et également par Arthur Bryant qui enquêta sur les atrocités Communistes en Espagne (n.d.a).

dixième de la population totale fut systématiquement éliminé pour faire de l'Espagne un nouvel État totalitaire(183).

Afin d'illustrer ce qui se produisit lorsque les Rouges prirent le pouvoir en Espagne, je citerai quelques autres témoins indépendants.

Marcel M. Dutrey, autre écrivain français, déclara :

«À Castre Urdiales, le commandant militaire communiste était un ancien policier municipal qui avait été renvoyé pour vol. Le nouveau chef de la Police avait gagné sa vie auparavant en fabriquant et en vendant des cartes postales obscènes. Quant au Procureur de la République, il était le fils illégitime d'une ancienne prostituée notoire. Il était surnommé : «le fils-de-sa-mère !» *Le Tribunal Rouge avait pour président un mineur, assisté de deux «Assesseurs»... Tous ces hommes étaient des sadiques. Ils se glorifiaient de procéder eux-mêmes à l'exécution des sentences qu'ils avaient prononcées à l'encontre de leurs victimes. Ces monstres ouvrirent l'estomac de Vincent Mura ; ils martyrisèrent publiquement Julio Yanko sur la place du marché ; ils démembrèrent Varez, le célèbre coureur automobile espagnol, prétextant qu'il avait refusé de livrer ses amis lorsqu'il était entre leurs mains.»*

— M. Arthur Bryant, qui rédigea la préface du rapport bourré de preuves authentiques sur les «*atrocités Communistes en Espagne*» remarqua à plusieurs reprises que :

183. — Au cas où certaines personnes penseraient que les communistes ne haïssent que les Catholiques Romains, il est bon de rappeler que les «Puissances secrètes» derrière le Mouvement Révolutionnaire Mondial ont l'intention, en dernier lieu, de transformer le monde par l'action despotique de Satan. C'est l'essence même de l'illuminisme. Afin d'endormir les gens dans un sentiment de fausse sécurité, dans les pays qui ne sont pas encore soviétisés, ils essaieront de les convaincre qu'ils sont tolérants vis-à-vis des religions autres que la Religion Catholique Romaine. Mais une enquête nous a montré qu'ils ont l'intention, lorsqu'ils auront la puissance nécessaire, de détruire toutes les religions. (N.D.A.)

«Les agents soviétiques obtinrent un contrôle absolu des moyens de communication si bien que les rapports favorables à leur cause étaient imprimés, et ces rapports-là uniquement, dans la plupart des journaux du monde. Mais d›un autre côté, les mensonges les plus scandaleux envers les Forces de Franco étaient colportés et livrés à la presse mondiale sans rencontrer un seul obstacle.»

Bryant fut tellement écœuré de ce qu'il observa qu'il écrivit :

«Aucun professeur d'université ou commentateur anonyme de la B.B.C. n'a dit au peuple britannique, peuple sincère et compatissant, la vérité au sujet des femmes de San Martin de Valdeiglesias. Leur plus grand crime fut qu'on trouva en leur possession des emblèmes religieux. Pour cette raison, les femmes de San Martin de Valdeiglesias furent condamnées à être violées par vingt-cinq hommes de la Milice Rouge chacune, et ce pour assouvir les passions les plus viles. (184)»

«Les pères de quelques-unes des femmes étaient emprisonnés et condamnés à mort, et on obligea les mères à assister aux viols de leurs filles : mais cela ne fut pas suffisant pour dissuader les hommes de la Milice Rouge d'exécuter la sentence. Les heures d'horreur que durent souffrir ces femmes eurent un effet terrible sur quelques-unes d'entre elles. Les survivantes racontèrent comment, à chaque fois, elles supplièrent leurs bourreaux de les tuer plutôt que de les soumettre à un déshonneur aussi épouvantable. Vous pourrez prendre conscience de la cruauté abominable de telles atrocités lorsque vous saurez qu'un grand nombre des femmes condamnées étaient mariées et que, lorsqu'on les conduisit entre les hommes de la milice devant ce tribunal impitoyable, elles portaient leurs enfants dans les bras. Ces enfants furent

184. — Des agents Rouges s'étaient infiltrés dans le personnel de la B.B.C. en 1936 et pendant presque deux ans, sa politique fut Pro-Loyaliste, c'est-à-dire communiste. La direction actuelle de la B.B.C. l'est encore davantage. La majorité des programmes penche nettement à «*gauche.*» (n.d.a.)

les témoins de ce paroxysme de l'horreur que représenta le déshonneur de leurs mères (185). »

Nous ne devons pas nous étonner que le Pouvoir Occulte qui dirige le M.R.M. ait pu dire :

« *Les communistes ne devront pas mettre à exécution le règne de la terreur dans les localités où ils ont vécu avec leurs familles, mais devront opérer ailleurs.* »

Tout communiste devait déclarer que ces atrocités avaient été commises par des « éléments non contrôlés » qui furent punis lorsqu'on les captura.

Pour que personne ne soit trompé par des mensonges aussi flagrants, je citerai à nouveau Lénine, premier saint *canonisé* de la *religion* totalitaire des Illuminati. Lénine déclara en maintes occasions :

« *Il n'y a pas de morale en politique. Il n'y a que l'opportunité. Un gredin peut nous être utile tout simplement parce que c'est un gredin.* »

Une autre fois, il précisa :

« *Les jeunes révolutionnaires devraient immédiatement commencer leur formation guerrière par des opérations pratiques du type liquidation d'un traître, assassinat d'un espion, destruction d'un poste de police ou cambriolage d'une banque, procurant ainsi des fonds en vue d'un soulèvement, etc. Ne passez pas à côté de ces expériences. Elles peuvent bien sûr dégénérer en excès, mais c'est une nécessité pour l'avenir.* »

Les agents communistes enseignent aux enfants de toutes les Nations Libres l'inversion des Dix Commandements (186).

---

185. — Les précisions se trouvent en page 6 du deuxième rapport : « *Atrocités Communistes en Espagne.* » (N.D.A.)

186. — Le lecteur qui a eu le courage de s'informer aura compris que les écoles dites privées (de Dieu) ou laïcs (apostates) d'aujourd'hui, sont entre les mains des agents communistes, c'est-à-dire des Fabiens (voir l'ouvrage sur Maitreya). Encore sur ce point là, l'Italie apparaît comme la vitrine de ce qui se prépare pour toute l'Europe avec la dernière réforme de 1999 sur les écoles. La marxisation de l'école par cette réforme est tellement

Pour cette raison ; le communisme est le premier responsable de l'accroissement de la délinquance juvénile, plus encore que tous les autres mouvements. En tant qu'athées convaincus, ils servent les desseins de l'Illuminisme et du Satanisme.

Le Communiste Krassikov libertin notoire, gaspillait les fonds du Parti par sa vie dissolue. Lénine déclara après sa «liquidation» :

> «*Peu importe que le Camarade Krassikov ait dilapidé les fonds du Parti dans un bordel ; ce qui est scandaleux, c'est que cela aurait pu désorganiser la diffusion de notre littérature jugée illégale* (187).»

La formation communiste vise à extirper la dernière once de bonté humaine du cœur des hommes et des femmes qui souhaitent devenir les grands prêtres de cette «religion.» Anna Pauker, qui arriva aux plus sommets de la hiérarchie soviétique et devint ministre des Affaires étrangères de Roumanie, prouva sa fidélité à Staline lorsqu'elle se rendit veuve elle-même en dénonçant le père de ses trois enfants comme trotskiste.

Les terroristes communistes encouragent ainsi les enfants à devenir les bourreaux des ennemis du prolétariat pour les endurcir et enlever de leurs cœurs le dernier vestige de sentiment et de pitié humaine. Un de ces jeunes raconta comment il s'était beaucoup amusé avec un prêtre.

Il avoua :

> «*Nuit après nuit nous l'emmenions parmi les groupes que nous devions tuer, mais nous le placions toujours en dernier dans la file. Nous le faisions attendre pendant que nous assassinions tous les autres, puis nous le ramenions de nouveau à Bellas Artes.* («Bellas Artes» était le bâtiment des Beaux-Arts que les communistes utilisaient comme prison). *Chaque nuit il pensait qu'il*

évidente que L'*Osservatore Romano* lui-même a protesté énergiquement. Les enfants de cette fin de siècle sont formés aux valeurs du Nouvel Ordre, c'est-à-dire qu'ils sont endoctrinés aux valeurs sataniques, à l'humanisme, et aux doctrines antichristiques comme l'évolutionnisme. (N.D.L.R.)

187. — La Revue *Time* fit état des conceptions de Lénine dans son édition du 17 Novembre 1948. (N.D.A.)

allait mourir, mais une mort rapide aurait été trop bonne pour lui. Ce «faible» mourut «sept fois» avant que nous en finissions avec lui.»

M. Knoblaugh, à la page 87 de son livre «*Correspondant en Espagne*», raconte un épisode horrible qui confirme les soupçons selon lesquels les conjurés de la Révolution Mondiale choisissent des dirigeants potentiels lorsqu'ils sont très jeunes et les forment ensuite de telle façon qu'il n'y ait plus en eux la moindre trace de sentiment et de pitié humaines. Knoblaugh nous raconte comment deux jeunes communistes se vantèrent, en la présence d'un Docteur, d'avoir mutilé et assassiné deux jeunes prêtres. Ils avaient reconnu le déguisement de ces deux religieux qui, pour échapper aux dépistages et à la mort, travaillaient comme livreurs de charbon. Les deux jeunes expliquèrent comment ils obligèrent les deux prêtres à creuser leurs propres tombes avec leurs pelles à charbon et ensuite, respectant la consigne du Règne de la Terreur Communiste, émasculèrent leurs deux victimes et leur firent entrer de force leurs organes dans la bouche. Pendant que les prêtres mouraient d'une mort lente, les deux monstres se moquaient d'eux.

De Fonteriz nous raconte dans «*Terreur Rouge à Madrid*», aux pages 19 et 20, comment la Tcheka organisée par Dimitrov et Rosenberg, obligea une femme à lui révéler où se cachait son mari. La femme ne savait probablement pas où il demeurait, mais afin de s'assurer qu'elle ne le savait pas, les membres de la Tcheka la firent asseoir et la surveillèrent pendant qu'ils s'amusaient à transpercer les poitrines de huit de ses domestiques, avec de grandes épingles à chapeau...

Les révolutionnaires qui ont défini les lignes directrices du règne de la Terreur emploient des criminels et des fous pour exciter le besoin de sang. Je mentionnerai pour attester ce fait, ce qui se produisit à Alcala le 20 Juillet 1936 :

Les «*Rouges*» libérèrent tous les prisonniers, hommes et femmes, à la condition qu'ils prennent les armes pour servir la cause communiste. Ils enrôlèrent un millier d'hommes et deux cents femmes, et constituèrent le Bataillon d'Alcala qui se surpassa lors de l'attaque victorieuse sur Madrid. Pour les récompenser, on les envoya à Siguënza. Après avoir investi la ville, ils assassinèrent deux cents personnes pour «ébranler la résistance des autres.» Ce bataillon de criminels occupa Siguënza pendant seize semaines.

Lorsqu'ils en furent chassés par les troupes de Franco, on découvrit que toutes les femmes de 10 à 50 ans avaient été violées.

Beaucoup d'entre elles étaient enceintes ou malades. Une fille, serveuse dans un hôtel, raconta «la chance» qu'elle avait eue et comment les criminels avaient assassiné l'Évêque de Siguënza de la façon la plus horrible, et la plus barbare. Lors d'un banquet qui eut lieu à l'hôtel, cette nuit-là, un criminel du bataillon s'amouracha d'elle et exigea qu'un de ses camarades s'habille avec les vêtements de l'évêque assassiné et les marie. Les autres pensèrent qu'il s'agissait d'une grosse farce et se préparèrent à la parodie. Après le mariage, les *«Miliciennes»* s'acquittèrent d'une *«Danse du Ventre»*, sur les tables du restaurant regroupées en scène. À la fin de l'orgie, l'homme déclara que la fille lui appartenait.

Après les événements, la serveuse fit remarquer :

«J'étais vraiment favorisée. Mon mari était un assassin mais il valait mieux lui appartenir que d'être le jouet de tous les autres. J'échappai au moins à la maladie.»

Marcel M. Dutrey rapporta le fait qu'à Ciempozuelos, plus d'une centaine de religieux furent livrés à des fous que les communistes avaient armés de couteaux. Nous pouvons imaginer l'horreur qui s'ensuivit. L'Armée de Moscou, composée de propagandistes entraînés, raconta au monde comment les troupes de Franco avaient exécuté les maires de nombreuses petites villes, mais ils ne mentionnèrent pas qu'ils avaient été jugés par une Cour Militaire constituée dans les règles.

La Cour fournit les preuves que ces maires avaient été des agents communistes aux ordres de Largo Caballero qui avait l'intention de transformer l'Espagne en une Dictature.

Le *Pouvoir Occulte* derrière le Mouvement Révolutionnaire Mondial utilise les communistes du monde entier pour imposer ses plans totalitaires : les désertions de plus en plus nombreuses de communistes de tous les pays en fournissent la preuve évidente. Douglas Hyde qui, pendant cinq ans fut rédacteur au *Daily Worker,* principal journal communiste de Grande-Bretagne, annonça en Mars 1948 sa démission du Parti Communiste.

Dans un communiqué de presse, il affirma :

«Je crois que la nouvelle «ligne» du Parti Communiste, imposée après la constitution du Kominterm, l'année dernière (1947), si elle réussit, n'apportera que la misère au petit peuple.»

M. Hyde poursuivit et expliqua que depuis la fin de la Deuxième Guerre Mondiale, il s'inquiétait de la politique étrangère de Moscou, et déclara qu'il était convaincu que la ligne du Parti, celle qui est définie actuellement par la clique moscovite, n'était plus fidèle aux idéaux pour lesquels il avait tant œuvré et que le résultat final serait la suppression des libertés et des acquis pour lesquels les communistes s'étaient battus depuis si longtemps.

Il concluait en ces termes :

«Ma désillusion qui va croissant me conduit à chercher une autre réponse au problème de notre époque et une autre voie pour sortir du chaos mondial.»

Aussitôt après la démission de M. Hyde à Londres, il y eut celle de Madame Justina Krusenstern-Peters, membre du personnel des publications soviétiques pendant douze ans. Elle annonça sa démission à Shanghai, en Chine.

Cette communiste déclara :

«Le ton des articles, écrits suivant les directives venues de Moscou, devint tel que je ne puis plus le supporter... Je suis encore une citoyenne soviétique et je suis sûre que mes sentiments sont partagés par bon nombre de mes collègues en Russie, la seule différence étant qu'ils n'ont pas la possibilité de protester contre leur asservissement.»

La plupart des communistes travaillent pour l'avènement d'une Internationale des Républiques Socialistes soviétiques. En d'autres mots, ils pensent qu'en appliquant les méthodes révolutionnaires, et seulement cela, ils peuvent détruire rapidement l'étau du capitalisme égoïste et placer le pouvoir politique dans les mains des «travailleurs.»

Une infime minorité de membres du Parti a conscience du fait qu'elle est en train de se placer dans un état d'esclavage d'où il n'y a aucun espoir de s'échapper. M. Hyde et les autres personnalités qui rompirent avec le Parti Communiste ne réalisèrent cependant pas qu'ils n'étaient que des pions utilisés pour faire avancer les plans des Illuminati.

CHAPITRE XVI

LES ÉVÉNEMENTS QUI MENÈRENT À LA DEUXIÈME GUERRE MONDIALE

Nous avons vu comment les Banquiers Internationaux avaient permis à l'Allemagne de se réarmer en secret, avec l'appui de Staline, malgré les restrictions imposées par le Traité de Versailles. Afin de comprendre ce qui se produisit en Allemagne et qui permit l'accession d'Hitler au pouvoir, nous devons étudier les coulisses de la politique de 1924 jusqu'à 1934. Le *Pouvoir Occulte* avait toujours obtenu de ses agents la division de la population des pays qu'il souhaitait asservir en de nombreux partis religieux, économiques, politiques, sociaux et ouvriers. Ses agents divisèrent ensuite ces différents partis en un plus grand nombre possible de factions (rivales), comme le demandait leur devise :

«Unis, nous faisons front. Divisés, ils tombent.»

La plupart des citoyens Allemands, sauf les communistes, étaient d'accord sur les points suivants : l'Allemagne avait gagné la guerre avant d'être trahie ; ensuite on avait exercé des représailles à son égard ; les banquiers internationaux avaient utilisé les soi-disant démocraties britannique, française et américaine pour infliger une défaite aux armées Allemandes ; le Parti Communiste dirigé par des juifs avait aidé les Banquiers Internationaux à amener la situation de chaos qui avait précédé la signature de l'Armistice, et la Révolution qui s'ensuivit.

Ils étaient d'accord pour que chaque patriote allemand, homme et femme, fasse tout son possible pour reconstruire l'Allemagne d'après-guerre et briser l'étau économique et militaire mis en place par le Traité de Versailles.

La plupart des dirigeants politiques, sauf les communistes, furent également d'accord sur le fait que pour libérer la nation des sanctions économiques imposées, il était nécessaire de se dégager de l'aide financière, de la subordination aux Banquiers Internationaux, c'est-à-dire du prêt à intérêt. En d'autres mots, la plupart des politiciens allemands, sauf les communistes, acceptèrent que l'Allemagne rompe la procédure de financement des affaires nationales qui obligeait à contracter des dettes, pratique que les Banquiers Internationaux avaient imposée à l'Angleterre en 1694, à la France en 1790, et aux États-Unis en 1791.

Ils réalisèrent que ce système avait engendré des Dettes Nationales astronomiques, *«dont le paiement du principal et des intérêts était garanti et assuré par une Imposition Directe sur le peuple.»*

Les dirigeants fascistes d'Allemagne décidèrent qu'ils émettraient leur propre argent et utiliseraient en garantie des nouvelles émissions leurs avoirs nationaux, tels que la valeur de leurs biens immobiliers, de leur potentiel industriel, de leur production agricole, de leurs ressources naturelles et de la capacité de production de la nation.

Le peuple allemand constata que ses conceptions de l'avenir politique et de la politique économique étaient partagées par les peuples d'Italie, d'Espagne et du Japon.

C'est ainsi que naquirent les Puissances de l'Axe et le Mouvement Fasciste.

Du fait de leur dynamisme, Hitler, Mussolini et Franco furent choisis comme dirigeants. L'Histoire nous a montré que ces trois hommes ont fait beaucoup pour aider leurs pays à se remettre de l'influence des révolutions et des guerres antérieures. Les progrès dans l'agriculture et l'industrie ne furent pas extraordinaires. Mais leur réarmement avait été rendu possible grâce à l'aide apportée par les agents des Illuminati qui avaient prévu de conduire les pays fascistes et capitalistes dans une autre Guerre Mondiale.

Lorsqu'Hitler et Mussolini arrivèrent au pouvoir, ils appliquèrent une politique fasciste modérée qui exigeait la rectification des erreurs commises dans leurs pays. Il était prévu de contenir le communisme et de réduire la puissance des Illuminati qui contrôlaient la finance et l'industrie. Mais plus le temps passait, plus Hitler et Mussolini subissaient l'influence des dirigeants du noyau dur des Seigneurs de la Guerre Nazis. Ceux-ci proclamaient que la seule façon d'établir une paix durable dans le monde, c'était par la conquête militaire. Les dirigeants nazis convertirent à fond les chefs militaires d'Italie et du Japon aux théories et aux plans invoqués par Karl Ritter en 1849.

En Espagne, Franco refusa de s'associer à leurs plans totalitaires parce que ses croyances religieuses l'avaient convaincu qu'une idéologie qui niait l'existence d'un Dieu Tout Puissant accomplissait l'œuvre du Démon.

Les dirigeants totalitaires d'Allemagne, d'Italie et du Japon avaient l'intention d'utiliser le Fascisme pour servir leurs Plans secrets à longue échéance, comme de la même façon leurs opposants, les Banquiers Internationaux, utilisaient le communisme.

Les plans immédiats des Seigneurs de la Guerre prévoyaient en un premier temps d'infliger une défaite à l'Empire de Staline ; en second lieu d'éliminer le communisme en Europe ; en troisième lieu, d'affermir le contrôle des Puissances de l'Axe sur l'Europe Continentale ; en quatrième lieu d'envahir la Grande-Bretagne et la France puis d'asservir leurs populations ; et enfin, en cinquième lieu, d'envahir et de conquérir les États-Unis en suivant deux grands mouvements en tenaille.

Le Japon devait débarquer des forces d'invasion sur la côte Ouest du Mexique dans le Sud, et dans les territoires du Nord, au Nord. L'Allemagne devait envahir le Canada par voie aérienne au Nord et les forces Germano-Italiennes devaient contrôler l'Atlantique à partir de l'Afrique et attaquer les États-Unis, à partir de l'Amérique du Sud et du Golfe du Mexique.

Les forces d'invasion du Nord, d'après leurs plans, devaient se rejoindre dans les environs de Chicago et descendre le Mississippi pendant que les forces d'invasion du Sud-Ouest et du Sud-Est devaient se rencontrer à la Nouvelle Orléans et pousser vers le Nord à partir du Mississippi, divisant ainsi le pays en deux moitiés (188).

La conquête de la Grande-Bretagne et des États-Unis achevée, les Nazis prévoyaient d'exterminer les Juifs dans ces deux pays comme ils avaient prévu d'exterminer ceux qui vivaient en Europe. Les Banquiers Internationaux et les gros capitalistes contrôlés par eux figuraient sur les listes d'individus à exécuter en priorité avec confiscation de leurs propriétés et de leurs biens immobiliers.

Hitler fut emprisonné en 1923 parce qu'on le considérait comme l'ennemi personnel des Seigneurs de la Guerre Nazis et des Banquiers Internationaux. Il en profita pour écrire «*Mein Kampf*» («Mon Combat»).

À la dernière page, Hitler affirmait :

> «*Le Parti (National-Socialiste) en tant que tel, soutient le Christianisme authentique mais ne s'attache pas à des questions de doctrine, de quelque nature que ce soit. Il combat l'esprit matérialiste Juif à l'intérieur et à l'extérieur de notre pays.*»

En 1933, Hitler dévoila sa politique vis-à-vis de la Grande-Bretagne. Il fit remarquer que Marx, Lénine et Staline avaient tous déclaré à de nombreuses reprises que la Grande-Bretagne et son Empire devaient être détruits avant que le Communisme International puisse atteindre ses objectifs ultimes.

---

188. — Ce plan militaire existait depuis 1914 et fut communiqué aux gouvernements Alliés en guerre, pendant la Première Guerre Mondiale, par des Officiers des Services de Renseignement des Armées Britannique et Américaine. J'ai relaté ce plan en détail dans deux ouvrages publiés précédemment : «*Hell's Angels of the Deep*» et «*Checkmate in the North.*» (N.D.A.)

Face à cela, Hitler déclara :

«Je suis décidé à défendre l'Empire Britannique par la force si l'on m'y invite.»

À propos du Traité de Versailles, Hitler écrivit :

«Ce n'était pas une invention britannique, mais avant tout une invention juive pour détruire l'Allemagne.»

Il ajouta :

«Même en Angleterre, on assiste à un combat incessant entre les représentants des intérêts de l'État britannique et ceux de la Dictature juive mondiale. Pendant que l'Angleterre s'épuise à maintenir sa position dans le monde, le Juif d'aujourd'hui se comporte comme un rebelle en Angleterre. Le combat contre la menace juive mondiale commencera là-bas aussi.»

Hitler ne se départit jamais de l'opinion selon laquelle la survie de l'Allemagne en tant que grande puissance dépendait d'une alliance avec l'Empire Britannique. En 1936, il engagea des pourparlers pour essayer de sceller une telle alliance. Il prit des dispositions pour que des entretiens officieux se déroulent entre diplomates allemands et britanniques, et après l'échec de ces négociations, il montra encore à quel point il aurait souhaité cette alliance :

«Aucun sacrifice n'aurait été trop grand pour s'assurer l'alliance de l'Angleterre. Cela aurait signifié l'abandon de nos colonies et de notre influence en tant que puissance maritime ainsi que l'abstention de toute immixtion dans l'industrie britannique par voie de concurrence (189).»

Il pensait que toutes les concessions allemandes auraient valu la peine s'il avait pu obtenir une alliance Germano-Britannique. Son échec dans ce projet d'alliance l'obligea à réduire son opposition vis-à-vis de l'idéologie totalitaire que préconisaient les Seigneurs de la Guerre Nazis extrémistes.

189. — Cette déclaration, ainsi que d'autres de même nature, prouve qu'Hitler n'a jamais accepté ou reconnu le Plan extrémiste à Longue Échéance des Seigneurs de la Guerre Nazis en vue de la Domination Mondiale par Conquête Militaire. (N.D.A.)

L'échec de la conférence convainquit Hitler qu'aucune politique modérée ne desserrerait jamais le contrôle qu'exerçaient les Banquiers Internationaux sur la politique étrangère britannique. À son corps défendant, il reconnut que Karl Ritter avait raison lorsqu'il déclarait que :

> «*Le pouvoir qu'exerçaient les financiers Juifs sur le Communisme devait être détruit ainsi que le pouvoir des dirigeants du mouvement révolutionnaire mondial, avant l'établissement de la paix et de la liberté économique dans le monde.*»

Nous avons décidé de rapporter dans notre livre les «*causes*» des événements historiques qui ont engendré les «*effets*» que nous connaissons aujourd'hui. Nous ne nous préoccupons pas de savoir si les décisions prises par les protagonistes ont été «*bonnes*» ou «*mauvaises*», sauf lorsqu'il s'agit d'apprécier si ces décisions vont dans le sens du Plan du Démon ou si elles sont conformes au Plan de Dieu. La raison d'être de la recherche historique est d'acquérir la connaissance du comment et du pourquoi des erreurs commises dans le passé, de façon à ce que nous puissions éviter de commettre des erreurs semblables dans l'avenir.

L'importante réunion consacrée à la recherche d'une alliance entre la Grande-Bretagne et l'Allemagne eut lieu en Janvier 1936. Lord Londonderry représentait le gouvernement britannique et Goering, von Ribbentrop et Hitler, l'Allemagne.

Un spécialiste de cette période de l'histoire m'a précisé que Goering et von Ribbentrop avaient résumé les grandes lignes du Mouvement Révolutionnaire Mondial à Lord Londonderry, expliquant le travail de recherche approfondi qu'avait réalisé le Professeur Karl Ritter et d'autres spécialistes. Ils laissèrent entendre que la seule solution efficace pour combattre une conspiration à visée totalitaire était de conduire une Guerre Totale. Ils expliquèrent à Lord Londonderry que leur plan prévoyait d'attaquer tous les pays contrôlés par les communistes, de libérer les peuples asservis et d'exécuter tous les traîtres communistes.

Ils affirmèrent que la seule façon d'éliminer le communisme, c'était d'exterminer la Race Juive toute entière (190). Ils apportèrent bon nombre de preuves documentaires et insistèrent sur leur authenticité, afin de démontrer que le communisme avait été organisé, financé et dirigé par des Juifs puissants, riches et influents qui avaient par ailleurs organisé, financé et dirigé le Sionisme Politique pour imposer leurs ambitions secrètes et instaurer l'Age Messianique (191).

Hitler aurait promis de continuer à s'opposer aux plans extrémistes totalitaires des Seigneurs de la Guerre Nazis et de limiter ses activités contre le communisme à l'Europe, si le gouvernement britannique voulait bien accepter une alliance avec l'Allemagne. Lorsque Lord Londonderry déclara douter que le gouvernement britannique prenne part à un plan visant à abolir le communisme et qui en appelait à un génocide, Hitler fit un compromis. Il déclara que l'Allemagne se chargerait elle-même de l'opération, pourvu que l'Angleterre reconnaisse dans un traité que les deux pays, quelles que soient les circonstances, n'entreraient pas en guerre l'un contre l'autre dans un délai de dix ans.

Hitler prétendit que :

> *«La seule façon pour l'Angleterre, la France et la Russie de secouer le fardeau ruineux et insupportable des dettes nationales toujours croissantes, était de les dénoncer puis de rétablir l'émission monétaire et la régulation des flux monétaires au profit du gouvernement qui en était le détenteur de droit depuis les origines.»*

Hitler aurait fait remarquer que le dessein de son Parti National-Socialiste... (appelez-le Fasciste)... était de mettre fin

190. — Une fois de plus, l'Antisémitisme exacerbé se dévoilait et cependant l'histoire a prouvé que les Conspirateurs Internationaux ont utilisé toutes les races et toutes les croyances pour servir leurs propres visées secrètes et égoïstes. (N.D.A.)

191. — La plupart de ces preuves sont reproduites dans «*Le Complot Palestinien*» de B. Jensen, imprimé par John McKiniey, 11-15 King Street, Perth, Écosse. (N.D.A.)

immédiatement et pour toujours à la puissance et à l'influence qu'exerçaient les banquiers internationaux dans les affaires nationales et internationales : ils obligent toutes les nations indépendantes à s'enfoncer toujours plus dans les dettes.

Hitler aurait cité ce que Benjamin Disraeli fit dire à l'un de ses personnages dans un livre célèbre :

> « *Voyez-vous, cher Coningsby, le monde est gouverné par de tout autres personnages que ne se l'imaginent ceux dont le regard ne plonge pas dans les coulisses* (192). »

Goering aurait appuyé le Führer en faisant remarquer que l'histoire avait prouvé que les Juifs riches et influents s'étaient arrogé le contrôle économique et politique de chaque pays dans lequel ils s'étaient infiltrés, en utilisant des méthodes illégales et des pratiques corruptrices.

Von Ribbentrop aurait soutenu l'argumentation de Goering en rappelant à Lord Londonderry que dès les années 1927-28 lorsqu'il était au Canada, la Commission Royale Stevens du Service des Douanes Canadiennes avait prouvé que le pays était volé chaque année de plus de cent millions de dollars par la contrebande, les trafics et les commerces illégaux, à partir d'un Quartier Général International. Les preuves remises au Commissaire Royal avaient établi de façon irréfutable que pour utiliser le gangstérisme à grande échelle, les agents des «Cerveaux» avaient fait usage de la corruption et des escroqueries afin *d'acheter* des milliers de fonctionnaires et des centaines de personnalités du gouvernement, jusqu'au Ministère même. Pourtant la corruption du Canada étaient dix fois inférieure à celle des États-Unis d'Amérique.

Ribbentrop fit entendre que la seule façon de nettoyer cette écurie, c'était *d'atteindre* les trois cents hommes du sommet qui constituent le *Pouvoir Occulte :* c'est lui qui conçoit et dirige les forces négatives dont les influences maléfiques diverses et les activités criminelles soutiennent toutes

192. — L'ouvrage «*Coningsby*» fut publié en 1844, juste avant que Karl Marx ne publie «*Le Manifeste Communiste.*» À cette époque, plusieurs révolutions étaient programmées et se produisirent aussitôt après que l'ouvrage de Karl Marx fut paru. (N.D.A.)

le Plan à Longue échéance des dirigeants du Mouvement Révolutionnaire Mondial (193).

Toujours lors de cette réunion de Janvier 1936, Goering aurait passé en revue une fois de plus les agissements des Banquiers Internationaux dans la mise en place, la conduite et le financement de la Révolution Russe en 1917, ce qui leur avait permis d'instaurer les conditions de vie difficiles, voire tragiques que le monde connaissait à cette époque (194).

Hitler rappela à Lord Londonderry les millions de chrétiens qui avaient été impitoyablement massacrés dans les pays communistes depuis Octobre 1917 et prétendit que les hommes responsables de ces tueries ne pouvaient être que des gangsters internationaux.

Le dernier point de la discussion porta sur les instructions qu'avait reçues Staline pour transformer l'Espagne en une Dictature Communiste. Tout le schéma de l'intrigue internationale fut mis à nu : la façon dont on avait permis à l'Allemagne de se réarmer secrètement ; la façon dont la politique française était contrôlée par la Franc-Maçonnerie du Grand Orient (195) ; la façon dont on avait persuadé la Grande-Bretagne de désarmer pendant que ses ennemis potentiels étaient en train de réarmer.

Pour les Allemands, il était impossible au monde de profiter de la paix et de la prospérité tant que les dirigeants du Mouvement Révolutionnaire Mondial continueraient à fomenter des guerres pour amener des situations favorables à l'action révolutionnaire. Leur solution était de neutraliser autant le Communisme International que le Sionisme Politique : ainsi tous les mouvements révolutionnaires

193. — Ribbentrop citait manifestement un article de la *Wiener Freie Presse* du 4 Décembre 1912, dans lequel feu Walter Rathenau déclarait : *« Trois cents hommes qui se connaissent tous gouvernent les destinées du Continent européen et choisissent leurs successeurs dans leur propre entourage. »* Ce sont les Illuminati. (N.D.A.)

194. — La plupart des pays du monde s'embourbèrent profondément dans une dépression économique. (N.D.A.)

195. — Hitler ferma toutes les Loges du Grand Orient en Allemagne. (N.D.A.)

cesseraient d'exister... Sinon, une autre guerre serait inévitable, car le Pouvoir Occulte qui tire les ficelles dans l'ombre se croyait proche d'atteindre son but ultime.

Hitler était un grand orateur et mon informateur me dit qu'il termina son exposé en demandant à Lord Londonderry de retourner en Angleterre pour persuader le Gouvernement britannique de s'associer à l'alliance proposée avec l'Allemagne.

Puis il déclara :

«*Je suis convaincu que l'Empire britannique et l'Église Catholique Romaine sont deux institutions universelles dont le maintien est absolument essentiel, en tant que remparts, pour la préservation à l'avenir de la loi et de l'ordre dans le monde.*»

Ce que nous venons de citer à propos d'Hitler est tellement contraire aux idées reçues que nous nous sentons obligés de nous appuyer sur les faits historiques et les documents suivants. Lord Londonderry retourna à Londres après la conférence et fit son rapport au Cabinet britannique. Le 21 Février 1936, il écrivit à von Ribbentrop en faisant référence aux conversations qu'il avait eues.

Sa lettre précisait entre autres :

«*Ils* (Hitler et Goering) *oublient qu'ici* (en Angleterre), *nous n'avons pas subi les désastres d'une révolution depuis plusieurs siècles... en ce qui concerne les Juifs... nous n'aimons pas la persécution, mais en outre, il y a la sensation physique de cette force terrible dont vous parlez et qui peut exercer ses ravages dans le monde entier... il est possible de suivre la trace de leur action dans la plupart de ces désordres internationaux qui ont causé d'importants dégâts, dans de nombreux pays. Mais d'un autre côté, nous pouvons constater que de nombreux Juifs se sont particulièrement impliqués dans l'autre camp et ont fait leur possible, à l'aide de la richesse et du pouvoir dont ils disposaient, pour contrecarrer les activités malveillantes et nuisibles de leurs congénères* (196).»

196. — Cette citation fut extraite de l'*Evening Standard* de Londres,

Hitler ayant réalisé que ses espoirs d'alliance avec la Grande-Bretagne n'avaient pas abouti, glissa de plus en plus vers la *«Droite.»* Il fut persuadé qu'il était impossible à un homme, à des groupes d'hommes ou même à une simple nation de briser la puissance et l'influence qu'exerçaient les Banquiers Internationaux sur les prétendues nations démocratiques en raison du contrôle financier et du poids des dettes nationales.

En Juillet 1936, la Guerre Civile espagnole éclata. Hitler, Mussolini et Franco se rapprochèrent. Franco n'ayant pas d'autre solution que de se lancer dans cette Guerre Civile pour empêcher l'Espagne de devenir communiste, Hitler se mit sur ses gardes et concentra sa puissance militaire sur ses frontières. Il voulait s'assurer que Staline — dont il savait qu'il n'était qu'un agent des Banquiers Internationaux, installé par eux pour diriger la Russie — n'étendrait pas sa dictature aux autres pays européens. Chaque avancée d'Hitler dans la poursuite de sa manœuvre défensive fut qualifiée par la Presse Antifasciste d'«Acte d'Agression.» Hitler expliqua que ces mouvements étaient des actes préventifs ou des occupations préventives et réaffirma son souci majeur *d'empêcher* Staline d'établir sa zone d'influence aux alentours du 40e parallèle, en Europe. Si personne ne freinait Staline, l'Allemagne, la Grande-Bretagne et d'autres pays d'Europe du Nord seraient pris au piège comme des mouches dans une toile d'araignée.

Non seulement Hitler n'obtint pas l'Alliance britannique, mais il s'attira l'inimitié des Seigneurs de la Guerre Nazis qui recommandaient des méthodes totalitaires pour résoudre ces problèmes très compliqués et dangereux. Ils ne voulaient pas d'une alliance avec l'Angleterre mais ne voulaient pas, non plus, voir s'épanouir le Christianisme. Ils n'acceptèrent pas les mesures «préventives» d'Hitler qui entravaient leurs

du 23 Avril 1936. Les lecteurs qui souhaiteraient davantage de détails sur les conversations de Lord Londonderry avec Hitler, Goering et Von Ribbentrop, liront l'ouvrage «*Ourselves and Germany*», publié par Lord Londonderry. Ajoutons que nos renseignements ne proviennent pas de cette source. (N.D.A.)

plans de «Guerre Totale», d'abord contre la Russie et ensuite contre la Grande-Bretagne et la France. Le «Noyau Dur» des Seigneurs de la Guerre, Nazis et Païens, exigea qu'Hitler entreprenne une action offensive : c'était, à leur avis, la meilleure défense vis-à-vis de l'empiétement progressif de *l'Underground* communiste et des armées de Staline. Lorsqu'Hitler refusa de marcher à fond avec eux, ils décidèrent alors de se débarrasser de lui et le premier attentat contre lui eut lieu. Les Seigneurs de la Guerre Nazis essayèrent ensuite de réduire l'influence qu'il exerçait sur le peuple allemand.

Ils lancèrent alors une campagne pour que le peuple allemand accepte leur idéologie païenne et aryenne. Ils enseignèrent la supériorité de la Race Aryenne et recommandèrent la guerre pour établir la suprématie absolue de l'État Aryen. Ces homnes de fer mirent au point un principe fondamental : tous les hommes et toutes les femmes de sang Aryen devaient une obéissance absolue, inconditionnelle au Chef de l'État Aryen et ne reconnaîtraient aucun mortel au-dessus de lui. Ainsi démarrèrent les conflits entre les clergés Catholique et Protestant et l'État Nazi. Le clergé condamna l'idéologie Nazie parce que ses «grands prêtres» prêchaient en fait la déification de l'homme.

Les dirigeants Nazis accusèrent les clergés Catholique et Protestant d'enfreindre les lois et de braver l'autorité de l'État. Les Évêques Catholiques Romains et les Protestants répliquèrent en déclarant que les Doctrines extrémistes Nazies étaient contraires au Plan Divin de la Création. Les dirigeants Nazis contre-attaquèrent en déclarant que l'Église n'avait aucun droit d'interférer dans les questions étatiques.

Hitler essaya de calmer le clergé en interdisant les Loges du Grand Orient dont on savait qu'elles étaient le quartier général des extrémistes Aryens dans toute l'Allemagne. Mais les dirigeants Nazis rendirent cette mesure caduque en les transformant en «Ordres de Chevalerie.»

Afin de maintenir un front uni contre le communisme, Hitler essaya d'apaiser les Nazis en promulguant un décret selon lequel tout homme d'Église qui prêcherait contre les Lois de l'État ou mettrait en question sa suprématie serait cité en justice. Si sa culpabilité était reconnue, il encourrait les peines prévues pour ce crime. Voilà un bel exemple illustrant la façon dont les forces du mal ont su diviser deux puissants partis qui combattaient un ennemi commun.

La propagande antifasciste fit grand tapage du désaccord entre Hitler et le Pape. Il est vrai que le Pape Pie XI avait dénoncé le «Nazisme» en des termes non équivoques dans l'Encyclique *«Mit brennender Sorge»*, du 14 Mars 1937, *«sur la situation de l'Église en Allemagne.»* Il déclara aux Catholiques Romains qu'il avait pesé chaque mot de l'encyclique sur la balance de la vérité, et aussi de l'amour. Faisant référence à la conception nazie de la supériorité de la Race Aryenne et à la suprématie de l'État, il enseigna :

> *«Quiconque prend la race, ou le peuple, ou l'État, ou la forme de l'État, ou les dépositaires du pouvoir, ou toute autre valeur fondamentale de la communauté humaine — toutes choses qui tiennent dans l'ordre terrestre une place nécessaire et honorable, — quiconque prend ces notions pour les retirer de cette échelle de valeurs, même religieuses, et les divinise par un culte idolâtrique, celui-là renverse et fausse l'ordre des choses créé et ordonné par Dieu : celui-là est loin de la vraie foi en Dieu et d'une conception de la vie répondant à cette foi... Notre Dieu est le Dieu Personnel, Surnaturel, Tout-Puissant, Infiniment Parfait, Unique dans la Trinité des Personnes et Tripersonnel dans l'Unité de l'Essence Divine, le Créateur de tout ce qui existe, le Seigneur et Roi et l'ultime consommateur de l'histoire du monde, qui n'admet ni ne peut admettre à côté de Lui aucun autre dieu... Seuls des esprits superficiels peuvent tomber dans l'erreur qui consiste à parler d'un* «Dieu National», *d'une* «Religion Nationale» *; seuls ils peuvent entreprendre la vaine tentative d'emprisonner Dieu, le Créateur de l'Univers, le Roi et le Législateur de tous les peuples, devant la grandeur duquel les Nations sont* «comme une goutte d'eau suspendue à un seau» *(*Isaïe *XL, 15)*

> *dans les frontières d'un seul peuple, dans l'étroitesse de la communauté de sang et d'une seule race.»*

Dans une lettre pastorale datée du 19 Août 1938, les Évêques d'Allemagne critiquèrent violemment l'idéologie Nazie. La lettre déclarait que l'attitude des Nazis vis-à-vis de la Religion chrétienne en Allemagne était en «flagrante contradiction avec les assertions du Führer(197)...»

> *«L'objectif ce n'est pas seulement d'entraver la croissance de l'Église Catholique, mais de supprimer le Christianisme et de le remplacer par une religion totalement étrangère à la croyance chrétienne en un vrai Dieu.»*

La lettre allait jusqu'à remarquer que l'attaque des Nazis envers le Dr. Sproll, Évêque protestant de Rottenburg, avait prouvé clairement que la «persécution» n'était pas seulement dirigée contre l'Église Catholique mais contre l'idée chrétienne tout entière, *«de sorte... qu'une tentative est actuellement faite pour se débarrasser du Dieu chrétien et Le remplacer par un «Dieu Allemand.»*

Que signifie un Dieu Allemand ?

Est-il différent du Dieu des autres peuples ?

S'il en est ainsi, il doit exister un Dieu particulier pour chaque nation et pour chaque peuple... *Autant dire qu'il n'y a pas de Dieu.*

Ce qui s'est produit en Allemagne en 1936 s'est répété depuis dans les autres pays. Les Dirigeants du Nazisme *Noir* ont joint leurs forces à celles des Dirigeants du Communisme *Rouge* dans l'attaque contre la Religion chrétienne et l'Empire britannique. Les Seigneurs de la Guerre Nazis, d'esprit totalitaire, ont initié leurs disciples dans les Loges Allemandes du Grand Orient, avec des anciens rituels païens remontant au temps où les tribus barbares (Aryennes) et les Huns déferlaient sur l'Europe. Les révolutionnaires qui dirigent le Communisme International, d'esprit totalitaire eux aussi, ont initié leurs dirigeants dans les Loges du Grand Orient des autres pays,

197. — Pour le texte complet de ces lettres, consulter «*The Rulers of Russia*» (Les Dirigeants de la Russie) du R. P. Denis Fahey, pages 64 à 70. (N.D.A.)

avec les anciens rituels kabbalistiques de l'Illuminisme. Afin de comprendre cette situation, il est nécessaire de se rappeler que les Juifs, quelles que soient les circonstances, n'ont jamais été admis dans les Loges Allemandes du Grand Orient depuis 1785, date à laquelle les papiers trouvés sur le corps du messager des Illuminati, tué par la foudre près de Ratisbonne, furent communiqués par la police aux autorités Bavaroises. Ces documents prouvaient que les Loges du Grand Orient de France étaient utilisées comme quartiers généraux secrets du Mouvement Révolutionnaire inspiré par les Juifs.

Il est nécessaire de remonter aussi loin dans le temps, même si la situation apparaît très compliquée, pour comprendre pourquoi l'Église Catholique Romaine a adopté une position aussi explicite vis-à-vis du Nazisme *«Noir»* alors qu'elle tolérait des formes moins extrémistes de Fascismes comme par exemple l'anticommunisme de Franco, en Espagne. Ceci explique également que le Cardinal Mindszenty ait pu collaborer avec les prétendus Dirigeants Fascistes qui tentaient de renverser la domination communiste en Hongrie.

Franco, avec logique, refusa de s'embarquer à fond et de soutenir le Nazisme Allemand pendant la deuxième Guerre Mondiale, simplement parce que les Seigneurs de la Guerre Nazis, extrémistes et païens, étaient devenus tous puissants en Allemagne. En Italie, en Allemagne, en France, en Espagne et au Japon, des millions de citoyens pacifiques et charitables se sont retrouvés confrontés au dilemme d'avoir à choisir entre le fascisme et le communisme.

On leur offrit le choix de Hobson.

En fait de choix, ils durent généralement choisir ce qu'ils pensaient être le moindre mal et furent étiquetés en conséquence.

Ainsi les nations du monde se disposaient par une intrigue diabolique à entrer dans la deuxième Guerre Mondiale. La dictature russe réarmait secrètement les armées Allemandes. La dictature italienne, sous Mussolini, constituait secrètement une énorme flotte de sous-marins construite par les Allemands à leurs propres normes et spécifications.

Ces sous-marins furent testés pendant la Guerre Civile Espagnole, et prouvèrent, dès 1936, qu'ils étaient pratiquement invulnérables aux armes anti-sous-marines britanniques, y compris au fameux système «*Asdic.*» Le gouvernement anglais fut informé de tout cela. Le Capitaine Max Morton, R.N., fit prendre conscience aux autorités concernées, d'une manière cuisante, ces mises en garde, en passant au travers de tous les dispositifs anti-sous-marins adoptés par la marine britannique pour la protection de la flotte de Méditerranée au mouillage. Il se rendit «*in persona*» dans un port protégé et coula, en théorie, une demi-douzaine de bâtiments de ligne alors qu'ils étaient au mouillage. Cette action valut au Capitaine Max Morton une condamnation des Lords de l'Amirauté Civile Britannique alors qu'il aurait dû recevoir des félicitations ! Son avancement fut barré et on lui imposa le silence. Il ne fut pas autorisé à prendre part activement à la guerre navale jusqu'en 1940 !

Ce n'est que lorsque les «U-Boot» allemands menacèrent de faire mourir de faim la Grande-Bretagne par le blocus, qu'on lui demanda de prendre la direction des opérations dans la Guerre sous-marine de l'Atlantique...

Dès 1930, on avait prévenu le gouvernement britannique que les sous-marins italo-allemands avaient réussi à plonger à plus de 500 pieds, rendant ainsi inutiles toutes les grenades sous-marines alors en usage. Il fut averti que le dispositif «*Asdic*» qu'on utilisait était également périmé. Mais il refusa de prêter attention aux avertissements : le *Pouvoir Occulte* utilisait des agents à l'intérieur du gouvernement pour affaiblir le potentiel militaire anglais, alors qu'il renforçait secrètement celui de l'Allemagne. Lorsque la guerre éclata, la Grande-Bretagne n'avait pas un seul escorteur de lutte anti-sous-marine moderne en service. Résultat, elle perdit 75% de sa marine marchande et plus de 40.000 hommes avant que la situation ne s'inverse en sa faveur en Avril 1943 (198).

198. — L'auteur informa personnellement le Chef d'État-major de la Marine Canadienne, le Premier Lord de l'Amirauté et d'autres personnalités du gouvernement de cette lamentable situation. (N.D.A.)

Hitler provoqua l'hostilité des Banquiers Internationaux lorsqu'il annonça sa politique financière et son programme de réforme monétaire. Il persuada l'Italie, l'Espagne et le Japon de le soutenir dans sa volonté de remettre en question la puissance des Cartels et des Monopoles financés et contrôlés par les Banquiers Internationaux, notamment leur *conception personnelle* de Banque des Règlements Internationaux. Le Reich Allemand abrogea alors la clause de la constitution qui faisait du Dr. Hans Luther, Président de la Reichsbank, un personnage inamovible. Jusqu'à cette date, le président de la Reichsbank ne pouvait être remplacé sans son propre consentement et sans une majorité de votes émanant du Conseil de la Banque des Règlements Internationaux.

Depuis la Grande Guerre, les Banquiers Internationaux avaient mis en place plus de vingt-six Banques Centrales sur le modèle de la Banque de Réserve Fédérale des États-Unis instituée en 1913 d'après les théories de M. Paul Warburg, un «allemand» qui avait émigré en Amérique en 1907 et qui était devenu l'associé de Kuhn-Lœb & Co de New-York.

La Banque de Réserve Fédérale (F.E.D.) de M. Paul Warburg, en 1913, avait constamment tenté de mettre en place une «Organisation Bancaire Centrale» qui ne reconnaîtrait au-dessus d'elle aucune autorité mondiale. Hitler savait que si Warburg et ses associés imposaient leurs vues, la Banque des Règlements Internationaux deviendrait aussi autocratique dans les Affaires Internationales que la Banque d'Angleterre dans la Politique Étrangère et les Affaires Intérieures Britanniques. On demanda aux politiciens et aux hommes d'État d'appuyer ce rêve de banquier pour stabiliser le système bancaire mondial. À ce point de vue, ils étaient dans le vrai. Mais il y avait anguille sous roche : dans le cas où l'on aurait entériné ces conceptions, tout espoir de libre entreprise et d'abondance se serait évanoui. Les citoyens du monde entier auraient bénéficié de la même protection financière que le criminel jouissant de la sécurité sociale derrière ses barreaux. Face à cette mise en esclavage financier de la population mondiale, Hitler choisit d'adopter une position claire et nette, et refusa que l'Allemagne soit associée à un conglomérat d'États Monopolisateurs, contrôlé secrètement par les agents des Illuminati.

Après que le Système de Réserve Fédérale de Paul Warburg eut fonctionné pendant trois ans, de 1913 à 1916, le Président Woodrow Wilson résuma la situation économique des États-Unis d'Amérique en ces termes : ***« Une grande nation industrialisée est contrôlée par son système de crédit très concentré. La croissance de la nation ainsi que toutes ses activités sont, en conséquence, entre les mains de quelques hommes… Nous sommes gouvernés par ce qu'il y a de pire ; nous sommes un des gouvernements les plus contrôlés du monde civilisé… il ne s'agit plus du gouvernement par conviction, issu du vote libre de la majorité, mais d'un gouvernement issu de l'opinion et de la contrainte exercée par de petits groupes d'hommes dominateurs. »***

C'est bien là l'essence de la soi-disant démocratie moderne (199) ! Lorsque les pays du Monde Occidental furent plongés dans la dépression économique des années 1930, dont une nouvelle guerre pouvait, seule, les délivrer, le Président Franklin D. Roosevelt remarqua :

> *« Soixante familles contrôlent en Amérique la richesse de la nation… Un tiers de la population nationale est mal logé, mal nourri et mal habillé… 20% des hommes qui travaillent sur les projets « W.P.A. » sont dans un tel état de malnutrition qu'ils ne peuvent accomplir une journée de travail… J'ai l'intention d'expulser les changeurs d'argent du Temple. »*

Roosevelt savait qu'à moins d'expulser les Banquiers Internationaux du *« Temple moderne de la finance*

---

199. — Les lecteurs qui souhaiteraient plus de détails sur la question de la finance internationale liront l'ouvrage « *Wealth, Virtual Wealth and Debt* » (Richesse, Richesse Effective et Dettes) du Professeur Soddy, pages 290 et suivantes. (N.D.A.)

internationale», seule une nouvelle Guerre Mondiale serait en mesure de résoudre la situation chronique de blocage financier qu'ils avaient instaurée à l'échelle de la planète par les restrictions monétaires, l'encadrement du crédit et les autres manipulations financières. Ils devinrent de plus en plus riches tandis qu'en dehors de leur cercle d'initiés, la population devenait progressivement de plus en plus pauvre.

Mais Roosevelt fut bientôt docile lorsqu'il s'aperçut qu'il ne pourrait briser ou même diminuer la puissance des Illuminati. On l'obligea à faire entrer les États-Unis dans la guerre contre les seuls pays qui soutenaient fermement la politique qu'il avait annoncée peu après son élection à son poste. Très diminué physiquement, Roosevelt ne put qu'obéir aux diktats des hommes qui lui avaient procuré l'argent et ménagé l'influence pour accéder à la Présidence d'un des plus grands états du monde...

Roosevelt mourut dans la demeure de l'homme le plus riche et le plus puissant des États-Unis : Bernard Baruch !

Cet homme qui avait bien pris soin de se tenir à l'arrière plan pendant plus de quarante ans exerçait son pouvoir sur tous les autres. On le considérait dans les milieux informés comme le «roi» des Banquiers Américains et sans aucun doute comme l'un des quelques élus de notre époque qui constituent *«Le Pouvoir Occulte»* dans les coulisses des affaires internationales.

S'il n'en était pas ainsi, pourquoi donc Winston Churchill et son fils lui rendaient-ils visite aussi souvent ?

Pourquoi Churchill fit-il ses discours retentissants en faveur du Sionisme Politique et de la coexistence pacifique aussitôt après avoir rendu visite à Bernard Baruch, en 1954 ?

Le terme de «démocratie» est une expression aujourd'hui très trompeuse : c'est regrettable, mais c'est ainsi. On l'utilise pour désigner des pays qui ne sont rien moins que des «paradis pour financiers.» De nos jours, les pays qui sont qualifiés de «démocratiques» ont adopté un système monétaire conçu par les Banquiers Internationaux et sous lequel la monnaie crée des dettes. Mais un tel système permet à ces esclavagistes de manipuler les niveaux de prix dans différents pays et d'utiliser le dollar comme valeur stable facilitant les échanges de véritable richesse. La Grande-Bretagne, la France et les États-Unis sont considérés comme des pays «démocratiques» parce qu'ils sont liés ensemble par des dettes envers les prêteurs d'argent internationaux. Les pays communistes s'appellent également républiques «démocratiques» et le resteront aussi longtemps que les mêmes groupes financiers internationaux les contrôleront.

Lorsqu'en Europe, les Puissances de l'Axe refusèrent les pratiques usuraires des Banquiers Internationaux, elles se retrouvèrent exactement dans la situation du petit commerçant indépendant face aux réseaux des grandes surfaces, des Trusts et des Monopoles. On leur laissa l'alternative de rejoindre la grande «famille» ou bien... Dans le cas d'un commerçant indépendant, s'il refuse de «voir la lumière», il est rapidement mis hors circuit par l'action systématique de la concurrence déloyale.

Dans le cas de nations qui refusent de «jouer le jeu», celles-ci sont condamnées à subir la guerre ou la révolution. Il n'y a aucune pitié pour les nations dont les dirigeants refusent de courber la tête ou de se prosterner aux pieds de Mamon. Celles qui refusent l'usure des Grands Prêtres du Dieu de l'Argent encourent le châtiment. Toutes doivent payer le tribut qu'ils exigent d'elles sinon...

La Deuxième Guerre Mondiale fut déclenchée pour donner aux Illuminati l'occasion de *«se débarrasser des barrières de castes, de croyances et de préjugés. Leurs idées sur la nouvelle civilisation devaient être mises en place par un monde en guerre.»* La preuve de notre affirmation, nous l'avons obtenue au cours d'une radiodiffusion d'un discours de Sir Anthony Eden, en date du 11 Septembre 1939, à l'adresse de l'Amérique.

A. Eden déclarait :

> *«Pouvons-nous finalement débarrasser l'Europe des barrières de castes, de croyances et de préjugés ?*

Notre nouvelle civilisation doit être mise en place par un monde en guerre. Malgré la guerre notre nouvelle civilisation sera tout de même construite.»

Quelle infamie !

Les guerres n'engendrent que destructions ; elles ne construisent jamais (200) !

À partir de 1930, les Britanniques informés et qui pouvaient avoir quelque influence firent tout ce qui était en leur pouvoir pour essayer d'empêcher que l'Angleterre et ses alliés soient impliqués dans une nouvelle guerre avec l'Allemagne. Comme on pouvait s'y attendre, ces personnes furent attaquées par les agences de presse antifascistes qui les traitèrent de taupes nazies totalitaires !

Quelques-uns des Britanniques qui s'opposèrent ouvertement au Communisme — mais aussi à la servilité continuelle du gouvernement britannique envers les Banquiers Internationaux — se déclarèrent carrément attirés par les principes Fascistes définis par Franco et Hitler. Ce mouvement était dirigé par Sir Oswald Mosley. D'autres personnalités, le plus souvent des Hommes d'État, des Amiraux à la retraite et des Généraux, tentèrent d'informer les politiciens et les membres du gouvernement des dessous de l'intrigue internationale.

Le Mouvement Antisémite démarra en Angleterre dès 1921, après le retour de Russie de M. Victor E. Marsden qui avait été emprisonné par les Bolcheviks. M. Marsden était le correspondant du *London Morning Post* depuis 1914.

Lorsque M. Marsden revint en Angleterre, il avait en sa possession le document que le Professeur Sergeï Nilus avait publié en russe, en 1905, sous le titre *«The Jewish Peril» (Le Péril Juif).* Le professeur Nilus affirmait que les documents originaux avaient été obtenus d'une femme qui les avait volés en 1901 à un riche Juif International, qui lui rendait visite dans

200. — Des guerres peuvent être aussi constructives dans un deuxième temps et non pas seulement destructrices. (N.D.L.R.)

son appartement. Il venait de s'adresser aux cadres supérieurs du Grand Orient de Paris.

Tandis qu'il traduisait les documents, M. Marsden reçut des menaces de mort. M. Marsden publia sa traduction des documents sous le titre : *«Les Protocoles des Sages de Sion»*, et mourut effectivement dans des circonstances suspectes quelques années plus tard.

Après la publication du livre par la Britons Publishing Society, M. Marsden fut traité par la presse internationale de menteur effronté et d'abominable antisémite. Le livre suscita une des plus grandes controverses que le monde ait jamais comme. Mes propres recherches m'ont conduit à penser très sérieusement que les documents publiés en Russie, en 1905, par le Professeur Nilus sous le titre *«Le péril Juif»* et par M. Marsden en Angleterre, en 1921, sous le titre *«Les Protocoles des Sages de Sion»* ne sont rien moins que le Plan à Longue Échéance des Illuminati, celui qui avait été expliqué en détail par Amschel Rothschild à ses associés à Francfort, en 1773. Nous avons cité ce plan au Chapitre III de notre livre. Rothschild ne s'adressait pas à des rabbins et à des anciens. Il parlait à des banquiers, à des industriels, à des hommes de science, à des économistes, etc. Par conséquent, il est injuste d'imputer cette conspiration diabolique et criminelle à tout le Peuple Juif et à tous ses chefs religieux. Mon opinion est confirmée par un Officier Supérieur de l'Intelligence Service qui avait étudié l'affaire en Russie, en Allemagne et en Angleterre.

Que le texte tombé entre les mains du Professeur Nilus ait été utilisé comme document de base pour des conférences destinées à instruire les dirigeants du M.R.M., cela ne fait aucun doute ; car en plus du contenu original de la conspiration, il y a des remarques additives qui expliquent comment le complot a pu être mis à exécution, et comment on a imposé depuis 1773 le Darwinisme, le Marxisme et le Nietzschéisme. On y fait également référence au Sionisme Politique et à son utilisation pour servir dans le futur les objectifs des dirigeants du M.R.M. : les Illuminati.

Le terme d'«*Agent*», dans le document semblerait désigner une personne, un groupe, une race, une nation, une croyance, ou toute autre organisation qui pourrait être utilisée comme «médium» ou «instrument» du Plan des Illuminati pour instaurer la domination mondiale absolue.

Sans tenir compte de son origine, toute personne qui a lu ce document ne peut nier que l'orientation des événements mondiaux a suivi le programme inspiré par le document de 1773 jusqu'à aujourd'hui. On ne peut d'ailleurs qu'être stupéfait de l'exactitude étonnante des prévisions que ce document nous livre.

Donnons simplement un exemple particulièrement frappant, entre autres. Le document souligne comment le Sionisme doit être soutenu pour atteindre ses objectifs. Theodore Herzl, qui fut le fondateur du Mouvement Sioniste Officiel aurait déclaré :

> «*Dès que je suis entré dans le Mouvement Sioniste, mes yeux se sont tournés vers l'Angleterre parce que je voyais qu'en raison de la situation générale, nous pouvions nous en servir comme d'un levier, selon le Principe d'Archimède.*»

Et aussi :

> «*Lorsque nous diminuons* (le «*nous*» fait référence aux Sionistes) *nous devenons un prolétariat révolutionnaire ; les membres subalternes du parti de la Révolution ; lorsque nous nous relevons, notre terrible pouvoir s'accroît également : c'est celui de l'argent*(201).»

Plus stupéfiante encore, et cette affaire nous ramène à l'époque où le document arriva en la possession du Professeur Nilus, la déclaration que fit Max Nordau au sixième Congrès Sioniste de Bâle (Suisse) en Août 1903 :

> «*Permettez-moi de vous présenter les prochaines étapes de notre plan comme si je vous montrais les barreaux d'une échelle montant de plus en plus haut : Le Congrès*

201. — Théodore Herzl dans «*L'État Juif*» (*Judenstaat*) et page 45 du «*Complot Palestinien*» de B. Jensen. (N.D.A.)

Sioniste ; La Proposition Anglaise de l'Ouganda ; La Prochaine Guerre Mondiale ; La Conférence de la Paix où, avec l'aide de l'Angleterre sera créée une Palestine Juive et Libre»...

Souvenons-nous que ces hommes qui étaient d'éminentes personnalités du Mouvement Sioniste parlaient probablement en toute sincérité. L'Histoire nous prouve toutefois que le petit groupe choisi qui a constitué dans le passé et constitue encore aujourd'hui le *Pouvoir Occulte* derrière le Mouvement Révolutionnaire Mondial, a utilisé le communisme et le sionisme pour poursuivre ses ambitions totalitaires.

Le contenu du document traduit par M. Marsden définit la «Ligne du Parti», celle qui fut suivie par les dirigeants révolutionnaires Bolcheviks sous les dictatures de Lénine et de Staline. Mais il définit aussi la politique suivie par les dirigeants du Mouvement Sioniste.

Lord Sydenham qui lut le document, fit alors cette remarque :

«*La caractéristique la plus frappante... c'est une connaissance d'une rare acuité qui embrasse les domaines les plus larges... une connaissance sur laquelle reposent des prophéties maintenant réalisées.*»

Henry Ford étudia ce document et le fit également étudier par d'éminents érudits. Il publia un livre aux révélations stupéfiantes qui concoururent à faire reconnaître que le document dévoilait le plan d'un *petit* groupe de financiers internationaux qui utilisait et utilise encore le Communisme, le Sionisme et tous les autres mouvements passés sous leur contrôle, qu'ils soient Juifs ou Gentils, pour poursuivre leurs objectifs secrets et totalitaires.

Un journaliste du *New-York World* interrogea M. Henry Ford à propos du document, et ses commentaires parurent dans la presse le 17 Février 1921 :

«*La seule déclaration que je puis faire au sujet des Protocoles, c'est qu'ils correspondent à ce qui se passe actuellement. Il y a seize ans qu'on les connaît et ils ont correspondu aux différentes situations mondiales depuis seize ans. Et ils y correspondent encore.»*

M. Ford fit cette déclaration il y a trente-quatre ans et ce qu'il disait alors est encore d'actualité. Ceci nous permet d'affirmer, et toute personne honnête en conviendra, que ce document est une copie conforme du plan conçu en 1773 et appliqué depuis cette date. Plan qui est d'ailleurs presque arrivé à son terme, d'après leurs calculs.

Nous pourrions très bien nous demander :

«Combien de temps les peuples demeureront-ils inertes face à une telle situation ?»

La Révolution n'est pas la réponse. La Révolution n'est qu'un moyen au service des puissances du mal. Seule la voix indignée des populations de tous les pays libres peut avoir une influence sur ses représentants élus et par eux, mettre un terme aux plans totalitaires des prêteurs d'argent avant qu'ils atteignent leur but (202).

De 1921 à 1927, M. Marsden resta au service du *Morning Post. Il* avait beaucoup d'amis mais s'était fait de puissants ennemis. En 1927, il fut désigné pour accompagner le Prince de Galles dans sa «Tournée de l'Empire.» Il est impensable que M. Marsden n'ait pas profité de cette occasion pour informer Son Altesse Royale du contenu des Protocoles et de la façon dont les financiers internationaux étaient impliqués dans l'intrigue internationale, avec les mouvements Communiste et Sioniste. Lorsque le Prince de Galles revint de sa Tournée, il avait beaucoup changé ; il n'était plus un *«jeune écervelé.»* Il avait davantage mûri et avait assumé l'importante fonction d'«Ambassadeur Extraordinaire de l'Empire Britannique.»

Ce ne pouvait être qu'une simple coïncidence, mais M. Marsden dont la santé s'était sérieusement altérée au cours

202. — Hélas, Carr n'a pas saisi que ces principes chers à la Démocratie ne pourront jamais renverser un tel état de fait. **Le vote n'a jamais rien changé à la puissance du Pouvoir Occulte à laquelle Dieu seul pourra s'opposer ou son envoyé.** (N.D.L.R.)

de son voyage à l'étranger, tomba subitement malade «le lendemain de son retour en Angleterre et mourut quelques jours plus tard.»

Événement qui me rappelle un fait cité par M.E. Scudder dans son livre sur «*Le Collier de Diamants*», à propos de la mort de Mirabeau :

> *«Le Roi Louis XVI, de France, savait que Mirabeau avait été empoisonné.»*

Mirabeau était mort parce qu'il avait indiqué au Roi de France qui étaient les véritables instigateurs de la Révolution Française.

Quiconque a eu le privilège de rencontrer le Duc de Windsor sait combien il fut profondément affecté par ses expériences «au front» pendant la guerre de 1914-1918. Il tenait à consacrer beaucoup de temps aux Premières Lignes, apportant réconfort et encouragement aux troupes. Il remporta leur admiration et leur fidélité et en retour il aimait et respectait ses (futurs) sujets qui se battaient si bien et mouraient si bravement.

Après la Tournée, Son Altesse Royale s'intéressa beaucoup aux problèmes sociaux et économiques. Il visita les régions minières et entra dans les habitations des mineurs. Il causa avec les mineurs et leurs familles de leurs problèmes et voulut se dispenser de beaucoup de détails qui encombraient le protocole des cérémonies royales. Il eut l'audace d'être en désaccord avec des hommes d'état et des politiciens lorsque ceux-ci lui donnèrent des conseils qu'il savait dangereux. Il osa même exprimer ses vues dans le domaine des Affaires Étrangères.

En homme vigilant, il s'opposa à toute politique gouvernementale qui pouvait être parasitée par le *Pouvoir Occulte* et conduire le pays dans une nouvelle guerre.

Dès qu'il fut sacré Roi, le 20 Janvier 1936, il prit ses responsabilités encore plus au sérieux. Il n'avait pas l'intention d'être simplement un autre roi sur un jeu d'échec international, qu'on déplace ici ou là suivant la volonté d'une Puissance cachée derrière le Trône, après avoir été manœuvré et réduit à une situation de *«Pat»* ou de *«Mat.»* Il ne fit aucun doute qu'il avait une personnalité et une volonté propres. Un «Roi» au courant de tant de choses et manifestant des intentions aussi claires ne pouvait être qu'un obstacle redoutable pour des hommes qui ont l'intention de diriger les Affaires d'État selon leurs propres plans.

Il fallait s'en débarrasser.

À partir du moment où il lia amitié avec M. Marsden, on enclencha une version moderne de *«l'Infamie.»* Une campagne de rumeurs et de calomnies laissa entendre qu'il était fou et libidineux. On l'accusa de pencher à *«Droite»* et d'avoir des sympathies pour le Mouvement Fasciste de Sir Oswald Mosley (203).

Lorsqu'on découvrit son amitié pour Mme Wally Simpson, la presse «gauchiste» trouva matière à calomnies, sans aucun égard pour son rang, publiant les insinuations les plus infâmes et interprétant leurs relations de la façon la plus scandaleuse. C'était exactement le genre de situation que pouvaient exploiter ses ennemis pour favoriser leurs plans sans scrupules. Le Premier Ministre de Grande-Bretagne reçut des ordres. En 1936, M. Baldwin exécuta leurs oukases qui exigeaient l'abdication du Roi Edouard VIII, comme MM. Lloyd George, Churchill et Balfour avaient obéi à leurs exigences à propos de la Palestine, en 1919.

On plaça le Roi Edouard VIII dans l'alternative de faire de Mme Simpson sa maîtresse, et de perdre ainsi l'amour et l'affection de ses sujets, ou bien d'abdiquer et de l'épouser. Il se conduisit comme un *«gentleman»* devait se conduire en pareilles circonstances (204).

203. — Même en novembre 1954 on ressortit cette vieille calomnie à propos du Duc de Windsor et de ses liens avec le Fascisme. La Presse l'accusait d'avoir livré, en 1936, à des personnalités allemandes, des informations secrètes, relatives à la défense et aux plans alliés. Ce qu'il nia vigoureusement. (N.D.A.)

204. — Lorsque les Puissances Occultes veulent se débarrasser d'un *«importun»* elles utilisent tous les moyens, notamment des femmes

Le lecteur pourrait se demander pourquoi le document tant controversé n'apparut qu'en 1901. Nous avons la réponse dans le fait que la dépression de 1893, artificiellement créée, amena une situation propice à la guerre. Les Banquiers Internationaux se rencontrèrent à Londres pour consolider leur position et décidèrent de déclencher la « Guerre des Boers. » Ils considéraient que cette guerre était nécessaire pour obtenir le contrôle des Mines d'Or et des gisements diamantaires d'Afrique du Sud. Le Raid de Jameson eut lieu comme prévu le 1er Janvier 1896 et provoqua la guerre la plus injustifiable pour laquelle les Britanniques aient dû se battre. Winston Churchill se rendit en toute hâte en Afrique comme observateur.

Officiellement, il était correspondant de guerre... mais une grande partie de cette période de l'Histoire reste à écrire...

Les événements qui ont conduit au déclenchement de la Guerre Hispano-Américaine doivent être également examinés. Cette guerre donna aux Banquiers Américains le contrôle de la production de sucre à Cuba. Plus importantes encore furent les transactions préliminaires qui eurent lieu à propos de la guerre entre la Russie et le Japon, pour...1904.

Cette affaire était très compliquée. Il fallait s'arranger pour que les Rothschild financent les Russes et que Kuhn-Lœb &Co de New-York finance les Japonais. Il fallait que par cet accord les deux groupes amassent de l'argent et que l'Empire Russe s'affaiblisse et soit prêt pour la Révolution Menchevik, initialement prévue pour 1905...

---

spécialement formées (dévergondées) pour ce genre de travail. Le Duc de Windsor est malheureusement tombé dans ce piège comme avant lui, le Roi Louis XV. Un auteur anglais — Charles Higham — a publié en 1988 un ouvrage sur «*La Scandaleuse Duchesse de Windsor*» où l'on apprend que cette dame avait reçu une formation spéciale dans certaines « maisons » de Shangaï... William Carr se montre un fidèle sujet de Sa Majesté : l'Histoire a maintes fois rencontré des Mrs Simpson sans qu'il y ait abdication d'un roi à la clé.... (N.D.L.R.)

Pendant que les Banquiers Internationaux se rencontraient dans le quartier des affaires de Londres, les dirigeants du Mouvement Révolutionnaire Mondial se rencontraient dans les bas quartiers de la même ville.

Lénine y reçut ses ordres.

On lui expliqua comment il devait procéder avec les différents groupes révolutionnaires pour qu'une action «*indépendante*» de leur part ne puisse gêner sérieusement les plans d'ensemble des dirigeants du M.R.M. Il a été prouvé que les Directeurs du M.R.M. utilisaient des dignitaires des Loges du Grand Orient de France et d'autres pays pour faire avancer leurs plans révolutionnaires. C'est pourquoi il est vraisemblable de supposer qu'on envoya un agent de Londres à Paris, en 1900 ou en 1901, pour donner des instructions aux dignitaires du Grand Orient sur le rôle qu'ils devaient jouer dans la réalisation du programme de guerres et de révolutions.

Voilà une explication qui nous révèle comment et pourquoi l'Histoire se répète : n'y eut-il pas de la même façon un agent des Illuminés qui fut tué à Ratisbonne en 1785 alors qu'il transportait des directives aux dignitaires du Grand Orient de France ?...

CHAPITRE XVII

LA DEUXIÈME GUERRE MONDIALE ÉCLATE

Après l'abdication du Roi Edouard VIII de nombreux britanniques bien informés, parmi lesquels figuraient des Parlementaires et des Officiers supérieurs à la retraite entreprirent une campagne acharnée pour essayer de convaincre les membres du gouvernement britannique de la vérité et de la réalité de la «Conspiration des Banquiers Internationaux.»

Le Capitaine A.H.M. Ramsay et l'Amiral Sir Barry Domvile (K.B.E., C.B. ; C.M.G.) faisaient partie de ces personnalités. Le Capitaine Ramsay avait fait ses études à Eton et au Collège Militaire de Sandhurst. Il servit dans le régiment de la Garde de Sa Majesté, en France, de 1914 à 1916, où il fut sérieusement blessé. On le nomma au Q.G. du Régiment après sa guérison. Par la suite, il fut muté au Ministère de la Guerre et rendit des services à la Mission de Guerre Britannique, à Paris, jusqu'à la fin de la guerre. Il fut élu au Parlement en 1931 en tant que représentant du Midlothian-Peebleshire, fonction qu'il occupa jusqu'en 1945.

L'Amiral Sir Barry Domvile fit une brillante carrière dans la Marine. Il avait la réputation d'être l'un des meilleurs Officiers d'Artillerie de Grande-Bretagne. Il commença son service dans la Marine en 1894 comme aspirant sur les navires de guerre à voile et à vapeur. Ses capacités lui valurent une promotion accélérée : en 1898, il fut promu lieutenant.

En 1906, on lui remit la médaille d'or du Royal United Services, et en 1910 il reçut son premier commandement de «destroyer.» Lorsque la Première Guerre Mondiale fut imminente, on le nomma secrétaire adjoint du Comité de la Défense Impériale. Les hostilités engagées, il fut affecté à la Force de Frappe *«Harwich»* qui se composait de croiseurs légers et de destroyers, sous le commandement de l'Amiral Sir Reginald Tyrwhitt. Il prit alors le commandement de sept destroyers et croiseurs légers qui avaient *tous* la réputation enviable d'être des *Navires de Combat.* Il fut nommé *capitaine de pavillon* auprès de l'Amiral Tyrwhitt en 1917, et occupa ce poste jusqu'à la fin de la guerre(205). Après la guerre, il occupa successivement les fonctions de Directeur des Renseignements de la Marine, de Président de l'École Navale Royale de Greenwich, et de Vice-amiral commandant l'École de Guerre. Il prit sa retraite en 1936 au grade d'Amiral.

Au cours des années 1920-1923, du fait de ses compétences et de son expérience des opérations militaires, il fut d'abord directeur adjoint et par la suite directeur-en-chef de la Division Plan (=Politique) de l'État-Major de l'Amirauté. À ce titre, il assista à un certain nombre de conférences à Paris, Bruxelles, Spa, San Remo et à la Conférence Navale de Washington.

Ces deux officiers à la retraite, l'un de l'Armée et l'autre de la Marine, suspectèrent que la Révolution Bolchevique, en Russie, avait été conçue, programmée, financée et dirigée par des hommes qui pensaient que la liquidation de l'Empire Britannique était une étape essentielle avant de pouvoir exercer un contrôle absolu des richesses, des ressources naturelles et du potentiel humain du monde entier.

Ces deux *«Gentlemen»* ont reconnu sincèrement que jusqu'en 1938, ils n'ont jamais pu identifier les hommes qui constituaient le *Pouvoir Occulte* derrière le Mouvement Révolutionnaire Mondial et derrière les affaires internationales.

---

205. — L'auteur a publié l'histoire de la Force de Frappe *«Harwich»* en 1934 sous le titre *«Brass Hats and Bell-Bottomed Trousers.»* (N.D.A.)

En 1938, leurs études et leurs recherches leur permirent de conclure que les chefs de la Juiverie Mondiale «coiffés» par les Banquiers Juifs Internationaux étaient le *Pouvoir Occulte* derrière le Mouvement Révolutionnaire Mondial.

Ils furent convaincus que ces hommes utilisaient leur richesse pour acquérir le pouvoir et l'influence nécessaires aux affaires internationales, et provoquer ainsi des conflits entre les nations. Ils arrivèrent également à la conclusion que le but de leur Plan à Longue Échéance était l'établissement de l'ère Messianique, de façon à ce que la Juiverie Internationale, avec un Gouvernement Central en Palestine, puisse imposer par la force son idéologie totalitaire aux peuples du Monde Entier. **Je suis d'accord avec cette dernière conclusion.**

Comme le lecteur le sait, je reconnais avoir été moi-même dans le doute et dans l'incertitude au cours de cette période qui va à peu près de 1907 à 1938. Mais en 1939, je fus persuadé, après avoir vu comment Staline avait *épuré* les Juifs en Russie et comment il les a utilisés pour provoquer, heureusement sans succès, des révolutions dans d'autres pays, puis les a abandonnés à leur sort, que les hommes qui constituent le *Pouvoir Occulte* derrière les affaires internationales et nationales sont les *Illuminati.*

Ces lucifériens ont utilisé le *Sionisme* et *l'Antisémitisme,* le *Communisme* et le *Fascisme,* le *Socialisme* et le *Capitalisme* égoïste pour faire progresser leurs plans secrets et amener un Gouvernement Mondial qu'ils ont l'intention de contrôler comme ils ont contrôlé la Russie par la personne de Lénine, après Octobre 1917. Une dictature à l'échelle du Monde est le seul type de gouvernement par lequel ils pourraient, grâce à l'emprise d'une police mondiale, imposer de force leurs édits aux peuples et assurer «la paix.»

S'il n'y a qu'UN SEUL ÉTAT gouverné par UN DICTATEUR, il ne peut plus y avoir de guerres.

C'est de la logique pure : en effet, pour qu'il y ait une rixe, un différent, un combat, une révolution ou une guerre, il faut par nécessité deux individus d'idées et d'opinions contraires qui aient l'intention de les faire accepter à l'autre parti au besoin par la force des armes, si les pourparlers et les négociations échouent.

En outre, mes études et mes recherches m'ont convaincu que depuis l'époque du Christ jusqu'à aujourd'hui, les hommes qui ont constitué le *Pouvoir Occulte* derrière la scène nationale et internationale ont toujours utilisé leur richesse, même de façon illégale, pour acquérir le pouvoir et l'influence nécessaires à l'exécution de leurs complots et de leurs plans secrets. Ils ont fait usage de la corruption, de l'usure, de la subornation, des escroqueries, des méthodes illégales de trafic et de commerce, de l'esclavage, des assassinats, des guerres, des révolutions, de la prostitution, de la drogue, de l'alcool et de toute autre forme de dévergondage et de vice pour corrompre, pour faire chanter ou obliger par d'autres moyens les hommes rebelles à leur volonté.

Ces « outils », qu'ils aient été Juifs ou Gentils, Francs-Maçons ou autres, ont invariablement été liquidés, sans exception, lorsqu'après avoir accompli leurs missions, les Illuminati considéraient qu'ils en savaient beaucoup trop.

En examinant ces faits, je fus convaincu que les conspirateurs du sommet de la pyramide n'appartenaient pas tous à une race ou à une nation définie, mais qu'ils étaient des «Agents de Satan», à ses ordres, et accomplissant sa volonté, ici-bas, sur la Terre. **Le seul et unique objectif du Démon, c'est d'arracher les âmes humaines à Dieu.** Or, les hommes qui ourdissent et programment les guerres et les révolutions ont fait beaucoup pour l'avènement d'un Monde sans Dieu. Ce raisonnement m'a permis de comprendre le génie maléfique de ces hommes qui ne peuvent se rapprocher de leur but matérialiste et totalitaire qu'en fomentant des guerres et des révolutions. Ils doivent, par nécessité, détruire la civilisation fondée sur les principes du Plan Divin de la Création avant de pouvoir imposer leur idéologie totalitaire et maléfique aux peuples du monde entier.

Le Capitaine Ramsay et l'Amiral Domvile essayèrent de 1936 à 1939, d'empêcher la guerre entre la Grande-Bretagne et l'Allemagne parce qu'ils pensaient que la «Juiverie Internationale» avait l'intention de susciter une guerre dans laquelle les Empires Allemand et Britannique se détruiraient mutuellement. Le peuple survivant aurait alors été une proie facile pour le Communisme, comme de la même façon la Russie avait subi la domination du communisme.

Je suis d'accord sur le fait que la Deuxième Guerre Mondiale fut manigancée par les Illuminati qui utilisèrent l'anticommunisme, l'antifascisme, l'antisémitisme et l'anti-n'importe-quoi pour favoriser leurs Plans Maléfiques à Longue Échéance et leurs ambitions totalitaires, secrètes et nuisibles. En revanche, il me semble que l'erreur fatale est d'être *«anti-n'importe-quoi»* sans être strictement *«anti-mal.»*

Je crois que la seule façon d'infliger une défaite à la Conspiration Internationale Diabolique, c'est de dire la vérité au plus grand nombre possible de personnes, et de les convaincre qu'elles ont été utilisées comme des *«Pions sur l'Échiquier»* par ces hommes maléfiques (206).

Le Capitaine Ramsay essaya avec acharnement de convaincre M. Neville Chamberlain que c'était agir contre les plus grands intérêts de l'Empire Britannique que de permettre aux Conspirateurs Internationaux de précipiter la Grande-Bretagne dans une guerre contre l'Allemagne. Il avait raison. Le Premier Ministre Britannique ne se laissa pas convaincre, mais fut néanmoins suffisamment impressionné pour transiger avec Hitler à Munich. Il revint en Angleterre en agitant avec frénésie son célèbre parapluie ainsi qu'un papier dont il disait que c'était une entente «garantissant la paix pour notre époque.»

Aussitôt après cette proclamation, la presse qui était sous le contrôle des Banquiers Internationaux déclencha une campagne de haine antifasciste. La presse aux ordres condamnait Chamberlain et le présentait comme *«une vieille femme décidée à acheter la paix à tout prix.»* Elle le caricatura avec son parapluie et l'accusa d'être pro-fasciste. Ses agents à Moscou le brûlèrent en effigie sur les places publiques.

206. — Voir note sur *Humanum genus*. (N.D.L.R.)

Faute de place nous ne pouvons rapporter les détails de l'intrigue conçue par le groupe maléfique déterminé à provoquer une guerre entre la Grande-Bretagne et l'Allemagne. À mon avis, la politique antisémite d'Hitler fut une erreur, mais lancer la Grande-Bretagne et l'Allemagne dans un conflit ne pouvait sauver de la persécution et de la mort les Juifs qui résidaient en Allemagne, en Pologne et dans d'autres pays.

Faire entrer de force les pays dans la guerre mondiale a permis de faire remonter directement à la surface les haines antisémites des Nazis envers les Juifs, haines terrifiantes, d'une abominable férocité, dont nous avons eu un exemple lors du « Règne de la Terreur Révolutionnaire. » Les personnes qui affirment que la guerre fut provoquée par les juifs Internationaux et non pas par les Illuminati (qui ne condamnent pas les juifs ou tout autre groupe pour cette question), prendront la peine de réfléchir et réaliseront qu'en fomentant la Deuxième Guerre Mondiale, ces monstres condamnèrent un grand nombre de juifs innocents à la mort tandis que la plupart des Communistes Révolutionnaires juifs échappèrent à la mort en se réfugiant dans l'*Underground.*»

Ils purent entrer illégalement, par la suite, en Palestine, aux États-Unis, au Canada et dans d'autres pays. Si la paix s'était maintenue, l'antisémitisme des allemands n'aurait jamais pu arriver aux extrémités que l'on sait pendant la guerre. On aurait pu trouver une solution pacifique à ce problème. Mais NON ! Le Plan à Longue Échéance des Illuminati Internationalistes exigeait la destruction des Empires britannique[(207)] et allemand ainsi que des Juifs qui n'étaient pas d'actifs Communistes, et qui n'étaient pas, en conséquence, leurs « Instruments. »

Le Capitaine Ramsay avait promis à M. Neville Chamberlain de lui fournir des preuves documentaires relatives à la Conspiration Internationale qui obligeait la Grande-Bretagne à déclarer la guerre à l'Allemagne. Ces preuves se composaient de câblogrammes codés et secrets,

207. — On peut considérer que l'Empire britannique a été remplacé par les États-Unis. (N.D.L.R.)

échangés entre M. Winston Churchill et le Président Roosevelt, à l'insu de M. Chamberlain, Premier ministre en fonction ! Le Capitaine Ramsay se proposa d'acquérir des copies de ces documents afin de prouver que les Banquiers Internationaux avaient l'intention de provoquer la Deuxième Guerre Mondiale dans le but de courber les autres nations européennes sous le joug du Communisme.

Nations européennes et mouvement communiste, contrôlés tous les deux par les Illuminati...

L'officier du chiffre, qui avait codé et décodé ces documents secrets à l'Ambassade américaine de Londres, se nommait Tyler Kent. Anna Wolkoff était son assistante. À l'instar de Gouzenko, ils furent atterrés à l'idée que le monde allait être plongé dans une nouvelle Guerre Mondiale pour satisfaire les ambitions totalitaires d'un très petit nombre de lucifériens dont la richesse en imposait même aux Présidents et aux grands hommes d'État et les obligeait à faire leur volonté.

On se retrouvait en 1938 face à la même situation qui prévalait à Paris en 1919 avant la signature du Traité de Versailles.

Tyler Kent, comme beaucoup d'autres personnes, savait que le Capitaine Ramsay suspectait une *« Conspiration Juive Internationale »* et qu'il tentait d'empêcher la guerre. Lorsque le Capitaine Ramsay lui apprit que N. Chamberlain empêcherait une telle conspiration d'être mise en œuvre si on lui donnait des preuves documentaires authentiques de son existence, Tyler Kent offrit de montrer au Capitaine Ramsay les documents accablants dans son appartement au 47, Place Gloucester à Londres.

Mais les Conspirateurs Internationaux se montrèrent particulièrement actifs.

En Mars 1939, ils avaient amené par fraude M. Chamberlain à signer une garantie pour protéger la Pologne d'une agression allemande en lui présentant un rapport falsifié selon lequel un ultimatum de 48 heures avait été notifié aux Polonais. En fait, le gouvernement allemand n'avait jamais transmis d'ultimatum de 48 heures. Son mémorandum ne proposait que des suggestions raisonnables pour une solution «pacifique» aux problèmes créés par le Traité de Versailles en ce qui concernait le Corridor Polonais et Dantzig.

L'Histoire prouvera que la seule raison pour laquelle le gouvernement polonais avait ignoré le mémorandum allemand, était que des agents des Conspirateurs Internationaux avaient «conseillé» les dirigeants de la Pologne et les avaient assurés *«qu'une garantie britannique les préserverait d'une agression allemande.»*

Les mois passèrent et la Pologne continua à ignorer le mémorandum allemand. Pendant ce temps-là, la presse Anti-Allemande déversa des torrents d'injures sur Hitler parce qu'il avait osé défier la puissance des Rois de l'Argent internationaux. Hitler s'était acquis leur haine par sa politique financière indépendante et ses réformes monétaires.

On fit croire aux populations, et à cette époque je le crus également, qu'on ne pouvait faire confiance aux déclarations d'Hitler.

On raconta qu'après son «putsch» dans le pays des Sudètes, Hitler avait affirmé qu'il *«n'avait plus d'autres prétentions.»* La presse laissa entendre que le mémorandum allemand à la Pologne, qui proposait une solution *«pacifique»* aux problèmes créés par le Traité de Versailles, n'était *«qu'une nouvelle exigence»* et en conséquence *«une promesse rompue.»*

La véritable Histoire nous apprend qu'il n'en fut pas ainsi. Ce qu'Hitler avait dit :

> C'était qu'*«il n'aurait plus d'autres prétentions* APRÈS *avoir corrigé les injustices infligées au peuple allemand par ceux qui avaient dicté les termes et les clauses du Traité de Versailles.»*

N'est-ce pas un son de cloche tout à fait différent et n'avons-nous pas là l'exemple typique d'une «demi-vérité» peut être beaucoup plus dangereuse qu'un mensonge plein et entier ?...

La promesse d'Hitler était soumise à conditions. Il avait promis de n'avoir aucune autre prétention *«après»* que les problèmes concernant le pays des Sudètes, une partie de la Tchécoslovaquie, le Corridor Polonais et Dantzig aient été résolus.

Les doléances allemandes étaient réelles et fondées. Par le Traité de Versailles, le Corridor Polonais avait séparé la Prusse Orientale du reste de l'Allemagne. Dantzig, ville purement allemande, avait été isolée ; les Allemands qui avaient décidé de rester dans ce qui devint la Tchécoslovaquie, avaient été persécutés ; le souhait exprimé par le peuple autrichien d'une unification avec l'Allemagne, dans le but de se protéger d'une agression communiste, avait essuyé un refus. À vrai dire, on avait conditionné l'opinion publique occidentale à blâmer la France et les nations qui constituaient la «Petite Entente» si elles insistaient sur les revendications allemandes. Il est indéniable que la politique d'après-guerre des Puissances Alliées vis-à-vis de l'Allemagne fut en contradiction flagrante avec le principe d'auto-détermination que prônaient les gouvernements impliqués dans l'intérêt des peuples qui les avaient élus.

Tous les chanceliers allemands démocrates qui s'étaient succédé avaient tenté par des négociations diplomatiques d'obtenir des réparations et avaient échoué. Ce furent ces échecs pour obtenir la justice par des moyens pacifiques, qui mobilisèrent le peuple allemand lorsqu'il porta Hitler au pouvoir. Winston Churchill avait beau qualifier Hitler *d'«avorton monstrueux rempli de mensonges et de tromperies»*, il n'est pas possible de nier, objectivement, qu'en 1939 celui-ci essaya encore de proposer une solution pacifique aux problèmes créés par le Corridor Polonais et Dantzig. Or, les agents des Conspirateurs Internationaux avaient trompé, sciemment, le Premier ministre Chamberlain et lui avaient fait croire qu'Hitler avait transmis un ultimatum au gouvernement polonais et avait déplacé ses armées pour appuyer ses exigences.

Ce fut cette *tromperie* qui décida M. Chamberlain, à son corps défendant, de conseiller au gouvernement de Sa Majesté de déclarer la guerre à l'Allemagne.

C'est une grave accusation, mais les faits prouvent sa vérité, et des événements semblables se sont produits partout dans le monde vers la fin et aussitôt après la fin de la Deuxième Guerre Mondiale.

Il serait dommage que des hommes d'état chrétiens et sincères puissent commettre à nouveau des injustices comme celles qui furent imposées par le Traité de Versailles. Mais les puissances alliées reconduisirent en 1945 ces injustices par l'adoption du principe de la capitulation sans condition, par l'adoption du plan économique Staline-White-Morgenthau, par le démembrement de l'Allemagne, par les mauvaises raisons qui empêchèrent le plan de réarmement Allemand, par la crise de l'après-guerre en France, et comme nous l'expliquerons dans un autre chapitre par le jeu dangereux auquel se sont livrés les Financiers Internationaux d'un côté et les Dictateurs Soviétique et Chinois de l'autre, depuis la fin de la guerre du Pacifique.

Les non-conformistes reconnaîtront que ce n'est pas le petit peuple des démocraties occidentales qui a exigé de ses gouvernants l'application d'une telle politique de haine et d'injustice envers le peuple allemand. Ce ne sont pas les élus locaux qui conçoivent ces programmes diaboliques de persécution et d'injustice, générateurs de profonds mécontentements. Ce sont les *«Puissances Maléfiques»* dans les coulisses des gouvernements qui en sont responsables. Leur politique néfaste repose sur une habileté véritablement démoniaque. Ces Puissances savent *«qu'une maison divisée contre elle-même ne peut qu'aller à la ruine»*, que les nations divisées entre elles ne peuvent qu'être asservies. Plus le nombre d'êtres humains divisés est important, plus celui qui se tient à l'arrière-plan acquiert de la puissance et pousse les autres dans les guerres. En permettant à ce programme secret, à cette conjuration, à cette cabale d'exister, les forces du mal ont la possibilité de nous faire commettre un suicide national et racial.

Lorsqu'Hitler, lassé d'attendre une réponse de la part des Polonais et d'être insulté par la presse alliée, fit entrer ses armées en Pologne, la Grande-Bretagne déclara alors la guerre conformément aux accords. Mais ce conseil était de nature véritablement criminelle, car bien que la Grande-Bretagne ait déclaré la guerre à l'Allemagne, elle ne put apporter directement à la Pologne aucune aide maritime, militaire ou aérienne.

Une personnalité telle que Lord Lothian, qui fut ces dernières années Ambassadeur de Grande-Bretagne aux États-Unis, déclarait dans le dernier discours qu'il prononça à Chatham House :

> *«Si le principe d'auto-détermination avait été appliqué en faveur de l'Allemagne, comme il le fut contre elle, cela aurait signifié le retour au Reich du Pays des Sudètes, de la Tchécoslovaquie, de régions entières de la Pologne, du Corridor Polonais et de Dantzig.»*

Il est certain que si l'on avait permis au peuple britannique d'être correctement informé sur ce sujet, il n'aurait jamais autorisé la déclaration de guerre. Mais c'était la *Guerre* et non pas la *Vérité* ou la *Justice* que voulaient les Conspirateurs Internationaux.

Même après que la Grande-Bretagne eut déclaré la guerre, Hitler refusa de dévier de la politique qu'il avait définie dans «*Mein Kampf*» vis-à-vis de la Grande-Bretagne et de son empire. Il donna l'ordre aux Généraux qui commandaient les célèbres Panzers de s'arrêter le 22 Mai 1940 alors qu'ils auraient pu facilement rejeter les armées britanniques à la mer ou les obliger à capituler. Le Capitaine Liddell Hart, dans son livre «*De l'Autre Côté de la Colline*», cite un télégramme qu'Hitler adressa au Général von Kleist :

> *«Les divisions blindées doivent rester à une portée moyenne d'artillerie de Dunkerque. Nous ne permettons que les reconnaissances et les mouvements de protection.»*

Le Général von Kleist fut l'un des généraux allemands qui n'acceptèrent pas la politique d'Hitler vis-à-vis de la Grande-Bretagne.

Il décida d'ignorer l'ordre.

Le Capitaine Hart cite le Général von Kleist lui racontant après coup l'événement :

> « *Vint alors un ordre plus catégorique. Je reçus l'ordre de me retirer derrière le canal. On y immobilisa mes tanks pendant trois jours* (208). »

Le Capitaine Hart fait état d'une conversation qui eut lieu ensuite entre Hitler, le Maréchal von Rundstedt et deux membres de son État-Major.

Selon le Maréchal von Rundstedt :

> «*Hitler nous étonna alors en parlant avec admiration de l'Empire Britannique, de la nécessité de son existence et de la civilisation que la Grande-Bretagne avait apportée au monde... Il compara l'Empire Britannique à l'Église Catholique, déclarant qu'ils étaient deux éléments essentiels de stabilité dans le monde. Il nous dit que tout ce qu'il voulait de la Grande-Bretagne, c'était qu'elle reconnaisse la position de l'Allemagne sur le continent, que le retour des colonies perdues à l'Allemagne était souhaitable mais pas essentiel, et qu'il soutiendrait même la Grande-Bretagne par son armée si elle se trouvait en difficulté quelque part. Il conclut en déclarant que son but était de faire la paix avec la Grande-Bretagne en des ternies compatibles avec son honneur (celui de la G.-B).*»

C'est ainsi que la Grande-Bretagne eut le temps d'organiser l'évacuation de son corps expéditionnaire et de ramener chez elle ses soldats grâce à la tête de pont de Dunkerque.

Nous rappelons aussi que pendant les premiers mois de la Deuxième Guerre Mondiale, Hitler ne fit pas bombarder la Grande-Bretagne. Tant que Neville Chamberlain resta Premier ministre, la Grande-Bretagne ne bombarda pas l'Allemagne. La presse contrôlée qualifia la situation de «***Drôle de Guerre.***»

---

208. — Le compte-rendu des «*Mémoires de von Manstein*» dans le *Globe and Mail* de Toronto, en 1956, confirme cette déclaration. (n.d.a.)

Or, il est évident que deux grands empires ne peuvent se détruire s'ils ne se battent pas. Chamberlain ne voulait pas lancer l'offensive parce qu'il était pratiquement convaincu d'avoir été victime de l'intrigue internationale. M. Winston Churchill, qui avait reçu les pleins pouvoirs et exerçait les responsabilités des «opérations navales, militaires et aériennes», décida de prendre l'initiative.

Churchill conçut l'idée de la «Promenade en Norvège.» Ces «opérations combinées», médiocrement préparées et exécutées, requirent la participation de l'Armée de Terre, de la Marine et de l'Armée de l'Air Britannique. Mais elles étaient vouées à l'échec parce que les personnes concernées ne s'impliquèrent pas beaucoup dans cette action. Même en ne possédant qu'une connaissance élémentaire de la stratégie militaire, on saisissait immédiatement qu'une telle opération ne pouvait raisonnablement réussir *«qu'à la condition que les forces d'invasion contrôlent les détroits du Kattegat et du Skagerrack.»*

Des spécialistes des affaires maritimes firent remarquer ce *«détail»* à Churchill. Ce dernier n'était pas dupe, mais il fonça, bien que son projet ait été critiqué par les conseillers de l'Armée et de la Marine. N'avait-il pas envoyé de la même façon, en 1914 et en 1915, des Divisions de la Marine pour sauver Anvers comme il avait également tenu à l'invasion de Gallipoli ? Les résultats des trois *«Promenades de Churchill»* furent les mêmes : aucun avantage nouveau, de sérieux revers, des pertes exceptionnellement élevées en hommes, en matériels et en équipements de valeur.

Toutefois, Churchill ne fut pas considéré comme responsable du fiasco de l'«Expédition de Norvège.» Ses amis, les «Rois de l'argent Internationaux» commirent leur presse aux ordres pour déverser des tombereaux de haine, de sarcasmes, de blâmes, et de railleries sur le Premier ministre, N. Chamberlain. Ils voulaient indubitablement le destituer pour mettre à sa place Winston Churchill et transformer la «Drôle de Guerre» en une vraie «Guerre de Combats.»

Cette campagne de propagande obligea N. Chamberlain à donner sa démission, exactement comme le fit H.H. Asquith en 1915. Ainsi, une fois de plus, l'Histoire se répétait... En Mai 1940, Churchill fit de nouveau alliance avec les Socialistes pour constituer un nouveau gouvernement.

J.-M. Spaight (C.B. ; C.B.E.) secrétaire général du Ministère de l'Air Britannique écrit dans son livre *«Le Bombardement Justifié»*, publié en 1944, que le bombardement impitoyable des villes allemandes commença le 11 Mai 1940, *«le soir même du jour où Winston Churchill fut nommé Premier Ministre.»* La Grande-Bretagne commença les bombardements et comme on pouvait s'y attendre — c'était le but recherché — l'Allemagne fit de même. Ainsi la «drôle de guerre» s'engageait sur la voie des destructions sans nombre.

M. Spaight révèle également que le 2 Septembre 1939, alors que M. Chamberlain était encore en fonction, les gouvernements britannique et français firent une déclaration commune qui avertissait que *«seuls des objectifs strictement militaires, au sens le plus étroit du terme, seraient bombardés.»* La politique de Churchill — bombarder des villes ouvertes — a été défendue mais ne peut en aucun cas être justifiée.

Autre point, fort peu connu, à mentionner : de nombreux généraux allemands n'étaient pas d'accord avec la politique de Hitler. Les Seigneurs de la Guerre Nazis savaient qu'ils devaient d'abord se débarrasser du Führer et détruire ensuite les dictatures communistes contrôlées par Staline, avant de pouvoir mener à bien leur Plan de Domination Mondiale ! La guerre à outrance contre la Grande-Bretagne n'entrait pas dans leurs objectifs. Il fallait asservir et détruire le Communisme Russe et les Juifs en premier, avant de se lancer dans une attaque vers l'Ouest pour occuper la Grande-Bretagne et les États-Unis.

Les Seigneurs de la Guerre Nazis se réunirent en secret en Mai 1941. Ils décidèrent d'utiliser la politique complaisante d'Hitler envers la Grande-Bretagne pour l'amener à se désengager des hostilités à l'Ouest.

On donna des instructions à Rudolf Hess qui s'envola pour l'Écosse afin de rencontrer Lord Hamilton et Churchill. Il était urgent de persuader le gouvernement britannique et de signer un Traité de Paix.

Hess avait reçu pour instructions de demander au gouvernement britannique de signer un Traité de Paix ; les généraux allemands se seraient alors débarrassés d'Hitler et auraient concentré toute leur puissance militaire à la destruction du Communisme en Russie et dans les autres pays européens.

Hitler ne savait rien de ce plan.

Hess atterrit en Écosse mais Churchill refusa d'accepter l'offre qu'il lui fit. Les généraux allemands persuadèrent alors Hitler d'entreprendre une offensive à outrance contre la Russie et firent remarquer que si l'on n'infligeait pas immédiatement une défaite à ce pays, ils ne pourraient étendre leurs opérations militaires en dehors de l'Allemagne sans prendre le risque majeur d'être poignardé dans le dos par Staline lorsqu'il jugerait le moment opportun.

Le 22 Juin 1941, les Forces Allemandes envahirent la Russie. Aussitôt, elles entreprirent d'écraser la Menace Communiste, menace qui pouvait être renforcée par une mise en commun des ressources de la Grande-Bretagne et des États-Unis pour aider Staline à infliger une défaite aux Armées Allemandes. Les «Alliés» organisèrent des convois de bateaux pour transporter des munitions via Mourmansk et le Golfe Persique (209). Pendant la rébellion irlandaise, on avait promulgué une ordonnance de sécurité 18-B sur Ordre du Gouvernement. Cette ordonnance permettait à la police anglaise d'incarcérer et d'interroger des personnes qu'elle «suspectait» d'être membres de l'Armée Républicaine

209. — J'étais Officier de Contrôle de la Marine Canadienne à cette époque. Je sentis qu'il était de mon devoir de protester contre une certaine politique qui accaparait des navires dont on avait un besoin pressant pour ravitailler l'Angleterre et qui étaient détournés pour ravitailler Mourmansk. Mes protestations furent ignorées car la bataille pour sauver le Communisme International avait commencé. (N.D.A.)

Irlandaise et qui avaient l'intention de commettre des actes de harcèlement ou de sabotage. En 1940, on avait abandonné cette pratique depuis de nombreuses années.

Le 23 Mai 1940, le Premier Ministre Winston Churchill, dès sa mise en fonction, en fait dans les quinze premiers jours, reprit ce texte de loi tombé en désuétude pour faire arrêter tous les hommes d'honneur qui avaient essayé d'empêcher la guerre entre la Grande-Bretagne et l'Allemagne, avant Septembre 1939, et tous ceux qui s'étaient opposés à la transformation de la Drôle de Guerre en une Guerre de Combats.

Plusieurs centaines de sujets britanniques furent arrêtés sans que l'on ait pu retenir la moindre «charge» contre eux et furent jetés en prison, sans aucune autre forme de procès, grâce à l'Ordonnance 18-B qui les privait des droits et privilèges de l'*«Habeas Corpus Act.»* La *«Grande Charte»* était ridiculisée et sciemment ignorée !

La police se chargea de ces arrestations de masse, sur les dires de Herbert Morrison qui, en tant que Ministre d'État:

> *«Avait des raisons fondées de croire que ces personnes avaient récemment participé à des actions préjudiciables à la sécurité publique, à la défense du royaume, à la préparation ou à l'instigation de tels actes, et qu'en conséquence, il était nécessaire d'exercer un certain contrôle sur tous leurs actes.»*

Le Capitaine Ramsay, l'Amiral Sir Barry Domvile, leurs femmes et leurs amis ainsi que des centaines d'autres citoyens se retrouvèrent incarcérés à la prison de Brixton. Quelques-uns d'entre eux y restèrent jusqu'en Septembre 1944(210).

210. — M. Herbert Morrison se rendit au Canada en Novembre 1954 et fit un grand discours lors d'un «meeting» qui eut lieu à Toronto en vue de réunir des fonds pour soutenir le «Sionisme Politique.» L'auteur sait de source sûre que le gouvernement des États-Unis entérina l'arrestation et la détention de Tyler Kent par les autorités britanniques qui agirent au mépris de tous les principes reconnus quant à l'administration du personnel attaché aux Ambassades dans les pays étrangers. Cette question a de nouveau été remise à l'ordre du jour aux États-Unis en 1954, mais ne semble pas avoir abouti.

Ils furent traités comme des criminels et bien pire que les prisonniers en détention préventive.

Juste avant ces agissements scandaleux ordonnés par les Banquiers Internationaux, la *«Presse Contrôlée»* par les Rois de l'Argent avait mené une campagne de propagande quasiment hystérique, affirmant que l'Allemagne disposait en Grande-Bretagne d'une 5e Colonne, forte et bien organisée, prête à aider les troupes d'invasion allemandes lorsqu'elles débarqueraient sur le sol anglais. Une enquête ultérieure a prouvé que les très compétents Services de Renseignements Britanniques n'ont jamais produit:

> *«Ni à l'époque, ni depuis, la moindre preuve que les personnes arrêtées aient été impliquées dans une conspiration.»*

En revanche, de nombreuses preuves établissent que le gouvernement britannique formé par Churchill avait reçu l'ordre d'entreprendre cette action injuste : toutes ces éminentes personnalités britanniques avaient osé déclarer que la *«Juiverie Internationale avait fomenté la guerre entre la Grande-Bretagne et l'Allemagne.»*

Avant de procéder aux arrestations massives, la police avait arrêté Mme Nicholson, épouse de l'Amiral Nicholson, autre Grand Officier de la Marine Britannique, à la suite d'une campagne de «calomnies.» Mme Nicholson avait déclaré en public que le Complot qui avait entraîné la Grande-Bretagne dans la guerre contre l'Allemagne était l'œuvre des Banquiers Juifs Internationaux. On n'avait «retenu» en fait que quatre chefs d'accusation contre Mme Nicholson qui fut jugée par une cour et un jury et acquittée sur toute la ligne.

Or, ce jugement ne convenait pas du tout à ceux qui avaient l'intention de persécuter les ennemis des Banquiers Internationaux de Grande-Bretagne, de France, et d'Amérique, ces esclavagistes qui dirigeaient les affaires de la nation pour qu'elles débouchent sur une nouvelle Guerre Universelle. On fit alors usage de l'antique ordonnance 18-B pour neutraliser ces voix discordantes. La Drôle de Guerre devint une Guerre de Combats ; les Empires Britannique et

Allemand s'affaiblirent et ceux qui avaient déclenché la guerre consolidèrent leurs positions. Les Illuminati pouvaient être satisfaits de leur œuvre...

Bien qu'on ait disculpé Mme Nicholson de tout crime et de toute responsabilité dans les chefs d'accusation retenus contre elle, cette dame figura parmi les personnes arrêtées et emprisonnées en Mai 1940 selon l'Ordonnance 18-B.

Le Capitaine Ramsay raconte tous les événements qui conduisirent à son arrestation et à son emprisonnement dans son livre «*The Nameless War*» (La Guerre Sans Nom). L'Amiral Sir Barry Domvile relate son expérience personnelle de ces événements dans le sien : «*From Admiral to Cabin Boy*» (Du rang d'Amiral à celui de Mousse).

Quiconque souhaite encore vivre libre devrait avoir lu *ces* deux ouvrages (211).

M. Neville Chamberlain mourut en 1940. Il s'était épuisé corps et âme à combattre les «*Puissances Secrètes*» qui gouvernent dans les coulisses. M. William Pitt était mort de la même façon. Mais ceux qui nagent dans les eaux de l'Illuminisme, et font ce qu'on leur dit de faire, vivent généralement jusqu'à un âge bien avancé. Ils sont comblés des honneurs de cette terre et des richesses du monde. Mais une chose est certaine : ils ne peuvent emporter avec eux la richesse et les honneurs lorsqu'ils meurent.

Et après la mort vient le Jugement !...

---

211. — Tandis que je révisais l'édition d'octobre 1954 du présent livre, je reçus une lettre de l'éditeur anglais qui avait osé publier le livre de l'Amiral Domvile. La lettre disait entre autres : «*Les «Puissances Maléfiques» sur lesquelles vous êtes si bien informé m'ont rendu la vie si difficile que j'ai été «obligé» de me retirer des affaires après plus de 50 années d'activité.*» (N.D.A.)

CHAPITRE XVIII

LES DANGERS ACTUELS

Celui qui connaît et a étudié l'Histoire peut prédire les orientations futures des gouvernements avec une certaine assurance. L'Histoire se répète parce que les dirigeants du M.R.M. ne changent pas leurs Plans à Longue Échéance ; ils ne font qu'adapter leurs politiques aux situations présentes et ajuster leurs plans afin de retirer le plus d'avantages des progrès de la science moderne.

Remémorons-nous les événements qui se sont produits depuis que Lénine a établi, en 1918, une dictature totalitaire en Russie, et nous comprendrons la situation internationale contemporaine.

Nous avons prouvé que cette dictature fut mise en place pour procurer aux Internationalistes Occidentaux l'occasion de mettre leurs idées et leurs théories totalitaires en application, premier pas vers une Dictature Universelle. En procédant ainsi, par tâtonnements successifs, ils souhaitaient aplanir toutes sortes de difficultés inattendues.

Lorsque Lénine mourut, Staline prit la relève. Il obéit d'abord scrupuleusement aux diktats des Banquiers Internationaux. Il chargea Bela Kuhn de mettre en pratique leurs idées de collectivisation des fermes en Ukraine. Quand les fermiers refusèrent d'obéir aux ukases, cinq millions d'entre eux furent automatiquement condamnés à mourir de faim pendant qu'on leur arrachait de force leur blé.

Ce blé fut vendu à perte sur les marchés du monde afin d'aggraver la dépression que l'on avait créée artificiellement. On envoya cinq autres millions de fermiers et de paysans dans des bagnes pour montrer au reste de la population asservie que l'État était souverain et que le chef de l'État était leur dieu. Il fallait obéir à ses ordres.

Ce n'est que lorsque Staline commença à éliminer un grand nombre de dirigeants Communistes Juifs, sans aucun doute Marxistes, que Trotsky et d'autres dirigeants révolutionnaires eurent la certitude qu'il s'était séparé des Illuminati et concevait des ambitions impérialistes.

Le comportement du dictateur Soviétique lors de la Révolution Espagnole troubla encore plus les Internationalistes Occidentaux, surtout lorsque Serges et Maurin prouvèrent que Staline utilisait le Communisme International pour favoriser ses propres plans secrets et ses visées impérialistes.

Lorsque Franco eut gagné la Guerre Civile, le comportement de Staline fut très difficile à comprendre. Des dirigeants révolutionnaires du Canada et d'Amérique ne purent accepter les changements draconiens décidés par le Parti, très différents de ce qu'on leur avait enseigné dans les écoles d'endoctrinement marxiste.

Quand Staline signa le pacte de non-agression avec Hitler (23 août 1939), les Empires Britannique et Allemand avaient été déjà précipités dans la logique du déclenchement de la Deuxième Guerre Mondiale (1er septembre 1939) : il donna ainsi l'impression de faire tout ce qui était en son pouvoir pour aider Hitler à dévaster l'Europe Occidentale et à détruire la puissance des Banquiers Internationaux.

Ceux-ci jugèrent alors la situation critique, et décidèrent qu'il valait mieux pour eux d'essayer de persuader Staline d'abandonner ses visées impérialistes : il fallait cheminer ensemble dans un esprit de coexistence pacifique. Ils devaient convaincre Staline qu'il pouvait parfaitement diriger le monde oriental par le communisme pendant qu'ils dirigeraient le monde occidental avec un Super-Gouvernement.

Staline exigea des preuves de leur sincérité. Ce fut le commencement de ce qu'on appelle maintenant la théorie de la coexistence pacifique. Mais la coexistence pacifique entre deux groupes internationalistes est impossible, comme celle qui pourrait exister entre des peuples qui croient en Dieu et d'autres qui croient au diable.

Le remplacement de Chamberlain au poste de Premier ministre fut décidé par des communications secrètes entre Churchill et Roosevelt, que Tyler Kent révéla au capitaine Ramsay. Churchill devait exercer ces fonctions et faire évoluer la «Drôle de Guerre» en une Guerre de Combats. Ils considérèrent que cette action convaincrait Staline de la sincérité de leurs intentions.

L'Histoire révèle que l'on évinça M. Chamberlain du poste de Premier ministre en Mai 1940, comme le fut Asquith en 1915. Churchill occupa les fonctions de Premier ministre le 11 Mai 1940 et donna l'ordre à la R.A.F. de commencer le bombardement des villes allemandes la nuit même du 11 Mai !

M. J.-M. Spaight (C.B. ; C.B.E.) était le principal secrétaire adjoint au Ministère de l'Air à cette époque.

Après la guerre, il publia un livre intitulé : «*Le Bombardement Justifié.*» Dans cet ouvrage, il prend fait et cause pour la politique de Churchill, de bombarder les villes allemandes, au motif qu'on avait agi ainsi pour «sauver la Civilisation.» L'auteur reconnaît toutefois que l'ordre de Churchill avait été une violation de l'accord passé entre la Grande-Bretagne et la France, le 2 Septembre 1939.

Ce jour-là, le Premier ministre de Grande-Bretagne et le Président de la République Française s'étaient entendus pour déclarer la guerre à l'Allemagne à cause de l'invasion de la Pologne par Hitler. Ils se mirent d'accord pour ne pas bombarder les villes allemandes et faire souffrir le peuple allemand pour les manquements d'un seul homme. Les dirigeants des deux gouvernements acceptèrent solennellement de limiter le bombardement aux objectifs strictement militaires, au sens le plus étroit du mot.

Depuis la guerre, il a été prouvé que la véritable raison pour laquelle Churchill fit bombarder les villes allemandes en violation de l'accord, était que les Banquiers Internationaux d'Occident souhaitaient donner à Staline une garantie certaine de leur sincérité et de leur désir de mettre à exécution leur politique de coexistence pacifique entre le Communisme Oriental et l'Illuminisme Occidental.

Le bombardement de l'Allemagne amena des représailles immédiates et le peuple de Grande-Bretagne fut soumis à une épreuve telle qu'il n'en avait jamais connu depuis l'aube de la Création.

Le citoyen moyen n'a généralement aucune idée des bas-fonds sordides dans lesquels peuvent tomber ceux qui sont impliqués dans l'intrigue internationale.

Nous prouverons que les Illuminati n'avaient pas l'intention de tenir leur parole vis-à-vis de Staline et que Staline n'avait pas l'intention de tenir sa parole vis-à-vis d'eux.

Nous prouverons également que les Seigneurs de Guerre Nazis essayaient dans les faits de tromper Churchill et de lui faire croire qu'ils n'avaient pas de plans secrets d'écrasement du Communisme International et du Capitalisme International, de domination du monde par la conquête militaire.

Au printemps de 1941, les Seigneurs de la Guerre Nazis ordonnèrent à Rudolf Hess, à l'insu de leur chef, de s'envoler pour la Grande-Bretagne et d'expliquer à Churchill que s'il acceptait de mettre fin à la guerre contre l'Allemagne, ils s'engageaient à se débarrasser de Hitler et à détruire ensuite Staline et le Communisme International.

Après avoir consulté Roosevelt, Churchill refusa l'offre de Hess.

Ils tentèrent alors de persuader les Internationalistes Occidentaux de la sincérité de leurs intentions en décidant l'exécution de Hitler. Le complot échoua et Hitler eut la vie sauve. Cette action n'ayant pu faire changer les vues de ceux qui dirigeaient secrètement Churchill et Roosevelt, les

Nazis décidèrent qu'ils devaient d'abord attaquer la Russie et infliger une défaite à Staline, et ensuite diriger leurs forces contre la Grande-Bretagne et les Amériques. Ils lancèrent leur attaque contre la Russie le 22 Juin 1941. Aussitôt, Churchill et Roosevelt annoncèrent publiquement qu'ils engageaient leurs gouvernements respectifs à soutenir Staline selon leurs possibilités et leurs ressources. Churchill, toujours théâtral, déclara qu'il serrerait la main au diable lui-même s'il promettait de l'aider à détruire le Fascisme Allemand. Il qualifia Hitler d'*«avorton monstrueux, menteur et trompeur.»* Cependant Churchill aurait déjà dû savoir qu'Hitler, avec toutes ses fautes, n'était pas un Internationaliste.

Cette décision fut calculée de façon à ce que Staline n'eût plus de doutes sur l'honnêteté des intentions des Internationalistes Occidentaux, à savoir une division du monde en deux moitiés, ordonnancée selon les principes de la coexistence pacifique. Roosevelt et Churchill commencèrent alors à fournir à Staline tout ce qu'il désirait. Ils empruntèrent des sommes astronomiques aux Banquiers Internationaux et leur payèrent des intérêts sur les emprunts. Puis ils ajoutèrent le principal et l'intérêt aux Dettes Nationales de leurs deux pays pour que les contribuables les paient et se lancèrent dans la guerre fomentée par les Illuminati, pendant que les Banquiers se réunissaient en coulisses et gagnaient des centaines de millions de dollars sur le dos du monde entier. Le sang et l'argent des peuples, répandus avec une extraordinaire générosité pavèrent le chemin des réunions qu'organisèrent par la suite «LES TROIS GRANDS» à Téhéran, Yalta et Potsdam.

Staline joua un jeu très subtil à Téhéran.

Il fit savoir clairement qu'il suspectait encore les Internationalistes Occidentaux de lui mentir et de ne pas être sincères. Il joua le personnage très difficile à convaincre, ne voulant se ranger à leurs côtés. Il eut des exigences exorbitantes, demanda des concessions déraisonnables et insinua qu'en agissant ainsi, il ne faisait que tester la sincérité d'hommes qu'il ne connaissait que trop bien, de longue date... c'étaient les directeurs de la Conspiration Internationale.

On avait donné les instructions qu'il fallait à Roosevelt ; il accorda à Staline tout ce qu'il demandait. Churchill dut suivre ou bien perdre le soutien financier des prêteurs d'argent internationaux et l'aide militaire des États-Unis.

Vint ensuite Yalta. Staline changea d'attitude. Il prétendit qu'il avait été séduit et se comporta en hôte parfait. Churchill prétendit Roosevelt furent régalés en dîners et en vins. Staline dissout le Kominterm. C'était le Corps Exécutif qui avait machiné et programmé les révolutions dans chaque pays. Staline, Roosevelt et Churchill burent à la damnation des Allemands et Roosevelt donna l'assurance à Staline que lorsqu'ils en auraient fini avec eux, il resterait si peu d'Allemands qu'ils ne gêneraient plus personne. On signala à ce propos qu'il aurait recommandé le massacre de 50.000 Officiers Allemands sans procès.

La presse contrôlée n'a jamais cessé de rabâcher la Politique Nazie de génocide des Juifs mais elle a singulièrement observé le silence au sujet de la politique de génocide que recommandait Roosevelt vis-à-vis des Allemands.

En échange de la dissolution du Kominterm, Roosevelt accorda encore plus de concessions à Staline. Six cents millions d'êtres humains à l'Est de Berlin furent livrés à l'esclavage communiste.

Churchill se plia à tout ce que décidèrent Roosevelt et Staline. L'Histoire prouvera qu'à la Conférence de Yalta, Staline et Roosevelt eurent plusieurs réunions secrètes en l'absence de Churchill. On l'avait régalé de telle façon qu'il ne lui était plus possible de garder ses sens éveillés. Roosevelt prétendait être l'ami de Churchill, mais de l'avis de son propre fils, son comportement, ses déclarations et sa politique indiquaient que secrètement, il le méprisait.

Seul Churchill pouvait expliquer POURQUOI il dut siéger et écouter les suggestions de Roosevelt visant à donner Hong-Kong à la Chine Communiste pour «acheter» Mao-Tsé-Toung. Il fallait qu'il se range aux côtés des Internationalistes Occidentaux. Comment Churchill pouvait-il professer publiquement une telle amitié pour Roosevelt alors que celui-ci répétait constamment que la dissolution du Commonwealth britannique était nécessaire au bien-être futur de l'Humanité ?

Même Hitler pensait exactement le contraire !

Mais Staline n'était point idiot. Il avait été tant de fois en relation avec les agents des Banquiers Internationaux qu'il pouvait lire leurs pensées les plus secrètes comme dans un livre. Il savait mieux que quiconque qu'ils avaient utilisé le Communisme pour répandre leurs idées totalitaires, si bien qu'il les prit à leur propre jeu. Pendant les dernières phases de la guerre, il obligea les Armées Alliées à attendre que les siennes occupent Berlin.

Nos déclarations sont confirmées par l'existence d'une note secrète adressée par Staline aux Officiers Généraux des Armées Soviétiques, expliquant sa politique.

La note est datée du 16 Février 1943, et stipule que :

> « *Les gouvernements bourgeois des démocraties Occidentales, avec lesquels nous avons conclu une alliance pourraient croire que nous considérons comme notre tâche unique le fait d'expulser les Fascistes de notre pays. Nous, Bolcheviks, et avec nous les Bolcheviks du monde entier, savons que notre véritable tâche ne commencera qu'après la fin de la deuxième phase de la guerre. Ce sera la troisième et dernière phase qui sera pour nous la plus décisive... la phase de la destruction du capitalisme mondial. Notre but unique est et demeure la Révolution Mondiale, la Dictature du Prolétariat. Nous avons conclu des alliances parce que c'était nécessaire pour arriver à la troisième phase, mais nos chemins se sépareront là où nous trouverons nos alliés actuels, dans l'accomplissement de notre but final.* »

Staline ne se montra pas sous son véritable jour jusqu'à ce qu'il ait investi Berlin et occupé l'Allemagne de l'Est.

Il rompit alors les promesses qu'il avait faites.

Ce tournant des événements fut soigneusement caché à la presse parce que ni Roosevelt ni Churchill ne souhaitaient que le public sache comment Staline, le cambrioleur de banque, le criminel, le faussaire international *«les avait roulés dans la farine.»*

Les Internationalistes Occidentaux durent prendre patience. Ils réalisèrent que si Staline et Mao-Tsé-Toung unissaient leurs forces, les hordes Communistes pourraient déferler sur l'Occident comme une nuée de sauterelles. Ils partirent du raisonnement que Staline vieillissait. Ils savaient qu'il n'en avait plus pour longtemps à vivre. Il valait mieux chercher à l'amadouer plutôt que de le voir vendre la mèche et dévoiler la Conspiration Diabolique dans son entier.

Les Capitalistes Occidentaux prirent au sérieux le défi qualifié de Staline, mais ils avaient un atout dans leurs manches. Avant de jouer cette carte ils donnèrent comme instruction à Roosevelt de faire un effort supplémentaire pour ramener Staline dans le droit chemin. Roosevelt offrit d'accorder à Staline tout ce qu'il exigeait en Extrême-Orient si seulement il voulait bien se ranger aux côtés des Capitalistes Occidentaux. La presse contrôlée déclara à de nombreuses reprises que Roosevelt avait accordé à Staline toutes ces concessions en Extrême-Orient parce que ses conseillers militaires lui avaient dit qu'il faudrait au moins deux bonnes années de combats acharnés après l'effondrement de l'Allemagne pour mettre le Japon à genoux. Ce mensonge était si évident qu'il ne fut même pas nécessaire au général MacArthur de le rapporter à Roosevelt.

Les généraux américains savaient que le Japon avait essayé de négocier la paix bien avant les concessions de Roosevelt à Staline.

Une fois de plus, Staline rafla tout ce qu'il pouvait accaparer en Mandchourie. De nouveau il renonça à ses promesses et renouvela son attitude de défi. Cette fois, les puissances cachées derrière l'administration de la Maison-Blanche furent vraiment en colère. Elles durent faire des suggestions de quelque nature diabolique pour que même Roosevelt en soit bouleversé, en tombe malade et meure dans la maison de Bernard Baruch.

Les Conseillers du gouvernement des États-Unis décidèrent alors de jouer leur atout... la Bombe Atomique. Les Bombes Atomiques furent larguées sur Hiroshima et Nagasaki pour montrer à Staline ce qu'il y avait en réserve pour la Russie s'il ne se rangeait pas...

L'Amérique possédait des bombes atomiques mais on avait bien gardé le secret.

«Le Japon était déjà battu lorsqu'elles furent larguées. La Capitulation n'était qu'une question de jours.»

On sacrifia plus de cent mille êtres humains au Japon et on en blessa le double pour démontrer à Staline que les États-Unis avaient effectivement des bombes atomiques. Or, nous avons vu que Churchill avait ordonné le bombardement sans restriction de l'Allemagne pour essayer de duper Staline en lui faisant croire que les Capitalistes Internationaux voulaient être ses amis. Les États-Unis lancèrent des bombes atomiques sur le Japon pour l'avertir qu'il valait mieux se ranger à leurs côtés et de faire comme on le lui dirait, sinon...

Molotov fut le seul homme à pouvoir juger ce qui se passait dans le cerveau de Staline. Dans la période d'après-guerre, il fut Ministre des Affaires Étrangères de l'Union Soviétique et représenta le Kremlin aux Nations-Unies pendant de nombreuses années. Il avait épousé la fille de Sam Karp, de Bridgeport dans le Connecticut, et était devenu ainsi le lien principal entre le Kremlin et les Financiers Internationaux du Monde Occidental. Nous savons de bonne source que lorsque Staline le retira des Nations Unies, sa femme fut envoyée aussitôt en exil en Sibérie. Ces seuls faits indiquent bien que Staline avait rompu avec les Capitalistes Occidentaux qui l'avaient aidé à prendre le pouvoir en Russie.

Tito rompit avec Staline à la fin de la guerre, et c'est là une preuve supplémentaire démontrant que Staline avait l'intention de poursuivre son programme impérialiste. Tito avait toujours été obséquieux vis-à-vis des Financiers Occidentaux qui lui avaient avancé l'argent dont il avait besoin pour s'établir comme il le fit en Europe Centrale.

Le fils de Churchill risqua sa vie plus d'une fois pendant la Deuxième Guerre Mondiale, en effectuant des parachutages sur les territoires de Tito et pour conférer avec lui de la part des Puissances Occidentales.

Finalement, Staline mourut, ou l'on s'en débarrassa.

Il quitta ce monde les lèvres scellées comme n'importe quel gangster. Les agents des Internationalistes Occidentaux établis à Moscou agirent dès que Staline fut mort. Béria et d'autres lieutenants de confiance de Staline furent supprimés et son fils disparut sans laisser de trace.

Or, il ne fallait pas que le changement en Russie soit trop évident. On s'arrangea donc pour que Malenkov prenne la suite, temporairement, après la mort de Staline. On lui donna l'ordre de décrier le Grand Staline et pour la première fois, il le *«dégonfla»* aux yeux du peuple.

Puis il changea de tactique. Il renoua des relations amicales avec le dictateur chinois ; il commença à se faire des amis parmi le peuple russe et favorisa le développement d'un esprit de fierté nationale.

En agissant de la sorte, il fixait son propre destin.

Les Internationalistes Occidentaux contre-attaquèrent en demandant le réarmement immédiat de l'Allemagne de l'Ouest. La France était la pierre d'achoppement. On plaça donc Mendès-France au pouvoir assez à l'avance pour que la France ratifie l'accord sur le Réarmement Allemand. Une fois l'accord ratifié, Mendès-France fut mis de côté comme l'avaient été beaucoup d'autres avant lui.

La situation en Extrême-Orient avait été délibérément embrouillée. Toutefois, elle n'est pas difficile à expliquer. Les Internationalistes Occidentaux avaient des amis en Chine, comme ils en avaient en Russie, mais Mao-Tsé-Toung n'était pas de leurs amis. Mao et Staline avaient des conceptions très semblables sur les Internationalistes Occidentaux. Or, les groupes à visées totalitaires Occidentaux et Orientaux avaient une chose en commun... Ils souhaitaient se débarrasser de Tchang-Kai-Tchek.

Les Capitalistes Occidentaux lancèrent une campagne de propagande contre Tchang-Kai-Tchek dès que la guerre japonaise prit fin. Cette action visait deux choses. Ils voulaient prouver à Mao-Tsé-Toung que la coexistence avec eux était possible et, parallèlement, souhaitaient éliminer le dirigeant nationaliste. La «presse» accusa le gouvernement nationaliste d'être corrompu, les généraux nationalistes d'être relâchés et de ne pas maintenir la discipline dans leur armée, les troupes nationalistes de commettre des pillages et des viols. Nous devons reconnaître dans une certaine mesure que de nombreuses accusations retenues contre les nationalistes étaient vraies.

De nombreuses personnalités du Gouvernement nationaliste chinois étaient corrompues — on le prouva — et la Grande-Bretagne en profita pour justifier sa politique de reconnaissance du régime communiste. Certains conseillers des États-Unis utilisèrent également la situation et conseillèrent à l'Amérique de retirer son aide à Tchang-Kai-Tchek. Mais voilà ce que l'on n'a pas dit au grand public : après que les communistes aient pris en main la Chine, on prouva que la plupart des personnalités importantes qui avaient jeté le discrédit sur Tchang-Kai-Tchek et son gouvernement nationaliste faisaient partie de Cellules Communistes infiltrées dans ce gouvernement dans le but de le «démolir de l'intérieur.» Ceci est justifiée par le fait que de nombreuses personnalités du gouvernement nationaliste accusées de corruption furent réintégrées sous le régime communiste et obtinrent des situations de faveur et des promotions accélérées.

L'abbé Leslie Millin, de Toronto, qui fut missionnaire en Chine à cette époque, confirma l'exactitude de ces affirmations.

La façon dont se déroulèrent les affaires internationales après 1946 indiquerait que Staline ne possédait pas l'arme atomique au moment de sa mort. S'il l'avait eue, nul doute qu'il aurait rayé de la carte les principales villes du Canada et des États-Unis.

Churchill avait servi le dessein des Communistes et celui des Banquiers Internationaux. Il prenait de l'âge et devenait quelque peu gênant.

Il devait être relégué lui aussi sur une voie de garage.

Mais Churchill avait été présenté par la propagande des Capitalistes Occidentaux comme un Grand Homme. Il était un héros national et on ne pouvait pas s'en débarrasser aussi facilement par une campagne d'«Infamies» ; on ne pouvait pas l'évincer de son poste en le ridiculisant. Avec une rare habileté, les Internationalistes Occidentaux dissimulèrent leurs intentions en ordonnant à la presse de lui rendre le plus grand hommage qu'un homme ait jamais reçu.

Pour son quatre-vingtième anniversaire, ils le couvrirent de présents et d'honneurs, persuadant la grande majorité des gens que Churchill n'avait pas d'ennemi en ce monde.

Les événements montrent que les dictateurs communistes et les Internationalistes Occidentaux reconnaissaient tous deux que Churchill pouvait être un obstacle à l'avancement de leurs plans. Les dictateurs communistes décidèrent d'utiliser Aneurin Bevan pour lui mettre des bâtons dans les roues et le firent savoir en 1954 aux communistes du monde entier lors d'un banquet donné par le dictateur chinois Mao-Tsé-Toung à l'occasion d'une visite en Chine de Attlee et Bevan. Toute la presse internationale publia des photographies de cet événement.

La probabilité qu'une personne — sauf si elle est chinoise et communiste — comprenne la signification de ces photos est de l'ordre de 1 sur un million. On y voit Attlee assis à la table principale, à la place d'honneur, et Bevan placé au fond, proche de la porte. L'impression générale inclinerait à penser qu'Attlee était l'invité de marque et que Bevan n'avait que peu d'importance aux yeux des régimes communistes chinois et soviétique.

Voilà comment on trompa le public : en Chine, l'usage veut que l'on fasse asseoir l'invité de marque près de la porte...

Après avoir passé en revue les événements, il est tout à fait raisonnable de prédire que dans un proche avenir les choses se dérouleront de la manière suivante :

Première étape : Avec ou sans son consentement, les communistes utiliseront Aneurin Bevan pour faire déguerpir Churchill en attaquant sa politique étrangère à la Chambre des Communes.

Deuxième étape : Les Internationalistes utiliseront les mêmes attaques de Bevan contre Churchill comme levier pour l'exclure (Bevan) du Parti Travailliste britannique et du Parlement. Ils se débarrasseront en même temps de Churchill en jetant le doute dans l'esprit du peuple quant à ses capacités de conduire des négociations secrètes de haut niveau. Churchill a en effet dépassé les quatre-vingts ans. Il est même possible que les Internationalistes Occidentaux soulèvent quelque *«lièvre»* masqué par le rideau de la diplomatie secrète pour justifier le choix des personnes qui vont mener l'attaque. En procédant de cette façon, la menace serait implicite et signifierait que s'il ne se retirait pas gracieusement, ils feraient connaître «tout» ce qui s'était passé dans les coulisses de Téhéran, Yalta, Potsdam...

Troisième étape : On peut raisonnablement avancer que Churchill se retirera dès qu'on fera pression sur lui et que Bevan *«ne se retirera pas.»* Les chances sont de cent contre une qu'Attlee et Deakin se retirent ou qu'on les remplace au Parti Travailliste et que Bevan dirige le Parti contre Sir Anthony Eden lorsqu'il décidera d'attaquer une élection générale après l'avoir arrachée à Churchill (212).

Quatrième étape : Le fait que le fils de Roosevelt ait donné un compte-rendu de la façon dont Churchill *dut* se ranger aux côtés de son père, *dut* faire ce qu'on lui disait, et *dut* même professer publiquement son amitié au président des États-Unis après que celui-ci lui ait dit de façon si grossière qu'il considérait comme nécessaire

212. — Nous avions écrit cela avant Mars 1955. (N.D.A.)

> la dissolution du Commonwealth, tout cela constitue une indication précise sur la forme que prendra l'attaque des Internationalistes Occidentaux pour déboulonner ce que tant de personnes appellent «Le Grand Vieil Homme de la Politique Britannique.»

Il faut surtout se rappeler de ceci : les Internationalistes Nazis ont, pour différentes raisons, été éliminés de la partie. Seules demeurent deux familles totalitaires : les dictateurs communistes de la Russie et de Chine, et les Capitalistes Occidentaux ou Internationalistes.

Aussi longtemps que les deux groupes seront satisfaits de vivre selon la coexistence pacifique — le monde divisé pratiquement en deux — il y aura une paix incommode. Mais si les dirigeants de l'un des deux parties décident de considérer la coexistence comme une structure trop fragile pour supporter leur Nouvel Ordre respectif, il y aura la guerre.

La Troisième Guerre Mondiale commencera sans avertissement préliminaire si ce sont les dictateurs communistes Orientaux qui la déclenchent. On provoquera une grève générale internationale dans tous les pays capitalistes. Cette action sera calculée de façon à engendrer la paralysie à laquelle nous avons fait référence précédemment. Les avions communistes bombarderont tous les centres industriels pour réduire à néant le potentiel militaire des États-Unis et du Canada et tuer le plus possible de population afin d'amener rapidement la capitulation et l'asservissement (213).

La Grande-Bretagne sera probablement gratifiée du même traitement. Des Gaz détruisant le système nerveux (214) pourraient être utilisés dans les zones industrielles que l'ennemi ne souhaite pas détruire. Les Forces Soviétiques occuperont les zones minières d'un bout à l'autre du Canada Septentrional. Les zones occupées seront utilisées comme

213. — A l'époque, cette perspective était la plus probable. (N.D.L.R.)

214. — La bombe à neutrons n'existait pas à l'époque où ce livre fut écrit et publié. (N.D.T.)

bases d'opérations pour les objectifs situés vers le Sud. La grève générale internationale immobilisera les navires dans les ports du monde et rendra impossible les ravitaillements destinés à la Grande-Bretagne. Un blocus des Îles Britanniques par les sous-marins Soviétiques empêchera toutes les fuites.

Le peuple de Grande-Bretagne sera condamné à mourir de faim s'il ne se soumet pas dans les quatre semaines de l'ouverture des hostilités. Les membres de l'«*Underground*» communiste de toutes les villes du monde occidental évacueront les zones visées juste avant les attaques. Les armées de l'«*Underground*» reviendront et investiront les zones dévastées dès que le signal de «Fin d'Alerte» aura été donné.

La Cinquième Colonne Communiste capturera et liquidera toutes les personnes dont les noms figurent sur la liste noire(215). On se débarrassera ainsi des Internationalistes Occidentaux en moins de temps qu'il n'en a fallu pour qu'ils se débarrassent de leurs adversaires Nazis lors des Procès de Nuremberg.

À l'inverse, si les Internationalistes Occidentaux en arrivent à croire que les dictateurs communistes sont sur le point de les attaquer, ils entraîneront les démocraties occidentales dans une autre Guerre Mondiale afin de pouvoir infliger le premier choc. Le prélude de leur attaque sera de faire prendre conscience à la population des dangers du Communisme International. On fera valoir ce danger à la démocratie chrétienne. Les Matérialistes-Athées qui ont asservi économiquement le monde occidental en appelleront à une Croisade Chrétienne.

215. — «***Trafic et commerce illégal***» : Les 5e Colonnes subversives et les «*Undergrounds*» sont organisés, dissimulés et subsistent sous les grandes villes. D'autre part, aucun effort révolutionnaire ne peut réussir sans la parfaite coopération d'une 5e Colonne, ou «organisation souterraine», parfaitement organisée, entraînée, équipée et disciplinée ; il est donc nécessaire que l'opinion publique le sache. Il faut que les «*underworlds*» (=la pègre) soient nettoyés et non pas simplement visités et dispersés. La politique de simple dispersion ou de descentes dans cet «*underworld*» n'a abouti qu'à la création de centaines de foyers d'iniquité là où il n'en existait qu'un seul auparavant. (N.D.A.)

Ils justifieront leurs attaques atomiques sur la Russie et la Chine comme Churchill justifia son attaque sur l'Allemagne. Ils déclareront que c'était nécessaire pour sauver notre civilisation. Mais ne nous laissons pas duper. Quelle que soit la façon dont on présentera l'affaire à la population, il n'en demeurera pas moins que l'on permettra la Troisième Guerre Mondiale pour décider qui du Communisme Oriental ou des Capitalistes Occidentaux continuera à faire la loi sur le plan mondial.

Si l'on permet le déclenchement de la Troisième Guerre Mondiale, la dévastation sera si considérable que les Internationalistes en arriveront à prétendre que seul un Gouvernement Mondial soutenu par une force de police internationale permettra de résoudre les différents problèmes nationaux et internationaux, rendant impossible de nouvelles guerres. Cet argument paraîtra logique à de nombreuses personnes qui oublient toutefois que les dirigeants communistes Orientaux et les dirigeants capitalistes Occidentaux ont l'intention de mettre à exécution en dernier lieu LEURS idées de Dictature Athée-Totalitaire(216).

Les personnes qui entendent demeurer LIBRES ne peuvent adopter qu'un seul type d'action. Elles doivent soutenir le Christianisme contre TOUTES les formes d'athéisme et les politiques de laïcité.

---

216. — *Les Nations Unies* (O.N.U.) sont le Cheval de Troie de la Conspiration Internationale et le fer de lance du Mouvement Révolutionnaire Mondial. Alger Hiss, espion Soviétique, reconnu parjure, écrivit la plus grande partie de la Charte des Nations Unies. Le Chef de la Force de Police Mondiale (Secrétaire du Conseil de Sécurité des Nations Unies) a toujours été un Communiste Russe (Arkady S. Sbelov 1946~1949 ; Konstantine Zinchenko 1950~1953 ; Ilya Tchernyshev 1953~1957 ; A. Dobrynine 1957~1960 ; Georgy P. Arkadev 1960~1962 ; Fugeny D. Kiselev 1962~...) Le Directeur Suppléant ayant la responsabilité du Département Éducation de l'U.N.E.S.C.O. dans sa totalité (Vladimir Marlmovsky) aussi bien que le Responsable de l'Instruction Secondaire pour l'U.N.E.S.C.O. (Mme A. Jegalova) sont des Communistes Russes. Le Président, le Vice-Président et «neuf» Juges de la Cour de Justice Mondiale sont des Rouges. Tous ces faits concernant les Nations Unies doivent être portés à la connaissance de la population. (N.D.A.)

Lorsqu'on est dans le doute en ce qui concerne le Bien ou le Mal et que l'on doit impérativement trouver une solution, il faut réciter la première partie de la Prière de Notre Seigneur, **lentement**, et prendre conscience de la signification de ces mots admirables de sagesse.

«*Notre Père... Qui Êtes aux Cieux... Que Votre Nom soit Sanctifié... Que Votre Règne arrive... Que Votre Volonté soit faite... sur la Terre comme aux Cieux.*»

Il ne faut que quelques minutes pour savoir si la décision que nous devons prendre individuellement ou collectivement est en accord avec la volonté de Dieu ou favorisera les machinations du Démon.

Note du Traducteur

W.G. Carr nous donne ensuite un certain nombre de recommandations et de conseils pratiques pour la réalisation du règne de Dieu sur la terre. Il nous a toutefois paru inopportun de les inclure en totalité dans le texte français pour plusieurs raisons :

- L'objectif du livre est la dénonciation du complot, pas autre chose ;
- l'optimisme et l'œcuménisme affichés par l'auteur sur le retour à un ordre social de **tous** les chrétiens reflète la mentalité d'une époque qui n'est plus la nôtre : elle est celle d'un canadien anglophone, œcuméniste, qui a combattu pendant les deux guerres mondiales, a «gagné» ces guerres, pense que la troisième pourra également se gagner de la même façon ; et que la suite ne nécessite qu'un peu de bonne volonté de la part d'hommes compétents ;
- enfin ses solutions pratiques concernent l'organisation d'une société chrétienne et pas la lutte en elle-même : elles sont de peu d'intérêt pour nos lecteurs français, conscients du destin particulier de notre pays pour l'établissement du règne du Christ, ainsi que l'ont montré le Cardinal Pie, Blanc de Saint-Bonnet, le Marquis de la Franquerie, Mgr Gaume, Mgr Delassus, les abbés Lémann, etc.

En 1999, après avoir connu tous les échecs de la chrétienté et commencé à voir notre belle civilisation atteindre un niveau de dégradation jamais atteint, il nous faut **d'urgence attendre la justice de Dieu. Nous avons quarante années de retard au moins : humainement la situation est perdue. Apprenons au moins à savoir pourquoi elle est perdue ; c'est là l'intérêt de l'ouvrage que vous venez de lire, et des autres publications de W.G. Carr.**

Toutefois, nous n'avons pas l'intention de faire œuvre de «censure» et tenons à la disposition des lecteurs qui le désirent le texte original anglais de la fin de ce dernier chapitre.

Laissons notre auteur conclure sur la mise en place d'un ordre social chrétien par quelques mises en garde et conseils pratiques de chrétien sensible et charitable :

Une fois de plus, les Saintes Écritures nous conseillent sur la façon de nous comporter.

L'*Épître aux Éphésiens,* chapitre VI, versets 10 à 17 nous prévient :

«Frères, rendez vous puissants dans le Seigneur et dans la vigueur de sa force. Revêtez l'armure de Dieu afin de pouvoir tenir contre les manœuvres du diable. Car notre lutte n'est pas contre la chair et le sang, mais contre les Principautés, contre les Pouvoirs, contre les Souverains de ce monde de ténèbres, contre les Esprits pervers qui son dans les régions célestes.» Voilà pourquoi prenez l'armure de Dieu, afin qu'au jour mauvais vous puissiez résister, mettre tout en œuvre et tenir. Debout donc ! ayant aux reins la Vérité pour ceinture, pour vêtement la cuirasse de la justice, et pour chaussures aux pieds la promptitude à annoncer l'Évangile de la paix. Avec tout cela, prenez le bouclier de la «Foi», grâce auquel volts pourrez éteindre tous les traits enflammés du «Mauvais.» Recevez aussi le casque du salut et le glaive de l'Esprit, qui est la Parole de Dieu.»

Foi — Espérance — Charité

N'oublions jamais que la Religion Chrétienne repose sur les vertus directrices de Foi, d'Espérance et de Charité alors que toutes les idéologies athées s'appuient sur le doute, la haine et le désespoir. Le Dieu Tout Puissant nous a donné la possibilité de résoudre petit à petit quelques-uns des nombreux mystères de la nature pour que nous usions sans abuser de ses avantages extraordinaires. Aujourd'hui, nous pouvons faire un bon ou un mauvais usage de l'énergie atomique. Si nous en venons au mauvais usage, les puissances du «mal» extermineront sans aucun doute la moitié de l'humanité et blesseront une grande partie des survivants. Mais parmi eux, il y aura toujours des agents des «puissances du mal»...

Le Dieu Tout-Puissant a donné au genre humain tout ce dont il a besoin pour vivre, tout ce qui est nécessaire à son confort, à ses plaisirs raisonnables. Il est de notre devoir de veiller à ce que tous les hommes partagent équitablement tous les biens dont il nous a comblés. Les greniers du monde occidental regorgent de biens pendant que les peuples du Sud meurent de faim par millions. Nous devons partager gratuitement et avec générosité avec notre prochain tout ce qui dépasse nos besoins, parce qu'il est certain que nous n'emporterons rien dans l'autre monde.

En lisant ce livre, vous vous êtes trouvés face à un défi et votre réponse en vue d'une action, entreprise avec une solide foi en Dieu, déterminera l'avenir de l'humanité et amènera le renversement des forces du «mal» qui machinent la destruction de notre monde. Nous devons nous rappeler que le plus important noyau maléfique instauré par le Démon en ce monde, ne se compose à l'heure actuelle que de trois cents «esprits supérieurs»...

Appréciations de lecteurs avertis

Mgr W.C. MacGrath, de Mamaronack (New York) :

«*Des Pions sur l'Échiquier*» est l'étude la plus approfondie sur la Conspiration Internationale que j'ai jamais lue. Un tel ouvrage méritait d'être écrit et je prie pour qu'il puisse être lu par des millions de ces infortunés pions, tant que nous avons encore la possibilité de conjurer la catastrophe.»

Amiral Sir Barry Domvile (KBE, CB, CMG, RN, Reed) :

«Je suis persuadé que vos livres feront beaucoup de bien et obligeront vos lecteurs à se servir de leurs cerveaux paresseux. Vos livres auront une influence certaine dans le combat contre le mal... pourvu qu'on puisse les diffuser.»

(L'amiral Domvile fut l'un des plus brillants et plus remarquables combattants de Grande-Bretagne. Il dirigea le Service de Renseignements de la Marine.)

Rev. Leslie Millin (Missionnaire en Chine) :

«Je me suis trouvé au cœur de la Révolution Chinoise mais je n'ai pas compris ce qui se passait, jusqu'à ce que je lise vos livres. Maintenant, les causes qui ont engendré de tels *effets* sont parfaitement perceptibles. J'utilise parfois vos livres dans mes sermons.»

William Guy Carr, R.D
Commander R.C.N.
(Marine Royale Canadienne)
Né le 2 juin 1895
Décédé le 2 octobre 1959.

En 1907 à l'âge de douze ans, l'auteur fut endoctriné par deux révolutionnaires bolcheviques qui voyageaient sur le même bateau que lui, à destination de l'Orient. Mais à la différence des autres, il ne fut pas dupe. Malgré son jeune âge, il décida de garder un esprit libre et d'enquêter à fond sur ces questions avant d'en tirer des conclusions. Ses enquêtes et ses études sur les différents aspects de la Conspiration Internationale l'ont emmené dans presque tous les pays du monde.

Le Commodore Carr a accompli une carrière exemplaire dans la Marine. Pendant la Première Guerre Mondiale il servit en tant qu'Officier Navigant dans les Sous-Marins Britanniques. Au cours de la Deuxième Guerre Mondiale, il fut Officier de Contrôle de la Marine Canadienne pour le St Laurent ; puis Officier d'État-Major dans les Opérations à Shelbourne, N.S. ; et Officier Principal de la Marine à Goose Bay dans le Labrador. En tant qu'Officier de l'État-Major du Commodore Reginald Brock, il organisa le 7e Emprunt de la Victoire pour les Vingt-deux Divisions d'Entraînement de la Marine Royale Canadienne.

En tant qu'écrivain, il a publié avant le présent ouvrage huit livres dont nous donnons la liste au début de cet ouvrage. Quelques-uns furent sélectionnés par la Bibliothèque Royale, la Bibliothèque du Musée Impérial de la Guerre, la Bibliothèque Sir Millington Drake (qui appartient maintenant à l'« Eton College ») et la Bibliothèque Braille pour les Aveugles.

Plusieurs de ses livres ont été traduits en des langues Européennes.

Le Commodore Carr est connu de nombreux Canadiens qui ont assisté à ses conférences publiques. Il a fait des tournées dans tout le Canada pour des Associations Canadiennes en 1930~1931, avertissant ses auditeurs de l'existence d'une Conspiration

Internationale et prédisant que les conspirateurs, à moins qu'on ne les arrête, entraîneraient le monde dans une autre Guerre Universelle.

De 1931 à 1939, il fit des discours dans les syndicats Professionnels de l'Ontario. En 1944 et 1945, les autorités de la Marine l'envoyèrent faire une tournée de conférences. Il expliqua pourquoi il était indispensable de remporter la Paix, les fruits de la victoire militaire ne devant pas être de nouveau dispersés.

L'objectif du Commodore Carr était d'informer véritablement le plus grand nombre de personnes sur les «Forces du Mal» qui influencent de façon si négative notre vie et celle de nos enfants. Son livre ouvrira les yeux aux parents, aux hommes d'Église, aux professeurs, aux étudiants, aux hommes d'État, aux politiciens et aux dirigeants syndicaux.

«Saint-Michel Archange, défendez-nous dans le combat; soyez notre secours contre la méchanceté et les embûches du démon.

«Que Dieu lui commande» nous le demandons en suppliant; et vous, Prince de la Milice Céleste, repoussez en enfer, par la Puissance Divine, Satan et les autres esprits mauvais qui rôdent dans le monde pour perdre nos âmes.»

Lisez aussi

ÉDITION ORIGINALE

NON CENSURÉE

— *« L'ÉGLISE SERA ÉCLIPSÉE. »* —
Notre Dame de La Salette en 1846

Documents authentiques

— Les manœuvres sataniques en vue du retour au paganisme. —

— Élaboration du complot maçonnique contre l'Église. —

— Réalisation du complot maçonnique contre l'Église. —

— La nouvelle *« église conciliaire »* et la religion mondiale. —

La première édition de ce livre est parue sans nom d'auteur, sans préface, sans mention d'une maison d'édition renommée... sans aucune publicité dans un catalogue connu... Et cependant, elle a été épuisée en quelques mois... et quelques lecteurs nous ont dit qu'ils avaient lu cet ouvrage tout d'une traite, passionnés par le sujet.

Voila la deuxième édition, augmentée et, de ce fait, devenue encore plus percutante que la première.

Ce qui fait sa valeur, ce ne sont pas les idées, style d'un auteur renommé... L'auteur semble en effet se cacher derrière un ensemble de citations réunies pour montrer comment l'Église fondée par Notre-Seigneur Jésus-Christ est, actuellement, comme éclipsée.

Mais l'éclipse ne dure qu'un moment... Et la Vierge Marie, à Fatima, l'a dit aussi, *« son Cœur, à la fin, triomphera. »* L'éclipse n'aura qu'un temps. Il faut garder la vraie lumière pendant le temps de l'éclipse.

Broché : 402 pages

ISBN-13 : 979-8647559722

Découvrir ...

ÉDITION ORIGINALE

NON CENSURÉE

Maurice Pinay est un pseudonyme utilisé par 12 cardinaux conservateurs pour le livre *«Complot contre l'Église.»*

Ce livre est paru pour la première fois à Rome en 1962 et avait été distribué à tous les Pères conciliaires dans l'espoir que cette somme d'informations les prémunirait contre les tentatives de reniement annoncées de la Tradition et des vingt siècles de l'histoire de l'Église.

Aujourd'hui encore, ce livre est une lecture obligée pour quiconque veut s'intéresser aux conjurations menées contre l'Église par la Synagogue de Satan et la franc-maçonnerie et aux méthodes utilisées. Le communisme, le nazisme et le sionisme y sont également analysés.

Enfin, l'ouvrage traite de façon très documentée de l'infiltration de l'Église pour la subvertir de l'intérieur.

TOME I

Broché : 368 pages

ISBN 13 : 9781648583612

TOME II

Broché : 362 pages

ISBN-13 : 9781648583629

Retrouvez toutes nos publications
sur les sites

- vivaeuropa.info
- the-savoisien.com
- pdfarchive.info
- freepdf.info
- aryanalibris.com
- aldebaranvideo.tv
- histoireebook.com
- balderexlibris.com

Librairie Excommuniée Numérique CULUS (CUrieux de Lire des Usuels)

www.ingramcontent.com/pod-product-compliance
Ingram Content Group UK Ltd.
Pitfield, Milton Keynes, MK11 3LW, UK
UKHW012245190825
7478UKWH00001B/80

9 781648 589249